जादूनामा

जादूनामा

जावेद अख़्तर – एक सफ़र

अरविंद मण्डलोई

मंजुल पब्लिशिंग हाउस

मंजुल पब्लिशिंग हाउस

विक्रय एवं विपणन कार्यालय

• सी-16, सेक्टर 3, नोएडा, उत्तर प्रदेश, 201301

रजिस्टर्ड कार्यालय

• द्वितीय तल, उषा प्रीत कॉम्प्लेक्स, 42 मालवीय नगर, भोपाल-462 003

वेबसाइट : www.manjulindia.com

वितरण केन्द्र

अहमदाबाद, बेंगलुरू, कोच्चि, कोलकाता, चेन्नई,
हैदराबाद, मुम्बई, नई दिल्ली, पुणे

हार्डबैक संस्करण 2022 में पहली बार प्रकाशित
संशोधित पेपरबैक हिन्दी संस्करण 2026 में प्रकाशित

ISBN 978-93-7317-932-2

कवर डिज़ाइन : मीशा ओबेरॉय

मुद्रण व जिल्दसाज़ी : न्यूटेक प्रिंट सर्विसेज प्रा. लि.

सुश्री शबाना आज़मी के लिए

–अरविंद मण्डलोई

गुफ़्तगू की तीन सतहें होती हैं- लोग, घटनाएँ और विचार। इसमें सबसे निचले स्तर की बातचीत लोगों के बारे में होती है। जब हम इससे एक दर्जा ऊपर आते हैं तो घटनाओं का स्तर आता है जिनका दायरा लोगों के बारे में बात करने से थोड़ा बड़ा है। लेकिन सबसे काम की बातचीत वो होती है जिसमें हम विचारों के बारे में बात करते हैं क्योंकि विचार सार्वभौमिक होते हैं और देशकाल से परे होते हैं।

–जावेद अख़्तर

लोग ये अक्सर कहते हैं कि जावेद और मेरी अरेंज मैरिज होनी चाहिए थी क्योंकि हमारे परिवार एक तरह के थे, हमारा वैल्यू सिस्टम एक तरह का है जिसमें कला और साहित्य में रुचि के साथ इंसानियत, दोस्ती, महिला सशक्तिकरण और हिन्दुस्तान की गंगा-जमुनी तहज़ीब की एहमियत हमें विरसे में मिली।

– शबाना आज़मी

अनुक्रमणिका

जावेद अख़्तर की तस्वीर (ऑथर हेडशॉट)
जहाँ-जहाँ दी गई है वे सभी आलेख
बाक़लम जावेद अख़्तर के हैं।

1

यह किताब आपके हाथों में क्यों है

इस कहानी के साथ-साथ जब आप जावेद अख़्तर साहब की ज़िन्दगी में झाँकेंगे और उनके गुज़रे वक़्त से रूबरू होंगे तो आपको इस कहानी के कुछ हिस्से वहाँ भी मिलेंगे।

शुरुआत में अपना औपचारिक परिचय आपसे कराता चलूँ, जिसे पढ़कर आप जान पाएँगे कि यह किताब आपके हाथों में क्यों है। कुछ सदी पहले मेरे पुरखे ख़ानाबदोशी करते हुए मध्यप्रदेश में धार के पास स्थित अमझेरा गाँव में पहुँचे और वहीं आबाद हो गए। धार्मिक कारणों के अलावा इस गाँव की पहचान इसलिए भी है कि 1857 के पहले देश में चल रहे स्वतंत्रता संग्राम में यहाँ के राजा राणा बख़्तावर सिंह ने अपनी शिरकत करते हुए अँग्रेज़ों की बड़ी सैन्य छावनी रेसीडेन्सी कोठी इन्दौर पर हमला कर दिया था। यहीं उन्हें युद्धबंदी के तौर पर गिरफ़्तार किया गया और सरेआम पेड़ से लटकाकर फाँसी की सज़ा दे दी गई। उनके साथ हमारे ख़ानदान के पुरखे श्री सलुकराव मण्डलोई को भी फाँसी दी गई थी। इस संग्राम के विफल हो जाने के बाद अमझेरा, ग्वालियर महाराज की हुकूमत के तहत आ गया। इस बदली हुई स्थिति के बाद आसपास के सात गाँवों सहित अमझेरा की जागीरदारी उन्हें मिल गई।

ये जागीर आज़ादी के बाद 1950 में जागीरदारी उन्मूलन एक्ट के आने तक क़ायम रही। एक्ट लागू होने के बाद मिले मुआवज़े के एक हिस्सेदार मेरे दादा भी थे। मगर उनकी मुट्ठी में भरी समृद्धि की रेत समय के साथ-साथ फिसलती चली गई और आख़िरी में सिर्फ़ ख़ाली हाथ था। मेरे दादा सरकारी स्कूल में मास्टर हो गए। कम तनख़्वाह में आठ बच्चों की परवरिश कैसी हुई होगी, इसका आपको अंदाज़ा हो सकता है। उन्हें ज़रूरी शिक्षा-दीक्षा भी मयस्सर नहीं हो पाई। मेरे पिता अपने भाई-बहनों में सबसे बड़े थे, बस यही बात विरसे में मेरे हिस्से आई। बचपन ने ही मुझे ज़िन्दगी की हक़ीक़तों के सामने खड़ा कर दिया और उसने अपने खुरदुरेपन का एहसास भी मुझे करा दिया। होश आने के बाद की शुरुआत ही कुछ ऐसी थी कि रात में नींद और ख़्वाब दोनों ही नहीं आते थे। वजह ये थी कि फ़ाकों ने रोज़ आना छोड़कर घर में ही डेरा डाल दिया था और भुखमरी ही मेरा लालन-पालन कर रही थी।

ज़िन्दगी में जब सब चीज़ें गैरहाज़िर हों तो तालीम का क्या हाल हुआ होगा। जहाँ तक बिना फ़ीस दिए इसको हासिल किया जा सकता था, वहाँ तक ये मयस्सर रही। ये सब लिख देने की वजह ये है कि आप ये भ्रम में ना रहें कि ये किताब मेरा कोई इल्मी ख़ज़ाना है। इस कहानी के साथ-साथ जब आप जावेद अख़्तर साहब की ज़िन्दगी में झाँकेंगे और उनके गुज़रे वक़्त

से रूबरू होंगे तो आपको इस कहानी के कुछ हिस्से वहाँ भी मिलेंगे। शायद ये ही एक बड़ी वजह है, जिसके कारण ये किताब आपके हाथों में है। कहानी की ये समानता ही हमारे बीच एक रिश्ता बनाती है।

शब्दों की गूँज ने मुझे सदा हौसला और हिम्मत दी। धार्मिक परम्पराओं में शब्द और स्वर को ब्रह्म माना गया है, जिसका कोई स्वरूप नहीं है, वह पूरी तरह निरंजन और निराकार है। वह एक क़िस्म की सकारात्मक ऊर्जा है, जो आपके जीवन को बेहतरी की तरफ़ धकेलती है और संघर्ष करने का हौसला भी देती है। जावेद साहब के शब्दों से मेरी पहली मुलाक़ात निश्चित तौर पर लाखों-करोड़ों लोगों की तरह बज़रिया 'तरकश' के हुई। उसका पहला एडिशन आने के कितने दिनों बाद मैंने वह पढ़ी, यह तो याद नहीं, पर इतना अच्छी तरह याद है कि उसे पढ़ने के बाद मुझे लगा कि यह मेरी ही कहानी है। उनकी कहानी ने मेरे दिल पर बहुत गहरी छाप छोड़ी, जो आज तक क़ायम है। जावेद अख़्तर की ज़िन्दगी किसी मैदानी इलाके में बहती हुई नदी की कहानी नहीं है, बल्कि उस ऊँचाई से गिरते हुए झरने की दास्तान है, जो पहाड़ से मैदान पर आकर कुण्ड बनता है, कुण्ड से नदी का उद्गम स्थल बनता है, फिर बहते हुए कई नदियों को अपने साथ समाकर समन्दर में जा मिलता है। ये कहानी एक ऐसे शख़्स की कहानी है, जिसने वक़्त को अपने हाथों में थामा, एक साँचा बनाया, संघर्ष की भट्टी में ख़ुद को पिघलाया और ख़ुद को साँचे में ढालकर अपने को कामयाबी की ज़मानत बना डाला। कहावत है कि पूत के पाँव पालने में ही नज़र आ जाते हैं। उनकी माँ सफ़िया अख़्तर के लिखे खतों में जहाँ-जहाँ उनका ज़िक्र है, आप पाएँगे कि उन्होंने अपने अनुभवों से ये पहले ही देख लिया था।

> **इंसानियत की शर्तों के साथ वे समुद्र में चलते जहाज की तरह हैं, जिसने वक़्त के कई बंदरगाहों पर अपना लंगर डाला।**

जावेद साहब की ज़िन्दगी की दास्तान घिसी-पिटी लीक पर नहीं चलती, उसे पामाल रास्तों का सफ़र भी अच्छा नहीं लगता। इंसानियत की शर्तों के साथ वो समुद्र में चलते जहाज की तरह हैं, जिसने वक़्त के कई बंदरगाहों पर अपना लंगर डाला। उनके बचपन के दिन देखें, फिर उनके होश सँभालने और जवानी के दिन देखें, उनका फ़िल्मों में आना देखें, उनकी शायरी देखें, उनका गीतकार होना देखें, तो आप ये महसूस करेंगे कि जहाज ने अलग-अलग वक़्त पर अलग-अलग बंदरगाहों पर लंगर डाला है, मगर किसी भी जगह पर रुकते वक़्त इसने अपने सफ़र के मुकम्मल हो जाने का ऐलान नहीं किया है। ये जहाज अभी भी सफ़र में है।

सलीम-जावेद की कामयाब जोड़ी ने अपने काम को कालजयी बनाया और यह साबित किया कि कामयाब फ़िल्मों की ज़मानत सिर्फ़ एक स्क्रिप्ट और डायलॉग भी हो सकते हैं। लोक कहावत बन चुके वो तमाम डायलॉग लिखने का कमाल सिर्फ़ जावेद अख़्तर ही कर सकते थे। वे बेशुमार डायलॉग उनके लिखे जाने से लेकर आज तक तीन पीढ़ियों को ये ज़बानी याद हैं

और रोज़मर्रा की बातचीत में गाहे-बगाहे उनको बोलकर लोग आनंदित होते रहते हैं। कुछ कमाल के हुनर उन्हें पैदाइशी हासिल हैं और कुछ उन्होंने हासिल किए हैं। उनकी याद्दाश्त का तो ये जलवा है कि मशहूर लेखक राही मासूम रज़ा ने लिखा है कि मैंने अपनी ज़िन्दगी में कमाल की याद्दाश्त के साथ अलग-अलग मौजूओं पर अलग-अलग शायरों के हज़ारों शे'र याद रखने वाले दो ही लोग देखे हैं- अली सरदार जाफ़री और जावेद अख़्तर।

भोपाल मक़ाम के दौरान उन पर क्या-क्या नहीं गुज़री, जितनी कड़वाहटें ज़िन्दगी दे सकती थी, उसने दी। मगर इस भूख और बेघरी के हालात में भी जावेद अख़्तर ने यह ऐलान कर दिया था कि मैं ज़िन्दगी अपनी शर्तों पर ही जिऊँगा। कमाल की बात ये है कि यहाँ से भी बंदा अपने लिए बेशुमार दोस्त और ख़ुशनुमा यादें हासिल कर ले गया। उस बुरे हालात और तंग ज़िन्दगी में भी वो नास्तिक थे और आज भी नास्तिक हैं। भोपाल में कॉलेज के दिनों में दिया गया उनका भाषण धर्म आडम्बर के खिलाफ़, ईश्वर के होने पर सवाल उठाता है। कामयाब ज़िन्दगी के लम्बे सफ़र के बाद जब वे इंडिया टुडे कॉन्क्लेव में अपनी बात रखते हैं, तब भी पहले भाषण की छाप साफ़ दिखाई देती है। अपने विचारों के प्रति इतना अटल होने के ऐसे उदाहरण ढूँढना मुश्किल है। भोपाल शहर और उसकी महक को वे सदा अपने साथ लिए चलते हैं। ज़ख़्म के काँटों के बीच ज़िन्दगी के हुस्न के फूल खिला लेना और उसकी महक को महसूस करते रहना, ये हुनर सिर्फ़ उन्हीं के पास है। ख़ालिस भोपाली लफ़्ज़ों का बोलचाल में इस्तेमाल करना इस बात को ज़ाहिर करता है कि भोपाल भी उनके साथ-साथ सफ़र कर रहा है। उनकी कुल जमा दो शायरी की किताबें 'तरकश' और 'लावा', ज़िन्दगी से हमारी गुफ़्तगू को आसान करती है, मगर ये किताबें किसी भी क़िस्म के जज़्बाती या उपदेशक या रहबर होने के आडम्बर से मुक्त हैं।

उनके जज़्बाती और इंसानियत वाले रंग को मैंने अपने तजुर्बों से देखा है और उनका गवाह भी

जावेद अख़्तर, अमिताभ बच्चन और सलीम ख़ान

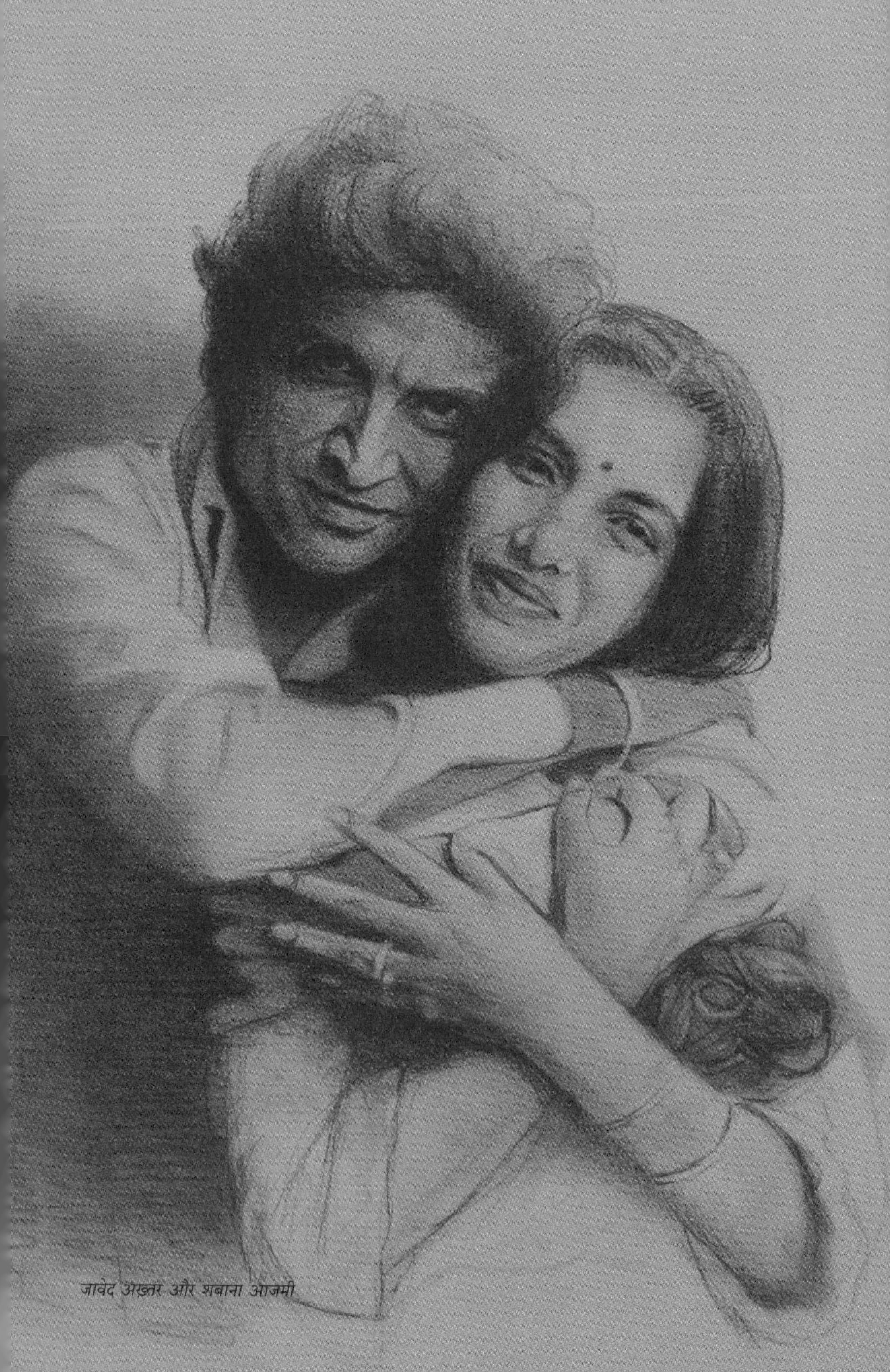

जावेद अख़्तर और शबाना आज़मी

ख़ुद के लिए
कसौटी तय करना और उस पर खरे
उतरना इसके तो निराले रंग उनकी
शख़्सियत में हैं।

रहा हूँ। चालीस-पैंतालीस साल तक उनका घरेलू सहायक जो एक ज़माने तक उनका ड्राइवर भी था, मैनेजर भी और कैशियर भी, जिसके पास अख़्तर परिवार में एक सदस्य की हैसियत थी, रामू नाम था उनका। उनके रिटायर हो जाने के बाद उनकी देखरेख बिल्कुल ऐसे ही हुई, जैसे कोई अपने भाई या बाप की करता है। अपने चंद आख़िरी बरस वो अपने गाँव में गुज़ारना चाहते थे। कुछ बीमार भी थे। बेटा उन्हें लेने आया था। मैं भी किसी काम से जावेद साहब के साथ था। रुँधे हुए गले से उन्होंने कहा था कि ''शायद, ये मेरी इससे आख़िरी मुलाक़ात हो।'' फिर किसी काम से जावेद साहब और शबाना जी को जाना था। मैं ड्रॉइंग रूम में उनके आने का इंतज़ार कर रहा था। शबाना जी ड्रॉइंग रूम में दाखिल हुईं और उन्होंने बताया कि जावेद साहब अपने रूम में फूट-फूटकर रो रहे हैं। मैं नीचे गया तो देखा उनके आँसू तो थम गए हैं पर आँखें लाल हैं। मैंने कहा, ''जावेद साहब, ये क्या?'' तो उन्होंने कहा कि ''मेरी आँखों में ख़ून उतर आया है।'' हालात पर यूँ रो लेना और यूँ मुस्कुरा देना, इस हुनर को हासिल करने में बड़े जतन लगते हैं, फिर भी ये हुनर हासिल नहीं होता है। पता नहीं किस कमाल ने उन्हें यह हुनर सिखाया है।

एक बार हम लोग भोपाल में किसी के घर लंच पर जा रहे थे। जावेद साहब की पूर्व पत्नी सुश्री हनी ईरानी का फ़ोन उनके फ़ोन पर आया और अचानक उनके मोबाइल का नेटवर्क चला गया। उन्होंने मेरे फ़ोन से हनी जी को फ़ोन मिलाया तो हनी जी ने कहा-''जादू, मुझे वो फ़लाँ आँख के डॉक्टर का नम्बर चाहिए, मेरी आँखों में बड़ी तकलीफ़ है।'' जावेद साहब ने कहा, ''नम्बर तो मैं तुम्हें भेज दूँगा पर तुम आँखों के डॉक्टर के पास जाकर क्या करोगी, आँखों से जितना काम तुम ले सकती थी, ले चुकी।'' एक औरत जो कभी आपकी पत्नी और प्रेमिका रही हो, उसके साथ बिना कड़वाहट के दोस्ती का ऐसा रिश्ता रखना और निभाना, ऐसी मिसालें कम ही मिलती हैं। फ़ोन कटते ही मैंने जावेद साहब की तरफ़ सवाल दागा कि ये कैसे मुमकिन है?, तो उन्होंने कहा कि आप ज़िन्दगी में किसी के भी साथ बिना कड़वाहट और पूर्वाग्रह के अच्छा करते चले जाइए, एक दिन आपके लिए भी यह मुमकिन होगा।

जावेद साहब और शबाना जी की जो दोस्ती है वो शादी से पहले की है। अब यह ज़ाहिर है कि उनकी शादी उनकी दोस्ती का कुछ भी नहीं बिगाड़ पाई। जावेद साहब का फ़ेमिनिस्ट होना

सिर्फ़ बोलचाल या भाषण या उनकी फ़िल्मों के महिला किरदार तक सीमित नहीं है, बल्कि अपनी ज़ाती ज़िन्दगी में भी दख़ल रखने वाली हर औरत को उन्होंने बराबरी का दर्जा दिया है। मशहूर अफ़साना-निगार कृश्न चंदर के घर मुम्बई में जावेद साहब अक्सर आया-जाया करते थे और संघर्ष के दिनों में उनकी शामें वहीं गुज़रा करती थीं। कृश्न चंदर की बीवी सलमा सिद्दीकी ने अपने यहाँ पेइंग गेस्ट के रूप में रह रही सुल्ताना जी से उनका परिचय करवाया था, वो रिश्ता आज तक क़ायम है। जावेद साहब जब भी किसी से परिचय करवाते हैं तो ये बताना नहीं भूलते कि सुल्ताना जी उनकी ज़िन्दगी में छोटे भाई की भूमिका में हैं और वे ख़ुद सुल्ताना जी की बड़ी बहन हैं। ज़रा सोचिए कि आप अपनी ज़िन्दगी में ऐसे कितने लोगों से मिले होंगे, जिन्होंने अपनी ज़िन्दगी में एक औरत को यह मक़ाम दिया। वे औरत की शख़्सियत के भावनात्मक रूप से ताक़तवर होने के पहलू को ना सिर्फ़ स्वीकार करते हैं, बल्कि सार्वजनिक रूप से भी स्वीकार करने में उन्हें कोई हिचकिचाहट नहीं है।

संघर्ष और भुखमरी के हालात में भी उन्होंने अपने आत्मसम्मान को हमेशा बनाए रखा। लोगों के बारे में अपनी साफ़ राय बना लेना और उस पर क़ायम रहने का एक उदाहरण उनके उन दिनों के दोस्त और कवि श्री सूर्यभानु गुप्त ने सुनाया था, जो

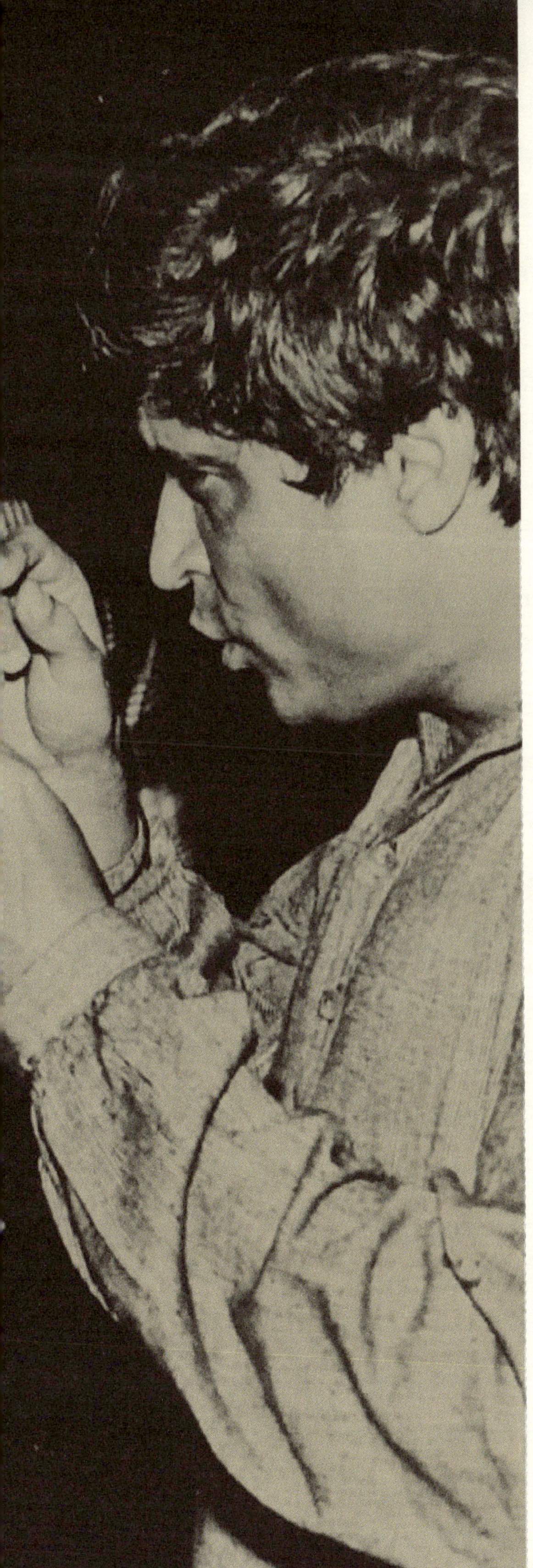

आगे किताब में उनके इंटरव्यू का भी हिस्सा है कि उन्होंने भूखे पेट होते हुए भी किसी दूसरे के अकाउंट में खाना खाने से सिर्फ़ इसलिए इंकार कर दिया था कि गुप्त जिनके अकाउंट में खाना खा रहे थे, उस शख़्स के बारे में जावेद साहब की राय ये थी कि वह अच्छा आदमी नहीं है। उनके बार-बार गुज़ारिश करने पर कि मैं उनके अकाउंट में खाना खा रहा हूँ, पर मुफ़्त में नहीं, मैं उनका हिसाब कर दूँगा, पर जावेद साहब अपनी राय के चलते भूख की तरफ़ लौट आए।

उनके फ़िल्मी लेखन के साझेदार सलीम खान से वे मिले भी और जुदा भी हुए। इस जोड़ी ने अपने काम के ज़रिए वक़्त की दीवार पर जो कामयाबी की इबारत लिखी है, उसे लोग पढ़कर हैरतअंगेज़ हो जाते हैं। मगर ये राज़ आज तक राज़ बना हुआ है कि ये जोड़ी टूटी क्यों? जावेद साहब ने कभी ना तो ज़ाती तौर पर, ना पब्लिक में इसका इज़हार किया कि इसके टूटने की क्या वजह थी। हमेशा उन्होंने कहा कि सलीम साहब के बिना ये कामयाबी नामुमकिन थी। पेशेवर जोड़ियाँ हर पेशे में बनती और टूटती हैं और टूटने के बाद अक्सर उन रिश्तों में आई हुई कड़वाहट के कारण एक अजीब क़िस्म की बू उनसे आने लगती है। मगर अपने

◀ *देव आनंद और जावेद अख़्तर*

किरदार को क़ायम रखते हुए उन्होंने इस जोड़ी के टूट जाने के बावजूद अपना सौ प्रतिशत देकर अब तक इस रिश्ते को रुस्वा होने से बचाए रखा है।

एक जाने-माने शायर को तो ये कहकर उन्होंने गीत लिखने के मौके दिलवाए कि इस सिचुएशन पर वो मुझसे बेहतर लिखेंगे। यूँ मदद कर देना और आहिस्ता से गुम हो जाना, उनकी शख़्सियत का ही कमाल है। ऐसे लोगों का ज़िक्र आते ही वे एक लाइन में बात ख़त्म कर देते हैं कि ''वे बड़े हुनरमंद लोग थे अगर मैं उनके लिए कोशिश नहीं करता तो भी वे इतने ही कामयाब होते।'' कामयाबी के इतने ही ऊँचे मक़ाम पर खड़े कई लोगों को मैं ज़ाती तौर पर जानता हूँ और लोगों पर किए हुए अहसानों के क़िस्से अक्सर उनकी महफ़िलों का एक ज़रूरी हिस्सा होते हैं। कभी-कभी तो ये क़िस्से ज़िल्ल की हद भी पार कर देते हैं। उस पर, जावेद साहब की ये बयानी और ख़ामोशी, उनकी शख़्सियत के एक अलग रंग को ज़ाहिर करती है।

ख़ुद के लिए कसौटी तय करना और उस पर खरे उतरना इसके तो निराले रंग उनकी शख़्सियत में हैं। अपने गर्दिश और बेरोज़गारी के दिनों में मीना कुमारी की फ़िल्मफेयर की ट्रॉफ़ी को हाथ में थामना, फिर ये तय करना कि जब ये ट्रॉफ़ी मुझे मिलेगी, तब मैं किस तरह लोगों का शुक्रिया अदा करूँगा। ख़ुद पर इतना यक़ीन, ये सिर्फ़ उनके ही जिगर का काम है। चट्टानों जैसे इरादों और ज़िद का ही नतीजा है उनकी कोशिशों से बना 'गीतकार-संगीतकार' की रॉयल्टी का कानून। जावेद साहब की कहानी को गहराई से जानने पर कभी-कभी ऐसा महसूस होता है कि इस आदमी की ज़िन्दगी में हर चीज़ के लिए टाइमिंग कितनी करेक्ट थी। इस चीज़ को कुछ यूँ समझते हैं कि उनकी याद्दाश्त के कमाल से राही मासूम रज़ा ही प्रभावित नहीं हुए, उनके नाना को भी इसका एहसास रहा होगा। उन्होंने बचपन में जावेद साहब से कहा कि तुम मेरी दी हुई कुरान की एक आयत को रोज़ याद करोगे तो मैं तुम्हें एक अठन्नी दूँगा। जावेद साहब ने अगले ही दिन एक आयत अपने नाना को सुना दी। जब वे दूसरी आयत याद करने के लिए अपने नवासे को कह रहे थे, तब उनकी नानी ने कहा, 'देखो, इसके माँ-बाप यहाँ होते तो वे इस बच्चे को इस तरह की तालीम देते? बिल्कुल नहीं।' उनकी अनपढ़ नानी ने अपने तजुर्बे की आँख से यह देख लिया था कि ये बच्चा यूँ ही रट्टे नहीं लगाएगा। जावेद साहब की ज़बानी ये किस्सा दो-तीन बार अलग संदर्भों में मैंने सुना तो ये अंदाज़ लगाया कि ज़िन्दगी ने इन्हें हर चीज़ के लिए टाइमिंग कितनी परफ़ेक्ट दी।

मैं अपनी ज़ाती ज़िन्दगी के हालात और तर्जुबे पर नज़र डालता हूँ तो ये पाता हूँ कि जावेद साहब की ज़िन्दगी भी मेरी ही ज़िन्दगी का एक हिस्सा है। इस तरह ये किताब अपने हिस्सेदार को उसका शुक्रिया कहने के लिए है। शख़्सियत जितनी बड़ी होती जाती है, आदमी ज़मीनी हक़ीक़तों और रोज़मर्रा की तकलीफ़ों से ऊपर उठता चला जाता है। अपनी बड़ी शख़्सियत के उभार के साथ ही ख़ुद आदमी भी इनसे तक़रीबन अपना दामन छुड़ा लेता है। एक ख़ास क़िस्म के लोगों से घिरे रहना और उन्हीं से रिश्ते रखना, अमूमन बड़ी शख़्सियतों के साथ यही होता है। गाहे-बगाहे अगर वो नीचे की तरफ़ देख भी लेते हैं तो इसका एहसास उनसे मिलने

वाले आदमी को फ़ौरन हो जाता है। जावेद अख़्तर ने इतनी बड़ी शख़्सियत होने के बाद भी बड़े लोगों की इस ख़ूबी से अपने-आप को दूर रखा है। आज भी वह आम आदमी से राब्ता क़ायम रखते हैं, उसके दर्द को महसूस करते हैं। उनसे मिलते वक़्त आपको रत्तीभर भी यह एहसास नहीं होता कि आप इतने बड़े आदमी से मिल रहे हैं। वो ज़िन्दगी की तमाम उलझनों के बावजूद अपने विचारों पर अडिग हैं और उनका लालन-पालन भी कर रहे हैं। वो अपनी ज़ाती ज़िन्दगी हो या कारोबारी हो, उन्होंने सदा ही इंसानियत के पक्ष में खड़े होकर उसके हक़ की लड़ाई में अपना सर्वश्रेष्ठ प्रदर्शन किया है।

निश्चित तौर पर कल इतिहास में जावेद साहब का नाम उनके बाक़ी कामों के साथ-साथ अपने दृढ़ विचारों और इंसानियत के पक्षधर के रूप में ज़्यादा याद किया जाएगा। इतने कामयाब, ज़हीन और मशहूर आदमी के बारे में लिखना शब्दों को दोहराना ही है, जबकि इतना कुछ उनके बारे में कहा और लिखा जा चुका हो। दोस्ती ऐसा रिश्ता है, जिसमें किसी चीज़ का कोई मतलब नहीं है; ना धर्म, ना जाति, ना लिंग। उसकी शुरुआत में ही मोहब्बत के बीज पड़ जाते हैं। यह किताब जावेद साहब से ख़ालिस मोहब्बत के नतीजों में से एक नतीजा है। उनकी शख़्सियत ने मेरी ज़िन्दगी में कई कोणों से बदलाव भी किए और अपनी मौजूदगी का एहसास भी करवाया। सिर्फ़ जावेद साहब ने ही नहीं, बल्कि शबाना जी ने भी अपने हिस्से का वक़्त, प्यार और भावनाएँ मुझे दीं, यूँ कहें मुझे ये सिखाया कि सितारों के आगे भी एक जहाँ है, ये किताब बस उनके शुक्रिया कहने की पहली किश्त है। शबाना जी ने इस किताब को और उसके छप जाने के ख़्वाब को मेरा नहीं, अपना ख़्वाब माना। अब जब ये ख़्वाब सच हो गया है और आपके हाथों में है, उनके इस योगदान के बारे में सोचते वक़्त कई बार मेरी आँखें नम हो जाती हैं। ये किताब बिल्कुल एक फ़िल्म की तरह है, जिसके अलग-अलग विभागों में अलग-अलग लोगों ने महती भूमिका अदा की है; उन सभी के नाम इस दास्तान के आख़िरी पन्ने पर बहुत-बहुत शुक्रिया के साथ दर्ज हैं।

जैसा पहले मैंने लिखा है कि जावेद साहब की ज़िन्दगी समुद्र में चलते हुए जहाज की तरह है और मैंने इस किताब में उनकी ज़िन्दगी के ढेरों आयामों की गहराई नापने की कोशिश की है। इस कोशिश को मैं न केवल अपना सौभाग्य मानता हूँ, बल्कि इसे मैं एक दायित्व की तरह भी महसूस करता हूँ। अब ये दास्तान आपके हाथ में पन्ना-दर-पन्ना सोनार (समुद्र की गहराई नापने का यंत्र) की तरह है। कितनी-कितनी गहराइयों में कितने-कितने रंग हैं और उन रंगों में कितना-कितना गाढ़ापन है, ये सब आप महसूस करें।

– अरविंद मण्डलोई

भूमिका

जावेद अख़्तर पर लिखी गई यह किताब लगता है कि कभी एक मुकम्मल किताब न बन पाएगी। अब जब इसके हिन्दी और अंग्रेज़ी संस्करणों की एक शृंखला चल पड़ी है, ऐसे में जावेद अख़्तर की ज़िन्दगी में झाँकने की जब भी मैं कोशिश करता हूँ तो समुद्र की गहराई-सी इस यात्रा में हर बार एक मोती मिलता है। ये निरंतर चलने वाली यात्रा हमेशा मुझे इस किताब के अधूरेपन का एहसास दिलाती है। जावेद साहब का सफ़र मील-दर-मील जारी है। हर वो मोती जो गहराई से हाथ लगता है, जी चाहता है कि उसे इस किताब के एक पन्ने पर जड़ दूँ। पर सीमाओं की एक अपनी सच्चाई है।

एक प्रसिद्ध निर्माता ने तय किया कि उसे एक एक्शन फ़िल्म बनाना है। उसके लिए एक कामयाब डायरेक्टर और कामयाब स्क्रिप्ट राइटर को अनुबंधित कर लिया गया। चार-छह महीने की तलाश और कोशिशों के बाद भी जब फ़िल्म बनाने लायक़ कोई कहानी हाथ नहीं लगी तो डायरेक्टर और राइटर पहुँचे लोनावाला के होटल फ़रियास में। एक महीने दोनों साथ रहे। कई आइडियाज़ पर काम हुआ, पर नतीजा सिफ़र ही रहा। फिर तय यह हुआ कि कल सुबह मुम्बई लौट चला जाए, उस वक़्त रात के 9 बज रहे थे और अगली सुबह 4 बजे डायरेक्टर के कमरे की घंटी बजी। स्क्रिप्ट राइटर ने डायरेक्टर से कहा कि आप मेरे रूम में आइए, चाय पीते हैं। चाय पीते-पीते ही स्क्रिप्ट राइटर ने 90 सीन की पूरी फ़िल्म डायरेक्टर को नरेट कर दी, जो कालांतर में एक कामयाब फ़िल्म 'अर्जुन' में तब्दील हुई। डायरेक्टर थे राहुल रवैल और स्क्रिप्ट राइटर जावेद अख़्तर। राहुल जी ने इस वाक़ये का ज़िक्र करते हुए कहा कि कोई जीनियस ही यह कारनामा कर सकता है, यह कहना ग़लत होगा, बल्कि जावेद साहब जीनियस हैं इसलिए वे यह कारनामा कर पाये। 7 घंटे में 3 घंटे की फ़िल्म की पूरी स्क्रिप्ट तैयार थी। जावेद साहब को मिलने वाले सम्मानों में हाल ही में एक इज़ाफ़ा और हो चुका है – उन्हें 2025 के अंतरराष्ट्रीय दोस्तोवस्की अवॉर्ड से नवाज़ा गया है। तो इन जैसे अनमोल मोतियों को जब दिल के कासे में संभालना मुश्किल हो जाए, तब शायद इस किताब का दूसरा भाग लिखा जाए।

अब शुक्रिया की बारी है तो इसकी शुरुआत किताब की विषय-वस्तु 'जावेद अख़्तर' से करता हूँ। मुझे हिम्मत और हौसला देने के लिए, और इसलिए भी कि उन्होंने मुझे यह समझाया और सिखाया कि सितारों के आगे जहाँ और भी है। हमने बहुत सारा वक़्त साथ गुज़ारा है, सफ़र किया है, फिर भी उनसे की गई बहुत सारी गुफ़्तगू अधूरी है। वो गुज़रा हुआ वक़्त थमा हुआ है। सफ़र जो किया, किसी मंज़िल तक पहुँचा ही नहीं है। उम्मीद करता हूँ कि जब अगली भूमिका लिखूँगा तो इनमें से कोई काम मुकम्मल हो चुका होगा।

शुक्रिया का पहला हक शबाना जी को जिन्होंने अपने प्यार और अपनेपन से इतना सराबोर कर रखा है कि मुश्किलें भी आसान लगती हैं। इसके बाद शुक्रिया का हक उन अनगिनत पाठकों

का बनता है जिन्होंने इस किताब को हाथों-हाथ लिया। मंजुल पब्लिशिंग हाउस के कर्ता-धर्ता श्री विकास रखेजा भी शुक्रिया के हक़दार हैं क्योंकि वो इस किताब के नए संस्करण को जावेद साहब की मोहब्बत में बेहतर से बेहतर बना रहे हैं।

कुछ लोगों का ज़िक्र करते वक्त कभी-कभी अहसास होता है कि आप अपने कारनामे पर इतने फ़िदा हो रहे हैं कि ख़ुद का ही शुक्रिया अदा कर रहे हैं। अशोक दुबे और श्रीप्रकाश कुछ ऐसे ही नाम हैं। ज़िन्दगी के अच्छे हालात जिनके कारण यह सब काम करने का हौसला और फ़ुरसत मिली, इन सबके लिए ज़िम्मेदार श्री शरद डोसी को भूला नहीं जा सकता। इस किताब के प्रकाशन के बाद लिखने-पढ़ने का सिलसिला और बढ़ा जिसके कारण बहुत-सी उलझनें भी पैदा हुईं, मगर इन उलझनों को सुलझाए रखने का काम परिवार के लोगों ने जिस तरह से किया, उनका शुक्रिया किये बिना बात मुकम्मल नहीं होती।

एक ख़ुशख़बरी उर्दू के चाहने वालों के लिए भी है कि किताब का उर्दू तर्जुमा भी उपलब्ध है। पाठकों के लिए नए कलेवर के साथ किताब का यह पेपरबैक संस्करण आपके हाथों में है, उम्मीद है पाठक अपनी मुहब्बत को दोहराएँगे।

– अरविंद मण्डलोई

2

नाम जादू

आमतौर पर घर का नाम असली नाम से बनाया जाता है, लेकिन मेरे साथ ठीक उलटा हुआ। जावेद का मतलब है, 'अमर', अख़्तर के मानी हैं, 'सितारा', 'अमर सितारा'!

मैं सन् 1945 की 17 जनवरी को ग्वालियर के कमला अस्पताल में पैदा हुआ। मेरे वालिद और उनके दोस्त कम्युनिस्ट पार्टी के दफ़्तर से अस्पताल गए और जब वो अस्पताल में बैठे मुझे देख रहे थे और मेरे बारे में बातें कर रहे थे, उसी वक़्त किसी ने कहा, 'क्या आप लोगों को मालूम है, जब किसी मुस्लिम घर में कोई बच्चा पैदा होता है तो उसके कान में अज़ान पढ़ी जाती है?' मेरे वालिद के दोस्तों ने कहा, 'लेकिन हमारा अक़ीदा तो अलहदा है फिर हम क्या करें?' मेरे वालिद ने अपने हाथ में 'कम्युनिस्ट मैनिफ़ेस्टो' ले रखा था, वो बोले 'तो ठीक है, हम इसके कान में यही पढ़ देते हैं।' किसी ने मेरे वालिद को याद दिलाया कि जब उन्होंने मेरी वालिदा सफ़िया से शादी की थी तो उन्होंने एक नज़्म कही थी, जिसमें एक लाइन ये भी थी, 'लम्हा-लम्हा किसी जादू का फ़साना होगा, तो इसका नाम जादू क्यों न रख दें?' तो उन्होंने मेरा नाम जादू रख दिया और काफ़ी वक़्त तक मैं सिर्फ़ जादू के नाम से जाना जाता था। जब यह फ़ैसला किया कि मैं के. जी. में जाऊँ तो लोगों ने कहा कि जादू कोई संजीदा नाम नहीं है, लेकिन तब तक जादू ही मेरा नाम बन चुका था, इसलिए उनको कोई ऐसा नाम ढूँढना पड़ा जो मिलता-जुलता हो। तो इस तरह वो जावेद नाम पर पहुँचे। आमतौर पर घर का नाम असली नाम से बनाया जाता है, लेकिन मेरे साथ ठीक उलटा हुआ। जावेद का मतलब है, 'अमर', अख़्तर के मानी है, 'सितारा', 'अमर सितारा'!

◀ *अपनी स्टडी में जावेद अख़्तर*

3

1857 की जंग-ए-आज़ादी और फ़ज़्ले हक़

फ़ज़्ले हक़ की शख़्सियत बहुआयामी थी और उनकी कुछ किताबें शिकागो यूनिवर्सिटी की लाइब्रेरी में भी मौजूद हैं और मिस्र में भी वे सिलेबस का हिस्सा हैं।

मेरे वालिदैन यू.पी. से थे। मेरे वालिद का ख़ानदान ख़ैराबाद से था, जो लखनऊ से 80 मील दूर है, और मेरी वालिदा का ख़ानदान रूदौली से था, जो शायद लखनऊ से 80 या 100 मील दूर है। मेरे वालिद के ख़ानदान के लोग दानिशवर और अदीब थे। मेरे परदादा के वालिद जिनका नाम फ़ज़्ले हक़ था, वो ग़ालिब के दौर में थे और उनके बहुत क़रीबी दोस्त भी थे। फ़ज़्ले हक़ लॉजिक, फ़लसफ़े, मज़हब और अदब के विद्वान थे और उन्होंने ग़ालिब के 'दीवान' को एडिट भी किया था। ग़ालिब अपने ज़माने से बहुत आगे थे। उस वक़्त शायरी की किताब को एडिट करने का कोई रिवाज़ नहीं था, लेकिन ग़ालिब ने अपना 'दीवान' एडिट करने के लिए मेरे परदादा के वालिद को दिया था, क्योंकि वे उनके दिमाग़ की बहुत कद्र करते थे।

फ़ज़्ले हक़ की शख़्सियत बहुआयामी थी और उनकी कुछ किताबें शिकागो यूनिवर्सिटी की लाइब्रेरी में भी मौजूद हैं और मिस्र में भी वे सिलेबस का हिस्सा हैं। उन्हें मज़हब पर भी अथॉरिटी समझा जाता था। उन्होंने 1857 की जंग-ए-आज़ादी में खुलकर हिस्सा लिया था। इसलिए उन्हें गिरफ़्तार करके अंडमान (कालापानी) भेज दिया गया था, जहाँ उनका इंतिक़ाल हुआ। उनकी हिरमा नाम की बेटी थीं, जो उन्नीसवीं सदी की एक शायरा थीं। हिरमा के ख़ाविंद भी शायर थे। उनके दो बेटे हुए-बिस्मिल और मुज़्तर, और वे दोनों भी शायर थे। मुज़्तर छोटे थे और वो मेरे दादा थे।

◀ *ख़ैराबाद रेलवे स्टेशन : अपनी बहन उनेज़ा के साथ जावेद अख़्तर*

जावेद अख़्तर के ग्रेट-ग्रेट ग्रैंडफ़ादर फ़ज़्ले हक़ ख़ैराबादी के घर को ज़मींदोज़ करने के लिए 1857 में जारी हुआ सरकारी आदेश, क्योंकि उन्होंने ब्रिटिश सरकार के ख़िलाफ़ विद्रोह में भाग लिया था। ये आदेश सज़ा के तौर पर अंडमान जेल भेजे गए लोगों के घरों के लिए थे। एक स्वाभिमानी ठाकुर राजा साहिब ने फ़ज़्ले हक़ ख़ैराबादी के ज़मींदोज़ घर के मलबे को ले जाने की अनुमति ली और मलबे को अपने एस्टेट में संरक्षित रखा।

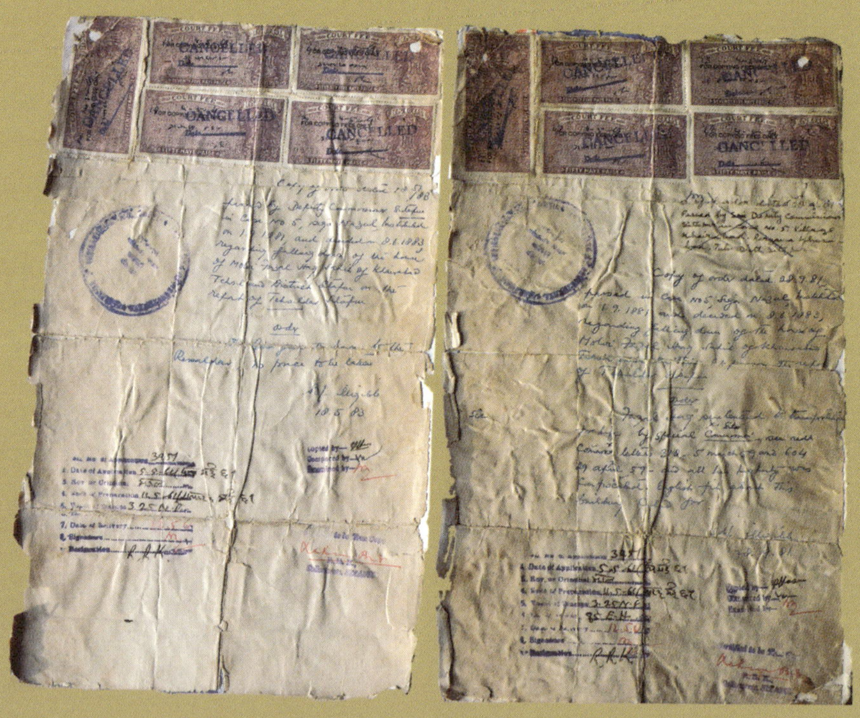

महान सूफ़ी विद्वान, शायर और स्वतंत्रता सेनानी मौलाना फ़ज़्ले हक़ ख़ैराबादी (1797–1861) का मक़बरा (अंडमान)

मुज़्तर ख़ैराबादी *(1869-1927)*

4

दादा मुज़्तर ख़ैराबादी...

मेरे दादा की बहुत-सी शायरी आज भी बहुत ही मक़बूल है। उन्होंने हर क़िस्म की शायरी की, यानी न सिर्फ़ ग़ज़लें, बल्कि क़सीदे, कजरी, होली, ठुमरी और हिन्दी में भी गीत लिखे। उनकी एक कजरी, 'छा रही काली घटा, जियरा मोरा घबराए है' को बेगम अख़्तर ने गाया था। वो ग्वालियर स्टेट में सेशन जज थे और वहीं मेरे वालिद पैदा हुए थे। चारों तरफ़ शे'र-ओ-शायरी थी और इसीलिए उन्होंने चौदह बरस की उम्र में ही शायरी करनी शुरू कर दी।

न किसी की आँख का नूर हूँ
न किसी के दिल का क़रार हूँ
जो किसी के काम न आ सके
मैं वो एक मुश्ते ग़ुबार हूँ

5

...और उनका 'ख़िरमन'

जावेद अख़्तर ने 'ख़िरमन' को अपनी ख़ास तवज्जोह और रफ़ीक़ों की मेहनत और लगन से एक दस्तावेज़ की हैसियत दे दी है।

वालिद के इंतिक़ाल के कई साल बाद जब परिवार वालों को यह लगने लगा कि जिस मकान में हम रह रहे हैं, वो छोटा पड़ रहा है और उसे बदलना चाहिए, उसी दौरान एक पलंग के नीचे बहुत सारे काग़ज़ात, कॉपियाँ और ख़ुतूत वग़ैरह मिले। जब ये काग़ज़ात मिले तो हमने भी उन्हें रख दिया। कई सालों बाद जब अचानक याद आया तो हमने काग़ज़ात की पोटली खोली तो नीचे मुज़्तर ख़ैराबादी की ढेरों ग़ज़लें मिलीं। उसके वर्षों बाद 'ख़िरमन' वजूद में आया।

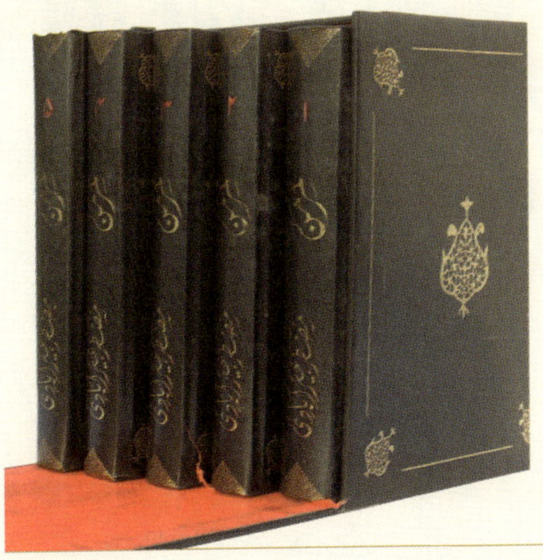

जावेद अख़्तर ने 'ख़िरमन' को अपनी ख़ास तवज्जोह और रफ़ीक़ों की मेहनत और लगन से एक दस्तावेज़ की हैसियत दे दी है। इस संग्रह में शामिल मशहूर ग़ज़ल 'न किसी की आँख का नूर हूँ' को बड़ी ठोस दलीलों के साथ मुज़्तर की ग़ज़ल साबित किया गया है।

2015 में जावेद अख़्तर द्वारा प्रकाशित मुज़्तर ख़ैराबादी की शायरी का संग्रह 'ख़िरमन'।

'ख़िरमन' के विमोचन के अवसर पर उपराष्ट्रपति हामिद अंसारी और उर्दू अदब के विद्वान गोपीचंद नारंग के साथ जावेद अख़्तर (नई दिल्ली, 2015)

6

बचपन, क्रिकेट और अमीर बनने का ख़्वाब

स्कूल खुल गए हैं। मेरा दाख़िला लखनऊ के मशहूर स्कूल कॉल्विन ताल्लुक़ेदार कॉलेज में छठी क्लास में करा दिया जाता है।

लोग जब अपने बारे में लिखते हैं तो सबसे पहले यह बताते हैं कि वो किस शहर के रहने वाले हैं। मैं किस शहर को अपना शहर कहूँ...? पैदा होने का जुर्म ग्वालियर में किया, लेकिन होश सँभाला लखनऊ में, पहली बार होश खोया अलीगढ़ में, फिर भोपाल में रहकर कुछ होशियार हुआ, लेकिन अब मुम्बई आकर काफ़ी दिनों तक होश ठिकाने रहे, तो आइए ऐसा करते हैं कि मैं अपनी ज़िन्दगी का छोटा-सा फ़्लैश बैक बना लेता हूँ। इस तरह आपका काम, यानी पढ़ना भी आसान हो जाएगा और मेरा काम भी, यानी लिखना।

शहर लखनऊ... किरदार, मेरे नाना-नानी, दूसरे घरवाले और मैं..., मेरी उम्र आठ बरस है। बाप मुम्बई में है, माँ कब्र में। दिन भर घर के आँगन में अपने छोटे भाई के साथ क्रिकेट खेलता हूँ। शाम को ट्यूशन पढ़ाने के लिए एक डरावने-से मास्टर साहब आते हैं। उन्हें पंद्रह रुपए महीना दिया जाता है (यह बात बहुत अच्छी तरह याद है, इसलिए कि रोज़ बताई जाती थी)। सुबह ख़र्च करने के लिए एक अधन्न और शाम को एक इकन्नी दी जाती है, इसलिए पैसे की कोई समस्या नहीं है। सुबह रामजी लाल बनिए की दुकान से रंगीन गोलियाँ ख़रीदता हूँ और शाम को सामने फुटपाथ पर ख़ोमचा लगाने वाले भगवती की चाट पर इकन्नी लुटाता हूँ। ऐश ही ऐश है। स्कूल खुल गए हैं। मेरा दाख़िला लखनऊ के मशहूर स्कूल कॉल्विन ताल्लुक़ेदार कॉलेज में छठी क्लास में करा दिया जाता है। पहले यहाँ सिर्फ़ ताल्लुक़ेदारों के बेटे पढ़ सकते थे, अब मेरे जैसे कमज़ातों को भी दाख़िला मिल जाता है। अब भी बहुत महँगा स्कूल है..., मेरी फ़ीस सत्रह रुपए महीना है (यह बात बहुत अच्छी तरह याद है, इसलिए की रोज़... जाने दीजिए)। मेरी क्लास में कई बच्चे घड़ी बाँधते हैं। वो सब बहुत अमीर घरों के हैं। उनके पास कितने अच्छे-अच्छे स्वेटर हैं। एक के पास तो फ़ाउण्टन पेन भी है। यह बच्चे इन्टरवल में स्कूल की कैन्टीन से आठ आने की चॉकलेट ख़रीदते हैं (अब भगवती की चाट अच्छी नहीं लगती)। कल क्लास में राकेश कह रहा था, उसके डैडी ने कहा है कि वो उसे पढ़ने के लिए इंग्लैंड भेजेंगे। कल मेरे नाना कह रहे थे... अरे कमबख़्त! मैट्रिक पास कर ले तो किसी डाक खाने में मोहर लगाने की नौकरी तो मिल जाएगी। इस उम्र में जब बच्चे इंजन ड्राइवर बनने का ख़्वाब देखते हैं, मैंने फ़ैसला कर लिया है कि बड़ा होकर अमीर बनूँगा...

जावेद अख़्तर, 11 वर्ष (लखनऊ)

छुटकनिया

'बचपन में वे हम लोगों के साथ ख़ूब मारधाड़ करते थे, फिर सबको मना भी लेते थे। ख़ूब शैतानी करते थे। हम लोग अमरूद के पेड़ पर चढ़कर अमरूद तोड़ा करते थे। दिन में वे कभी सोते नहीं थे। स्कूल से आकर बस्ता फेंक दिया करते थे, पढ़ाई वे बहुत ही कम करते थे। हम सबको बैठाकर ख़ूब कहानी सुनाते और कहते थे कि हम जब भी पिक्चर बनाएँगे तो मारधाड़ वाली बनाएँगे और तुम देखना छुटकनिया। कभी उदास नहीं दिखते थे। अकेले ही एक्टिंग करते रहते थे। जब सालों बाद आए तो हमें बुलवा भेजा और हमसे मिलकर ख़ूब रोए।'

छुटकनिया के माँ-बाप जावेद अख़्तर के नाना के घर में खाना बनाते थे। ये दो बहनें थीं, छुटकनिया और बढ़कनिया। इन्होंने जावेद साहब के बचपन को ख़ूब अच्छे से देखा है।

कॉल्विन ताल्लुक़ेदार कॉलेज (लखनऊ)

अपनी माँ सफ़िया अख़्तर के साथ जावेद (दाएँ) और छोटे भाई सलमान (बाएँ) (1950)

7

‘मेरे लिए तुम्हारा जादू ही बहुत है’

जादू अगर शायरी के चक्कर में पड़ गया, जिसका पूरा इम्कान (सम्भावना) है तो फिर जान लो कि अपनी सात पुश्तें न पनप सकेंगी, सिवा इसके कि सुर्ख़ इंक़लाब ही तबाही से बचा ले।

पिता जाँ निसार अख़्तर को लिखे गए माँ सफ़िया अख़्तर के पत्र

23 फरवरी, 1946, अलीगढ़
ख़ैर मेरे लिए तुम्हारा जादू ही बहुत है। इस कदर शरीर और ऊधमी हो गया है कि मेरे काबू में नहीं रहता। जितनी देर सोता है, अम्न महसूस होता है। कल स्वान इंक की भरी शीशी ज़मीन पर उलटकर सारे जिस्म पर स्याही फेरी और रौशनाई ख़ूब जी भर के चाटी। इस वक़्त ऐसा मासूम बना सो रहा है, जैसे मोअल्लिमुल-मलकूत! (फ़रिश्तों को पढ़ाने वाला)

15 मई, 1947, लखनऊ
जादू के हालात सुनाने के नहीं, बस देख सकते हो। मस्त हैं बुरी तरह-बातें तो बेतहाशा बनाते हैं। पूछा जाता है, 'तुम्हारा दादा कौन है?' जवाब मिलता है, 'स्तालिन' और तुम्हारे चचा का नाम, 'चचा दालिब' (ग़ालिब)। चचा ग़ालिब का तज़किरा (ज़िक्र) हर वक़्त करते हैं और उनकी तस्वीर को लेकर नाचते रहते हैं।

14 सितम्बर, 1951, भोपाल
जादू और उवैस तुम्हारी एक-एक अदा याद करके ख़ुश होते रहते हैं। मोटर की ख़बर सुनकर उवैस फूले न समाये और जादू की वैनिटी को ऐसा सदमा पहुँचा कि फ़ौरन रो पड़े। मिसराबाज़ी (कविता की पंक्तियों की तुकबंदी) भी जारी रहती है। परसों रात उवैस बिस्तर पर ऊधम कर रहा था और किसी तरह न सोता था। मैंने आजिज़ (परेशान) हो कर तख़्त पर बैठे-बैठे कहा, 'सो जाओ मेरे प्यारे' और जादू साहब मसहरी पर लेटे हुए थे, वहाँ से बरजस्ता (अनायास) बोले, 'क्या ठाठ हैं तुम्हारे'। जादू अगर शायरी के चक्कर में पड़ गया, जिसका पूरा इम्कान (सम्भावना) है तो फिर जान लो कि अपनी सात पुश्तें न पनप सकेंगी, सिवा इसके कि सुर्ख़ इंक़लाब ही तबाही से बचा ले।

मेरे वालिदैन की शादी-शुदा ज़िन्दगी नौ साल की थी और उसमें से ज़्यादातर वक़्त वे जुदा-जुदा ही रहे थे। जितने भी ख़ुतूत मेरी माँ ने मेरे पिता को लिखे, उन्हें उन्होंने किताब की शक्ल में शाया करवाया था। ये एक बेहद मक़बूल किताब थी और सन् 54-55 से लेकर अब तक हर बरस इस किताब के एक-दो एडिशन छपते रहे हैं। मेरी माँ एक ज़बरदस्त ख़तनिगार थीं और क़रीब- क़रीब रोज़ाना ख़त लिखा करती थीं।

माँ सफ़िया अख़्तर

8

जाँ निसार अख़्तर

शायरी से मेरा पैदाइशी रिश्ता

शायरी से मेरा रिश्ता पैदाइशी और दिलचस्पी हमेशा से है। लड़कपन से जानता हूँ कि चाहूँ तो शायरी कर सकता हूँ, मगर आज तक नहीं की है।

हमारे यहाँ आमतौर से कोई पैसा, कोई प्रॉपर्टी, कोई फ़ैक्ट्री, कोई ज़मीन, कोई खेत-खलिहान तो अपने बच्चों को दे कर नहीं जाते, लेकिन कुछ और देते हैं। एक दूसरी तरह की समझ, एक दूसरी तरह का नॉलेज, जिसका दाम नहीं लगा सकते। मुझे याद है कि मेरे पिता ने एक बार मुझसे कहा था कि मुश्किल ज़बान में लिखना बहुत आसान है, लेकिन आसान ज़बान में लिखना बहुत मुश्किल। आसान ज़बान में आप तभी लिख सकते हैं, जब आप अपने ख़याल पर बिल्कुल स्पष्ट हों कि आप कहना क्या चाहते हैं। अगर आपकी ज़बान पारदर्शी है, तो साफ़ पता चलता है कि आप कह क्या रहे हैं। ऐसे में आपका ख़याल सही होना चाहिए। यही मैं जाँ निसार की शायरी में देखता हूँ। उनकी शायरी में बहुत ही कम मुश्किल अल्फ़ाज़ आते हैं। कुछ नज़्में हैं, जिनमें मुश्किल अल्फ़ाज़ आते हैं, उनसे आपको ये मालूम होता है कि इस आदमी को वॉकेबुलरी का कोई प्रॉब्लम नहीं, इनकी वॉकेबुलरी बहुत बड़ी है, लेकिन इनकी 90 प्रतिशत शायरी जो है, वो एकदम आसान और पारदर्शी भाषा में है, जो कि एक बहुत अच्छी बात है। जाँ निसार की शायरी धीमी आँच की शायरी है।

तमाम कम्युनिज़्म, तमाम प्रोग्रेसिव थॉट्स के साथ उनके अंदर वो पुराना रचाव, बहुत सारी बातों का जो था, गया नहीं था। आमतौर पर ऐसा माना जाता है कि मोहब्बत नाकाम हुई तो वो अमर हो गई, लेकिन अगर हैप्पी एंडिंग हुई तो उसके बाद पोएट्री नहीं होती है। मगर अख़्तर साहब ने पूरी किताब लिखी है 'घर-आँगन', जिसमें सारी पोएट्री शादी के बाद की ज़िन्दगी के बारे में है और बहुत ख़ूबसूरत है। लेकिन उसके बाद भी मुझे उसमें ऐसा लगता है कि जो औरत निकल के आती है, वो एक ट्रेडिशनल इंडियन औरत है। इसका मतलब, कहीं उनकी फैन्टेसी में जो औरत है, वो ट्रेडिशनल इंडियन औरत है।

18 अगस्त, 1976 को मेरे पिता की मृत्यु होती है (मरने से नौ दिन पहले उन्होंने मुझे अपनी आख़िरी किताब ऑटोग्राफ़ करके दी थी, उस पर लिखा था, 'जब हम न रहेंगे तो बहुत याद करोगे।' उन्होंने ठीक लिखा था)। अब तक तो मैं अपने आपको एक बाग़ी और नाराज़ बेटे के रूप में पहचानता था, मगर अब मैं कौन हूँ। मैं अपने-आपको और फिर अपने चारों तरफ़ नई नज़रों से देखता हूँ कि क्या बस यही चाहिए था मुझे ज़िन्दगी से। इसका पता अभी दूसरों को नहीं है मगर वो तमाम चीज़ें जो कल तक मुझे ख़ुशी देती थीं, झूठी और नुमाइशी लगने लगी हैं। अब मेरा दिल उन बातों में ज़्यादा लगता है, जिनसे दुनिया की ज़बान में कहा जाए तो कोई फ़ायदा नहीं। शायरी से मेरा रिश्ता पैदाइशी और दिलचस्पी हमेशा से है। लड़कपन से जानता हूँ कि चाहूँ तो शायरी कर सकता हूँ, मगर आज तक नहीं की है। ये भी मेरी नाराज़गी और बग़ावत का एक प्रतीक है। 1979 में पहली बार शे'र कहता हूँ और ये शे'र लिखकर मैंने अपनी विरासत और अपने बाप से सुलह कर ली है।

◀ *पिता जाँ निसार अख़्तर (1914-1976)*

अपने पिता जाँ निसार अख़्तर के साथ जावेद और सलमान (लखनऊ, 1957)

9

गुफ़्तगू [जावेद अख़्तर के साथ अरविंद मण्डलोई]

माँ की कमी अपने लड़कपन में, अपनी कम उम्र में बहुत ज़्यादा रही

एक तो बाग़ी बेटे का क्या है कि मेरी माँ मर गई थी, जब मैं 8 साल का था और मैं दूसरों के ही घर में पला।

आपकी माँ का बड़ी कम उम्र में इंतिक़ाल हो गया। कभी ऐसा कोई लम्हा आता है, जब आपको लगता है कि इस समय मेरी माँ को होना चाहिए था?

अरे भाई, ये भी मज़े की बात है। मेरी माँ की जब डेथ हुई, तो वो 35 या 36 साल की थीं। फ़िलहाल तो मेरे दोनों बच्चों की उम्र अब ज़्यादा है उनसे, तो मैं उस माँ के बारे में सोचूँ जो मेरे बच्चों से छोटी है? अब कैसे सोचूँ और कितना सोचूँ? पहले तो हिम्मत नहीं थी सोचने की और देखने की, इसलिए कि वो ज़ख़्म ताज़ा और गहरा था, लेकिन अब इतनी दूर आ गया हूँ कि मुड़ के देखता हूँ तो मुझे एहसास होता है कि मैंने ज़िन्दगी में अपनी माँ को कितना मिस किया है। उस वक़्त मैं मानता नहीं था, अपने आप से भी, इसलिए कि मानता तो फिर ख़ुश कैसे रहता और ज़िन्दा कैसे रहता? लेकिन मुझे यक़ीन है कि मुझे अपनी माँ की कमी अपने लड़कपन में, अपनी कम उम्र में बहुत ज़्यादा रही। पर फिर, वही बात है कि सीन नंबर 36 निकाल दोगे, तो हो सकता है सीन नंबर 64 जो

◀ *सफ़िया सिराज (अख़्तर) और जाँ निसार अख़्तर। जानी-मानी लेखिका सफ़िया, प्रसिद्ध शायर मजाज़ की बहन थीं। (लखनऊ, 1943)*

हाईलाइट है कहानी का, वो भी निकल जाए। अब क्या पता मेरी माँ ज़िन्दा होतीं तो मैं क्या होता। किसी यूनिवर्सिटी में पढ़ा रहा होता या जर्नलिस्ट होता, पता नहीं क्या होता। या हो सकता है यहीं होता। तो अब ज़िन्दगी में सुख-दुख तो भइया सबको मिलते हैं।

आपके वालिद के और आपके ताल्लुक़ात को लेकर लोगों में एक अजीब तरह की सोच है कि आप एक बाग़ी बेटे थे और आप कभी उनके साथ उस तरह से पेश नहीं आए, जैसे एक बेटे को आना चाहिए। क्या आपको कभी ज़िन्दगी में ये एहसास हुआ कि ये फलाँ चीज़ थी, जो मुझे अपने पिता के साथ शेयर करना थी और उनको इसमें इन्वॉल्व करना था या क्या उम्र के इस मक़ाम पर, जबकि आप दादा बन गए हैं, आपको लगता है कि जिस तरह की आपकी एक बाग़ी बेटे की तस्वीर बन गई, तो इसमें आपसे कहीं कोई चूक हो गई?

नहीं, वो तो जो हुआ, होना ही था। देखिए, एक तो बाग़ी बेटे का क्या है कि मेरी माँ मर गईं थी, जब मैं 8 साल का था और मैं दूसरों के ही घर में पला, हालाँकि दूसरे भी अपने ही थे। नाना थे और मेरी मौसी थीं, उनके घर में रहा। फिर उसके बाद भोपाल आया, तो एक साल तो मैं अपनी सौतेली माँ के घर रहा, उनकी जो फ़ैमिली थी, उनके साथ रहा। वो तो मुम्बई में रहती थीं मेरे बाप के साथ। और फिर उसके बाद मैं अलग अपने दोस्तों के साथ रहने लगा। मुम्बई भी जब गया, तो शायद 3-4 दिन अपने बाप के साथ रहा और उसके बाद अलग हो गया, इसलिए कि उस घर में मुझे कोई जगह नहीं मिली।

तो कामयाबी का जहाँ तक संबंध है, 1970 से मुझे काम मिलना शुरू हुआ। 1973 में ज़ंजीर रिलीज हुई, जिससे मुझे सही मायनों में नाम मिला। 1970 से ये हो गया था कि दो वक़्त की रोटी खाने लगा था, और 1976 में मेरे फ़ादर की डेथ हो गई। तो ये जो मेरी कामयाबी का दौर था, वो तो उन्होंने ज़्यादा-से-ज़्यादा तीन ही साल देखा। लिहाज़ा, उनके सामने मेरी कामयाबी को जो अरसा है, वो तो बस उतना-सा ही है, बाक़ी तो मेरा नाकामी का दौर है, जो उनके ज़िन्दा रहते रहा। ज़्यादातर तो मैं एक आवारा, बेघर और दरबदर वाला ही बेटा था। लेकिन ख़ैर अब जो हुआ, सो हुआ।

लेकिन ये जो 3 साल भी थे, उनमें मेरे बाप से मेरे संबंध कुछ ठीक-से हो गए थे।

अब सारी ज़िन्दगी जो बाप-बेटे अलग रहे हों, वो एक दिन में वापस नॉर्मल बाप-बेटे हो जाएँ, वो तो मुमकिन नहीं होता है, लेकिन मैंने ये तजुर्बा किया है कि कितना भी कुछ हो जाए, ज़मीन आसमान से टकरा जाए, सूरज-चाँद टुकड़े-टुकड़े हो जाएँ, कुछ भी हो जाए लेकिन कुछ रिश्ते हैं उनसे मोहब्बत जाती नहीं है, जिनमें कोई वजह नहीं होती है कि भई आपको मोहब्बत क्यों है, मगर फिर भी होती है और शायद बाप-बेटे का रिश्ता भी ऐसा ही है। तो उनके लिए जो मोहब्बत और इज़्ज़त थी, कहीं-न-कहीं दिल में थी, और है।

10

मजाज़ और आवारगी का हुस्न

मजाज़ या मजाज़ लखनवी को उर्दू शायरी का शेली और कीट्स कहा गया है। मजाज़ का ज़िक्र आते ही जिस नज़्म का सबसे पहले ख़याल आता है, उसका उनवान है 'आवारा'।

'शहर की रात और मैं नाशाद-ओ-नाकारा फिरूँ,
जगमगाती-जागती सड़कों पे आवारा फिरूँ...'।

जो आवारा जाने-पहचाने रास्ते छोड़ देता है, निकल जाता है, उसकी क़िस्मत में तन्हाइयाँ हैं, उसकी क़िस्मत में दुख भी हैं, सर्द रातें भी हैं, नींद का बोझ भी है, लेकिन कभी वो ऐसे ही ढूँढते-ढूँढते मंज़िल पा ले, तो फिर यही तमाम आवारगी उसकी ज़िन्दगी का हुस्न बन जाती है। जब यही आवारगी आपको कहीं पहुँचाती है, तो वो जगह ऐसी होती है कि वो लोग, जो सीधे रास्ते पर चलते रहे हैं, वो हैरत से और इज़्ज़त से आपको देखते हैं।

मजाज़ अपने भतीजियों, और भांजी-भांजों के साथ : उनके पीछे सलमान अख़्तर (बाएँ), जावेद अख़्तर (दाएँ), उनके बग़ल में असमा इरफ़ान, उन्फी फ़रज़ाना, रुख़साना, इरफ़ान सालिम, बाएँ कुर्सी पर बैठी सुम्बुल वारसी, दाईं ओर कुर्सी के पीछे खड़ी सलमा ज़ैदी

11

स्वतंत्रता संग्राम सेनानी अंसार हरवानी

स्वतंत्रता संग्राम सेनानी रहे अंसार हरवानी जावेद अख़्तर के मामा थे। कई बार सांसद रह चुके, अलीगढ़ मुस्लिम यूनिवर्सिटी के ग्रैजुएट हरवानी साहब ने एलएलबी की शिक्षा भी प्राप्त की थी। वे 'ऑल इंडिया स्टूडेंट फ़ेडरेशन' के संस्थापक और महासचिव रहे (1936-1939)। हरवानी दूसरी लोकसभा (1957-62) में फ़तेहपुर चुनाव क्षेत्र से सांसद रहे और तीसरी लोकसभा (1962-67) में उत्तरप्रदेश के बिसौली चुनाव क्षेत्र से सांसद रहे। हरवानी 'नेशनल हेराल्ड' के चीफ़ रिपोर्टर, 'अमृत बाज़ार पत्रिका' और 'बॉम्बे क्रॉनिकल' के विशेष प्रतिनिधि भी रहे। इतिहास और राजनीति की किताबें पढ़ना उनका पसंदीदा मनोरंजन और शौक़ था। नेशनल कांग्रेस में उनकी सक्रिय भूमिका के कारण उन्हें यूनिवर्सिटी से निकाला भी गया था। उन्होंने कुछ पैम्फ़लेट्स, न्यूज़ शीट्स आदि सम्पादित किए, 'भारत छोड़ो आन्दोलन' में सक्रिय रूप से भाग लिया और 1942 से 1946 तक जेल भी गए। वे लखनऊ जिला कांग्रेस कमेटी के अध्यक्ष और अखिल भारतीय कांग्रेस कमेटी के सदस्य रहे। वे अखिल भारतीय फ़ॉरवर्ड ब्लॉक की राष्ट्रीय कार्यकारिणी के सदस्य (1939-1948) और ऑल इंडिया यूथ लीग के अध्यक्ष (1946-52) भी रहे।

जावेद अख़्तर के मामा, अंसार हरवानी

बाएँ से दाएँ खड़े हुए : महबूब आलम, तौफ़ीक़-उर-रहमान, रायसुद्दीन, इक़बाल हुसैन, ख़ालिद मुख़्तार, नौशाद अहमद, सतीश कुमार बजाज, हमीद उद्दीन, अब्दुल करीम, रसूल अली।
कुर्सियों पर बैठे हुए : फ़रहान मुजीब (ट्रेजरार), मि.विजारत हुसैन (टीजर-इन-चार्ज), राज किशन राजदान (ग्रुप लीडर), मि. सैयद मोहम्मद टोंके (हेड मास्टर), अहमद फ़ज़ील जाफ़री (अस्सिटेंट ग्रुप लीडर), जावेद अख़्तर (कल्चरल इन-चार्ज)
ज़मीन पर बैठे हुए : हाजी अहमद, आदिल हयात, शुजा बेग चुग़ताई, नजमुल हसन, मुनीस-उ-रहमान।

12

कोर्स की किताबों में मन नहीं लगा

शहर अलीगढ़... किरदार–मेरी ख़ाला, दूसरे घरवाले और मैं..., मेरे छोटे भाई को लखनऊ में नाना के घर में ही रख लिया गया है और मैं अपनी ख़ाला के हिस्से में आया हूँ, जो अब अलीगढ़ आ गई हैं। ठीक ही तो है, दो अनाथ बच्चों को कोई एक परिवार तो नहीं रख सकता। मेरी ख़ाला के घर के सामने दूर जहाँ तक नज़र जाती है, मैदान है। उस मैदान के बाद मेरा स्कूल है..., मैं नौवीं क्लास में हूँ, उम्र 14 बरस है। अलीगढ़ में जब सर्दी होती है तो झूठमूठ नहीं होती। पहला घंटा 7 बजे होता है। मैं स्कूल जा रहा हूँ। सामने से चाकू की धार के जैसी ठंडी और नुकीली हवा आ रही है। छूकर भी पता नहीं चलता कि चेहरा अपनी जगह है या हवा ने नाक–कान काट डाले हैं। वैसे पढ़ाई में तो नाक कटती ही रहती है। पता नहीं कैसे, बस, पास हो जाता हूँ। इस स्कूल में, जिसका नाम मिंटो सर्किल है, मेरा दाख़िला कराते हुए मेरे मौसा ने टीचर से कहा, ख़याल रखिएगा, इनका दिल पढ़ाई में कम, फ़िल्मी गानों में ज़्यादा लगता है। दिलीप कुमार की 'उड़न खटोला', राजकपूर की 'श्री 420' देख चुका हूँ। बहुत–से फ़िल्मी गाने याद हैं, लेकिन घर में ये फ़िल्मी गाने गाना तो क्या, सुनना भी मना है; इसलिए स्कूल से वापस आते हुए रास्ते में ज़ोर–ज़ोर से गाता हूँ (माफ़ कीजिएगा, जाते वक़्त तो इतनी सर्दी होती थी कि सिर्फ़ पक्के राग ही गाए जा सकते थे)।

मेरा स्कूल यूनिवर्सिटी एरिया में ही है। मेरी दोस्ती स्कूल के दो–चार लड़कों के अलावा ज़्यादातर यूनिवर्सिटी के लड़कों से है। मुझे बड़े लड़कों की तरह होटलों में बैठना अच्छा लगता है। अक्सर स्कूल से भाग जाता हूँ। स्कूल से शिकायतें आती हैं। कई बार घर वालों से काफ़ी पिटा भी, लेकिन कोई फ़र्क़ नहीं पड़ा। कोर्स की किताबों में दिल नहीं लगा तो नहीं लगा, लेकिन नॉवेल बहुत पढ़ता हूँ। डाँट पड़ती है, लेकिन फिर भी पढ़ता हूँ। मुझे शे'र बहुत याद हैं। यूनिवर्सिटी में जब भी उर्दू शे'रों की बेतबाज़ी (अंताक्षरी) होती है, तब मैं अपने स्कूल की तरफ़ से जाता हूँ और हर बार मुझे बहुत–से इनाम मिलते हैं। यूनिवर्सिटी के सारे लड़के–लड़कियाँ मुझे पहचानते हैं। लड़के मुझे पहचानते हैं, मुझे इसकी ख़ुशी है। लड़कियाँ मुझे पहचानती हैं, इसकी थोड़ी ज़्यादा ख़ुशी है।

◀ *जावेद अख़्तर, 14 वर्ष (अलीगढ़, 1957)*

▼ *एस. टी. हाईस्कूल, मिंटो सर्किल (अलीगढ़)*

13

मेरी ज़िन्दगी का पहला और आख़िरी प्रेम–पत्र

अब मैं कुछ बड़ा हो चला हूँ... मैं पंद्रह साल का हूँ और ज़िन्दगी में पहली बार एक लड़की को खत लिख रहा हूँ, मेरा दोस्त बीलू मेरी मदद करता है। हम दोनों मिलकर यह खत तैयार करते हैं। दूसरे दिन एक ख़ाली बैडमिंटन कोर्ट में वो लड़की मुझे मिलती है और हिम्मत करके मैं यह ख़त उसे दे देता हूँ। यह मेरी ज़िन्दगी का पहला और आख़िरी प्रेम-प्रत्र है। (उस खत में क्या लिखा था, यह भूल गया लेकिन वो लड़की आज तक याद है)। मैट्रिक के बाद अलीगढ़ छोड़ रहा हूँ। मेरी ख़ाला बहुत रो रही हैं और मेरे मौसा उन्हें चुप कराने के लिए कह रहे हैं कि तुम तो इस तरह रो रही हो, जैसे यह भोपाल नहीं किसी युद्ध के मैदान में जा रहा हो (उस वक़्त न वो जानते थे, न मैं जानता था कि मैं सचमुच 'युद्ध के मैदान' में ही जा रहा था)।

आज यूँ तो ज़िन्दगी मुझ पर हर तरह से मेहरबान है, मगर बचपन का वो एक दिन, 18 जनवरी 1953 अब भी याद आता है। जगह, लखनऊ, मेरे नाना का घर- रोती हुई मेरी ख़ाला, मेरे छोटे भाई सलमान को, जिसकी उम्र साढ़े छह बरस है और मुझे हाथ पकड़ के घर के उस बड़े कमरे में ले जाती है जहाँ फर्श पर बहुत-सी औरतें बैठी हैं। तख़्त पर सफ़ेद कफ़न में लेटी मेरी माँ का चेहरा खुला है। सिरहाने बैठी मेरी बूढ़ी नानी थकी-थकी सी हौले-हौले रो रही हैं। दो औरतें उन्हें सँभाल रही हैं। मेरी ख़ाला हम दोनों बच्चों को उस तख़्त के पास ले जाती हैं और कहती हैं, अपनी माँ को आख़िरी बार देख लो। मैं कल ही आठ बरस का हुआ था। समझदार हूँ। जानता हूँ मौत क्या होती है। मैं अपनी माँ के चेहरे को बहुत गौर से देखता हूँ कि अच्छी तरह याद हो जाए। मेरी ख़ाला कह रही हैं - इनसे वादा करो कि तुम ज़िन्दगी में कुछ बनोगे, इनसे वादा करो कि तुम ज़िन्दगी में कुछ करोगे। मैं कुछ कह नहीं पाता, बस देखता रहता हूँ और फिर कोई औरत मेरी माँ के चेहरे पर कफ़न ओढ़ा देती है।

एक खिलौना जोगी से
खो गया था बचपन में
ढूँढ़ता फिरा उसको
वो नगर-नगर तनहा

◀ अपने पसंदीदा एक्टर देव आनंद के स्टाइल में जावेद

14

जावेद के जो साल अलीगढ़ में बीते, उसकी जावेद पर बहुत गहरी छाप है : फ़रहान मुजीब

मैं जावेद की पोएट्री का शौक़ीन हूँ। जावेद की कुछ रोमांटिक पोएट्री है, जो मुझे बहुत अच्छी लगती है। जावेद की कविताओं में अतीत की झलक है।

ये 1957 की बात है, मैं 7वीं-8वीं में था। तभी उनका दाख़िला हुआ था। हम दोनों एक सेक्शन में नहीं थे, लेकिन एक ही क्लास में थे। मेरे ख़याल से, हम कॉरिडोर में मिले और फिर हम दोस्त बन गए।

जावेद, उस ज़माने में भी, बाक़ी हम तमाम बच्चों से बिल्कुल मुख़्तलिफ़ थे। वे बहुत परिपक्क दिखते थे। जावेद एक बड़े शहर से आए थे और एक छाप उन्होंने छोड़ रखी थी कि मुझे ज़िन्दगी के बारे में सब मालूम है। वे शब्दों के साथ भी काफ़ी अच्छा खेल लेते थे, जैसे कि चुटकुले, मज़ाक़, उनकी बातें, एक्स्ट्रोवर्ट पर्सनैलिटी। उनमें आत्म-विश्वास बहुत था। 4-5 महीनों में ही सारा स्कूल जान गया था कि ये कौन है। फिर उनका नाम 'जादू' भी दूसरे लोगों के मुक़ाबले में ज़रा मुख़्तलिफ़ सा लगता था। वे चीज़ें जिनके बारे में हमने सुना भी नहीं था, वे सब जानते थे। वे उन लोगों से भी मिल चुके थे, जिनका हमने सिर्फ़ नाम सुन रखा था। उनके ऐसे दोस्त थे, जो उनकी उम्र से काफ़ी बड़े थे। यूनिवर्सिटी के लड़कों से दोस्ती थी, यूनिवर्सिटी की लड़कियों से दोस्ती थी। जादू किसी भी आदमी से चाहे वह लड़का हो, लड़की हो या बुज़ुर्ग हो, बैठ कर किसी भी विषय पर बात कर सकते हैं। एक बात और है, और ये अलीगढ़ का कल्चर है, एक लफ़्ज़ है, 'खिंचाई करना', जावेद इसमें काफ़ी अच्छे थे। अलीगढ़ में जिस ज़माने में जावेद यहाँ पढ़ रहे थे, वामपंथी विचारधारा के लोगों का यहाँ बहुत प्रभाव था। घर

◀ *फ़रहान मुजीब और अन्य दोस्तों के साथ जावेद अख़्तर*

पर ये सारी बातें होती थीं, इन्क़लाब, आज़ादी, और समानता। ये बिल्कुल रोज़मर्रा की बातचीत थी।

जिस तरह जावेद उर्दू का इस्तेमाल करते हैं, जिस तरह बोलते हैं, ख़ासतौर पर उनका सेंस ऑफ़ ह्यूमर, मैं समझता हूँ कि अलीगढ़ में जो साल गुज़रे वो जावेद के लिए बहुत महत्त्वपूर्ण रहे हैं। अलीगढ़ का एक ख़ास सेंस ऑफ़ ह्यूमर होता है और यहाँ पर शायद ही कोई मिलेगा आपको, जिसमें सेंस ऑफ़ ह्यूमर न हो। देव आनंद को जावेद आदर्श मानते थे, वे भी कॉलर खड़ा करके पफ़ बना कर डायलॉग बोलते थे। वे अच्छी मिमिक्री कर लेते थे।

एक बात ये है कि जावेद कोई बात कभी भूलते नहीं हैं, जो कि आपको अमिताभ बच्चन के किरदार में देखने को मिलेगी। मैं बदला लेने की बात पर नहीं कह रहा हूँ, लेकिन अगर कोई बात उन्हें तकलीफ़ पहुँचा गई है, तब वे इसे इतने लम्बे समय तक याद रखते हैं कि जब तक उन्हें इन बातों को ख़ुद से मिटाने का मौक़ा नहीं मिल जाए और सामने वाले से ये ना बुलवा दें कि 'मैं क्विट कर रहा हूँ।' इस तरह की बात आपको अमिताभ बच्चन के किरदार में भी मिलती है।

मैं जावेद की पोएट्री का शौक़ीन हूँ। जावेद की कुछ रोमांटिक पोएट्री है, जो मुझे बहुत अच्छी लगती है। जावेद की कविताओं में अतीत की झलक है। जावेद अन्दर से बेहद रोमांटिक आदमी हैं, और ये जो कूल अंदाज़ है, ये सिर्फ़ बाहरी है, इनके बीच एक भावुकता छिपी है। और कभी-कभी उनकी कविताओं में ये भावुकता नज़र आती है, जो बड़ी प्यारी लगती है। उनकी जो ग़ज़ल है, 'मैं और मेरी आवारगी' या उनकी एक नज़्म जो मुझे बहुत अच्छी लगती है, 'बंजारा' जिसमें उनके किसी को पीछे छोड़ आने की पुरानी याद का ज़िक्र है।

उनकी लिरिक्स तो लाजवाब है। वे एक बेहद अच्छे लिरिक्स राइटर हैं। 'सिलसिला' फ़िल्म में कुछ गाने बहुत अच्छे लिखे हैं जादू ने। 'घर से निकलते ही' भी बहुत अच्छा है। ये ख़ालिस अलीगढ़ का गाना है, इसलिए कि उसमें जो लड़के के जज़्बात हैं कि वो एक लड़की को चाहता है और कभी नहीं बताता है। जब हम लोग 13-14 साल के थे और जब जादू यहाँ थे स्कूल में, किसी को

भी ये साफ़ नज़र आता था कि ये एक मुख़्तलिफ़ क़िस्म का बच्चा है, जो अपनी ज़िन्दगी किसी और तरह से ढालेगा। कोई इंजीनियर, लॉयर नहीं बनने वाला है ये। इसका अंदाज़ा था कि ये डगर से हट के एक इंसान है। उसके बाद 1963 में जब मैं मिला, तब वे भोपाल से एक-दो दिनों के लिए अलीगढ़ आए हुए थे। उसके बाद 1973 में मिले, फिर 1977 में इंग्लैंड में एक महीना हमने साथ गुज़ारा, उसके बाद हम बार-बार मिलते रहे।

जावेद हमारे घर आते थे, मेरे रूम में बैठते थे। हम फिर फ़िल्मों के गानों, दोस्तों के बारे में बातें करते थे, चुटकुले सुनाते थे। हम कभी-कभी बैठे रहते थे। समय बस जाता रहता था और फिर अम्मा कहती थी कि तुम खाना यहीं खा लेना। फिर गर्मी की दोपहर में पीछे ड्राइंग रूम में फ़र्श पर लेट कर गप हो रही होती थी। हमारे कज़िन से भी जादू की दोस्ती थी। वो बैठे हुए हैं, झगड़ा हो रहा है, कुश्ती हो रही है, कुछ भी मतलब। जावेद को थोड़े आकर्षक गाने पसंद थे। जावेद का जो फ़ेवरेट गाना था वो था, 'जीवन के सफ़र में राही।' मैं ज़रा कुछ सीधा-सादा सा था तो काफ़ी शालीन गाने सुनता था, 'नैन सो नैन ना ही मिलाओ।' हम लोग घर पर बैठकर गाने गाते थे उसमें मेरी आवाज़ ज़रा ऊँची थी और जादू की आवाज़ दबी थी, तो लड़की की आवाज़ को मैं और लड़के की आवाज़ को जावेद गाते थे। एक गाना था, 'एक मुसाफ़िर एक हसीना' का, 'मैं प्यार का राही हूँ तेरी ज़ुल्फ़ के साये में, कुछ देर ठहर जाऊँ' फिर लड़की कहती है 'तुम एक मुसाफ़िर हो कब छोड़ के चल दोगे, ये सोच के घबराऊँ' उसमें एक जगह आता है कि 'नाज़नीं तू नहीं जा सकेगी' और जावेद मेरी तरफ़ देखते थे और हमारी हँसी फूट पड़ती थी।

मेरा जो कमरा था, उसमें बुक शेल्फ़ में शीशे लगे हुए हैं। उसमें मेरे पास बहुत से फिरोज़ाबाद में बने शीशे के जानवर रखे रहते थे। जावेद को वे बहुत आकर्षक लगते थे और वो मुझको बाद में भी बोला कि तुम्हें याद है कि कैसे तुम्हारे घर में शीशे के मोर रखे रहते थे, वो मुझे बहुत अच्छे लगते थे, कितना प्यारा तुम्हारा वो कमरा था। मेरी कोई ऐसी स्मृति नहीं है। पर कई दफ़ा जावेद ने मुझसे ये बात कही है कि उस कमरे में जो खिलौने थे, वो आज भी मुझे याद हैं। मुझे नहीं पता कि मुझे चर्चा करनी चाहिए या नहीं। लेकिन कविता में जिस कमरे का ज़िक्र है, मैंने वो कमरा देखा है,

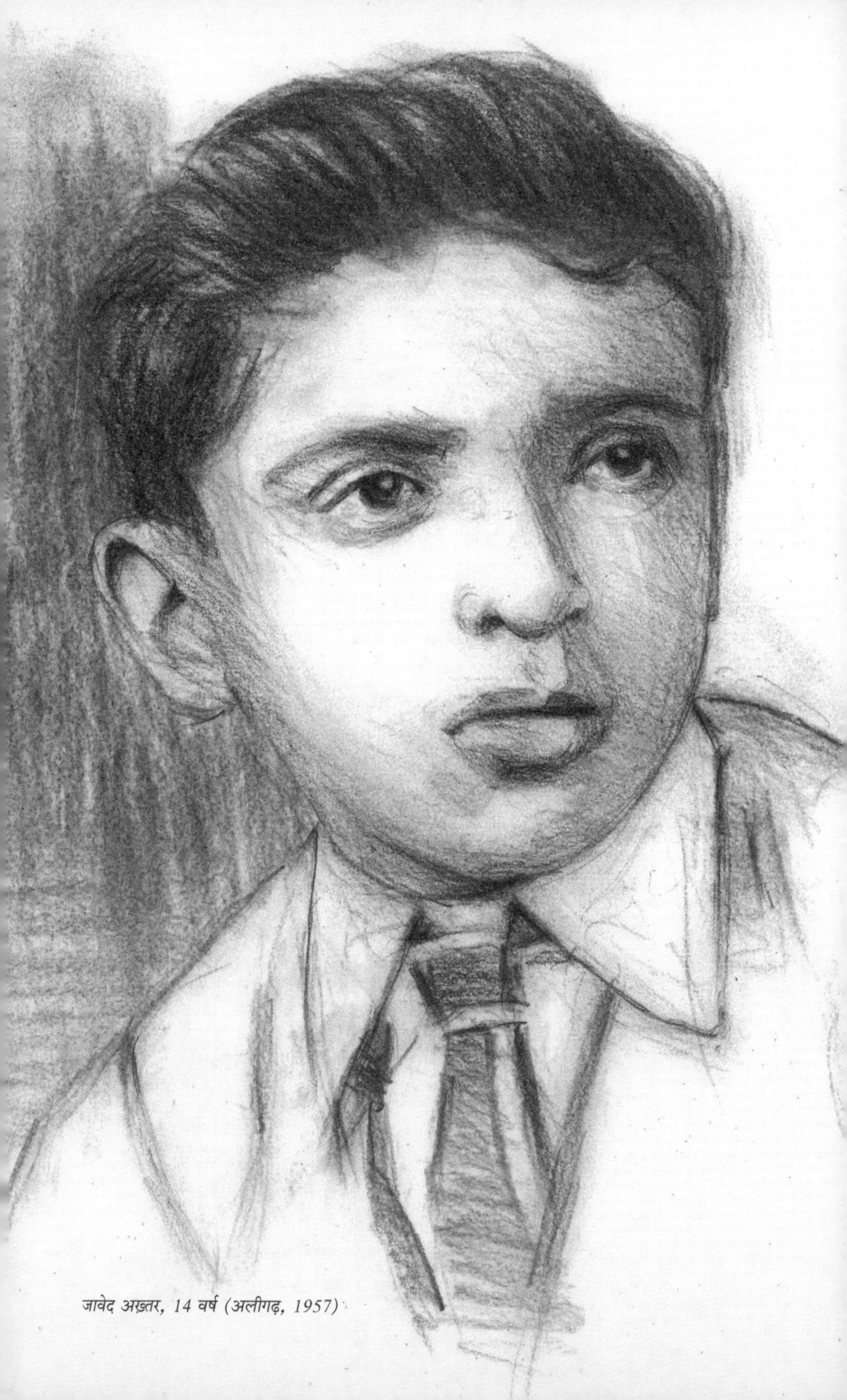

जावेद अख़्तर, 14 वर्ष (अलीगढ़, 1957)

क्योंकि मैंने वहाँ काफ़ी समय बिताया है। एक कलाकार इधर-उधर से कुछ-न-कुछ लेता रहता है, लेकिन वो कमरा शबाना का है। 'जानकी कुटीर' में जो कमरे की छवि है, वो शबाना का कमरा है, यहाँ का नहीं।

जावेद ने कुछ पलों में ख़ुद को ऐसे उजागर किया है, जैसे कभी किसी के सामने किया नहीं होगा। मुझे ऐसी एक-दो बातें याद हैं। 'डॉन' फ़िल्म बन रही थी। 'डॉन' फ़िल्म के प्रोड्यूसर मेरे बहनोई लगते हैं, तो जावेद एक सेलेब्रिटी होने के चलते प्रोड्यूसर के लिए ख़ास थे। उन्होंने जावेद को और हमको खाने पर बुलाया था, तो मैं और फ़ौज़िया गए थे। उस ज़माने में जावेद शराब पीते थे। अब जावेद आए, शराब पीते रहे। जावेद ने कहा तुम गाना सुनाओ। मुझे याद है मैंने फैज़ की ग़ज़ल, 'कब तक दिल की ख़ैर मनाएँ' गाया था। अचानक से जावेद की आँखों से आँसू आने लगे। मैंने जावेद को पहले कभी रोते नहीं देखा। मैंने ये एहसास कर लिया था कि कहीं न कहीं अंदरूनी तौर पर जावेद बेहद हर्ट हुए हैं। ये लम्हा मेरी यादों में बस गया।

सै
फि
या
SAY "NO" TO ONE TIME USE PLASTIC
PLASTIC FREE CAMPUS
Use & Throw Plastic
Accessories in College
is Punishable Act.

■ **भोपाल**

15

कॉलेज कम्पाउंड का वो ख़ाली कमरा

शहर भोपाल, किरदार– अनगिनत मेहरबान, बहुत से दोस्त और मैं। अलीगढ़ से मुम्बई जाते हुए मेरे बाप ने मुझे भोपाल या यूँ कहिए आधे रास्ते में छोड़ दिया है। कुछ दिनों अपनी सौतेली माँ के घर में रहा हूँ। फिर वो भी छूट गया। सैफ़िया कॉलेज में पढ़ता हूँ और दोस्तों के सहारे रहता हूँ। दोस्त जिनकी लिस्ट बनाने बैठूँ तो टेलीफ़ोन डायरेक्ट्री सी मोटी किताब बन जाएगी। आजकल मैं बी.ए. सेकेण्ड इयर में हूँ। अपने दोस्त एज़ाज़ के साथ रहता हूँ। किराया वो देता है। मैं तो बस रहता हूँ। वो पढ़ता है और ट्यूशन करके गुज़र करता है। सब दोस्त उसे मास्टर कहते हैं। मास्टर से किसी बात पर झगड़ा हो गया है। बातचीत बंद है, इसलिए मैं आजकल उससे पैसे नहीं माँगता। सामने दीवार पर टँगी हुई उसकी पैंट में से निकाल लेता हूँ या वो बग़ैर मुझसे बात किए मेरे सिरहाने दो–एक रुपए रखकर चला जाता है।

मैं बी.ए. फाइनल में हूँ। यह इस कॉलेज में मेरा चौथा बरस है। कभी फ़ीस नहीं दी, कॉलेज वालों ने माँगी भी नहीं। यह शायद सिर्फ़ भोपाल में ही हो सकता है। कॉलेज के कम्पाउंड में एक ख़ाली कमरा, वो भी मुझे मुफ़्त दे दिया गया है। जब क्लास ख़त्म हो जाती है तो मैं किसी क्लास रूम से दो बेंच उठाकर इस कमरे में रख लेता हूँ और उन पर अपना बिस्तर बिछा लेता हूँ। बाक़ी सब आराम है, बस बेंचों में खटमल बहुत हैं। जिस होटल में उधार खाता था वो मेरे जैसे मुफ़्तख़ोरों को उधार खिला–खिलाकर बंद हो गया है। उसकी जगह जूतों की दुकान खुल गई है। अब क्या खाऊँ। बीमार हूँ, अकेला हूँ, बुख़ार काफ़ी है, भूख उससे भी ज़्यादा है। कॉलेज के दो लड़के, जिनसे मेरी मामूली जान–पहचान है, मेरे लिए टिफ़िन में खाना लेकर आते हैं। मेरी दोनों से कोई दोस्ती नहीं है, फिर भी अजीब बेवक़ूफ़ हैं। लेकिन मैं बहुत चालाक हूँ, उन्हें पता भी नहीं लगने देता कि इन दोनों के जाने के बाद मैं रोऊँगा। मैं अच्छा हो जाता हूँ। वो दोनों मेरे बहुत अच्छे दोस्त हो जाते हैं।

मुझे कॉलेज में डिबेट बोलने का शौक़ हो गया है। पिछले तीन बरस से भोपाल रोटरी क्लब की डिबेट का इनाम जीत रहा हूँ। इंटर कॉलेज डिबेट की बहुत–सी ट्रॉफ़ियाँ मैंने जीती हैं। विक्रम यूनिवर्सिटी की तरफ़ से दिल्ली यूथ फ़ेस्टिवल में भी हिस्सा लिया है। कॉलेज में दो पार्टियाँ हैं और इलेक्शन में दोनों पार्टियाँ मुझे अपनी तरफ़ से बोलने को कहती हैं। मुझे इलेक्शन से नहीं, सिर्फ़ बोलने से मतलब है, इसलिए मैं दोनों तरफ़ से तक़रीर कर देता हूँ।

◀ *भोपाल के सैफ़िया कॉलेज में*

भोपाल की यादें :

भोपाल के दोस्त

वहाजउदीन अंसारी

'एक दिन फतेहउल्ला अपने साथ जावेद अख़्तर को हमारे कमरे पर लाए और हमारे बड़े भाई से बोले कि यह अब तुम्हारे साथ रहेंगे। जावेद के आते ही कमरे में एक नई ज़िन्दगी आ गई। जावेद ख़ामोश बैठने वाली हस्ती तो थे नहीं, वह आते ही उस जागीर के हक़दार बन गए, जो हम लोगों की थी। मैं जल्द ही जावेद से घुलमिल गया। मुझे उस ज़म ाने में फ़िल्में देखने की अच्छी-ख़ासी लत थी। जावेद को ख़ासतौर पर अँग्रेज़ी फ़िल्मों की अच्छी सुध-बुध थी। जावेद के दोस्तों की एक लम्बी टीम थी, जो कमरे पर रहती और क़िस्म-क़िस्म के लतीफ़े चलते रहते।'

एजाज़ अंसारी

'जावेद जहाँ भी बोलने जाता था, छा जाता था। बहुत ज़हीन था, जिसने कॉलेज में किताबें कभी ख़रीदी ही नहीं, क्योंकि किताबें ख़ुद आकर बोलती थीं उसके पास। हम लोग इब्राहिमपुरा में एक साथ रहा करते थे। एक हमदर्द आदमी थे वो, हमें उनसे मोहब्बत थी। आज भी वो जब मिलते हैं तो हम सबके बारे में एक-एक करके पूछते हैं और जब भी यहाँ आते हैं तो हम सबको बुला लेते हैं अपने साथ, और हम सब साथ ही रहते हैं। उन दिनों वो अक्सर कहते थे कि जब मैं यहाँ वापस आऊँगा, तो देखना गाड़ी में आऊँगा।'

फतेहउल्ला

'हर क़िस्म की सोशल एक्टिविटी में हम लोग साथ रहते थे। तालाब किनारे मंदिर के पास हम सब दोस्त साथ बैठा करते थे। जावेद लोगों की नक़लें करके दिखाता था। मेरी याद में डिबेट की ऐसी कोई भी कॉम्पिटिशन नहीं है, जिसमें जावेद ने हिस्सा लिया हो और वो जीता न हो। विक्रम विश्वविद्यालय की टीम में सिर्फ़ जावेद का सिलेक्शन हुआ था, यूथ फ़ेस्टिवल में। आज मुझे जावेद की तरक़्क़ी पर कोई हैरत नहीं होती है, 'पूत के पाँव पालने में' वाली कहावत की तरह उसकी क़ाबिलियत हम तब भी देखते थे।'

एहसान

'कॉलेज में हम साथी थे। उसे फ़िल्मों का बड़ा शौक़ था। अपने माहौल से उसे बग़ावत करने की आदत थी। शायरी और फ़िल्मी डायलॉग अक्सर सुनाया करता था। हमें लगता था कि ये कुछ बनेगा। सब फ़ेसिलिटी मिले, तभी आदमी बड़ा बन सकता है, उसने इस बात को झुठलाया। वह तक़रीरें ख़ूब अच्छी करता था। वो हमेशा सच बोलता रहा कि इंसानियत सबसे बड़ी चीज़ है।'

मन्नान

'हम कॉलेज में साथ थे। ये अलीगढ़ से यहाँ भोपाल पढ़ने आए थे, जबकि लोग अलीगढ़ पढ़ने जाया करते थे, तो हम लोग कहते थे कि शायद ये अलीगढ़ वालों के बस के नहीं रहे होंगे। उनकी शख़्सियत में काफ़ी कशिश थी, हम बहुत जल्दी दोस्त बन गए। हमें इनके आने की ख़ुशी इस बात की होती थी कि हमें एक चैम्पियन मिल गया। उन दिनों कॉलेजों में एक कॉम्पिटिशन होती थी बैतबाज़ी की और हम लोग लड़कियों से हार जाते थे, लेकिन जावेद के आगे फिर बैतबाज़ी में कोई टिक नहीं पाया। अक्सर ये होता था कि जब सामने वाली पार्टी का कोई शे'र पढ़ रहा होता तो शे'र पूरा होने के पहले ही जावेद उसका जवाब दे दिया करते थे। मिमिक्री के वे उस्ताद थे और हमेशा कहा करते थे कि मैं फ़िल्म इंडस्ट्री में जाऊँगा। इन दिनों जो शायरी कर रहे हैं वे फ़िल्मों में, वो एक मुश्किल काम है, ये उनका बड़ा कमाल है।'

कॉलेज ग्रुप फ़ोटो की पहली पंक्ति में बैठे हुए अपने दोस्त मुश्ताक़ सिंह के साथ जावेद अख़्तर (बाएँ से दाएँ सातवीं और आठवीं कुर्सी पर)

16

मुश्ताक़ सिंह का कड़ा

कॉलेज का यह कमरा भी जाता रहा। अब मैं मुश्ताक़ सिंह के साथ हूँ। मुश्ताक़ सिंह नौकरी करता है और पढ़ता है। वो कॉलेज की उर्दू एसोसिएशन का सद्र है। मैं बहुत अच्छी उर्दू जानता हूँ। वो मुझसे भी बेहतर जानता है। मुझे अनगिनत शे'र याद हैं। उसे मुझसे ज़्यादा याद हैं। मैं अपने घर वालों से अलग हूँ। उसके घर वाले हैं ही नहीं। देखिए, हर काम में वो मुझसे बेहतर है। साल भर से वो मुझसे दोस्ती खाने-कपड़े पर निभा रहा है, यानी खाना भी वही खिलाता है और कपड़े भी वही सिलवाता है - पक्का सरदार है - लेकिन मेरे लिए सिगरेट ख़रीदना उसकी ज़िम्मेदारी है।

अब मैं कभी-कभी शराब भी पीने लगा हूँ - हम दोनों रात को बैठे शराब पी रहे हैं - वो मुझे पार्टिशन और उस ज़माने के दंगों के क़िस्से सुना रहा है - वो बहुत छोटा था, लेकिन उसे याद है - कैसे दिल्ली के करोल बाग़ में दो मुसलमान लड़कियों को जलते हुए तारकोल के ड्रम में डाल दिया गया था और कैसे एक मुसलमान लड़के को... मैं कहता हूँ, 'मुश्ताक़ सिंह, तू क्या चाहता है, जो एक घंटे से मुझे ऐसे क़िस्से सुना-सुनाकर मुस्लिम लीगी बनाने की कोशिश कर रहा है - ज़ुल्म की ये ताली तो दोनों हाथों से बजी थी - अब ज़रा दूसरी तरफ़ की भी तो कोई वारदात सुना।' मुश्ताक़ सिंह हँसने लगता है, 'चलो सुना देता हूँ, जग बीती सुनाऊँ या आप बीती।' मैं कहता हूँ 'आपबीती।' और वो जवाब देता है, 'मेरा ग्यारह आदमियों का ख़ानदान था - दस मेरी आँखों के सामने कत्ल किए गए हैं।'

मैं मुश्ताक़ सिंह के कमरे में एक साल से रहता हूँ। बस एक बात समझ में नहीं आती - 'मुश्ताक़ सिंह तुझे उन लोगों ने क्यों छोड़ दिया? तेरे जैसे भले लोग चाहे किसी जात, किसी मज़हब में पैदा हों, हमेशा सूली पर चढ़ाए जाते हैं - तू कैसे बच गया?' आजकल वो ग्लासगो में है। जब हम दोनों अलग हो रहे थे तो मैंने उसका कड़ा उससे लेकर पहन लिया था और वह आज तक मेरे हाथ में है और जब भी उसके बारे में सोचता हूँ, ऐसा लगता है कि वो मेरे सामने है और कह रहा है -

बहुत नाकामियों पर आप अपनी नाज़ करते हैं
अभी देखी कहाँ है, आपने नाकामियाँ मेरी

कुछ ज़रूरी बातों का खुलासा मैं शुरुआत में ही करना चाहूँगा और इसमें राज़ भी नहीं है कि मैं नास्तिक हूँ मेरा नाम जावेद अख़्तर है मेरा कोई मज़हबी यक़ीन नहीं है आध्यात्मिकता पर भी मेरा विश्वास नहीं है।

17

स्वर्ग मज़दूरों के पसीने में छिपा है, तस्बीह और माला के दानों में नहीं

16 बरस की उम्र में कॉलेज की वाद-विवाद प्रतियोगिता में दिया गया जावेद अख़्तर का पहला भाषण

सभापति जी और साथियों,

अगर धर्म इस दुनिया को स्वर्ग बना सकता है, तो धर्म का अलमबरदार एशिया सदियों से जहन्नुम क्यों बना हुआ है? अगर धर्म इस दुनिया को स्वर्ग बना सकता है, तो उसने एक स्वर्ग इस दुनिया से परे क्यों बनाया? यक़ीनन धर्म का आसमान पर स्वर्ग बनाना इस बात का सबसे बड़ा सबूत है कि वो इस दुनिया में स्वर्ग नहीं बना सकता।

हर वो चमन जहाँ एकता, उन्नति और शांति के फूल खिलते हों, उसे दुनिया का स्वर्ग कहलाने का पूरा हक़ है। शांति की हर अधखिली कली को धर्म के हाथ ने बड़ी बेदर्दी से मसल दिया है। अगर धर्म की राह में बहा हुआ ख़ून जमा किया जाए, तो उसमें दुनिया के तमाम मंदिर, मस्जिद और गिरजा डूब जाएँगे। मुझे यक़ीन है कि महमूद गजनवी के पास जिहाद और बुतशिकनी जैसे आकर्षक शब्द न होते, तो शायद उसकी दौलत की हवस सोमनाथ के हसीन मंदिर को न उजाड़ पाती।

मुझे यक़ीन है अगर आज से 14 साल पहले धर्म हिन्दुस्तानियों के स्वरूप पर जुनून बनकर न छा गया होता, तो आज रावी और चिनाब के पानी से इंसानी ख़ून की बू न आ रही होती। जो लोग ये मानते हैं कि हिटलर ज़ालिम और हत्यारा था, मैं उन्हें बताना चाहूँगा कि इस जैसे दरिंदे को रोम के पोप का आशीर्वाद हासिल था। वो लोग, जो ये मानते हैं कि नाज़ी फ़ौजों ने इस दुनिया को नरक बनाने की कोशिश की है, आज उन्हें यह भी मानना होगा कि ये कोशिश मुक़द्दस बाइबिल के साए में हुई है। हर धर्म कहता है कि पापियों और ज़ालिमों को सज़ा तब दी जाएगी, जब उनके ज़ुल्म के प्याले छलक जाएँगे। सभापति जी, ये बात तो कुछ ऐसी होगी, जैसे एक पुलिस कॉन्स्टेबल चोर को तिजोरी तोड़ते देखता रहे और कहे कि मैं उसे पकड़ूँगा तब, जब ये चोरी का सारा रुपया ख़र्च कर चुका होगा। क्या ऐसे चौकीदार के हाथ में अपने घर के खज़ाने की ज़िम्मेदारी सौंप देना, घर को लुटाने के बराबर नहीं होगा?

फिर अगर ये मान भी लिया जाए कि धर्म इस दुनिया को स्वर्ग बना सकते हैं, तो सवाल ये पैदा होता है कि कौन-सा धर्म ये नेक काम अंजाम देने की सलाहियत रखता है। क्या जो कहता है, 'ढोल, गँवार और शूद्र, पशु, नारी, सकल ताड़ना के अधिकारी' नीच जात वाले जानवर हैं, ये सब लाठियों के हक़दार हैं, या जो कहता है कि – 'अपनी औरतों से कहो कि उनकी आवाज़ें घर की चारदीवारी से बाहर न निकलें।' वो दुनिया स्वर्ग नहीं, नरक होगी, जहाँ दुनिया की आधी आबादी सिसकते हुए मर जाएगी। वो दुनिया स्वर्ग नहीं नरक होगी, जहाँ दुनिया की आधी आबादी जानवरों से बदतर समझी जाएगी।

क्या वो धर्म इस दुनिया को स्वर्ग बनाएगा, जो कहता है कि उडेल दो पिघला हुआ सीसा उस अछूत के कान में, जिसने ग़लती से वेदों के पाक़ श्लोक सुन लिए हैं। या वो, जिसके राज में एक काफ़िर के सामने दो रास्ते होते हैं – मौत या जज़िया। मैं पूछता हूँ, धर्म के हाथों बनाया हुआ वो समाज क्या स्वर्ग कहलाने का हक़ रखेगा, जिसके दरवाज़े काफ़िरों, म्लेच्छों और अछूतों के

भोपाल के पते पर आईं चिट्ठियाँ

लिए बंद हों? मैं पूरे विश्वास के साथ कह सकता हूँ कि धर्म इस दुनिया में कभी स्वर्ग नहीं बना सकता। और अगर वो स्वर्ग से मिलती-जुलती कोई चीज़ बना भी ले, तो उसकी हदें दुनिया के तमाम रहने वालों पर बराबर मेहरबान नहीं हो सकतीं। और कम-से-कम मेरी नज़र में ऐसी जगह स्वर्ग कहलाने का कोई हक़ नहीं रखती। धर्म किसी कीमत पर नहीं चाहता कि ये दुनिया स्वर्ग बने, इसलिए कि दुनिया और स्वर्ग के बीच का फासला ही धर्म की इज़्ज़त और अज़्मत की सबसे बड़ी वजह बना हुआ है। लोग कहते हैं कि धर्म ही इस दुनिया को स्वर्ग बना सकता है, जबकि सच्चाई यह है कि धर्म ही एक ऐसी चीज़ है, जिसने दुनिया को हमेशा स्वर्ग बनने से रोका है।

मुझे याद है, सुकरात को धर्म ने इसलिए ज़हर का प्याला पिलाया था कि उसने दुनिया के नौजवानों को, इस दुनिया को स्वर्ग बनाने का सलीक़ा सिखाने की कोशिश की थी। मुझे याद है कि ईसा मसीह को धर्म ने इसलिए सलीब पर लटका दिया था कि उसने इस दुनिया के ज़र्रे-ज़र्रे को स्वर्ग बनाने की बात सोची थी। मुझे याद है कि गैलीलियो को धर्म वालों ने इसलिए क़ैद कर दिया था कि उसने दुनिया को इल्म की वो रोशनी देना चाही थी, जिसके बिना कोई भी स्वर्ग अधूरा माना जा सकता है। ये सच है कि धर्म की तलवार से फैले हुए ख़ून की बूँदों के तले दुनिया के न जाने कितने फूलों की ख़ुशबुओं ने दम तोड़ दिया। हमें स्वीकार करना होगा कि इस दुनिया में स्वर्ग हथौड़ों और कुदालों से बनाया जा सकता है, इबादत और सज्दों से नहीं। हमें मानना होगा कि इस दुनिया का स्वर्ग मज़दूरों के पसीने में छिपा है, तस्बीह और माला के दानों में नहीं। हमें मानना होगा कि जब तक दुनिया के चिनाब में धर्म की लहरें उठती रहेंगी, स्वर्ग की सोहनी उसे पार न कर सकेगी। जब तक इंसान ज़मीन से ज़्यादा आसमान से मोहब्बत करेगा, तब तक स्वर्ग की अप्सराएँ इस ज़मीं पर पैर नहीं रख सकतीं। हमें स्वीकार करना होगा कि इस दुनिया को स्वर्ग, धर्म की किताबें नहीं, अछूतों, काफ़िरों और म्लेच्छों के हाथ बना सकते हैं। मुझे यक़ीन है कि अरब से सीरिया और स्पेन जाने वाली फौज़ें वहाँ स्वर्ग बनाने के ठेके लेने नहीं गईं थीं। मुझे यक़ीन है कि अगर हिन्दुस्तानियों के सिर पर मज़हब जुनून बनकर

न छा गया होता, तो शायद मेरे मुल्क के इस तरह टुकड़े न होते, जैसे दो भूखों के बीच में एक रोटी बँट जाती है।

भला कौन इंकार कर सकता है कि रूस और फ्रांस के इंक़लाब इस दुनिया में स्वर्ग बनाने के ख़्वाब को हक़ीक़त बनाने की एक कोशिश थे। तब दोनों मुल्कों में किसानों और मज़दूरों के हाथों पादरियों के क़त्ल इस बात के सुबूत हैं कि इस दुनिया को स्वर्ग बनाने की राह में धर्म एक दीवार बनकर अड़ गया है। हो सकता है कि उसे ख़तरा हो कि अगर ये दुनिया स्वर्ग बन गई, तो शायद उसकी दुनिया वाले स्वर्ग के टिकट के भाव गिर जाएँगे, जिसे आज भी मज़हबी पेशवा बेचते हैं। लोग कहते हैं कि धर्म इस दुनिया में स्वर्ग बना सकता है, जबकि सच्चाई यह है कि सिर्फ़ धर्म ही ने इंसान को स्वर्ग बनाने से रोका है। इसका ताज़ा सुबूत ये है कि आज से सिर्फ़ दो साल पहले जब साइंसदानों ने स्पूतनिक में लाइका नाम की एक कुतिया को स्पेस में भेजा था, तो यूरोप के तमाम गिरजों में उस दिन कुतिया पर यह भयानक ज़ुल्म करने के जुर्म में साइंसदानों के ख़िलाफ़ रिज़ॉल्यूशन पास किया था। मगर कहाँ सो रहे थे ये पादरी, जब इसी यूरोप में रोमन कैथोलिक और प्रोटेस्टेंट की सौ साल लंबी जंग में हज़ारों, लाखों इंसान कुत्तों की तरह मौत के घाट उतार दिए गए थे। आख़िर उस दिन उनके रहम और इंसानियत के जज़्बात को चोट क्यों न लगी। इसलिए कि धर्म किसी कीमत पर नहीं चाहता कि दुनिया और स्वर्ग के बीच का फ़ासला कम हो। ख़ुद इंसान ने स्वर्ग को अपने पास बुलाना चाहा, मगर धर्म ने तलवार बनकर उसके हाथों को काट दिया। जब इंसान ने स्वर्ग की तरफ़ पैर उठाना चाहा, तब ये धर्म ही था, जो उसके पैरों से ज़ंजीर बनकर लिपट गया।

BAZM-E-ADAB

بزم ادب

Saifia Degree College Bhopal

Secratary
JAVED AKHTAR

Dated..............................

کو سورگ بنانے کا سلیقہ سکھانے کی کوشش کی تھی - مجھے یاد ہے کہ مسیح
دھرم نے اس کے صلیب پر لٹکا دیا تھا کہ اس نے اس دنیا کے ذرے ذرے کو سورگ
بنانے کی بات سوچی تھی - مجھے یاد ہے کہ گلیلیو کو دھرم والوں نے اس قید کر دیا
تھا کہ اس نے دنیا کو علم کی دو دو شمعیں دینی چاہی تھی جس سے بنا کسی طرح سورگ

वाद-विवाद प्रतियोगिता के लिए जावेद अख़्तर द्वारा लिखा गया भाषण, जिसके लिए उनको प्रथम पुरस्कार मिला था।

सैफ़िया कॉलेज में जावेद अख़्तर। (भोपाल)

भोपाल में तालाब के किनारे मंदिर की सीढ़ियों पर, जहाँ दोस्तों के साथ शामें गुज़ारा करते थे।

भोपाल के लायल बुक डिपो के सामने, जहाँ से जावेद ने ख़्वाजा अहमद अब्बास की किताब 'इंक़लाब' ख़रीदी थी। जो उनके द्वारा ख़रीदा गया पहला अँग्रेज़ी उपन्यास था। साथ में हैं, लायल बुक डिपो के संचालक विकास रखेजा।

भोपाल टॉकीज के सामने, जहाँ जावेद अख़्तर ने नासिर हुसैन की फ़िल्म 'जब प्यार किसी से होता है' तीन बार देखी थी, और इसके 12 साल बाद उन्होंने नासिर हुसैन की फ़िल्म 'यादों की बारात' का सह-लेखन किया था।

कोहिनूर मिल्स का गेट, मुम्बई

कोहिनूर मिल्स के गेट के सामने से गुज़रते हुए सोचता हूँ कि शायद सब बदल जाए, लेकिन यह गेट तो रहेगा। एक दिन इसी के सामने से अपनी कार से गुज़रूँगा।

कमाल अमरोही स्टूडियो, मुम्बई का वह हिस्सा, जहाँ जावेद अख़्तर सोते थे।

मैं अब साल भर से कमाल स्टूडियो (जो कि अब नटराज स्टूडियो है) में रहता हूँ। कम्पाउंड में कहीं भी सो जाता हूँ। कभी किसी बरामदे में, कभी किसी पेड़ के नीचे, कभी किसी बेंच पर, कभी किसी कॉरिडोर में। यहाँ मेरे जैसे और कई बेघर और बेरोज़गार इसी तरह रहते हैं।

18

4 अक्टूबर 1964, मुम्बई सेन्ट्रल

मुम्बई आने के 6 दिन बाद बाप का घर छोड़ना पड़ता है। जेब में सत्ताईस नए पैसे हैं। मैं ख़ुश हूँ कि ज़िन्दगी में कभी अट्ठाईस नए पैसे भी जेब में आ गए तो मैं फ़ायदे में रहूँगा और दुनिया घाटे में।

शहर मुम्बई... किरदार-फ़िल्म इंडस्ट्री, दोस्त, दुश्मन और मैं... 4 अक्टूबर, 1964 मैं मुम्बई सेन्ट्रल स्टेशन पर उतरा हूँ। अब इस अदालत में मेरी ज़िन्दगी का फ़ैसला होना है। मुम्बई आने के 6 दिन बाद बाप का घर छोड़ना पड़ता है। जेब में सत्ताईस नए पैसे हैं। मैं ख़ुश हूँ कि ज़िन्दगी में कभी अट्ठाईस नए पैसे भी जेब में आ गए तो मैं फ़ायदे में रहूँगा और दुनिया घाटे में।

मुम्बई में दो बरस होने को आए, न रहने का ठिकाना है न खाने का। यूँ तो एक छोटी-सी फ़िल्म में सौ रुपए महीने पर डायलॉग लिख चुका हूँ। कभी कहीं असिस्टेंट हो जाता हूँ, कभी एकाध छोटा-मोटा काम मिल जाता है, अक्सर वो भी नहीं मिलता। दादर में एक प्रोडयूसर के ऑफ़िस में अपने पैसे माँगने आया हूँ, जिसने मुझसे अपनी पिक्चर के कॉमेडी सीन लिखवाए थे। ये सीन उस मशहूर राइटर के नाम से ही फ़िल्म में आएँगे, जो ये फ़िल्म लिख रहा है। ऑफ़िस बंद है। वापस बांद्रा जाना है, जो काफ़ी दूर है। पैसे बस इतने हैं कि या तो बस का टिकट ले लूँ या कुछ खा लूँ, मगर फिर पैदल वापस जाना पड़ेगा। चने ख़रीदकर जेब में भरता हूँ और पैदल सफ़र शुरू करता हूँ। कोहिनूर मिल्स के गेट के सामने से गुज़रते हुए सोचता हूँ कि शायद सब बदल जाए, लेकिन यह गेट तो रहेगा। एक दिन इसी के सामने से अपनी कार से गुज़रूँगा।

एक फ़िल्म में डायलॉग लिखने का काम मिला है। कुछ सीन लिखकर डायरेक्टर के घर जाता हूँ। वो बैठा नाश्ते में अनानास खा रहा है, सीन लेकर पढ़ता है और सारे काग़ज़ मेरे मुँह पर फेंक देता है और फ़िल्म से निकालते हुए मुझे बताता है कि मैं ज़िन्दगी में कभी राइटर नहीं बन सकता। तपती धूप में सड़क पर चलते हुए मैं अपनी आँख के कोने में आया एक आँसू पोंछता हूँ और सोचता हूँ कि मैं एक दिन इस डायरेक्टर को दिखाऊँगा कि मैं... फिर जाने क्यों ख़याल आता है कि क्या ये डायरेक्टर नाश्ते में रोज़ अनानास खाता होगा।

◂ *मुम्बई के शुरुआती दिनों में जावेद अख़्तर*

19

ज़िन्दगी, जद्दोजहद और जगदीश

रात के शायद दो बजे होंगे। मुम्बई की बरसात, लगता है आसमान से समंदर बरस रहा है। मैं खार स्टेशन के पोर्टिको की सीढ़ियों पर एक कमज़ोर-से बल्ब की कमज़ोर-सी रोशनी में बैठा हूँ। पास ही ज़मीन पर इस आँधी-तूफ़ान से बेख़बर तीन आदमी सो रहे हैं। दूर कोने में एक भीगा हुआ कुत्ता ठिठुर रहा है। लगता है बारिश अब कभी नहीं रुकेगी। दूर तक ख़ाली अँधेरी सड़कों पर मूसलाधार पानी बरस रहा है। ख़ामोश बिल्डिंगों की रोशनियाँ कब की बुझ चुकी हैं। लोग अपने-अपने घरों में सो रहे होंगे। इसी शहर में मेरे बाप का भी घर है। मुम्बई कितना बड़ा शहर है और मैं कितना छोटा हूँ, जैसे कुछ भी नहीं हूँ। आदमी कितनी भी हिम्मत रखे, कभी-कभी बहुत डर लगता है।

...मैं अब साल भर से कमाल स्टूडियो (जो कि अब नटराज स्टूडियो है) में रहता हूँ। कम्पाउंड में कहीं भी सो जाता हूँ। कभी किसी बरामदे में, कभी किसी पेड़ के नीचे, कभी किसी बेंच पर, कभी किसी कॉरिडोर में। यहाँ मेरे जैसे और कई बेघर और बेरोज़गार इसी तरह रहते हैं। उन्हीं में से एक जगदीश है, जिससे मेरी अच्छी दोस्ती हो जाती है। वो रोज़ एक नई तरकीब सोचता कि आज खाना कहाँ से और कैसे मिल सकता है, आज दारू कौन और क्यों पिला सकता है। जगदीश ने बुरे हालात में ज़िन्दा रहने को एक आर्ट बना लिया है।

मेरी जान-पहचान अँधेरी स्टेशन के पास फुटपाथ पर एक सेकंड हैंड किताब बेचने वाले से हो गई है। इसलिए किताबों की कोई कमी नहीं है। रात-रात भर कम्पाउंड में जहाँ भी थोड़ी रोशनी होती है, वहीं बैठकर पढ़ता रहता हूँ। दोस्त मज़ाक़ करते हैं कि मैं इतनी कम रोशनी में अगर इतना ज़्यादा पढ़ता रहा तो कुछ दिनों में अंधा हो जाऊँगा... आजकल एक कमरे में सोने का मौक़ा मिल गया है। स्टूडियो के इस कमरे में चारों तरफ़ दीवारों से लगी बड़ी-बड़ी अलमारियाँ हैं, जिनमें फ़िल्म 'पाकीज़ा' के दर्जनों कॉस्ट्यूम रखे हैं।

मीना कुमारी कमाल साहब से अलग हो गई हैं, इसलिए इन दिनों पाकीज़ा की शूटिंग बंद है। एक दिन मैं अलमारी का खाना खोलता हूँ, इसमें फ़िल्म में इस्तेमाल होने वाले पुरानी तरह के जूते-चप्पल और सैंडिल भरे हैं और उन्हीं में मीना कुमारी के तीन फ़िल्मफ़ेयर अवार्ड भी पड़े हैं। मैं उन्हें झाड़-पोंछकर अलग रख देता हूँ। मैंने ज़िन्दगी में पहली बार किसी फ़िल्म अवार्ड को छुआ है। रोज़ रात को कमरा अंदर से बंद करके, वो ट्रॉफ़ी अपने हाथ में लेकर आईने के सामने खड़ा होता हूँ और सोचता हूँ कि जब ये ट्रॉफ़ी मुझे मिलेगी तो तालियों से गूँजते हुए हॉल में बैठे हुए लोगों की तरफ़ देखकर मैं किस तरह मुस्कुराऊँगा और कैसे हाथ हिलाऊँगा। इसके पहले कि इस बारे में कोई फ़ैसला कर सकूँ, स्टूडियो के बोर्ड पर नोटिस लगा है कि जो लोग स्टूडियो में काम नहीं करते, वे कम्पाउंड में नहीं रह सकते।

मुम्बई में संघर्ष के दिनों में जावेद अख़्तर

20

फ़िल्म वालों की ज़बान में ‘सही ब्रेक मिलना’

कमाल स्टूडियो से जब हम निकाले गए तब जगदीश मुझे फिर एक तरकीब बताता है कि जब तक कोई और इंतज़ाम नहीं होता, हम लोग महाकाली की गुफ़ाओं में रहेंगे (महाकाली अँधेरी से आगे एक इलाक़ा है, जहाँ अब एक घनी आबादी और कमालिस्तान स्टूडियो है। उस ज़माने में वहाँ सिर्फ़ एक सड़क थी, जंगल था और छोटी-छोटी पहाड़ियाँ जिनमें बौद्ध भिक्षुओं की बनाई पुरानी गुफ़ाएँ थीं, जो आज भी हैं। उन दिनों उनमें कुछ चरस-गाँजा पीने वाले साधु पड़े रहते थे)।

महाकाली की गुफ़ाओं में मच्छर इतने बड़े हैं कि उन्हें काटने की ज़रूरत ही नहीं, आपके तन पर सिर्फ़ बैठ जाएँ तो आँख खुल जाती है। एक ही रात में यह बात समझ में आ गई कि वहाँ चरस पीये बिना कोई सो ही नहीं सकता। तीन दिन जैसे-तैसे गुज़ारता हूँ। बांद्रा में एक दोस्त कुछ दिनों के लिए अपने साथ रहने के लिए बुला लेता है। मैं बांद्रा जा रहा हूँ। जगदीश कहता है दो-एक रोज़ में वो भी कहीं चला जाएगा (ये जगदीश से मेरी आख़िरी मुलाक़ात थी। आने वाले बरसों में ज़िन्दगी मुझे कहाँ से कहाँ ले गई मगर वो ग्यारह बरस बाद वहीं, उन्हीं गुफाओं में चरस और कच्ची दारू पी-पीकर मर गया और वहाँ रहने वाले साधुओं और आसपास के झोपड़पट्टी वालों ने चंदा करके उसका क्रिया-कर्म कर दिया। किस्सा-ख़त्म। मुझे और उसके दूसरे दोस्तों को उसके मरने की ख़बर भी बाद में मिली। मैं अक्सर सोचता हूँ कि मुझमें कौन-से लाल टँके हैं और जगदीश में ऐसी क्या ख़राबी थी। ये भी तो हो सकता था कि तीन दिन बाद जगदीश के किसी दोस्त ने उसे बांद्रा बुला लिया होता और मैं पीछे उन गुफ़ाओं में रह जाता। कभी-कभी सब इत्तिफ़ाक़ लगता है। हम लोग किस बात पर घमंड करते हैं)।

मैं बांद्रा में जिस दोस्त के साथ एक कमरे में आकर रहता हूँ वो पेशेवर जुआरी है। वो और उसके दो साथी जुए में पत्ते लगाना जानते हैं। मुझे भी सिखा देते हैं। कुछ दिनों उनके साथ ताश के पत्तों पर गुज़ारा होता है फिर वो लोग मुम्बई से चले जाते हैं और मैं फिर वहीं का वहीं - अब अगले महीने इस कमरे का किराया कौन देगा। एक मशहूर और कामयाब राइटर मुझे बुला कर ऑफ़र देते हैं कि अगर मैं उनके डायलॉग लिख दिया करूँ (जिन पर ज़ाहिर है मेरा नहीं, उनका ही नाम जाएगा) तो वो मुझे छह सौ रुपए महीना देंगे। सोचता हूँ यह छह सौ रुपए मेरे लिए इस वक़्त छह करोड़ के बराबर हैं, ये नौकरी कर लूँ, फिर सोचता हूँ कि नौकरी कर ली तो कभी छोड़ने की हिम्मत नहीं होगी, ज़िन्दगी भर यही करता रह जाऊँगा, फिर सोचता हूँ अगले महीने का किराया देना है, फिर सोचता हूँ, देखा जाएगा। तीन दिन सोचने के बाद इंकार कर देता हूँ। दिन, हफ़्ते, महीने, साल गुज़रते हैं। मुम्बई में पाँच बरस होने को आए, रोटी एक चाँद है, हालात बादल, चाँद कभी दिखाई देता है, कभी छुप जाता है। ये पाँच बरस मुझ पर बहुत भारी थे, मगर मेरा सर नहीं झुका सके। मैं नाउम्मीद नहीं हूँ। मुझे यक़ीन है, कुछ होगा, कुछ ज़रूर होगा, मैं यूँ ही मर जाने के लिए नहीं पैदा हुआ हूँ - और आख़िर नवम्बर, 1969 में मुझे वो काम मिलता है, जिसे फ़िल्म वालों की ज़बान में सही 'ब्रेक' कहा जाता है।

21

गुफ़्तगू [सूर्यभानु गुप्त के साथ अरविंद मण्डलोई]

जावेद ने कहा था कि मैं इस इंडस्ट्री का नंबर वन राइटर बनकर दिखाऊँगा : सूर्यभानु गुप्त

आपका जावेद साहब से पहला परिचय कब हुआ?

पहला परिचय तो देखिए यहाँ मलाड नामक एक उपनगर है, वहाँ एक नशिस्त, गोष्ठी होती थी, महीने के एक संडे को। तो मैं भी जाता था, 20-21 साल की उम्र थी। और शायर लोग भी आते थे। तो शायद 1964 का ईयर था वो कि जावेद साहब भी सुनने आए और साथ में ताज साहब भी थे, ताज भोपाली। मैं उस वक़्त सिर्फ़ नज़्में कहता था। ग़ज़ल नहीं कहता था। तो ये लोग सुनते थे और पसंद करते थे। और होता ये था कि जब एक राउंड हो जाता था, तो दूसरे राउंड में सिर्फ़ उन्हीं शायरों को पढ़वाते थे, लोग जिनको पसंद करते थे। और दूसरे राउंड में हमेशा मेरा नंबर लगता था, जो कुछ शायरों को पसंद नहीं आता था। पर मैं क्या कर सकता था। ये आते रहे, ताज साहब भी आते रहे। ये ईस्ट में रहते थे, कार्यक्रम वेस्ट में होता था। तो ये भी स्ट्रगल कर रहे थे, पैर जमाने की कोशिश कर रहे थे। फिर 1965 की एक नशिस्त में मैंने एक नज़्म सुनाई जो जावेद साहब को बहुत पसंद आई। 'सूर्यास्त' नाम था उसका। कार्यक्रम के बाद वे मेरे पास आए और बोले कि 'ये क्या आप ही ने लिखी है? सचमुच आप ही ने लिखी है?' तो हमने कहा, 'क्यूँ! आपको क्यूँ शक हो रहा है?' बोले, 'नहीं! आपकी हेल्थ देख कर हो रहा है कि इतना हेल्दी आदमी ऐसी नज़्म कैसे लिख सकता है?' तो मैंने कहा, 'भई लिखी मेरी है।' तो हँसने लगे, 'बोले! इसकी कॉपी मुझे मिलेगी?' तो मैंने कहा कि 'हाँ! मैं अगली नशिस्त में आपको दे दूँगा।' तो पहली मुलाक़ात ऐसे हुई।

कुछ समय बाद परिस्थितिवश कमाल स्टूडियो में रहने आना पड़ा। कफ़ील आज़र साहब जो शायर भी थे, और नशिस्त में आते रहते थे, वो बोले, 'तुम मेरे यहाँ आ जाओ, कमाल स्टूडियो, मेरे साथ रहो, मेरे कमरे में, कोई दिक़्क़त नहीं।' मैंने वैसा ही किया। तो वहाँ जावेद साहब भी थे। अब तो रोज़ मिलना होता था वहाँ। तो एक दिन ये मुझसे बोले कि 'क्यों सूर्यभान साहब! क्या इरादा है आपका?' मैंने कहा, मेरा इरादा तो यहाँ रहने का नहीं है। घर में शांति हो जाएगी, तो मैं चला जाऊँगा।'

◀ *साहित्यकार सूर्यभानु गुप्त और जावेद अख़्तर*

फिर मैंने पूछा, 'आप क्या करेंगे?' बोले, 'मुझे तो यहीं जीना-मरना है।' तो मैंने कहा, 'यहाँ का तो कुछ भरोसा नहीं। आप ग्रेजुएट हैं, कोई नौकरी आपको मिल सकती है।' बोले यार, 'ऐसा है, मैं आपसे वादा करता हूँ आज कि मैं इस इंडस्ट्री का नंबर वन राइटर बनकर दिखाऊँगा। ये वो वक़्त था, जब उनको खाने के लाले थे। और एक दिन ऐसा हुआ कि मुझसे बोले, 'सूर्यभान, मैंने तो तीन दिन से खाना नहीं खाया है, पैसे नहीं मेरे पास। तो आज आप मुझे खाना खिलाइए।' तो मैंने कहा, 'हाँ-हाँ खाइए। मैं क़फ़ील साहब के अकाउंट में खा रहा हूँ, बग़ल के ढाबे में।' तो बोले, 'तो मैं नहीं खाऊँगा।' मैं बोला, 'अरे तीन दिन से भूखे हैं यार, मैं उसके पैसे देने वाला हूँ उनको। यहाँ से जा कर, मैं उनको पैसे दूँगा, मैं फ्री में नहीं खा रहा हूँ। आप खाइए ना, उसमें क्या बात है।' बोले, 'नहीं यार! आपका बहुत-बहुत शुक्रिया।' मैंने उनसे बहुत कहा, वो माने नहीं। बोले, 'नहीं।' मैंने कहा, 'अच्छा ये बताइए, बात क्या है? क्यों नहीं खाएँगे आप? खाने में क्या रखा है भई, मैं पैसे भी दूँगा उनको।' बोले, 'नहीं यार! वो आदमी मुझे पसंद नहीं है।' नहीं खाया उन्होंने साहब। तीन दिन का भूखा आदमी, सिर्फ़ इस कारण से कि कोई आदमी पसंद नहीं, वो खाना न खाये। मेरे लिए तो बहुत ही बड़ी बात थी। मैंने सोचा कि ये आदमी तो बड़े कैरेक्टर वाला लगता है भई। बड़ा किरदार है, बड़े अच्छे संस्कार मिले हैं, ख़ानदानी है।

इसके बाद मैं भी वहाँ से निकल गया और एक नौकरी मिल भी गई मुझे। अँधेरी में मोती महल के सामने एक फुटपाथ पर बिहारी नाम का आदमी किताबें किराए से देता था, वो अड्डा था जावेद साहब का। तो वहाँ ये किताब लेने आते थे। और मैं ऐसे ही जाता था अड्डेबाज़ी के लिए। वहाँ और भी कई शायर आते थे। तो इनसे हफ़्ते में दो-तीन बार मेरी मुलाक़ात होती थी। ये कभी कहते, चलिए चाय पीते हैं। चाय भी उन दिनों बड़ी सस्ती थी। रुपए, दो रुपए में ही आती थी। तो जब मैं पैसा देने लगता, ये पेमेंट मुझे नहीं करने देते थे। बोलते, नहीं-नहीं मैं आपको इन्वाइट करके लाया हूँ, तो चाय के पैसे तो मैं ही दूँगा। मैं कहता, 'आप दे दीजिएगा भाई। मैं अभी नौकरी कर रहा हूँ, मेरे पास पैसे हैं। मुझे देने दें।' जावेद साहब बोलते, 'नहीं-नहीं।' जिस दिन मेरे पास नहीं होंगे, मैं कड़का रहूँगा उस दिन आप पेमेंट कीजिएगा। ये बात भी मेरे दिल को बड़ी छू गई। ये कैसा आदमी है भाई। ये तो कमाल है, ऐसी हालत में भी मुझे पैसे नहीं देने दे रहा है। तो जब उनके पास नहीं होते थे, तभी कहते

थे- यार चाय पिलाइए, नहीं तो ख़ुद पैसे देते थे। तो यार मेरे दिल में तो उनके लिए जो इज़्ज़त तब थी, अब भी है। और वो इज़्ज़त उनकी तरफ़ से भी है मेरे लिए। मैंने उनका प्रेम हमेशा पाया और उनके लिए जो मेरा प्रेम है, वो तो है ही। और बड़ा स्ट्रगल किया है इस आदमी ने। इनको दुनिया भर के जो भी अवार्ड मिले, वो मैं समझता हूँ कम ही हैं। आज की दुनिया में ऐसे सच्चे आदमी मैंने कम देखे।

जब ये पहली बार कामयाब हुए, उसके बाद फिर आपकी कब मुलाक़ात हुई और किस तरह से हुई?

मुझे कहीं से फ़ोन नंबर मिला था तो मैंने फोन पर बात की थी। फिर एक दिन मैं इनके घर पहुँच गया। और फिर कई बार जाना हुआ, क्योंकि दो-तीन महीने में इनके यहाँ एक नशिस्त होती थी, बैठक होती थी, जिसमें धर्मवीर भारती, पुष्पा भारती, राज बेदी, शरद जोशी, पद्मा सचदेव, उनके मियाँ सुरेंदर सिंह, ये सब लोग आते थे और दो-तीन घंटे सुनते-सुनाते थे और हा-हा, हू-हू करते थे, खा-पीकर अपने घर जाते थे। तो वहाँ मुलाक़ात होती थी और उसी इज़्ज़त से, उसी सम्मान से, उसी आदर से और प्रेम से लपक कर मुझसे मिलते थे और गले लगते थे। अभी भी मिल जाएँ तो गले लगते हैं। तो वो तो उनके दिल में जो मोहब्बत पहले थी, उसमें कोई कमी आई नहीं। बहुत लोगों को अचरज भी होता है, वो मुझे देखने लगते हैं कि ये कौन है, जिसे जावेद साहब इतने प्यार से मिल रहे हैं।

जावेद साहब की जो पोएट्री है, वो जब इन्होंने शुरू की, तो आपको कब पता चला कि ये अब शायरी करने लगे हैं, स्क्रिप्ट राइटिंग के अलावा?

धर्मयुग में लगभग डेढ़ पेज में इनकी शायरी और इनका छोटा-सा परिचय छपा था, पुष्पा जी ने लिखा था। वो पहली बार जब मैंने पढ़ा, तो मुझे बड़ी हैरत हुई और ख़ुशी भी हुई। जब मिले तो मैंने कहा, 'यार ये शायरी कबसे शुरू कर दी।' बोले कि 'यार, उसमें क्या है, मैं जानता था कि मैं कभी भी शायरी कर सकता हूँ।' तो हमने कहा, 'तब क्यों नहीं पहले की?' बोले, 'मैं सोचता था पहले रोटी की व्यवस्था कर लूँ।' तो उनका ये कॉन्फ़िडेंस था कि शायरी तो मैं कभी भी कर सकता हूँ। मैं शायरों का ही बच्चा हूँ। ख़ानदान में सब शायर ही शायर हैं।

22

सलीम साहब से मुलाक़ात और साथ काम करने का फ़ैसला

मैंने प्रोड्यूसर/डायरेक्टर कमाल अमरोही के लिए 50 रुपए माहवार तनख़्वाह पर एक क्लैपर ब्वॉय की हैसियत से काम किया। उसके कुछ दिनों बाद 1965 में मुझे डायरेक्टर एस. एम. सागर के यहाँ नौकरी मिल गई। मैंने उनके साथ 1966 की एक फ़िल्म 'सरहदी लुटेरा' में बहैसियत असिस्टेंट डायरेक्टर और क्लैपर ब्वॉय का काम किया। वे अदाकार शेख़ मुख़्तार को लेकर एक स्टंट फ़िल्म बना रहे थे, जिसमें सलीम साहब भी एक रोमांटिक रोल कर रहे थे। एस. एम. सागर को कोई डायलॉग-निगार नहीं मिल रहा था, इसलिए मैंने उनसे पूछा कि क्या मैं कुछ सीन लिख सकता हूँ और मैंने दो-तीन सीन लिख कर भी दिखाए। उनको वो सीन अच्छे लगे और बोले, 'तुम डायलॉग लिखो।' तो क्लैपर ब्वॉय के अलावा मैं डायलॉग राइटर भी बन गया। यहीं पर सलीम साहब से मेरी मुलाक़ात भी हुई। उस वक़्त भी वो कहानियाँ बना लिया करते थे। एस. एम. सागर की फ़िल्म पूरी हो जाने के बाद भी हम एक-दूसरे से मिलते रहे।

1963 में, मैं अँधेरी में रह रहा था। फिर मैं बांद्रा चला गया और वहाँ मुझे रहने के लिए छोटी-सी जगह मिल गई, जो सलीम साहब के घर के क़रीब ही थी। अगर शाम को मेरे पास कोई और काम नहीं होता तो मैं उनके यहाँ चला जाता था। इसी तरह हमारी दोस्ती बढ़ती गई। हम इकट्ठे बैठते थे और कहानियाँ बनाते थे। इस बीच उन्होंने 'दो भाई' की कहानी बृज को बेच दी। इस फ़िल्म में अशोक कुमार, जितेन्द्र और माला सिन्हा थीं। इस फ़िल्म की कहानी सलीम साहब की ही थी। हालाँकि फ़िल्म ज़्यादा चली नहीं, लेकिन इससे कोई फ़र्क़ नहीं पड़ा। मैंने 'यक़ीन' नाम की फ़िल्म के डायलॉग लिखे थे, लेकिन वो भी नहीं चली। इन फ़िल्मों ने बतौर राइटर हमारी कोई मदद नहीं की। तो इस तरह हम दोनों ही बेरोज़गार थे।

अब क़िस्मत का खेल देखिए। हमारी मुलाक़ात एक बार फिर डायरेक्टर/प्रोड्यूसर एस. एम. सागर से हो गई। वो ये बात जानते थे कि सलीम साहब और मैं लिख सकते हैं, इसलिए बोले, 'मेरे पास एक कहानी है। मैं इस कहानी को स्क्रीनप्ले में बदलने के लिए तुम्हें कुछ पैसा दूँगा', हम मान गए। सलीम साहब और मैंने ये फ़ैसला किया कि हम इस फ़िल्म पर एक साथ काम करेंगे और इस तरह हमने 'अधिकार' का स्क्रीनप्ले लिखा। इस फ़िल्म में अशोक कुमार और नन्दा थे। हमारे नाम इस फ़िल्म के क्रेडिट्स में कहीं नहीं दिए गए।

स्क्रिप्ट पर चर्चा करते हुए सलीम-जावेद

23

हमारा विश्वास रहा कि कमर्शियल सिनेमा भी सेंसिबल हो सकता है : सलीम ख़ान

जब हमारी मुलाक़ात हुई थी तब हम दोनों स्ट्रगल कर रहे थे। हम दोनों एक ही जगह मध्य प्रदेश से आए थे। वे भोपाल में थे और मैं इंदौर में था। जावेद मुम्बई में जब मेरे घर आना शुरू किए, तब वे कहीं दोस्तों के साथ रहते थे या शायद पेइंग गेस्ट थे। मैंने देखा कि उनके पास टैलेंट है, जिसे सामने आना चाहिए, हालाँकि उनकी महत्त्वाकांक्षा फ़िल्म डायरेक्टर बनने की थी, लेकिन मुझे लगा कि वे एक बेहतर राइटर बन सकते हैं। उस वक़्त मैं स्क्रिप्ट लिख रहा था। उन्होंने मेरी स्क्रिप्ट में हेल्प करना शुरू कर दिया। फिर मैंने सोचा कि हेल्प क्यों ली जाए, बल्कि क्यों न हम एक पार्टनर के तौर पर काम करें, और हमने पार्टनर के तौर पर काम करना शुरू कर दिया। हमारी टीम एक नेचुरल टीम थी।

दरअसल, हमारी पहली फ़िल्म 'अधिकार' थी, लेकिन हमें बिलिंग नहीं मिली थी। इस फ़िल्म के प्रोड्यूसर के पास एक स्टोरी थी, लेकिन उनको स्क्रीन प्ले लिखने वाला कोई नहीं मिल रहा था। जब वे मेरे पास आए तो क़िस्मत से, जिसमें मैं बहुत ही बिलिव करता हूँ, जावेद बैठे हुए थे। उन्होंने एक रेम्यूनेरेशन भी फिक्स किया। दरअसल, जावेद ने इसे मुझ पर ही छोड़ दिया तो मैंने कहा कि हम आधा-आधा शेयर करेंगे। फिर इसके बाद हमने रमेश सिप्पी का स्टोरी डिपार्टमेंट ज्वाइन कर लिया। वे 'अंदाज़' बना रहे थे। हमने 'अंदाज़' में काम किया और उसमें हमें बिलिंग भी मिली थी। बिलिंग सेपरेट हुई थी - सलीम खान और जावेद अख़्तर। उसके बाद 'हाथी मेरे साथी' में हमारी बिलिंग 'सलीम-जावेद' के तौर पर हुई थी।

बहुत से लोग सोचते हैं कि हम एक तरह के व्यक्ति रहे, लेकिन सच यह है कि हम बिल्कुल अलग तरह के व्यक्ति रहे। जैसे कि मैं लोगों पर भरोसा करता हूँ, लेकिन वे लोगों को लेकर स्केप्टिकल रहते हैं। वे बहुत ही आर्ग्युमेंटेटिव हैं, लॉजिकल हैं, पर मैं व्यक्तिगत रूप से किसी इमोशन से कंविंस हो जाता हूँ। मेरी ज़िन्दगी दूसरे तरह की थी और उनकी दूसरी तरह की।

मैं यहाँ उनसे जुड़े केवल अच्छे दिनों को ही याद कर रहा हूँ। हमने देश की कुछ लैंडमार्क फ़िल्मों के बनने में अपना कॉन्ट्रिब्यूशन दिया, जो सफल और अच्छी फ़िल्में रहीं। हमारा विश्वास रहा कि कमर्शियल सिनेमा भी सेंसिबल हो सकता है और कैरेक्टर को ज़िन्दगी के बहुत क़रीब होना चाहिए। हमारी पहली फ़िल्म जो फ़्लॉप हुई, वह हमारी दसवीं फ़िल्म थी, जबकि हम लगातार 9 सुपरहिट फ़िल्में दे चुके थे।

जावेद में लिरिक राइटिंग, पोएट्री राइटिंग का टैलेंट था। वो एक अच्छे लिरिक राइटर हैं। वास्तव में उनका गाना मुझे पसंद है, जो उन्होंने 'साथ-साथ' के लिए लिखा था - तुमको देखा तो ये ख़याल आया। कभी-कभी मैं उस गाने को बजाता भी हूँ। ट्यून और लिरिक को देखें तो वह एक कम्प्लीट साँग है।

◀ *सलीम-जावेद*

24

गुफ़्तगू [जावेद अख़्तर के साथ अरविंद मण्डलोई]

अगर आप मेरे फ़िल्म कॅरियर में योगदान के बारे में पूछेंगे, तो मैं एक से तीन तक नाम सलीम साहब का ही लूँगा

हम लोग 11 बरस पार्टनर रहे, 11 साल हमने फ़िल्मों में साथ काम किया, 18-19 फ़िल्मों की स्क्रिप्ट साथ में लिखी

वो कौन दो-तीन लोग हैं, जिन्होंने आपकी ज़िन्दगी पर सबसे ज़्यादा प्रभाव छोड़ा है ?

मैं कहूँगा, एक तो मेरी फैमिली, फ़ैमिली मतलब पूरी फ़ैमिली, जो मेरे माँ-बाप, आंट्स-अंकल, जो तमाम लोग थे, इन्होंने मुझ पर प्रभाव डाला। इसलिए जो विचार बने, वो उसी माहौल से पैदा हुए। उन्होंने सबसे ज़्यादा असर डाला। मेरे एक दोस्त थे, ख़ुसरो साहब, जो कि ग्वालियर के जागीरदार थे। मैं समझता हूँ उन्होंने मेरी थिंकिंग पर बहुत असर डाला। मेरी सोच पर, मेरी पर्सनैलिटी पर, मेरी लाइक्स और डिस्लाइक्स पर, लेकिन अगर आप मेरे फ़िल्म कॅरियर में योगदान के बारे में पूछेंगे, तो एक से तीन तक मैं नाम सलीम साहब का ही लूँगा। चौथा कोई और हो सकता है। यह इसलिए कि सलीम साहब से मैंने ज़िन्दगी में बहुत कुछ सीखा है। और ना सिर्फ़ ये कि हम लोग 11 बरस पार्टनर रहे, 11 साल हमने फ़िल्मों में साथ काम किया, 18-19 फ़िल्मों की स्क्रिप्ट साथ में लिखी, लेकिन एक इंसान की हैसियत से भी मैंने उनसे बहुत-सी बातें सीखी हैं। अपने पर यक़ीन रखना, और बुरे से बुरे वक़्त में हौसला कम नहीं होने देना, ये शायद कुछ ख़ूबी पहले से मुझमें रही होंगी, इसलिए कि बुरे दिन तो मैंने देखे थे। लेकिन जो हिम्मत सलीम साहब की है, मैं उसकी दाद दूँगा। हम लोगों ने जिस तरह से जो टर्म एंड कंडीशन्स पर काम किया, जो हमारी प्राइस बढ़ी, जो हमने इत्ती बड़ी-बड़ी प्राइसेस ले ली, इतना हमने नाम अपना मनवा लिया, ये सब सलीम साहब की वजह से है।

◀ *फ़िल्म 'शोले' के 3-डी वर्जन के लॉन्च के अवसर पर जावेद अख़्तर और सलीम ख़ान*

25

स्क्रीन प्ले का कमाल

फ़िल्म 'हाथी मेरे साथी' 1971 की सबसे हिट फ़िल्म रही। यह फ़िल्म राजेश खन्न की सफल फ़िल्मों में भी शामिल रही। यह चिन्नपा देवर ने बनाई थी और इस फ़िल्म की कहानी भी देवर की ही थी। यह फ़िल्म सलीम-जावेद की पहली पार्टनरशिप थी, जिसके लिए उन्हें आधिकारिक तौर पर पटकथा लेखकों के रूप में क्रेडिट दिया गया। फ़िल्म के विषय और स्क्रीन प्ले को लेकर सलीम-जावेद द्वारा किए गए ट्रीटमेंट ने 'हाथी मेरे साथी' को बच्चों में बेहद लोकप्रिय बना दिया था। फ़िल्म की हीरोइन तनुजा याद करती हैं कि कैसे उनकी बेटियों ने रामू हाथी की मौत के लिए उनको ही (तनुजा द्वारा निभाए गए किरदार को) ज़िम्मेदार ठहराते हुए हफ़्तों तक उनसे बात नहीं की थी।

फ़िल्म : *हाथी मेरे साथी*

निर्देशक : *एम. ए. तिरुमुगम*

1971

26

महिला किरदार में बदलाव

बॉक्स ऑफ़िस पर 'सीता और गीता' ने आश्चर्यजनक सफलता हासिल की थी। यह 1972 की सर्वाधिक कमाई करने वाली फ़िल्म थी। इस फ़िल्म के बाद हेमा मालिनी इंडस्ट्री की नंबर वन हीरोइन बन गईं। 'सीता और गीता' ने इंडस्ट्री में एक और इतिहास रचा और इस फ़िल्म ने महिला किरदार को लेकर जो इंडस्ट्री की सोच-समझ रहती थी, उसे पूरी तरह बदल दिया। फ़िल्म निर्माताओं और निर्देशकों के लिए महिला किरदारों को, इन नई भूमिकाओं में, पर्दे पर लाने में अब कोई दिक़्क़त नहीं रही, क्योंकि महिलाओं द्वारा एक्शन सीन करना अब फैशन में आ चुका था। फ़िल्म को अन्य भाषाओं में भी बनाया गया, जिसमें तेलुगु फ़िल्म गंगा मंगा (1973) और तमिल फ़िल्म वानी रानी (1974) शामिल हैं।

फ़िल्म : सीता और गीता

निर्देशक : रमेश सिप्पी

1972

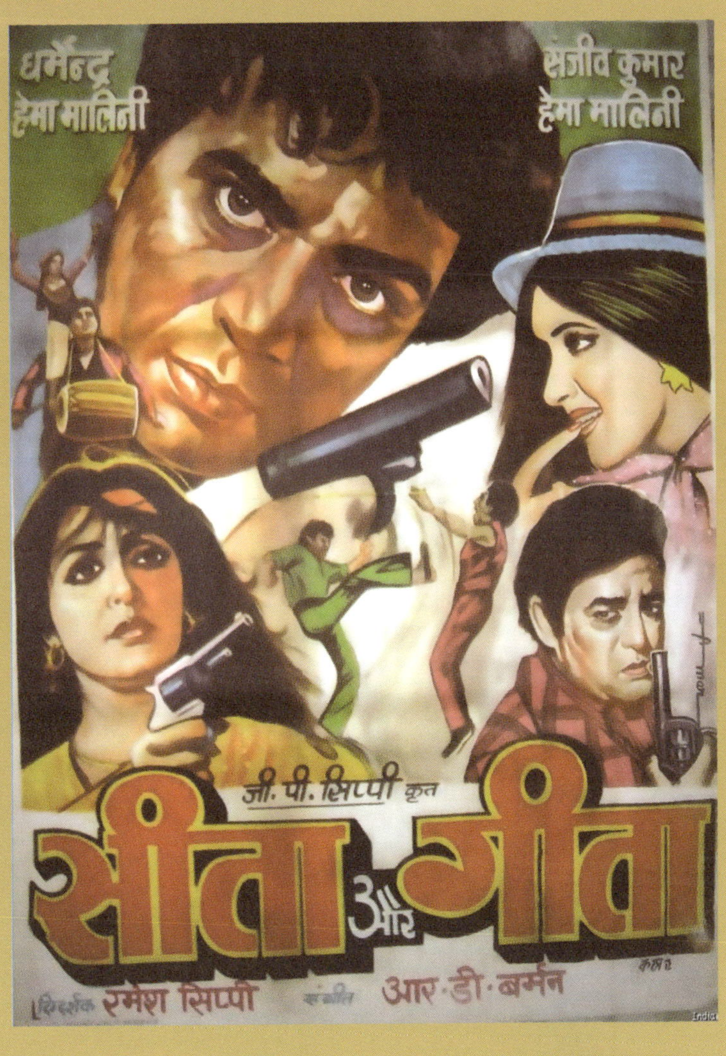

27

सीता और गीता के सेट पर मेरी मुलाक़ात हनी ईरानी से हुई

कामयाबी भी जैसे अलादीन का चिराग़ है। अचानक देखता हूँ कि दुनिया ख़ूबसूरत है और लोग मेहरबान। साल-डेढ़ साल में बहुत कुछ मिल गया है और बहुत कुछ मिलने को है। हाथ लगते ही मिट्टी सोना हो रही है और मैं देख रहा हूँ- अपना पहला घर, अपनी पहली कार। तमन्नाएँ पूरी होने के दिन आ गए हैं, मगर ज़िन्दगी में एक तनहाई तो अब भी है। 'सीता और गीता' के सेट पर मेरी मुलाक़ात हनी ईरानी से होती है। वो एक खुले दिल की, ख़री ज़बान की, मगर बहुत हँसमुख स्वभाव की लड़की है। मिलने के चार महीने बाद हमारी शादी हो जाती है। मैंने शादी में अपने बाप के कई दोस्तों को बुलाया है, मगर अपने बाप को नहीं (कुछ ज़ख़्मों को भरना अलादीन के चिराग़ के देव के बस की भी बात नहीं- वो काम सिर्फ़ वक़्त ही कर सकता है)। दो साल में एक बेटी और एक बेटा, ज़ोया और फ़रहान होते हैं।

अगले छह वर्षों में एक के बाद एक लगातार बारह सुपर हिट फ़िल्में, पुरस्कार, तारीफ़ें, अख़बारों और मैगज़ीनों में इंटरव्यू, तस्वीरें, पैसा और पार्टियाँ, दुनिया के सफ़र, चमकीले दिन, जगमगाती रातें- ज़िन्दगी एक टेक्नीकलर ख़्वाब है, मगर हर ख़्वाब की तरह यह ख़्वाब भी टूटता है। पहली बार एक फ़िल्म की नाक़ामी (फ़िल्में तो उसके बाद भी नाक़ाम हुईं और कामयाब भी, मगर कामयाबी की वो ख़ुशी और ख़ुशी की वो मासूमियत जाती रही)। धीरे-धीरे मेरे अंदर बहुत कुछ बदल रहा है। 1983 में, मैं और हनी अलग हो जाते हैं।

हनी से मेरी शादी ज़रूर टूट गई, मगर तलाक़ भी हमारी दोस्ती का कुछ नहीं बिगाड़ सका। और अगर माँ-बाप के अलग होने से बच्चों में कोई ऐसी कड़वाहट नहीं आई तो इसमें मेरा कमाल बहुत कम, और हनी की तारीफ़ बहुत ज़्यादा है। हनी आज एक बहुत कामयाब फ़िल्म राइटर है और मेरी बहुत अच्छी दोस्त। मैं दुनिया में कम लोगों की इतनी इज़्ज़त करता हूँ, जितनी इज़्ज़त मेरे दिल में हनी के लिए है।

जावेद अख़्तर, हनी ईरानी, फ़रहान और ज़ोया

28

गुफ़्तगू

[जावेद अख़्तर और हनी ईरानी
के साथ अरविंद मण्डलोई]

अगर मैं समझदार आदमी होता, जिसकी सोच में ठंडक होती, जो चीज़ों को बग़ैर कड़वाहट लाए देख सकता, तो शायद ये शादी नहीं टूटती

आपकी पहली शादी की एक मुकम्मल तस्वीर क्यों नहीं बन पाई, क्या वजह थी उसकी?

मुझे लगता है कि जब हमारी शादी हुई, तब हम दोनों ही बहुत यंग थे। और बस समझिए कि ज़रा-सा ही मेरा काम ठीक हुआ था। मैं एक बहुत ही उल्टी-सीधी ज़िन्दगी से आया था, जहाँ बहुत कड़वाहटें भी थीं, और जहाँ नाकामयाबियाँ भी थीं और जहाँ बहुत बार दिल भी टूटा था। मैं नहीं समझता हूँ कि मैं बहुत नॉर्मल इंसान था। अपने अंदर वो जो एक तूफ़ान था, हंगामा था, जो तल्ख़ी थी, जो कड़वाहट थी, उसे धीरे-धीरे ख़त्म करने में मुझे वक़्त लगा। तो जहाँ शायद एक तरफ़ राइटिंग में वो सब मेरे काम भी आया होगा, तो कहीं मेरी पर्सनल ज़िन्दगी में उसने गड़बड़ भी पैदा की। अब मैं मुड़कर देखता हूँ तो ईमानदारी की बात ये है कि अगर मैं समझदार आदमी होता, जिसकी सोच में ठंडक होती, जो चीज़ों को बग़ैर कड़वाहट लाए देख सकता, तो शायद ये शादी नहीं टूटती। हनी भी बहुत कम उम्र थी, नातजुर्बेकार थी और मैं भी कम उम्र था, नातजुर्बेकार भी था और काफ़ी दीवाना और पागल था। तो वहाँ गड़बड़ हो गई, लेकिन ख़ुशी की बात ये है कि दोनों ने धीरे-धीरे कहीं रियलाइज़ किया, एक-दूसरे के लिए इज़्ज़त और क़दर हमारे दिल में पैदा हुई और आज मेरी और हनी की बहुत ही अच्छी दोस्ती है। और मैं इसमें अपने से ज़्यादा क्रेडिट हनी को दूँगा कि उसने ये कड़वाहट बच्चों में नहीं आने दी। अब चाहे कितनी भी तहज़ीब से और सभ्यता के साथ हम अलग हुए हों, जो कि हम हुए, लेकिन फिर भी कुछ न कुछ हर्ट, कुछ न कुछ कड़वाहट तो होती ही है अलग होने में। हम दोनों ने हमेशा ये ख़याल रखा कि बच्चों के बारे में जो भी फ़ैसला करें, वो मिल-जुलकर ही करें। ये न हो कि बाप कुछ कह रहा है, माँ कुछ कह रही है, ऐसा नहीं होना चाहिए। तो हमने मेरे ख़याल से इस मामले में काफ़ी समझदारी से काम लिया। मगर जितना हमने तलाक़ के बाद समझदारी से काम लिया, उतनी ही समझदारी से तलाक़ से पहले काम ले लेते तो शायद तलाक़ न होता। लेकिन ख़ैर, अब ज़िन्दगी में यही होना था। और मैं इतने बरसों बाद भी सच्चे दिल से कहता हूँ कि मैं अपनी ज़िन्दगी में जिन चंद अच्छे लोगों से मिला हूँ, उनमें से एक हनी है।

◀ *फ़िल्म 'सीता और गीता' के सेट पर जावेद अख़्तर और हनी ईरानी*

कुछ लोग बहुत अच्छे दोस्त बनने लायक़ होते हैं, हम उनको हस्बैंड या वाइफ़ बना लेते हैं : हनी ईरानी

आपकी जावेद साहब से पहली मुलाक़ात कब और कैसे हुई?

जावेद साहब से मैं पहली बार मिली थी शायद 1971 या 1970 में। रमेश सिप्पी जी के ऑफ़िस में मुझे बुलाया था, 'सीता और गीता' के लिए। वहीं मेरी मुलाक़ात जावेद साहब से हुई थी। वो वहाँ मुझे कहानी सुना रहे थे। मुझे मालूम था कि ये फ़िल्म सलीम साब लिख रहे हैं तो मुझे ऐसा लगा कि जावेद साब उनके असिस्टेंट होंगे। उस वक़्त सलीम साब वहाँ नहीं थे। उन्होंने कहा, मैंने आपको 'कटी पतंग' में देखा तो मुझे लगा कि ये रोल आप अच्छी तरह कर सकेंगी। सेट पर मुझे पता चला कि ये राइटर हैं। दोनों साथ में लिखते हैं, वह असिस्टेंट नहीं हैं। पर जो चीज़ मुझे जावेद साहब की बहुत अच्छी लगी, वो थी उनकी नॉलेज और उनका सेंस ऑफ़ ह्यूमर। मुझे आज भी ऐसे लोग अच्छे लगते हैं। जावेद में बहुत डिग्निटी थी, क्योंकि उस दौर में हम लोग ऐसे राइटर्स के साथ काम कर चुके थे, जो बेचारे कुछ बोल ही नहीं पाते थे। उस समय ऐसा होता था कि भाई, आ जाओ, कहानी सुना दो, और जाओ। लेकिन सलीम-जावेद ने जिस तरह की डिग्निटी की माँग की, उसे देखना वास्तव में सुखद था, और उसके लिए मेरे दिल में उनके लिए बहुत इज़्ज़त थी।

आप दोनों का इश्क़ कैसे शुरू हुआ?

जावेद साब का रोज़ सेट पर आना, रोज़ डिस्कस करना होता रहा। रमेश जी ने कहा भी कि 'भाई तुम रोज़ आ जाते हो सेट पर, बात क्या है? वैसे तो तुम लोग कभी-कभी आते हो, बुलाना पड़ता है। और ये रोज़ आकर इनको सीन सुनाना। मैं तो सुना ही देता हूँ और वो तैयार होकर आती है। तुम लोगों की आपस में कुछ बात चल रही थी। हेयर ड्रेसर ने सुना था। 'तो आई लाइक्ड हिम, ऑफकोर्स आय लाइक्ड हिम।' फिर उन्होंने बताया कि मैंने पहली बार आपको गज़ीबो रेस्टोरेंट में देखा था, और आप वहाँ आई थीं, मैंने डिसाइड कर लिया था कि इस लड़की से मिलना है, और आज इत्तिफ़ाक़ देखो कि हम यहाँ मिल रहे हैं।

जावेद साहब की जो ज़िन्दगी थी, वो बिल्कुल एक अलग तरह की स्ट्रगल थी। मदर का नहीं होना, फ़ादर का सपोर्ट नहीं होना, उनकी स्टेप मदर से ना जमना और एक आवारगी के हालात में उन्होंने अपनी ज़िन्दगी शुरू की।

जब आप लोगों ने शादी करना तय किया, तो जैसा कि लोग बताते हैं कि आपकी मदर ने कहा था कि ये तो कुछ दिन ही चलेगी।

उन्होंने कहा था कि 'इसके पास कुछ नहीं है। घर नहीं है, काम नहीं है तो कैसे सपोर्ट करेगा, क्या करेगा, ये शादी तो चलने वाली नहीं है।' लेकिन मैं अठारह साल की थी सो वो कुछ ज़्यादा नहीं कर सके। तो फिर मेरी मम्मी ने कहा कि 'ठीक है, इसको कर लेने दो शादी, ये फिर वापिस आ जाएगी। इसमें परेशानी की कोई बात नहीं है।'

तो वो संघर्ष के दिन कैसे थे आपके?

मैं नहीं कहूँगी कि यह कोई बहुत बड़ा स्ट्रगल था, क्योंकि उस समय मेरी जो बड़ी सिस्टर थी, जिनकी कामरान भाई से शादी हुई थी, जिनके बच्चे फराह और साजिद हैं, तो उन्होंने हमें बहुत सपोर्ट किया था। कामरान भाई के पास एक फ़्लैट एक्सट्रा पड़ा हुआ था तो उन्होंने कहा कि जब तक तुम लोगों को घर नहीं मिलता तब तक तुम लोग यहाँ रह लो। तो हम लोग उस फ़्लैट में मूव कर गए। छोटा एक बेडरूम वाला फ़्लैट था, लेकिन एक न्यूली मैरिड कपल के लिए काफ़ी था। हम लोगों को मालूम था कि एक बजट है, जिसमें चलना है। तो जावेद साहब ने कहा था कि देखो कम से कम दो साल तक कोई नौकर-वौकर नहीं होगा। नया-नया अफ़ेयर होता है तो हर चीज़ अच्छी लगती है। जावेद बहुत हेल्पफुल रहे। फिर उनकी फ़िल्म 'ज़ंजीर' बहुत हिट हुई, 'सीता और गीता' हिट हो गई, 'हाथी मेरे साथी' हिट हो गई। सो चीज़ें बेहतर होने लगीं। जावेद साहब की जो ज़िन्दगी थी, वो बिल्कुल एक अलग तरह की स्ट्रगल थी। मदर का नहीं होना, फ़ादर का सपोर्ट नहीं होना, उनकी स्टेप मदर से ना जमना और एक आवारगी के हालात में उन्होंने अपनी ज़िन्दगी शुरू की।

तो आपको जावेद साहब से अलग ले जाने वाली चीज़ें कौनसी थीं?

एक तो जावेद साब उस वक़्त पीते बहुत ज़्यादा थे। मतलब अगर शाम से शुरू हुई है तो सुबह तक पिएँगे ही। तो ये चीज़ें हमें बाद में तकलीफ़ देने लगी थी। लोग आए हैं, परमानेन्टली सुबह तक वहीं बैठे हुए हैं, गप्पे मार रहे हैं, शराब चल रही है। तो वो चीज़ें थोड़ी सी गड़बड़ होने लगी। और जब मैं ऑब्जेक्शन लेती थी तो ये बाहर जाकर पीते थे, तो मुझे और टेंशन होती थी, और

इनको गाड़ी चलाने का शौक़ था। एक्सीडेंट कई बार किए हैं। तो ये सारे तनाव मेरे लिए समस्या बनते गए और ये सुनते नहीं थे। पार्टियाँ तो हमारे यहाँ ख़ैर बहुत होती थी और मैं भी उनको एन्जॉय करती थी। पर जिसको कहते हैं कि हैल्थ वाइज़ ठीक नहीं है, रिस्क वाइज़ ठीक नहीं है और फिर क्या होता है कि जब आप कामयाबी की सीढ़ी चढ़ रहे होते हैं और टॉप पर पहुँच जाते हैं तो जिस तरह आजू-बाजू के लोग होते हैं, चढ़ाने वाले, इस्तेमाल करने वाले, उनकी वजह से आदमी अपनी सही राह से हटने लगता है, ज़्यादा ईगो आने लगता है। इससे मिसअंडरस्टेंडिंग होती है। मैं ये नहीं कहूँगी कि केवल जावेद साब की ग़लती थी, मेरी भी ग़लतियाँ रही होंगी, मैं भी यंग थी। तो इन सारी चीज़ों के चलते हम लोगों के बीच दूरियाँ बढ़ाती गईं।

जब जावेद साब ने बातचीत में कहा था कि जितनी समझदारियाँ हमने शादी के बाद रखी, अगर ये शादी के पहले रखी होतीं तो ये शादी टूटती नहीं। तो वो क्या वजह रही कि ये शादी नहीं चल पाई, पर दोस्ती आज तक कायम है?

मैं निश्चित तौर पर कहूँगी कि हम लोग शायद एक-दूसरे के लिए कॉम्पेटिबल नहीं थे, क्योंकि जिस तरह के बैकग्राउंड से जावेद साहब आते हैं, अब उस बैकग्राउंड से मेरा कोई ताल्लुक़ नहीं था। वो जो शे'र-ओ-शायरी, उस तरह के पोएट्स, उस तरह के लोग, उस तरह के राइटर्स तो वो मैंने कभी देखे नहीं। इसलिए यह सब मेरे लिए बहुत नया था, जिससे मैं एडजस्ट नहीं का पाई। जो मैच्यूरिटी चाहिए थी, वो शायद मुझमें नहीं थी। लेकिन मुझे लगता है कि मैरिड कपल के बजाय हम दोस्त बेहतर हो सकते थे।

जब ऐसे रिश्ते टूटते हैं तो उनमें कटुता भी आ जाती है, आपने अल्टीमेटली उसको कैसे दूर किया?

मैं एक चीज़ जानती हूँ कि कुछ भी हमारे बीच हुआ हो, जिस वजह से भी हुआ हो, हमने उसको डिस्कस नहीं किया। जो बीत गया, वो बीत गया, लेकिन मैं एडमिट करूँगी कि जावेद एक बहुत अच्छे इंसान हैं। उस वक़्त तो बहुत गुस्सा था, 'हेट्रेड' थी, जो भी था, पर उन सब चीज़ों के बीच में मुझे एक बात पता थी कि कल को खुदा ना खास्ता मुझे कोई प्रॉब्लम होगी तो ये एक आदमी है, जो मेरे साथ खड़ा होगा और मेरे ख़याल से यही यक़ीन उनको भी था कि अगर कल को मेरा कुछ होगा तो हनी मेरे साथ खड़ी होगी। कुछ लोग दोस्त बनने लायक़ बहुत अच्छे होते हैं, हम उनको हस्बैंड या वाइफ़ बना लेते हैं, वहाँ गड़बड़ हो जाती है। अगर हम दोस्ती तक ही रहते तो शायद परफ़ेक्ट रहते।

जब आपने आपस में तय किया होगा कि बच्चे आपके साथ रहेंगे तो फिर इनकी परवरिश में एक पिता की भूमिका कैसी थी और कैसे इन दोनों ने अपने आपको आपके निर्णय के लिए मैच्योर किया?

पहली बात तो ये है कि जब हम लोगों ने डिसाइड किया कि हम लोग अलग होने वाले हैं, मैंने दोनों से बात की और कहा कि जैसे आप लोग का आपके दोस्तों के साथ झगड़ा होता है, वैसे

ही पैरेंटस के साथ भी होता है। प्रॉब्लम जो है वो मेरे और पापा के बीच है। आपके साथ कोई लेना-देना नहीं है। दूसरी बात थी कि उन्होंने हमें घर दे दिया। मंथली पैसे भी आते थे। सो वैसे कभी कोई प्रॉब्लम नहीं हुई। मेरी सिस्टर जिनका तलाक़ हो चुका था कामरान भाई से, वे लोग भी मेरे साथ आकर रहने लगे, जो एक बहुत बड़ी 'बॉन्डिंग' थी।

ये जो आपने अलग होने के बाद स्क्रिप्ट राइटिंग शुरू की, तो क्या इसके पीछे कहीं-ना-कहीं जावेद साहब भी एक कारण रहे?

जावेद साहब ने एनकरेज किया था, क्योंकि जब हमारी शादी हुई थी तो मैं शॉर्ट स्टोरी लिखा करती थी और मैं किसी को दिखाती नहीं थी। जावेद को भी नहीं दिखाया, क्योंकि मेरी राइटिंग बहुत बुरी, मेरी स्पेलिंग बहुत बुरी, मेरा ग्रामर बहुत बुरा। मैं छुपा कर लिखती थी। एक दिन उनको वो कॉपी मिल गई। उन्होंने कहा कि यार ये तो अच्छी कहानी है। तुम अच्छा लिखती हो, तुम लिखो। उसके बाद वो बात आई-गई हो गई। डिवोर्स के बाद मैं लिख रही थी, लेकिन मैं सोचती किसको दिखाऊँ। लोग बोलेंगे कि जावेद साब की स्क्रिप्ट रह गई होगी, अब ये बेच रही है। तो ये बात पैम चोपड़ा से हुई जो यश जी की बीवी हैं। वो मेरी बहुत अच्छी दोस्त हैं तो जब उसने सुना तो बोली कि यार, तुम बहुत अच्छा लिख रही हो, तो ऐसे शुरू हुआ।

आप लम्बे वक़्त से जावेद साहब को देख रही हैं, आपने उनमें क्या तब्दीलियाँ महसूस कीं। ऐसी कौन-सी कमी है, जिसको वो रिपेयर कर लेते तो ज़्यादा बेहतर होता, ये शादी नहीं टूटती?

सबसे बड़ी तब्दीली तो ये आई कि उन्होंने शराब छोड़ दी। और जब वो छोड़ी तो अच्छी चीज़ें होती गईं उनके साथ। वही एक निगेटिविटी थी उनके अंदर। शराब की वजह से, वह एक स्प्लिट पर्सनैलिटी रहा करते थे, 'जेकल एंड हाइड' की तरह। तो कम-से-कम वो निकल गया। अब वे अधिक शांतचित्त हैं। और उसके लिए भी आपको उनको ही क्रेडिट देना पड़ेगा, वरना आमतौर पर अल्कॉहलिक से शराब छूटती नहीं है। ख़ुद ही उन्होंने डिसाइड किया- नहीं पियूँगा आज से, तो नहीं पी। वो कमाल की बात है। अब पुरानी बातें करने का कोई मतलब ही नहीं है, मुझे कोई रिग्रेट नहीं है। अब दोनों के दिल में जो एक-दूसरे के लिए जो इज़्ज़त है, जो जगह है, वो बनी रहे, बस।

जुदा होने के बाद भी दोस्ती के क्षण

शेर ख़ान ने शादी नहीं की
तो क्या हुआ बारातें बहुत देखी हैं।

(शेरख़ान के किरदार में प्राण)

फ़िल्म : *ज़ंजीर*

निर्देशक : *प्रकाश मेहरा*

1973

29

फ़िल्मी पोस्टर पर नाम

फ़िल्म 'अंदाज़', 'हाथी मेरे साथी' और 'सीता और गीता' हिट हो चुकी थीं। चौथी पिक्चर थी, 'ज़ंजीर', जब हमने कहा, भई! हमारा नाम भी पोस्टर पर होना चाहिए। हमें बताया गया कि देखिए भई, ऐसा होता नहीं है। राइटर्स का नाम कोई पोस्टर पर देता नहीं है। ये वो समय था, जब पूरे देश में फ़िल्में एक साथ रिलीज़ नहीं होती थीं। सत्तर के दशक में तो पहले बड़े-बड़े शहरों में लगती थीं, फिर उसके बाद छोटे शहरों में लगती थीं, फिर उसके बाद उससे भी छोटे शहरों में जाती थीं। तो फिर जब मुम्बई में 'ज़ंजीर' रिलीज़ हुई, तो हमने 2 जीपें किराए पर लीं, 3-4 आदमी बैठाए, उन्हें सीढ़ियाँ दीं और पेंट दिया और कह दिया कि पूरे मुम्बई में जितने पोस्टर्स लगे हैं, उन पर जहाँ जगह मिले, वहाँ लिख दो- रिटन बाई सलीम-जावेद। पूरी रात वो जीपें घूमती रहीं और हर पोस्टर पर लिख दिया गया। उसके बाद फ़िल्म इंडस्ट्री ने कहा कि भई इनका नाम दे दिया करो।

30

‘मदर इंडिया’ के बिरजू से प्रेरित था एंग्री यंग मैन कैरेक्टर

बचपन में जिन फ़िल्मों का इम्पैक्ट मुझ पर पड़ा, उनमें थीं, ‘श्री 420’, ‘मुनीम जी’, ‘दो बीघा ज़मीन’, ‘जागृति’। लेकिन टीनएज में जिन फ़िल्मों ने मुझे मुतअस्सिर किया, वो फ़िल्में थीं, ‘प्यासा’ और ‘मदर इंडिया’। इन फ़िल्मों का एक गहरा असर मुझ पर पड़ा। ‘मदर इंडिया’ मुझे बहुत अच्छी लगी थी। ‘मदर इंडिया’ में शायद मुझे पसंद आया था वो रिबेल कैरेक्टर, जो बिरजू का था, जो कि ज़ुल्म के ख़िलाफ़ आवाज़ उठाता है। जो गाँव का बनिया है, जो सबका ख़ून चूस रहा है, वो उसके ख़िलाफ़ खड़ा होता है। तो वो जो रिबेल कैरेक्टर था, वो मुझे बहुत अच्छा लगा था। और शायद बरसों के बाद जब मैंने ख़ुद फ़िल्में लिखीं, तो वो बिरजू का किरदार जो मुझे पसंद आया था, वो एंग्री यंग मैन था अपने ज़माने का, जिसे मेरी फ़िल्मों में भी आपने देखा।

ज़ंजीर के मुहूर्त शॉट पर
अमिताभ बच्चन

31

ज़हीन आँखों वाले 'जादू मियाँ'

पुष्पा भारती

शायद 1975 या 1976 का साल था, जब इस कुनबे में एक और सदस्य जुड़ गया। हुआ यूँ कि हमारे कुनबे के एक अहम सदस्य कृश्न चंदर और सलमा सिद्दिकी के बेटे मुनीर (जिसे हम सब बीलू कहकर पुकारते थे) की शादी तय हो गई थी। शादी की तैयारियों के सिलसिले में एक दिन कृश्न जी के घर में हम सबकी महफ़िल जमी हुई थी। थोड़ी देर बाद तीन युवक आए, और वे भी वहीं साथ बैठ गए। पता चला बीलू के दोस्त हैं। हमारा ध्यान बार-बार उन तीनों में से एक लड़के की ओर खिंच रहा था। बड़ी-बड़ी लापरवाह जुल्फ़ें, बेफ़िक्र ढंग से पहने कपड़े, दुबली-पतली शख़्सियत थी उसकी। बाक़ी के युवक तो बड़ी शराफ़त और विनम्रता से बैठे चुपचाप सबकी बातें सुन रहे थे, पर बहुत तेज़, ज़हीन आँखों वाला यह युवक बीच-बीच में टुप से कुछ ऐसा बोल देता था कि सभी मुस्करा उठते। उसके बोलने-बतियाने का ढंग भी औरों से बिल्कुल अलग था। उस दिन की महफ़िल में एक से बड़े एक संपादक, लेखक, कवि और अफ़सानानिगार जुड़े हुए थे। अचानक वह युवक उठकर भीतरी कमरे में गया और एक ढोलक उठा लाया और बोला, 'भई हमारे यार की शादी है, कुछ गाना-बजाना होना चाहिए।'

तीनों लोग बीलू को भी खींच लाए और वहीं ज़मीन पर बिछे कालीन पर बैठकर ढोलक बजाने लगे। बीलू को छेड़-छेड़कर ख़ूब लोकगीत गाए जाने लगे और जब उस चमकती आँखों वाले ने गाना शुरू किया 'सरौता कहाँ भूलि आए, प्यारे ननदोइया' तो ऐसा रस बरसने लगा कि अपने-अपने प्रभा मंडल परे रखते हुए सारे-के-सारे नामीगिरामी लोग, वहीं ज़मीन पर आ जुड़े और उसके सुर-में-सुर मिलाकर ठेठ गवइयों के अंदाज़ में गाने, मटकने लगे कि कब वह शाम आधी रात में बदल गई, किसी को पता ही नहीं चला और इन चंद घंटों में ही सब-के-सब उस युवक के मुरीद हो गए। यह तो बाद में पता चला कि ये महाशय तो जावेद अख़्तर साहब हैं, दर्जनों हिट फ़िल्मों के लेखक। यह भी पता चला कि जनाब ऐसे ख़ानदान के वारिस हैं, जिसके सारे-के-सारे पुरखों पर पीढ़ी-दर-पीढ़ी माता सरस्वती मेहरबान रही हैं। 'बड्र्स ऑफ़ सेम फीदर्स फ़्लॉक टुगेदर' लाज़िमी था कि ये भी हमारे इस कुनबे के एक लाड़ले सदस्य बन गए, हमेशा के लिए। और ऐसे सदस्य बन गए कि जब कभी हम सब इकट्ठे हों और जावेद न हों तो फ़ौरन फ़ोन खटखटाए जाते और उनकी तलाश होने लगती। बेहिसाब ज़िन्दादिली, हाज़िरजवाबी, लच्छेदार लनतरानियाँ, हँसी-मज़ाक़ और बात-बात पर खिलखिलाहटों के दौर चलते। जावेद का एक जुमला जब-तब बोला जाता 'यह तो टू मच की भी हद हो गई भई।' एक कहे और सारे-के-सारे हँस पड़ते। कोई पूछे यह टू मच की हद क्या होती है भई। ऐसे ही और भी तमाम जुमले जावेद छोड़ते रहते थे। जुमले और क़िस्से ही नहीं, एक बार तो उन्होंने हद ही कर दी- अमेरिका से लौटे थे और इस बार की अपने कुनबे की मीटिंग उन्हीं के घर में जुड़ी थी। अमेरिका में उन्होंने एक फ़िल्म देखी थी, जो बैन थी और उन्होंने बड़े ख़ुफ़िया तरीक़े से वह देखी थी। फ़िल्म नाज़ियों के अत्याचारों पर आधारित थी, पहले तो उसके क़िस्से सुनाते रहे, फिर जब खाना लग गया तो यह कहते हुए कि अरे वो आज के लिए जो ख़ास डिश बनाई गई थी, वह तो मेज़ पर है ही नहीं, जावेद रसोई की ओर लपककर गए। खाना परोसा जा रहा था कि अचानक पूरे घर की बिजली चल गई, फटाफट मोमबत्ती वग़ैरह का इंतज़ाम हो ही रहा था कि कुछ अजीब-अजीब सी डरावनी आवाज़ें सुनाई दीं और देखा कि सारे शरीर पर बहुत बड़े काले बालों वाला एक भूत खड़ा है, उसके हाथों के नुकीले बड़े-बड़े नाख़ून दिखाई दे रहे थे और बड़ी ख़तरनाक आँखें चमक रही थीं, कभी-कभी आवाज़ों के साथ सफ़ेद पीले दाँत भी दिख जाते थे। बाक़ी ऊपर से नीचे तक बाल-ही-बाल। ख़ानसामा, नौकर, बाई सबको पुकारा जाने लगा, अरे भई कोई निकालो इसे बाहर। हम लोग जावेद को उनके घरेलू नाम 'जादू' से ही पुकारते थे। सलमाजी मारे डर के डाइनिंग टेबल के नीचे घुस गईं और कुछ बुदबुदाने लगीं। मुझे लगा, ज़रूर हनुमान चालीसा जैसी कोई चीज़ पढ़ रही होंगी। सभी एकदम चुप थे। ज़बरदस्त सन्नाटा छा गया। अचानक मैंने ज़ोर से पुकारा 'जादूऽऽऽ' और पलक झपकते ही उधर से आवाज़ आई 'जी पुष्पा जी' और हनी बोल पड़ीं- 'धत्तेरे की' और भूत जी की पोल खुल गई।

जनाब जावेद साहब हैलोवीन के समय अमेरिका गए थे। उन दिनों वहाँ एक त्यौहार जैसा मनाया जाता है, जिसमें औरत, मर्द, बूढ़े, बच्चे सब मिलकर तरह-तरह के मसख़रे या डरावने रूप धरकर मॉल्स, सड़कों पर मौज-मस्ती करते हैं। वहीं से श्रीमानजी ये भूत वाली ड्रेस ख़रीद कर लाए थे। सलमा जी को बमुश्किल मेज़ के नीचे से निकाला गया, उन्हें भरोसा ही नहीं हो रहा था कि वह भूत नहीं, अपने जादू मियाँ थे। *(वरिष्ठ लेखिका पुष्पा भारती की पुस्तक 'यादें, यादें और यादें' का एक अंश)*

◀ *फ़िल्म अभिनेत्री नरगिस, निम्मी और लेखिका सलमा सिद्दिकी के साथ जावेद अख़्तर*

32

हम क़रीबी दोस्त रहे हैं और हमने कई पलों को साथ में साझा किया है : अमिताभ बच्चन

ये बातें किसी चीज़ को लेकर सामान्य, सांसारिक, सुनी-सुनाई बातें न होकर, हमेशा बहुत ही अनोखी और अलग होती हैं और वे इन्हें अलग नज़रिए से इस तरह पेश करते हैं कि आपको आश्चर्य होगा कि इससे पहले मैंने ऐसा क्यों नहीं सोचा।

जावेद साहब भारतीय फ़िल्म उद्योग के सबसे बेहतरीन दिमाग़ हैं। वे बहुत रचनात्मक लेखक हैं। 'दीवार' निस्संदेह हिन्दी कमर्शियल सिनेमा की बेहतरीन पटकथाओं में से एक थी, और यह सिर्फ़ मेरा व्यक्तिगत विश्वास नहीं है, क्योंकि मैं इसमें शामिल था, बल्कि पूरे इंडस्ट्री के लोग इसे मानते हैं। उस दौर में एक बार एक जर्नलिस्ट ने मुझसे पूछा था कि 'आप सलीम-जावेद के साथ इतनी फ़िल्में कर रहे हैं, लेकिन अगर सलीम-जावेद फ़ेल हो गए तो क्या होगा? मैंने कहा था, 'अगर सलीम-जावेद फ़ेल हो गए, अमिताभ बच्चन फ़ेल हो जाएगा।'

मेरा मानना है कि जावेद साहब की रचनात्मकता, बुद्धिमत्ता और सोच हमेशा उत्साह से भर देती है। वे ख़ूब पढ़ते हैं। ऐसे कई मौक़े आए हैं, जब हमने पेशेवर कामों के माहौल से हट कर, कई दिनों और घंटों तक सिर्फ़ दूसरी चीज़ों के बारे में बात की है। वे दुनिया में लगभग किसी भी विषय पर बात कर सकते हैं, बहस कर सकते हैं। ये बातें किसी चीज़ को लेकर सामान्य, सांसारिक, सुनी-सुनाई बातें न होकर, हमेशा बहुत ही अनोखी और अलग होती हैं और वे इन्हें अलग नज़रिए से इस तरह पेश करते हैं कि आपको आश्चर्य होगा कि इससे पहले मैंने ऐसा क्यों नहीं सोचा। मुझे नहीं लगता कि मैंने कभी उन्हें गुस्से में देखा है, लेकिन मैं उनके बहुत सारे ऐसे क्रिएशन का रीसिपीएंट रहा हूँ, जिनमें गुस्सा है, नाराज़गी है। उन्होंने अपने लेखन में जो गुस्सा दिखाया है, उस गुस्से को समझने में मुझे काफ़ी आनंद आया, और इसने मेरा काम बहुत ही आसान कर दिया। स्क्रिप्ट में मौजूद गुस्सा मेरा गुस्सा नहीं है, यह उनकी पीड़ा है। मैं उन भावनाओं के लिए केवल एक 'टूल' भर रहा। एक अभिनेता के रूप में मेरे लिए, जो काम जावेद साहब ने किया है, उसमें उन्होंने हमेशा इनोवेटिव, वर्सेटाइल और हर बार कुछ अलग करने की कोशिश की। हम क़रीबी दोस्त रहे हैं और हमने कई पलों को साथ में साझा किया है... पेशेवर और व्यक्तिगत रूप से। हम दोनों के पिता कवि रहे। उनके पिता से मिलने का सौभाग्य मुझे नहीं मिल पाया, लेकिन मेरे पिता से उनकी कई मुलाक़ातें हुईं। कविता पाठ करते हुए और चर्चा करते हुए हमने कई शामें गुज़ारी हैं।

जावेद अपनी कविता को लेकर थोड़ा संकोची थे, थोड़ा अप्रेहेंसिव रहते थे। उन्होंने कई शामें मेरे पिता के साथ बिताई हैं और मेरे पिता उन लोगों में से रहे, जिन्होंने जावेद साहब को उनकी शायरी प्रकाशित कराने के लिए प्रोत्साहित किया। मुझे लगता है कि यहीं से उन्होंने साँग राइटिंग और लिरिक्स राइटिंग की शुरुआत की और आज सारी दुनिया जानती है कि वे कितने अच्छे लेखक हैं।

◀ *जावेद अख़्तर और अमिताभ बच्चन*

33

हमारी मुलाक़ात आनंद के सेट पर हुई थी

बरसों पहले 'आनंद' के सेट पर मेरा जब अमिताभ बच्चन से त'आरुफ़ हुआ था, तो मैंने पहली बार उन गहरी और गंभीर, और अंदर उतरती हुई आँखों को देखा था। और पहली बार उस आवाज़ को सुना था, जिसे सुनकर न जाने क्यूँ नीले समंदरों की गहराई का ख़याल आता है। हिमालय की बुलंदी का ख़याल आता है। घनेरे बादलों का ख़याल आता है। उस दिन सेट पर एक गीत पिक्चराइज़ हो रहा था, 'कहीं दूर जब दिन ढल जाए...' और सच है कि दिन ढल रहा था। एक युग, एक दौर ढल रहा था और एक ज़माना मुकम्मल हो रहा था। आज़ादी के बाद करोड़ों इंसानों ने जो ख़्वाब देखे थे, हिन्दुस्तानियों ने जो सपने रचाए थे, वो टूट चुके थे। कई दिलों में दुःख था, आवेश था, गुस्सा था, झुंझलाहट थी और शायद यही दुःख, यही गुस्सा, यही झुंझलाहट, यही आवेश, जब चरित्र बना तब अमिताभ बच्चन जैसा महान अदाकार एंग्री यंग मैन के रूप में सामने आया।

मेरे पास माँ है।

(रवि वर्मा के किरदार में शशि कपूर)

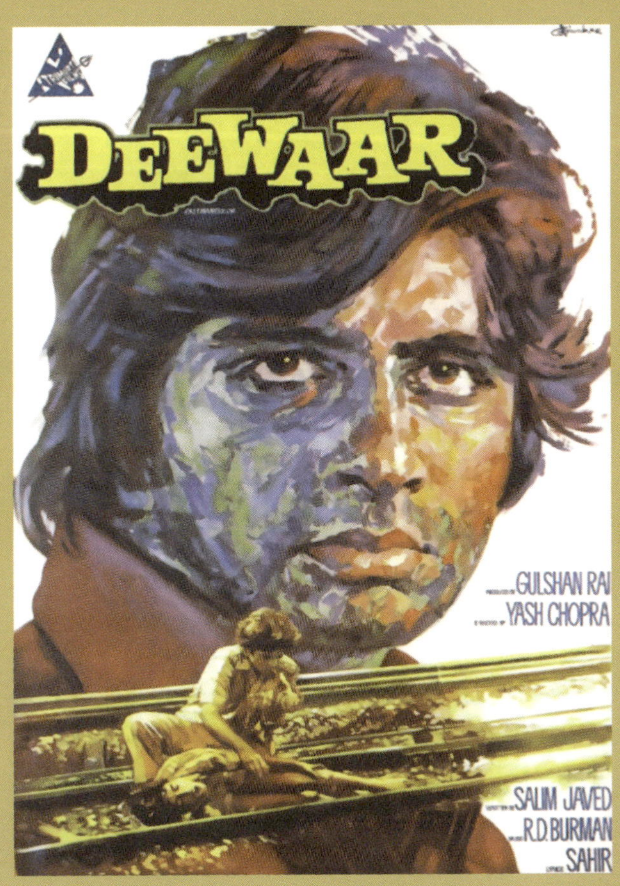

फ़िल्म : *दीवार*

निर्देशक : *यश चोपड़ा*

1975

34

गुफ़्तगू [जावेद अख़्तर के साथ अरविंद मण्डलोई]

जिन तीन-चार फ़िल्मों में अमिताभ बच्चन के बहुत अच्छे परफ़ॉर्मेंस हैं, उनमें से एक फ़िल्म 'मिली' है

सिनेमा में आप अमिताभ बच्चन को बड़ा जीनियस मानते हैं, इसकी क्या वजह है?

जी हाँ! मैं बहुत लोगों का, जैसे दिलीप साहब हैं, गुरुदत्त हैं, उनका भी फैन हूँ। मेहबूब साहब, बिमल रॉय ने जो फ़िल्में बनाईं हैं, राज साहब ने शुरू में जो फ़िल्में बनाईं हैं, 'आवारा' और 'श्री 420' ये कोई मामूली फ़िल्में नहीं हैं। 'प्यासा' और 'साहब बीबी और गुलाम' कोई मामूली फ़िल्में नहीं हैं। 'मदर इंडिया' भी कोई मामूली फ़िल्म नहीं थी। 'गंगा जमना' और दिलीप साहब के परफ़ॉर्मेंस कोई मामूली नहीं हैं। यानी बहुत सारी फ़िल्में हैं, जिनका ज़िक्र ही नहीं होता है। मसलन उन्होंने जो काम किया है 'मधुमती' में, क्या काम है! अगर कोई भी जो एक्टिंग का कद्रदान है, तो देखे 'मधुमती' को, एक-एक सीन देखे, जो काम उन्होंने किया है, वो देखे। मैं उनका बहुत बड़ा फैन हूँ। जहाँ तक अमिताभ बच्चन की बात है, अमिताभ बच्चन बहुत ही एक्सेप्शनल टेलेंट के आदमी हैं... एक्सेप्शनल टेलेंट। अच्छा और है क्या कि इतने टेलेंट से आप अमिताभ बच्चन बन जाएँ, तो इसके साथ और बहुत सारी चीज़ें चाहिए। इसके साथ उतना डिसिप्लिन भी चाहिए, जो अमिताभ बच्चन में है। इस टेलेंट के साथ उतना फ़ोकस भी चाहिए, जो अमिताभ बच्चन में है। इसके साथ वो डिस्क्रिशन भी चाहिए, जो अमिताभ बच्चन में है। अमिताभ बच्चन के मुँह से कभी कोई ग़लत बात किसी के बारे में नहीं निकलती है। आप इतनी बड़ी पोज़िशन, इतनी पॉवर की पोज़िशन में आ जाएँ, उसके बाद भी आप अपनी ज़बान पर इतना कंट्रोल रखें, ये मामूली बात नहीं है, ये बहुत मुश्किल काम है, बहुत ही मुश्किल काम। यानी आप ये देखिए कि अपने पीक पीरियड पर अमिताभ बच्चन हर ग्रुप के साथ काम कर रहे थे। वो ग्रुप जो एक-दूसरे से जंग कर रहे थे, ये सबके यहाँ काम करते थे, 'ना काहू से दोस्ती, ना काहू से बैर', इंडिया का सुपर स्टार सुबह 7 बजे शूटिंग के लिए पहुँच

जाता है, जबकि यूनिट तक नहीं आई है। और वो गाड़ी में बाहर बैठा इंतज़ार कर रहा है कि फ़्लोर का दरवाज़ा खुले तो अंदर जाऊँ। हम लोग की आख़िरी पिक्चर साथ में थी, 'मैं आज़ाद हूँ।' उस बात को भी काफ़ी साल हो गए, लेकिन उस वक़्त ऐसा लग रहा था कि ये पहली पिक्चर मिली है अमिताभ बच्चन को। वो जब भी काम करते हैं, इस तरह से करते हैं, जैसे ब्रेक मिल गया है, इसी में उन्हें साबित करना है कि मैं काम कर सकता हूँ। ये फ़ोकस, ये पैशन, ये एनर्जी, ये कहाँ होती है लोगों में, ये बहुत मुश्किल है।

अमिताभ बच्चन की सबसे बढ़िया फ़िल्म कौन सी है, जो आपने लिखी है? बच्चन जी का सबसे बढ़िया परफ़ॉर्मेंस किसमें है?

सबसे बढ़िया का तो मैं बता ही नहीं सकता हूँ, क्योंकि वो बढ़िया ही करते हैं। उन्होंने जो भी काम किया है, वो बिल्कुल परफ़ेक्ट किया है। अगर पिक्चर कम चली, तो उसमें स्क्रिप्ट में कोई कमी होगी। शायद 13 या 14 पिक्चरों में हमने साथ काम किया है। अच्छा, राइटर्स बड़े फिनकी लोग होते हैं, 'साहब ये देखिए मैंने क्या लिखा था, कैसे बोल दिया इन्होंने, ये शब्द है ही नहीं।' ये शिकायत मुझे अमिताभ बच्चन से कभी हुई ही नहीं। एक बार हम लोग की वो 'आज ख़ुश तो बहुत होगे तुम' पर बहस हुई थी कि सीन कहाँ से शुरू करना चाहिए, किस सुर में, और किस सुर में ख़त्म करना चाहिए। एक मर्तबा हम लोगों का इस पर डिस्कशन ज़रूर हुआ था और बाद में साबित हुआ कि वही ठीक कह रहे हैं। उन्होंने बोला कि 'मैं इस तरह से बोल कर आप लोगों को दिखाता हूँ।' तो बाद में वही सही हुआ, जो वे कह रहे थे। तो मुझे कभी शिकायत ही नहीं हुई अमिताभ बच्चन से कि 'अरे यार मेरे तो क्या मतलब थे और इन्होंने क्या बोल दिया। अरे ये टाइमिंग ही ग़लत है। ये तो जुमले का मतलब ही इन्होंने चेंज कर दिया अपने से।' नहीं, फ़्लॉलेस, कोई ग़लती नहीं, परफ़ेक्ट, बल्कि कई बार इस तरह से बोला कि जो मैंने लिखा था उसका असर बढ़ गया। मैं आपको एक दूसरी बात बताऊँ, मेरी

पिक्चरें छोड़िए। कई पिक्चरें अमिताभ बच्चन की ऐसी हैं, जिनमें उनका इन्तेहाई लाजवाब काम है, लेकिन उन फ़िल्मों का ज़िक्र नहीं होता, जैसे 'मिली'। अब 'मिली' जो है, बुनियादी तौर से उसकी कहानी तो घूम रही थी जया जी के चारों तरफ़ और जया कोई मामूली एक्ट्रेस तो है नहीं। उन्होंने भी बहुत ज़बरदस्त काम किया था। उसमें दादामुनि अशोक कुमार का भी बहुत अच्छा काम था। लेकिन मैं कहूँगा जिन तीन-चार फ़िल्मों में अमिताभ बच्चन के बहुत अच्छे परफ़ॉर्मेंस हैं, उनमें से एक 'मिली' है। और कभी 'मिली' का कोई ज़िक्र नहीं करता, अमिताभ बच्चन के लिए... क्या काम किया था, उस आदमी ने... वाह! वाह! वाह! वाह! वाह! वाह...! कितने साल हो गए 'मिली' को, लेकिन आज तक मुझे याद है कि एक जगह गुस्से में उसने अपनी जेब से रूमाल निकाल के सोफ़े पर फेंका है, ये एक अजीब-सा जेस्चर है। जेब में से रूमाल निकाल के सोफ़े पर फेंकना, ये आप प्लान नहीं कर सकते हैं। ये कोई एक्टर प्लान थोड़ी करेगा कि मैं यहाँ पर जेब में से रूमाल निकाल कर सोफ़े पर फेंक दूँगा, ऐसा पॉसिबल नहीं है। वो आदमी उस लम्हे को जी रहा है, तो ये वहीं के वहीं ये काम हो गया... बहुत अच्छा काम था... बहुत ही अच्छा काम था।

35

गब्बर ख़ुद अपनी वॉकेबुलरी बनाता रहा

पूरे कॅरियर में जिन किरदारों को लिखते हुए मुझे बहुत मज़ा आया, उनमें गब्बर सिंह का किरदार भी शामिल है। इसकी वजह ये थी कि गब्बर ख़ुद अपनी वॉकेबुलरी बना रहा था। मुझे साफ़-साफ़ याद है कि जब मैं 'शोले' लिख रहा था तो मैं ये सोचकर बहुत उत्तेजित हो जाता था कि जब मैं दो सीन ख़त्म कर लूँगा तो वो सीन आएगा, जिसमें गब्बर होगा और देखें कि अब वो क्या कहता है।

कितने आदमी थे ?

(गब्बर के किरदार में अमजद खान)

फ़िल्म : शोले

निर्देशक : रमेश सिप्पी

1975

36

गुफ़्तगू [रमेश सिप्पी के साथ अरविंद मण्डलोई]

जावेद साहब का इंडिविजुअल कॉन्ट्रिब्यूशन बहुत ही बड़ा था : रमेश सिप्पी

दिसम्बर, 69 में हम राइटिंग डिपार्टमेंट शुरू करने जा रहे थे। नरेन्दर बेदी जो हमारे साथ काम करते थे, उन्होंने बताया कि दो लड़के अच्छा काम कर रहे हैं, अगर आप कहें तो एक मीटिंग के लिए बुला लें। सलीम-जावेद हमारी बैठक में आए। जावेद साहब ने कहा कि हम आपको एक स्क्रिप्ट सुनाना चाहते हैं। और एक तरह का चैलेंज दिया उन्होंने कि 'एक बार मैंने शुरू किया तो आप रोक नहीं पाएँगे।' और वाक़ई एक बार उन्होंने शुरू कि तो 'बिगिनिंग टू एंड' हो गया। हालाँकि उस पर कभी फ़िल्म नहीं बनी। जनवरी, 1970 से सलीम-जावेद ने 750 रुपए की सैलरी पर ज्वॉइन कर लिया। उस वक़्त 'अंदाज़' काफ़ी कम्प्लीट हो चली थी, जिसकी स्क्रिप्ट हमने सचिन भौमिक के साथ बैठकर बनाई थी और गुलज़ार साहब को डायलॉग के लिए लिया था।

सलीम-जावेद ने 'अंदाज़' के रशेज देखे। इसमें उनका भी थोड़ा-बहुत कॉन्ट्रिब्यूशन रहा। फिर हमने एक आइडिया दिया कि अगर 'राम और श्याम' की थीम पर दो लड़कियों को लेकर फ़िल्म बनाएँ तो कैसा रहेगा। जावेद साहब ने कहा था कि ये तो बिल्कुल हो सकता है। तो इस तरह हँसते-खेलते 'सीता और गीता' भी बन गई, एक साल में। इसके बाद हमने 'शोले' की प्लानिंग की।

दोनों का कॉन्ट्रिब्यूशन बढ़िया रहा, लेकिन मेरे ख़याल से डायलॉग के जो डिटेल्स होते थे, उसमें जावेद साहब का बड़ा हाथ था। कहानी, कैरेक्टर आदि पर हमारा डिस्कशन हो जाने के बाद, कभी-कभी जावेद साहब अकेले आया करते थे। आकर बताते कि 'देखिए ये कैसा रहेगा। क्या कहते हैं आप?' फिर गब्बर की बात निकली, तो मैंने कुछ एक्सप्रेशंस सुझाए थे। जावेद साहब का इंडिविजुअल कॉन्ट्रिब्यूशन बहुत ही बड़ा था। मेरे लिए सलीम-जावेद के काम को अलग-अलग करके देखना थोड़ा अनफ़ेयर है, लेकिन जैसा मैंने पहले कहा है, डायलॉग राइटिंग निश्चित तौर पर जावेद साहब ने की। लेकिन अब इतने वर्षों बाद तोडफ़ोड़ करना अच्छी बात नहीं है, जिसका जो कॉन्ट्रिब्यूशन है, वो दर्ज होना चाहिए। जावेद साहब का सिंगल हैंडेड कॉन्ट्रिब्यूशन बहुत अनफ़ॉरगेटेबल है, मेरी ज़िन्दगी में भी, और काफ़ी लोगों की ज़िन्दगी में भी। अमिताभ बच्चन वह ज़िन्दगी में भी। मेरी फ़िल्म 'सागर' के लिए स्क्रिप्ट, डायलॉग और लिरिक्स सब कुछ जावेद साहब ने लिखा।

◀ *प्रसिद्ध फ़िल्म निर्देशक रमेश सिप्पी और अमिताभ बच्चन के साथ जावेद अख़्तर*

शोले के सेट पर : कैमरामैन द्वारका दिवेचा, धर्मेन्द्र, निर्देशक रमेश सिप्पी, संजीव कुमार, अमिताभ बच्चन और अमजद ख़ान

37

दो आदमी थे जिन्होंने कहा कि 'गब्बर का रोल हमें दे दो'

फ़िल्म 'शोले' यक़ीनन टीम का ही जादू था। कभी-कभी चीज़ें जो हैं सही जगह बैठ जाती हैं और ये वो फ़िल्म है, जिसमें बहुत सारी चीज़ें बिल्कुल सही बैठ गईं। एक तो इसके स्क्रीन प्ले का कैनवास ऐसा था कि इसमें कैरेक्टर्स की वैरायटी कमाल की है। बेसिक कहानी तो सलीम साहब की थी। ये एक स्टोरी लाइन थी उनकी, जिसमें एक रिटायर्ड आर्मी मेजर था, जिसके दोनों हाथ बम फटने से उड़ गए थे और अनुशासनहीनता के कारण फ़ौज से निकाले गए दो जवान थे। लेकिन जब स्क्रीन प्ले बना तो उसका दामन फैलता ही चला गया। ख़ासतौर से गब्बर का जो कैरेक्टर है, उस कैरेक्टर का जब डायलॉग वर्ज़न सुनाया गया तब दो आदमी थे, जिन्होंने कहा कि ये रोल हमें दे दो। एक तो थे संजीव कुमार और दूसरे अमिताभ बच्चन। रमेश सिप्पी का निर्देशन तो लाजवाब था ही, द्वारका दिवेचा, जिनका कभी कोई ज़िक्र नहीं होता, जो इस फ़िल्म में कैमरामैन थे, उनका भी बहुत बड़ा कान्ट्रिब्यूशन है।

38

निहार सिंह से प्रेरित था सूरमा भोपाली का किरदार

एक पुराना क़िस्सा है, कैलिफ़ोर्निया में एक बेचारा पागल-सा आदमी था, जो अपने को शहर का राजा समझता था और पूरा शहर उसे उसी भ्रम में रखता था। उसकी डेथ पर लोग उसके फ़्यूनरल में भी उसे किंग की तरह ले गए। ऐसे ही सूरमा निहार सिंह थे। उनके साथ पुराने भोपाल में ऐसा ही 'मान-सम्मान' किया जाता था, जैसे कि वो बहुत बड़े दादा हों, जब कि वो थे नहीं। किसी ने उनसे कहा कि तुम्हारे नाम पर किरदार लिख कर जावेद मुम्बई में ख़ूब पैसे बना रहा है, तुम्हें केस करना चाहिए। वकील भी किया गया, बल्कि स्थानीय अख़बार में क़ानूनी काग़ज़ात वकील को देते हुए सूरमा भोपाली की फ़ोटो भी छपी। ज़ाहिर है ये सब कुछ मज़ाक़ में था। इसी बीच फ़िल्म 'दीवार' आ गई, तो वे अपने वकील और दोस्तों के साथ फ़िल्म देखने सिर्फ़ इसलिए पहुँचे कि इस फ़िल्म में तो कोई गड़बड़ नहीं की। इस फ़िल्म में सूरमा भोपाली का किरदार तो था नहीं, तो उनको अमिताभ का डायलॉग 'मेरे पास बंगला, गाड़ी है, बैंकबैलेंस है... तुम्हारे पास क्या है?' चुभ गया। बोल पड़े, यह अमिताभ नहीं, बल्कि जावेद मुझसे कह रहा है।

इतना सन्नाटा क्यों है भाई!

(इमाम साहब के किरदार में ए. के. हंगल)

39

‘शोले’ 1975 से 1980 तक लगातार पाँच साल चली थी

मुम्बई के ग्रांट रोड पर 1500 सीटों वाले मिनर्वा थिएटर में 15 अगस्त, 1975 को जी पी सिप्पी की फ़िल्म ‘शोले’ रिलीज़ हुई थी, जो 1975 से 1980 तक लगातार पाँच साल तक चली थी। थिएटर के बाहर, सड़क के दोनों ओर दर्शकों की लंबी-लंबी क़तारें लगती थीं, और दो साल तक तो यह हाल रहा कि जब तक आप एक सप्ताह पहले बुक नहीं करते, तब तक आपको टिकट नहीं मिल सकता था। ‘शोले’ आज भी भारतीय फ़िल्म उद्योग में व्यावसायिक सफलता की एक शानदार मिसाल है। दिल्ली में हाल यह था कि प्लाज़ा थिएटर तक प्रशंसकों को ले जाने के लिए पंजाब से बसें चली थीं, जिन पर ‘शोले स्पेशल’ पेंट किया हुआ रहता था। वर्ष 2000 में फ़िल्म की 25वीं वर्षगांठ पर इसे बीबीसी इंडिया द्वारा ‘ फ़िल्म ऑफ़ द मिलेनियम’ घोषित किया गया था।

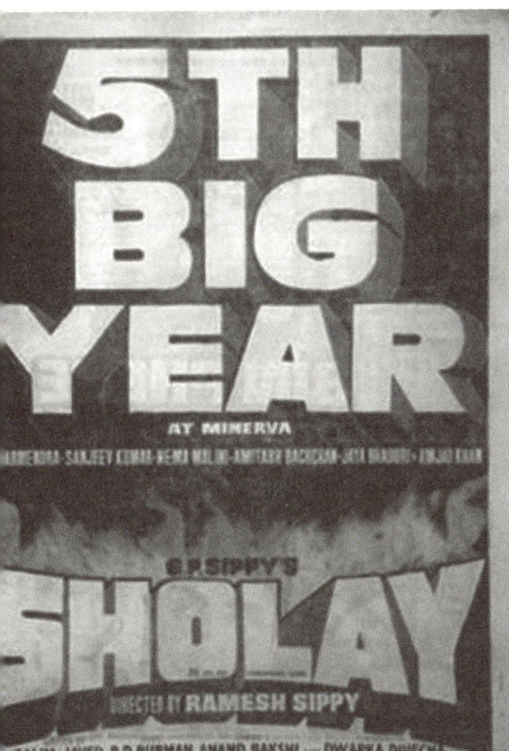

5TH
BIG
YEAR
AT MINERVA
G.P. SIPPY'S
SHOLAY
DIRECTED BY RAMESH SIPPY
SALIM JAVED R.D.BURMAN ANAND BAKSHI DWARKA DIVECHA

MINERVA

G.P. SIPPY'S
SHOLAY
RAMESH SIPPY

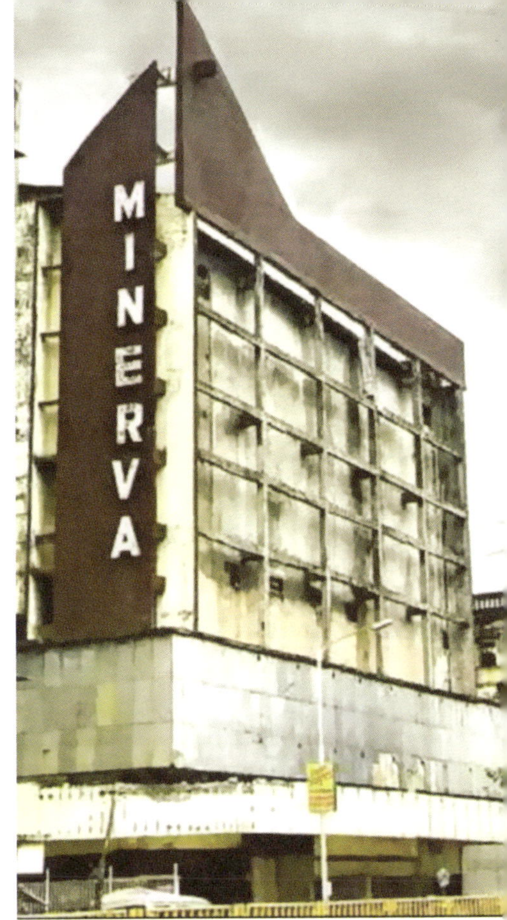

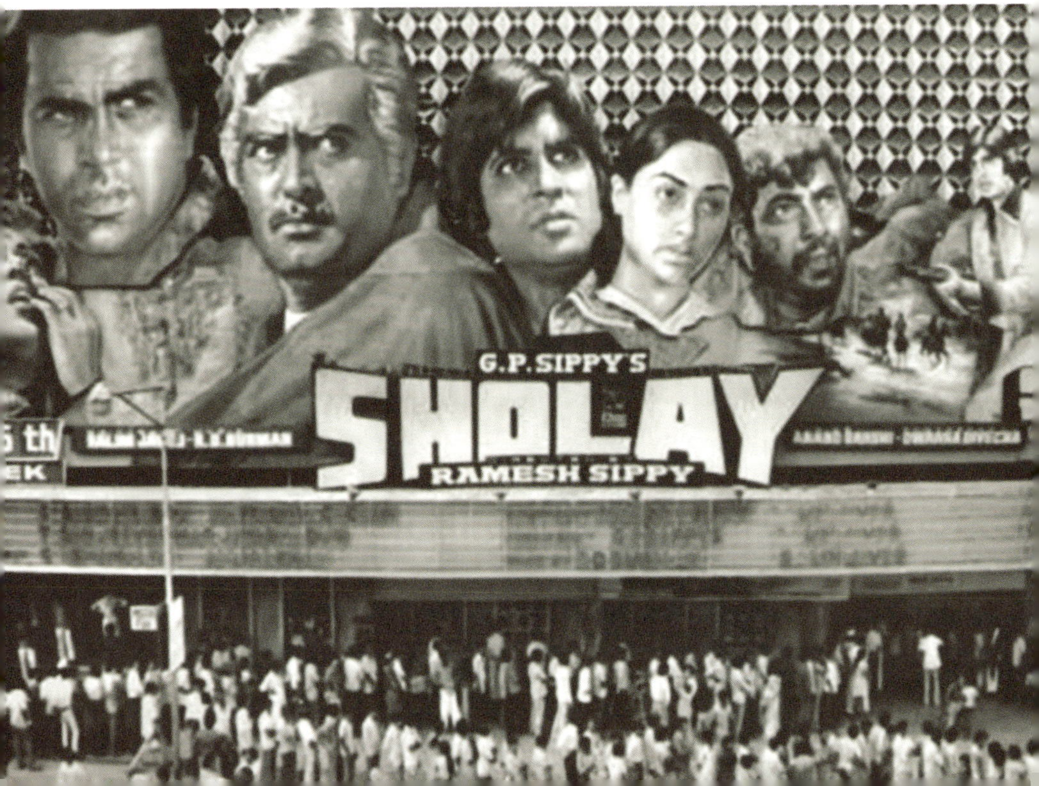

40

तुम्हारा नाम क्या है बसंती

(जय के किरदार में अमिताभ बच्चन)

हिन्दी सिनेमा की सबसे बड़ी ब्लॉक बस्टर मानी जाने वाली फ़िल्म 'शोले' के 40 साल पूरे होने पर बीबीसी ने अपने फ़ेसबुक पेज के ज़रिए पाठकों से शोले का पसंदीदा डायलॉग जानने की कोशिश की। इस सर्वे में जिस डायलॉग को सबसे ज़्यादा पाठकों ने अपना सबसे फ़ेवरेट बताया वो है, 'तुम्हारा नाम क्या है बसंती?' फ़िल्म में जय का किरदार निभाने वाले अमिताभ बच्चन ने ये डायलॉग बसंती का किरदार निभाने वाली हेमा मालिनी से मुख़ातिब होते हुए कहा था।

786

THIS IS A PREDICTION

BY

SALIM-JAVED

THEIR PERFECT DREAM

SHOLAY

EXACTLY AND BEAUTIFULLY CONVEYED TO THE SCREEN BY THESE GREAT FILM MAKERS

Mr. G. P. SIPPY
Mr. RAMESH SIPPY

AND

THE UNIT

WILL BE A GROSSER OF RUPEES ONE CRORE IN EACH MAJOR TERRITORY OF INDIA

'शोले' रिलीज़ होने के एक सप्ताह बाद फ़िल्मी पंडितों और आलोचकों ने इसे एक फ़्लॉप फ़िल्म घोषित कर दिया था। तब सलीम–जावेद ने यह इश्तहार दिया था। 'द ट्रेड गाइड' में छपे 'शोले' के इस इश्तहार जैसा इश्तहार न पहले कभी आया और न कभी बाद में। इस इश्तहार ने फ़िल्म इंडस्ट्री को मंत्रमुग्ध कर दिया था।

शोले के रिकॉर्ड्स और ऑडियो कैसेट्स की अभूतपूर्व बिक्री हुई थी और उसके 5,00,000 रिकॉर्ड्स और ऑडियो कैसेट्स बिके थे, जिनमें फ़िल्म के बेहद लोकप्रिय संवादों वाले कैसेट भी थे। शोले 'प्लैटिनम डिस्क' हासिल करने वाली पहली भारतीय फ़िल्म भी थी, जो उन दिनों रिकॉर्ड्स की 3,00,000 से अधिक प्रतियों की बिक्री के लिए दिया जाता था। शोले ने म्यूज़िक मार्केट में 10 करोड़ रुपए की कमाई की, जिसका 50 प्रतिशत फ़िल्म के डायलॉग से हुई कमाई थी। शोले ने फ़र्स्ट रन में ही 35 करोड़ रुपए कमाए थे, और बॉक्स ऑफ़िस पर शोले का यह रिकार्ड 19 सालों तक बना रहा।

41

गुफ़्तगू [जावेद अख़्तर के साथ अरविंद मण्डलोई]

ज़रूरी है कि आपके पास एक बहुत बड़ी शब्दावली हो, और वो अच्छे राइटर्स को पढ़-पढ़ कर, सुन-सुन कर आती है

जावेद साहब, बात हो रही थी आपके कैरेक्टर्स की भाषा पर, ये जो सरल भाषा है, ये जो फ़िल्मों में आई, जो आज लोक मुहावरे बन चुके हैं, जैसे कोई आदमी किसी की चुगली करता है, तो लोग कहते हैं कि 'हरीराम नाई' है या किसी की तारीफ़ करते हैं तो कहते हैं कि 'ये लम्बी रेस का घोड़ा है।' तो ये जो भाषा है, जो फ़िल्मों से समाज में चली गई, इसमें ये कैसे पॉसिबल हो पाया? ये जो भाषा है, इसका क्रिएशन कैसे हुआ, इसका प्रोसेस क्या था?

देखिए, मैंने तो फ़िक्शन बहुत पढ़ा है और अँग्रेज़ी में भी पढ़ा है और उर्दू में भी पढ़ा है। आप जब फ़िक्शन बहुत पढ़ते हैं, अगर आप अच्छे राइटर्स को पढ़ते हैं तो आपकी वॉकेबुलरी बहुत हो जाती है। चाहे आप साँग राइटर हों या डायलॉग राइटर हों, उसके लिए ग्रेट राइटर होने की ज़रूरत नहीं है। अगर ये है तो बहुत अच्छी बात है, ज़रूरत ये है कि आपके पास जो आपकी शब्दावली है, वो बहुत बड़ी हो और आप हर रंग में लिखना जानते हों। जैसे कि अगर ये आदमी जो गब्बर है, ये कैसे बोलेगा। इसके लिए गब्बर के बारे में ज़िक्र करूँगा कि मुझे लगता है कि गब्बर से तो एक नई ज़बान बनी। गब्बर का बातचीत करने का, उसका मुहावरा, उसका तौर-तरीक़ा, उसकी जो लैंग्वेज है, वो बिल्कुल अलग ही तरह की है। वो अच्छे राइटर्स को पढ़-पढ़ कर, सुन-सुन कर आती है। फिर आपके कान जो हैं तेज़ हो जाते हैं, जहाँ कोई अच्छा वर्ड या नया वर्ड आपने सुना, आपके कान में आया, तो आपकी मैमोरी में चला जाता है और एक वक़्त काम आता है। तो मैं ये समझता हूँ कि मुझ पर उन राइटर्स का बड़ा एहसान है, जिन्हें मैंने बरसों तक पढ़ा। अगर आपको शब्दावली हिन्दुस्तानी चाहिए, तो वो जब आप उर्दू-हिन्दी लिटरेचर पढ़ते हैं, तभी आती है।

42

फ़िल्म की कामयाबी का राज़

फ़िल्म 'त्रिशूल' में ऐसी बातें दिखाई गईं थीं, जो पहले कभी नहीं देखी गईं थीं। आज जब हम उसकी बात कर रहे हैं तो वो बातें बहुत मामूली लग सकती हैं, लेकिन कोई भी ऐसी चीज़ जो पहले कभी नहीं आज़माई गई हो वो हिन्दुस्तानी फ़िल्म मेकर को ख़तरनाक और जोखिम भरी लगती है। 'त्रिशूल' का हीरो सही मायनों में हिन्दी फ़िल्मों का पहला नाजायज़ बच्चा था। इसके माँ-बाप बने थे, संजीव कुमार और वहीदा रहमान। उन्हें दुनिया की नज़रों में न सही, भगवान की नज़रों में भी अपने आपको शादीशुदा दिख़ाने के लिए किसी मंदिर में जाकर एक-दूसरे के गले में मालाएँ डालते हुए नहीं दिखाया गया है। साथ ही वो इसलिए संभोग नहीं करते कि बाहर बरसात हो रही है। आपस में उनका एक मैच्योर जिस्मानी रिश्ता है और फ़िल्म में ये बात साफ़तौर पर दिखाई गई है। हीरो की माँ इसी तरह से गर्भवती होती है। इस तरह की बात हिन्दी फ़िल्मों में पहले कभी नहीं देखी गई। सालों बाद हीरो का मिशन होता है अपने ही बाप को ख़त्म करना। ये भी पहले कभी नहीं देखा गया था। जब 'त्रिशूल' रिलीज़ हुई तो एस. मुखर्जी ने मुझसे कहा था, 'मैंने इस फ़िल्म की कामयाबी का राज़ जानने के लिए इसे तीन बार देखा, लेकिन मैं तुम्हें इतना बता दूँ कि अगर तुम ये स्क्रिप्ट लेकर मेरे पास आए होते तो मैं तो इसको न लेता।'

ज़िन्दगी में कुछ बातें फ़ायदे
और नुक़सान से ऊपर होती हैं।

(विजय कुमार के किरदार में अमिताभ बच्चन)

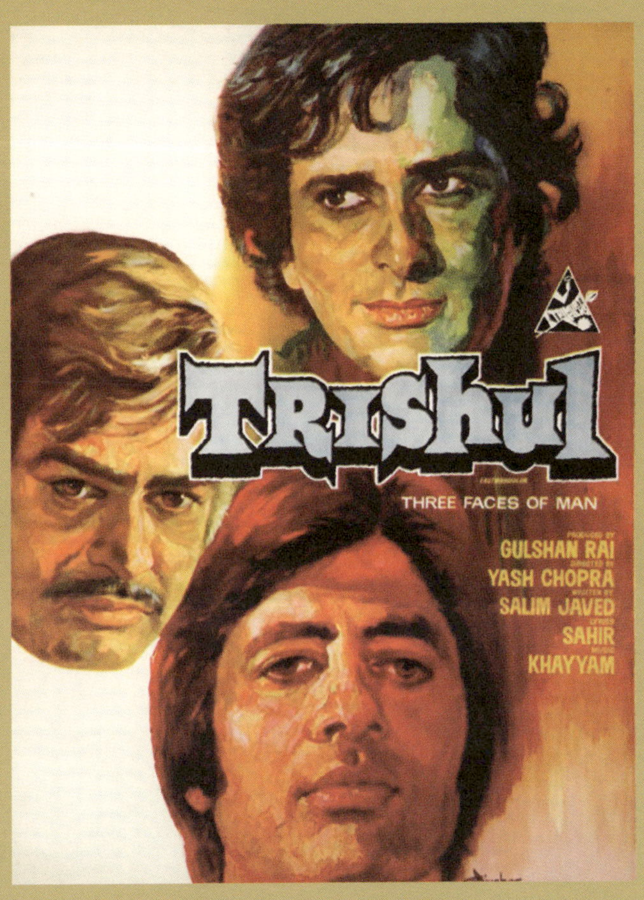

फ़िल्म : *त्रिशूल*

निर्देशक : *यश चोपड़ा*

1978

43

शहरी अपराध शैली की फ़िल्मों को मिली अलग पहचान

1970 के दशक में क्राइम थीम पर फ़िल्मों का निर्माण अपने शिखर पर पहुँच चुका था, और आगे चलकर फ़िल्म 'डॉन' ने इसे नया आयाम दिया। शहरी अपराध शैली में बनी इस फ़िल्म की अलग पहचान रही। हिन्दी सिनेमा के जानकारों का भी कहना है कि 'डॉन' से पहले लोकप्रिय हिन्दी सिनेमा में अपराध को इतने सलीके से पेश नहीं किया गया था। 'डॉन' का कथानक इतना लोकप्रिय रहा कि फ़िल्म ने डॉन फ्रेंचाइजी को जन्म दिया।

जावेद अख़्तर के बेटे फ़रहान अख़्तर ने इस फ़िल्म का रीमेक बनाया और 'डॉन: द चेज़ बिगिन्स अगेन' (2006) और इसके सीक्वल डॉन-2 (2011) का निर्माण किया। उन्होंने सलीम-जावेद के मूल कथानक को बरकरार रखते हुए, अपने पिता जावेद अख़्तर के साथ पटकथा का सह-लेखन किया।

डॉन को पकड़ना मुश्किल ही नहीं
नामुमकिन है।

(डॉन के किरदार में अमिताभ बच्चन)

फ़िल्म : डॉन
निर्देशक : चंद्रा बरोट
1978

44

गुफ़्तगू [जावेद अख़्तर के साथ अरविंद मण्डलोई]

वो पुल कहीं टूट गया था, जिससे हम एक-दूसरे की सोच और एक-दूसरे के दिल तक पहुँच पाते थे

सलीम साहब के साथ आपकी जो प्रोफ़ेशनल जोड़ी थी, वो जब ख़त्म हुई, तो क्या कोई ख़ास वजह या कोई ऐसा पॉइंट रहा, जिसकी वजह से ये डिसाइड हुआ कि दोनों साथ काम नहीं कर पाएँगे?

देखिए, एक तो सलीम साहब से जो मेरा रिश्ता था, उसे मैं प्रोफ़ेशनल रिश्ता नहीं कहूँगा। वो अलग बात है कि हम दोनों साथ में पिक्चर लिख रहे थे, हम दोनों का नाम भी साथ में आता था, लेकिन वो इसलिए हो रहा था कि उनसे एक मोहब्बत का, अपनाइयत का और यक़ीन का रिश्ता था, बहुत गहरा...बहुत गहरा। मैं समझता हूँ कि एक तरह से सलीम साहब मेरी ज़िन्दगी में बहुत दिनों तक फ़ादर फ़िगर रहे। सलीम साहब की जो पत्नी हैं सलमा, जिन्हें मैं भाभी कहता हूँ, वो मेरी ज़िन्दगी में एक तरह से, हालाँकि उम्र में शायद मेरे बराबर ही होंगी या मुझे हैरत नहीं कि शायद एक साल छोटी या एक साल बड़ी हों, लेकिन मेरे लिए वो मदर फ़िगर थीं। और वही इन दोनों से मेरा रिश्ता रहा है। मेरा सलीम साहब से या भाभी से रिश्ता बराबरी का नहीं था, ना है। वो बड़े हैं मेरे और उन दोनों को मैं आज भी अपने से बड़ा ही समझता हूँ। हम में इतनी मोहब्बत और इतनी कुर्बत थी और हम एक-दूसरे के इतने पास थे कि हम ये काम कर सकते थे और इतनी अच्छी तरह से कर सकते थे, क्योंकि देखिए सीमेंट की फैक्ट्री में पार्टनर होना तो मुश्किल बात नहीं है, भले आपस में मेल हो या नहीं हो, मोहब्बत हो या न हो, इसलिए कि सीमेंट की बाज़ार में ये क़ीमत है, इतने में बनती है, इतनी लागत हुई, इतना प्रोफ़िट है, भई आधा-आधा ले लो। यही बात आप स्टील फैक्ट्री के बारे में और टेक्सटाइल के बारे में भी कह सकते हो, लेकिन जब आप स्क्रिप्ट साथ में बनाते हैं, तो ऐसा न कोई तराज़ू है, न ऐसा कोई गज़-फुट है, जिससे आप सीन को नाप सकें या तौल सकें। अब जब दो आदमी बैठकर एक सीन बना रहे हैं, तो एक-दूसरे

पर पूरा यक़ीन कि अगर मैं कुछ और कह रहा हूँ तो इस वजह से नहीं कह रहा हूँ कि मैं कह रहा हूँ, या वो मेरी बात नहीं मान रहे, तो उसकी ये वजह नहीं है कि वो अपनी बात मनवाना चाहते हैं, बल्कि हम दोनों सीन के बारे में सोच रहे होते थे। बस, सीन को बेहतर बनाने की कोशिश कर रहे होते थे। और ये एतबार, ये भरोसा जब तक ज़िन्दगी में नहीं होगा, तो उस काम में भी नहीं आ सकता। ये आसान काम नहीं है इस तरह के काम करना। सो जब तक ये रिश्ता हमारा था, हम काम करते रहे। फिर हुआ क्या कि ज़िन्दगी ने हमारे फ्रेंड सर्कल अलग करा दिए। कुछ मेरे दोस्त अलग हो गए, कुछ उनके दोस्त अलग हो गए। कभी तो होता ही नहीं था कि हम लोग रोज़ शाम को एक-दूसरे से अलग कहीं बैठ पाएँ, और फिर हमारी शामें अलग गुज़रने लगीं, तो इस तरह कहीं हममें डिस्टेंस आ गया। और वो किसकी वजह से हुआ, कैसे हुआ ये तो मेरे ध्यान में नहीं है और मैं उसे समझ भी नहीं पाऊँगा, इसलिए कि ये बातें इतनी आहिस्तगी से होती हैं कि आपको पता नहीं चलता, लेकिन एक दिन मुझे दिखाई दिया कि वो जो हमारा आपस में रिश्ता था, जो कि एक-दूसरे की अनकही बातें भी समझ सकते थे, वो रिश्ता अब रहा नहीं। तो फिर हम लोग साथ काम नहीं कर सकते थे। इसलिए नहीं कि उन्होंने मेरे साथ कोई बेईमानी की या मैंने उनके साथ कोई बेईमानी की। ऐसा कुछ नहीं हुआ। न नाम पर, न काम पर, न दाम पर। हमारा किसी चीज़ पर कोई डिफ़रेंस कभी हुआ ही नहीं। एक पल के लिए भी नहीं, लेकिन वो जो पुल था, वो पुल कहीं टूट गया था, जिससे हम एक-दूसरे की सोच और एक-दूसरे के दिल तक पहुँच पाते थे।

अजीब आदमी था वो
मोहब्बतों का गीत था
बग़ावतों का राग था
कभी वो सिर्फ़ फूल था
कभी वो सिर्फ़ आग था
अजीब आदमी था वो ...

45

उनकी कथनी और करनी में कभी कोई अंतर नहीं पाया

सन् 1947 के बाद उर्दू पे कुछ अज़ाब-सा आया था, हालाँकि मैं पूरे दावे से तो नहीं कह सकता, लेकिन एक रवायत ये भी रही है कि इप्टा ने कुछ फ़िल्में भी बनाईं और उसके बाद तमाम तरक़्क़ीपसंद शायर और अदीब फ़िल्म लाइन में गए और उन्होंने मास मीडिया के ज़रिए अपना पैग़ाम हिन्दुस्तान की जनता तक पहुँचाया। इनमें ख़्वाजा अहमद अब्बास, कृश्न चंदर, इस्मत चुग़ताई जैसे अदीब थे, जो स्क्रिप्ट राइटर बने, उधर साहिर, कैफ़ी, मजरूह, शैलेंद्र जो

साँग राइटर बने। अगर आप उनके गीत, उनकी कहानियाँ देखें, तो आपको मालूम होगा कि सोशलिज़्म की जितनी बड़ी पब्लिसिटी इन लोगों ने कमर्शियल फ़िल्मों के ज़रिए की, वो दूसरी जगह मुमकिन नहीं था। इनके कितने गीत हैं और कितनी फ़िल्में हैं, जिन्हें आप ग़ौर से देखें, तो आपको मालूम होगा कि ये फ़िल्में एक सियासी और समाजी नज़रिया पेश कर रही हैं।

मेरा ऐसा ख़याल है कि ये जितने भी तरक़्क़ीपसंद शायर थे, बुनियादी तौर पर सिवाय मजरूह के, ग़ज़ल के शायर नहीं, नज़्म के शायर हैं। ऐसा नहीं है कि इन्होंने ग़ज़लें नहीं कहीं या अच्छी ग़ज़ल नहीं कहीं, लेकिन नज़्म उनके मिज़ाज के ज़्यादा क़रीब थी। आपको याद होगा कि 1936 में लखनऊ में पहला सम्मेलन हुआ था तरक़्क़ीपसंद तहरीक का, जिसकी सदारत की थी मुंशी प्रेमचंद ने और जिसमें पैग़ाम गुरुदेव रवीन्द्रनाथ टैगोर ने भी भेजा था। उसमें मुंशी प्रेमचंद का जो अध्यक्षीय भाषण था, उसमें भी इसी बात पर एतराज़ था कि ये वक़्त गुल–ओ–बुलबुल और कू–ए–जानाँ की बात करने का नहीं है। इस वक़्त शायरी जो है वो समाजी और सियासी और मआशी जो ग़ैर मसावात हैं और जो साम्राजी ज़ंजीरें हैं, तो उसके ख़िलाफ़ अदब को और क़लम को इस्तेमाल होना चाहिए। और ज़ाहिर है कि जब आपको इतना पैग़ाम देना है, तो नज़्म की तरफ़ इनकी तवज्जोह ज़्यादा थी, ग़ज़ल तो इशारों में बात करती है। कैफ़ी साहब का जो पहला मजमुआ है, उसमें ग़ज़ल थी ही नहीं। उसके बाद इन्होंने लिखी हैं ग़ज़लें, लेकिन बुनियादी तौर से इन सारे शायरों की, चाहे वो जाफ़री साहब हों, चाहे साहिर हों, चाहे कैफ़ी साहब हों, इन लोगों की पहचान अपनी नज़्मों से है। और वहीं इनका ख़ास रंग भी उसी में मालूम होता है, सिवाय मजरूह साहब के। फ़ैज़ साहब के यहाँ भी ग़ज़ल है, लेकिन फ़ैज़ साहब की नज़्म उनकी ग़ज़ल पर भारी है। मख़दूम के यहाँ भी ग़ज़लें हैं पर नज़्म उन पर भारी है।

एक बात कही जाती है कि शायरों की कथनी और करनी में बड़ा फ़र्क़ होता है। ये सही बात है, होता है, इसलिए कि उनकी कथनी इतनी अच्छी होती है कि इतनी अच्छी करनी होना बहुत मुश्किल काम है, तो कुछ न कुछ फ़र्क़ तो रहेगा, लेकिन मैं यक़ीन रखता हूँ कि जिसने ये बात कही थी, उसकी मुलाक़ात कैफ़ी साहब से नहीं थी। कैफ़ी साहब ने अगर मज़दूरों–किसानों की बात की, तो घर में बैठकर अपने सारे आराम के साथ नहीं की, बल्कि उन किसानों के साथ काम किया, उन मज़दूरों के साथ काम किया, उनके दरमियान रहे। कैफ़ी साहब ने अगर सेक्युलरिज़्म की बात की, तो सेक्युलरिज़्म उनके लिए कोई नारा नहीं था या कोई फ़ैशन नहीं था, बल्कि उनके जीने का तरीक़ा था, वो ऐसे ही जीते थे। उनकी रोज़मर्रा की ज़िन्दगी में ये सब दिखाई देता था। कैफ़ी साहब ने अगर वुमन एम्पॉवरमेंट की बात की, तो ये बातें उनके घर की चौखट पर आकर रुकती नहीं थीं, बल्कि उनके घर का संस्कार भी थीं। लिहाज़ा, मैंने उनकी कथनी और करनी में कभी कोई अंतर नहीं पाया। उन्होंने जो कहा, वैसे ही किया और जो किया वही लिखा। दिलचस्प बात ये है कि उन्होंने जब रोमांटिक शायरी की तो रोमांटिक शायरी की और जब इंक़लाबी शायरी की तो इंक़लाबी शायरी की। उनमें दोनों ही रंग भरपूर थे।

◀ *कैफ़ी आज़मी और शौकत आज़मी*

46

कैफ़ी और मैं : तरतीब ऐसी जमी कि एक कहानी बन गई

नाटक 'कैफ़ी और मैं' अचानक लिखवा दिया गया मुझसे। अगर मुझे पहले बता दिया गया होता कि मुझे एक नाटक लिखना है, जो लगातार होता रहेगा तो मैं इप्टा के रमेश तलवार और तमाम लोगों से पहले ही हाथ जोड़ लेता, क्योंकि नाटक लिखना मुझे आता ही नहीं है।

दरअसल, ये तो केवल एक प्रोग्राम की बात थी। हुआ यूँ था कि कैफ़ी साहब की तीसरी बरसी पर इप्टा के प्रोग्राम के लिए कुछ नया करना था और तय किया गया कि शौकत आज़मी की किताब से कुछ कोटेशन लेकर और कुछ कैफ़ी साहब की बातें लेकर उसे मंच पर नेरेट किया जाएगा, बीच-बीच में कुछ उनकी नज़्में डाल देंगे। बस इतना ही था। पर जब काम करने बैठे तो तरतीब ऐसी जमी कि एक कहानी बन गई।

जिस शाम हमें प्ले ऑडिएंस के सामने पेश करना था, उस दोपहर तक तो ये तैयार ही नहीं था। सिर्फ़ दो घंटे पहले पूरा हुआ और कुछ न कुछ काट-छांट होती रही और आख़िरकार इस प्ले की पहली रीडिंग सीधे ऑडिएंस के सामने ही हुई।

यह नाटक शौकत आज़मी की किताब 'याद की रहगुज़र' पर आधारित है। कैफ़ी के इंटरव्यू, आलेखों और किताबों की भूमिका में से कई बातें लेकर उन्हें इस तरह पिरोया गया कि एक ख़ूबसूरत कहानी मंच पर साकार हो गई। मंच पर दो टेबलों के सामने बैठे दोनों किरदार, कोई मूवमेंट नहीं और आवाज़ के उतार-चढ़ाव व हाव-भाव से सारी हक़ीक़तें बयां होने लगीं। नाटक की शुरुआत हैदराबाद से होती है, जहाँ एक मुशायरे में ऑटोग्राफ़ लेने आईं शौकत से कैफ़ी की मुलाक़ात होती है, जो बढ़ कर मोहब्बत में तब्दील हो जाती है।

'कैफ़ी और मैं' नाटक का एक दृश्य (इंदौर, 2010)

ख़ुशशक्ल भी है वो, ये अलग बात है मगर
हमको ज़हीन लोग हमेशा अज़ीज़ थे

47

हम एक ही माहौल में पले-बढ़े हैं

यक़ीन मानिए, यह मुझे याद भी नहीं है कि मैं शबाना से पहली बार कब मिला। हम दोनों का जन्म एक ही माहौल में हुआ है। मुम्बई में उस ज़माने के जो प्रोग्रेसिव राइटर थे, जैसे सरदार जाफ़री, कैफ़ी आज़मी, इस्मत चुग़ताई, कृश्न चंदर, जाँ निसार अख़्तर, मजरूह सुल्तानपुरी, राजिंदर सिंह बेदी ये सभी एक ट्राइब जैसे थे। या फिर आप कह सकते हैं कि एक एक्सटेंडेड फ़ैमिली की तरह थे। ये सब एक-दूसरे के घरों में आते-जाते थे। एक-दूसरे के बच्चों को जानते थे और उनके बच्चे भी एक-दूसरे को जानते थे, तो इस एक्सटेंडेड फ़ैमिली की बदौलत मेरी और शबाना की पहली बार मुलाक़ात हुई होगी।

मुझे याद नहीं है, शायद वह एक साल की रही होंगी और मैं चार साल का। मुझे याद नहीं है कि शबाना के पैरेंट्स कैफ़ी साहब या शौकत आपा को मैंने ज़िन्दगी में पहली बार कब देखा। न शबाना को पता है कि उन्होंने मुझे फ़र्स्ट टाइम कब देखा और न मुझे याद है कि मैंने उन्हें पहली बार कब देखा। बस इतना पता है कि हम एक ही माहौल में पले-बढ़े हैं। कभी-कभी लोग मज़ाक़ में बोलते हैं कि हमारी अरैंज मैरिज होना चाहिए थी, क्योंकि हमारे बैकग्राउंड एक जैसे हैं। मेरे पिता और उनके पिता बहुत अज़ीज़ दोस्त हुआ करते थे। मेरी माँ शबाना की माँ से बड़ी थीं, तो उनको अपनी छोटी बहन जैसा मानती थीं। इस तरह कह सकते हैं कि हमारा रिश्ता जो है, वह हमारी पैदाइश से भी पहले का है।

मेरी ग़ज़लों और नज़्मों का संग्रह 'लावा' का नया एडिशन आया है, उसमें मेरी एक नज़्म है, 'शबाना' उसकी कुछ लाइनें इस तरह हैं-

यहाँ जाना, वहाँ जाना, इसे मिलना, उसे मिलना
हमारे सारे लम्हें ऐसे लगते हैं
कि जैसे ट्रेन के चलने से पहले रेलवे स्टेशनों पर
जल्दी-जल्दी अपने डब्बे ढूँढते कोई मुसाफिर हों
जिन्हें कब साँस भी लेने की मोहलत है,
कभी लगता है तुमको मुझसे मुझको तुमसे मिलने का ख़याल आए,
कहाँ इतनी भी फ़ुरसत है।
...
मगर जब संगदिल दुनिया मेरा दिल तोड़ती है तो
मुझे उस मोड़ पर बस एक तुम्हारी ही ज़रूरत है।

जावेद अख़्तर और शबाना आज़मी

मैं समझता हूँ कि जो अधूरापन मुझमें था, वो शबाना से मिलकर ख़त्म हुआ

गुफ़्तगू [जावेद अख़्तर के साथ
अरविंद मण्डलोई]

शबाना जी से मोहब्बत के अलावा वो क्या चीज़ें थीं, जिसने आपकी दोस्ती को शादी में बदला?

मोहब्बत भी क्या है, इसको भी डिफ़ाइन करना बड़ा मुश्किल है दोस्त। होता ये है कि आप अपनी ज़िन्दगी में और अपने दिल में जज़्बात में जो कमी पाते हैं कि ये-ये ख़ाना ख़ाली है, कोई आकर उन ख़ानों को भर देता है, तो आपको उससे मोहब्बत हो जाती है। अब हर एक के दिल में अलग-अलग ख़ाने हैं, जो ख़ाली हैं, तो लोगों को अलग-अलग लोगों से मोहब्बत होती है। मैंने शबाना के बारे में लिखते हुए कहीं मजाज़ की एक लाइन लिखी, 'मैं जिस दुनिया में रहता हूँ, वो उस दुनिया की औरत है।' सो मैं समझता हूँ कि जो अधूरापन मुझमें था, मेरे अंदर था, मेरे अपने व्यक्तित्त्व में था, वो शबाना से मिलकर ही ख़त्म हुआ। शबाना से मेरा रिश्ता जो है, वो जैसा एक रेगुलर पति और पत्नी का होता है, वो वैसा नहीं है। हम दोनों दोस्त हैं, जो साथ में रहते हैं। उनकी अपनी भी ज़िन्दगी है, उसके अपने कमिटमेंट हैं। ज़िन्दगी में बहुत काम कर रही हैं, बहुत बिज़ी रहती हैं। मैं भी रहता हूँ, तो हम लोग ज़्यादातर भाग-दौड़ में लगे रहते हैं। लेकिन ये है कि चाहे वो हों, चाहे मैं होऊँ, जब भी कोई उलझन है, परेशानी है या कोई अकेलेपन का एहसास है, कोई ये ख़याल कि ऐसा करें या वैसा करें, तो हम दोनों एक-दूसरे ही की राय पर भरोसा करते हैं और वो सही भी निकलती है। तो मैं तो यही कहता हूँ कि हमारी दोस्ती ऐसी है कि शादी भी उसका कुछ नहीं बिगाड़ सकती है।

49

गुफ़्तगू [शबाना आज़मी के साथ
अरविंद मण्डलोई]

जावेद को अपनी आप बीती ज़रूर लिखनी चाहिए, क्योंकि उनकी ज़िन्दगी कई लोगों को इंस्पायर कर सकती है : शबाना आज़मी

जावेद साहब से आपकी पहली मुलाक़ात कब और कैसे हुई थी?

जावेद साहब से मेरी मुलाक़ात पहली बार कब हुई मुझे याद नहीं है। उनका कहना है कि जब वो 5 साल के थे, तब अपनी वालिदा सफ़िया आपा के साथ रेड फ़्लैग हॉल (कम्युनिस्ट पार्टी का कम्यून) आए थे, जहाँ हम एक 200 वर्ग फ़ीट के कमरे में रहते थे। दरअसल, जादू के वालिदैन और मेरे अब्बा-अम्मी की गहरी दोस्ती थी, क्योंकि अख़्तर साहब और अब्बा प्रोगेसिव राइटर एसोसिएशन से जुड़े हुए थे और कम्युनिस्ट पार्टी के मेंबर थे; इसलिए एक-दूसरे के घर आना-जाना रहता था, लेकिन सही मायनों में हमारी मुलाक़ात सई परांजपे के घर पर हुई। जावेद ने 'स्पर्श' देखी और उन्हें इतनी अच्छी लगी कि उन्होंने सई से इसरार किया कि आप मुझे अपनी यूनिट के लोगों से मिलवाइए। मैंने पाया कि उन्होंने फ़िल्म बहुत बारीक़ी से देखी थी और उन्हें फ़िल्म के डायलॉग तक़रीबन याद हो गए थे। मुझे काफ़ी हैरत हुई कि मेनस्ट्रीम सिनेमा के एक इतने बड़े राइटर को यह छोटी-सी फ़िल्म इतनी पसंद आई। मैंने सुन रखा था कि सलीम-जावेद बहुत मग़रूर हैं। मगर मैं जिस आदमी से मिल रही थी, वह एक बहुत ज़हीन हाज़िर जवाब इंसान है, जिनका सेंस ऑफ़ ह्यूमर लाजवाब है। वो अब्बा से मिलने आया करते थे, क्योंकि उन दिनों उन्होंने शायरी लिखना शुरू की थी, जिसे वह अब्बा को सुनाया करते थे। मैं भी अब्बा के साथ बैठने लगी और मुझे लगा कि जावेद कई मायनों में बिल्कुल अब्बा

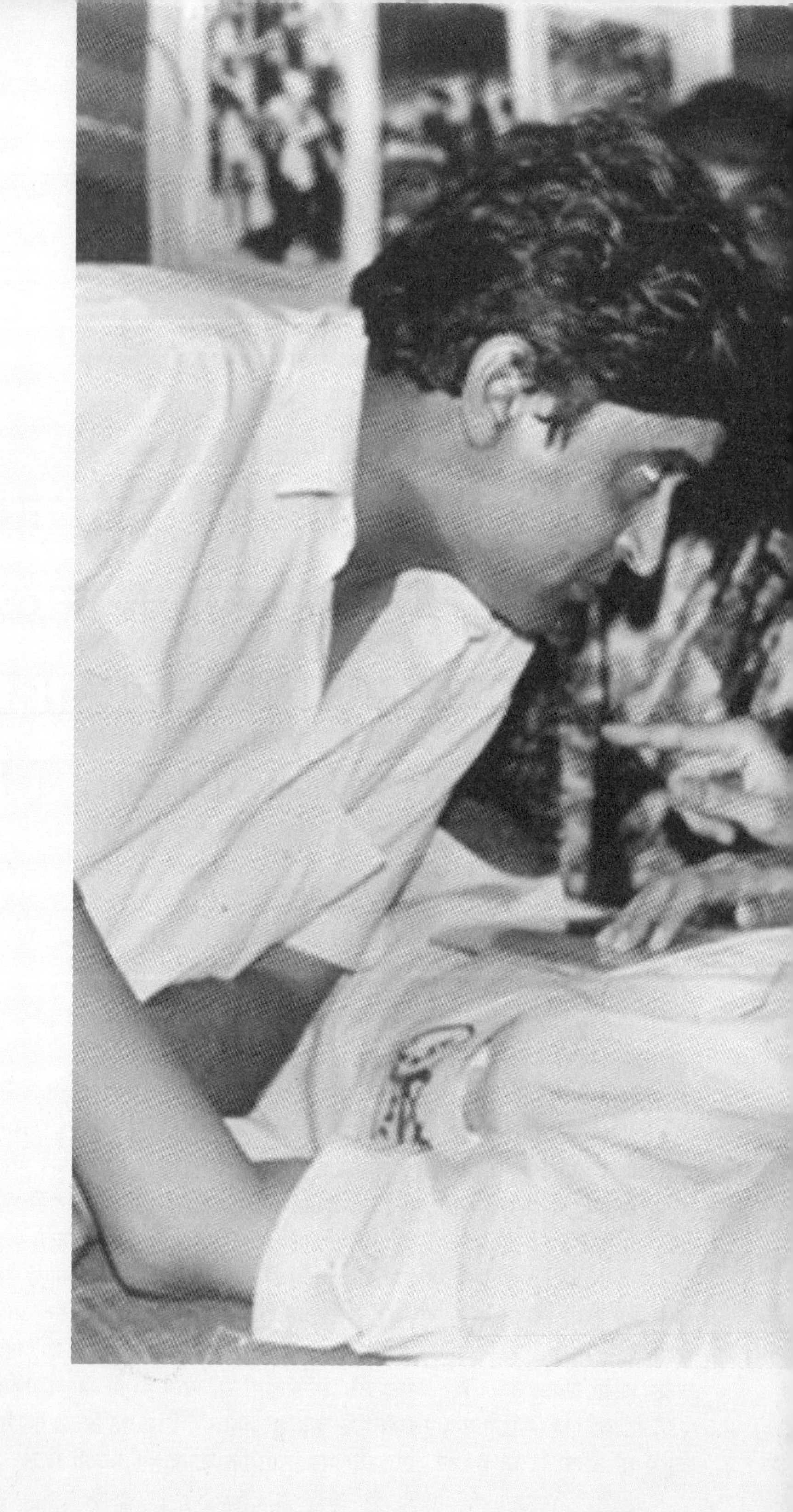

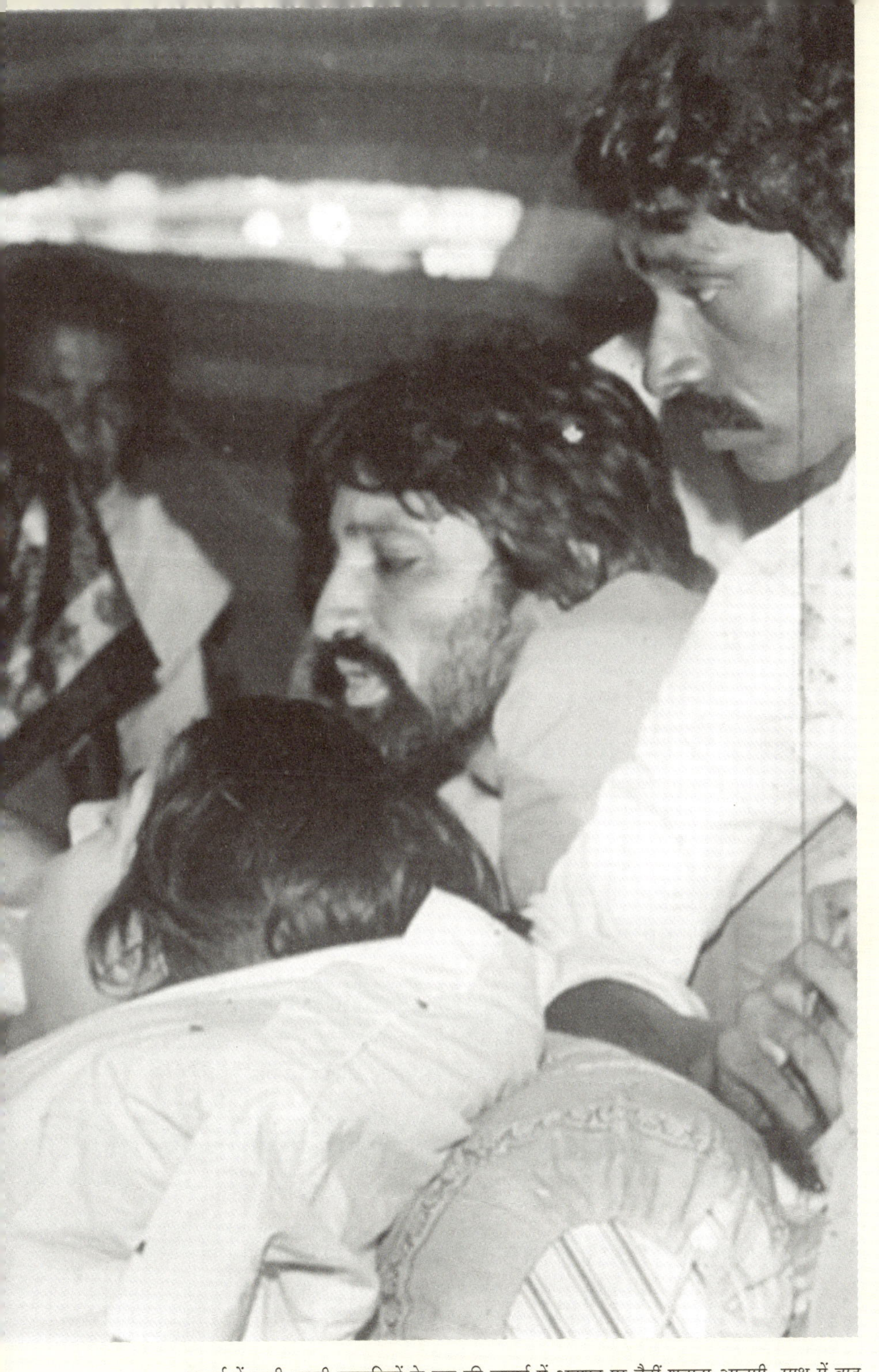

मुम्बई में झुग्गी–बस्ती रहवासियों के हक़ की लड़ाई में अनशन पर बैठीं शबाना आज़मी, साथ में बात करते हुए जावेद अख़्तर और डॉक्युमेंट्री फ़िल्ममेकर आनंद पटवर्धन (1986)

की तरह थे। बड़ों से तहज़ीब से पेश आना, उर्दू से मोहब्बत और राजनीति में दिलचस्पी। दोनों को ख़ाना भी एक जैसा पसंद आता था, अरहर की दाल, शामी कबाब, आलू, गोश्त का पतला शोरबा। जादू से दोस्ती बढ़ी तो ऐसा लगा, जैसे मैं अपनी जड़ों से वाक़िफ़ हो रही हूँ। कोई हैरत की बात नहीं कि लोग यह कहने लगे कि हमारी तो अरेंज मैरिज होनी चाहिए थी।

आप जावेद अख़्तर साहब के सिनेमा के काम को किस तरह देखती हैं, उनके योगदान को किस तरह देखती हैं, एज़ एन एक्ट्रेस?

मुझे ऐसा लगता है कि जब भी हिन्दी सिनेमा की तारीख़ के बारे में कोई भी बातचीत होगी, जावेद अख़्तर का नाम हमेशा सुनहरे लफ़्ज़ों में लिखा जाएगा। सलीम-जावेद जो 70 के दशक की शुरुआत में आए, तो उन्होंने सिनेमा का जो रूप था, उसको बिल्कुल बदल दिया और एक के बाद एक हिट फ़िल्में दीं। बेसिकली जो हमारा हीरो है, उस हीरो का किरदार उन्होंने बदल दिया। और मुझे ऐसा लगता है कि उसमें बहुत सारा जो संघर्ष है, उससे जावेद ख़ुद गुज़रे हैं और लाइफ़ में उन्होंने जो स्ट्रगल देखे हैं, उसका बहुत सारा हिस्सा उन कैरेक्टर्स में आया है। मुझे हमेशा ऐसा लगता है, जब कलाकार के जीवन से कोई चीज़ निकल कर आती है या अंदर से कोई बात निकलती है, तो वो ज़्यादा इफ़ेक्टिव होती है।

सारा जो संघर्ष है, उससे जावेद ख़ुद गुज़रे हैं और लाइफ़ में उन्होंने जो स्ट्रगल देखे हैं, उसका बहुत सारा हिस्सा उन कैरेक्टर्स में आया है।

जावेद साहब की एक स्क्रिप्ट थी, 'मैं आज़ाद हूँ', आपने उसमें एक एक्ट्रेस के तौर पर काम किया है। वो अनुभव आपका कैसा रहा?

बहुत अच्छा था। मैं चाहती थी कि उसके बाद हम लोग दोबारा काम करें, लेकिन अफ़सोस कि वो मौक़ा हमको नहीं मिला, लेकिन 'मैं आज़ाद हूँ', मुझे लगता है कि अंडररेटेड रही है, उसको जितना अटेंशन मिलना चाहिए था वो नहीं मिल पाया, लेकिन वो एक इम्पॉर्टेंट फ़िल्म है।

जावेद अख़्तर साहब की स्क्रिप्ट राइटिंग में आपने एक अभिनेत्री के तौर पर वो क्या ख़ास बात देखी, जो उनको बाक़ी स्क्रिप्ट राइटर्स से अलहदा करती है?

उनकी जो उस ज़माने की फ़िल्में हैं, जब उन्होंने पहली बार ही काम करना शुरू किया था, अगर आप देखें, तो उनकी जो औरतें हैं, उनकी जो हीरोइन हैं, वो उस ज़माने में जिस तरह से हीरोइन होती थीं, उनसे बिल्कुल मुख़्तलिफ़ हैं, और माँ का जो किरदार है, वो बहुत अहम रहा है, क्योंकि उनकी ख़ुद की माँ उनकी ज़िन्दगी में बहुत अहम रही हैं, लेकिन क्योंकि लड़कियों के इतने बड़े रोल नहीं होते थे, जितने के हीरो के होते थे। लोगों को इस बात का ख़याल नहीं है कि सलीम-जावेद की फ़िल्मों में जो लड़कियाँ हैं, वो हिन्दी फ़िल्मों की उस ज़माने की जो हीरोइन

थीं, उनसे बिल्कुल अलहदा थीं। सलीम-जावेद की हीरोइन हर फ़िल्म में एक ऐसी लड़की है, जो अपने फैसले ख़ुद करती है, अपने पैसे ख़ुद कमाती है, जो काम करती है। उस ज़माने में अगर आप बाक़ी की फ़िल्में देखें तो ऐसा लगता है कि हिन्दुस्तानी औरतें सिवाय पीली शिफॉन साड़ी पहन के ज़िन्दगी में नाच-गाने के, और कोई काम ही नहीं करतीं, उनको कोई काम, कोई पेशा दिया ही नहीं जाता था। तो जावेद की राइटिंग में ये मुझे सबसे अच्छी बात लगती है कि वो जब कैरेक्टर लिखते हैं, तो बिल्कुल वो कैरेक्टर की ज़बान बोलते हैं। और सबसे ज़्यादा इम्पॉर्टेंट बात ये है कि जावेद की जो वैल्यू सिस्टम है, वो बिल्कुल सही है। तो अगर उनका हीरो क़ानून के ख़िलाफ़ भी जाता है, तो उसकी बहुत बड़ी वजह होती है। मुझे लगता है आज के दौर में जब हम एंटी हीरो बनाने की कोशिश करते हैं, तो कहीं गड़बड़ कर देते हैं, क्योंकि वो जो एंटी हीरो है, उसकी मोरेलिटी ग़लत हो जाती है। अगर आप रमेश सिप्पी की 'शक्ति' देखें, उसमें जो किरदार अमिताभ बच्चन का है और जो किरदार दिलीप कुमार का है, वो बहुत-बहुत-बहुत ख़ूबसूरत है। जब 'दीवार' में वो बड़ा सीन देते हैं शशि कपूर, अमिताभ बच्चन और निरुपा रॉय का, वो तीनों अपने-अपने तर्क देते हैं, और वो इतने अच्छे तर्क थे कि जिसकी बात आप सुनो, लगता है कि वो बिल्कुल सही है। ये जावेद की बहुत ख़ास ख़ूबी है।

जावेद साहब की कौन-सी बात आपको सबसे ज़्यादा पसंद है?

ऊपरी तौर पर ऐसा लग सकता है कि जावेद बहुत लापरवाह हैं, लेकिन वे एक ज़िम्मेदार इंसान हैं। किसी ने अगर उनके बुरे दिनों में साथ दिया हो, उसे वह कभी नहीं भूलते। ही इज ए वेरी ग्रेटफुल पर्सन। लेकिन वो हमेशा कहते हैं कि अगर तुमने किसी का भला किया हो तो उसे कभी याद नहीं रखना, ना ही कोई उम्मीद रखना कि वह बदले में तुम्हारे लिए कुछ करेगा। कभी किसी पर एहसान नहीं जताना। मुझे कुछ बातें हमेशा याद रहेंगी।

मेरा एक भतीजा था कामरान रिज़वी, वह फ़िल्मों में काम करने के लिए स्ट्रगल कर रहा था। वह जब कभी हमारे घर आता था, तो जादू ने घर के बावर्ची से कह रखा था कि कामरान साहब जब भी आएँ, चाहे वह दोपहर के चार बजे हों या रात के ग्यारह बजे हों, बिना पूछे उनके लिए ख़ाना लगा देना। जब मैंने कहा कि 'चार बजे भी कोई ख़ाना खाता है?' जादू ने जवाब दिया, 'मैं भूखा रह चुका हूँ, मैं जानता हूँ पेट भर ख़ाना कितनी मुश्किल से मिलता है। अगर उससे पूछोगे तो वह झूठ बोल देगा कि मैंने ख़ाना खा लिया है। मैं ऐसा ही करता था। तीन दिन से भूखे होने के बावजूद मैं किसी के घर जाता था, जहाँ लोग ख़ाना खा रहे होते थे तो मैं कहता था कि मैंने ख़ाना खा लिया है एक कप चाय पी लूँगा।'

हमारे घर का जो स्टाफ़ है, सबके लिए घर ख़रीद कर दिया है। बहुत लोगों की मदद करते हैं किसी को बताए बिना। पिछले दिनों आई महामारी में प्रवासी लोगों को अपना बोरिया-बिस्तर समेत अपने परिवार के साथ धूप में पैदल चलते हुए देखते थे तो उनका दिल कट कर रह जाता था। किसी की तकलीफ़ उनसे बर्दाश्त नहीं होती। एक दिन जानकी कुटीर में छत पर एक बिल्ली

चढ़ी हुई थी, जो प्लेट से रोटी झपट कर ले जा रही थी। जब स्टाफ़ के एक मेंबर ने उसे भगाने की कोशिश की तो जादू चीख़ कर बोले, 'ले जाने दो उसे, वह अपने बच्चों के लिए ले जा रही है।' वो ऊपर से जितने सख़्त दिखाई देते हैं, अंदर से उतने ही नर्म हैं।

आप भी अपने पेशे में कामयाब हैं, वो भी अपने पेशे में कामयाब हैं, तो कभी आपके बीच ऐसी कोई ईगो या ऐसी कोई बात खड़ी होती है, जिस पर आप दोनों असहमत होते हैं?

नहीं, नहीं..., नहीं। ईगो की तो कोई बात ही नहीं है क्योंकि हम एक-दूसरे की बेहद इज़्ज़त करते हैं, एक-दूसरे के काम की बेहद इज़्ज़त करते हैं और अगर हम एक-दूसरे से असहमत भी होते हैं, तो इसमें ईगो की कोई बात नहीं होती। मैं आपको एक बहुत इंट्रेस्टिंग बात बताऊँ। हमारा एक बहुत ख़ूबसूरत घर है खंडाला में, उसका नाम है 'सुकून।' वो जब हम बना रहे थे, तो जावेद और मेरी ख़ूब लड़ाइयाँ होती थीं, क्योंकि मैं बिल्कुल अलग तरह का घर सोच रही थी और वो एक बिल्कुल अलग क़िस्म का घर सोच रहे थे। हर बात पर झगड़ा होता था, फिर उनके-मेरे एक बहुत गहरे दोस्त फ़रहान मुजीब थे, जो अफ़सोस कि अब नहीं रहे, उन्होंने मुझे एक बात कही। उन्होंने कहा कि, 'देखो शबाना! जावेद सड़कों पर सोए हैं, जावेद बेघर रहे हैं, तीन-तीन दिन ख़ाना उन्होंने नहीं खाया। उन्होंने जो स्ट्रगल देखा है, क्योंकि आपने देखा ही नहीं, इसलिए उनका जो सपना है, उस सपने को पूरा करने के लिए ये ज़रूरी है कि वो जैसा घर बनाना चाहे, तुम उनको बनाने दो और एक बात ये समझ जाओ कि तुम 'अंकुर' हो और वो 'शोले'। ये बात मुझे अच्छी लगी और समझ भी आ गई। तो एक्चुअली अब हम एक-दूसरे को कॉम्प्लीमेंट करते हैं।

जावेद साहब से जुड़ा ऐसा कोई वाक़िया जो आज की जनरेशन के साथ आप शेयर करना चाहें ?

बहुत सारे ऐसे वाक़ियात हैं। देखिए, जावेद और मैं मियाँ-बीवी हैं, लेकिन जो मियाँ का रोल है और जो बीवी का रोल है, वो हम एक-दूसरे पर नहीं लादते। हम दोनों की बहुत व्यस्त ज़िन्दगी हैं, ऐसा कई बार होता है कि मैं सुबह उठती हूँ, पूछती हूँ, 'जावेद साहब कहाँ हैं?' पता चलता है, 'वो तो चले गए।' या वो उठते हैं और पता लगाते हैं कि शबाना कहाँ गई?, तो 'वो चली गई हैदराबाद।' इनफ़ैक्ट जावेद की एक नज़्म है, 'शबाना' वो इसी के बारे में है। तो हम लोग व्यस्त बहुत हैं, लेकिन ख़ास साथ है हमारा।

ये चीज़ें, जिसको आप बराबरी के नाम पर मापते-तौलते हैं, ये बिल्कुल बचकानी बात है।

हमारे लिए कोई रोल प्ले नहीं है कि शौहर ऐसा ही करे या और बीवी ऐसा ही करेगी। आज की जो जनरेशन है, वह बराबरी का मतलब बिल्कुल ग़लत समझती है। वो समझती है कि बराबरी को आज लेजिस्लेट कर सकती है। पर इस वजह से बहुत सारे प्राब्लम्स आते हैं। देखिए, एक मर्तबा मैं अमेरिका में थी और वहाँ मैं जावेद का कुर्ता इस्त्री कर रही थी, तो हमारी एक कोई जानने वाली थीं, वो आईं और उन्होंने कहा, 'ये आप क्या कर रही हैं?' मैंने कहा, 'कुर्ता

प्रख्यात फ़िल्मकार सत्यजीत रे के साथ शबाना और जावेद अख़्तर

इस्त्री कर रही हूँ।' तो उन्होंने कहा कि, 'आप किस तरह की फ़ैमिनिस्ट हैं, कि आप अपने शौहर का कुर्ता इस्त्री कर रही हैं, क्या वो आपके कुर्ते पर इस्त्री करेंगे?' मैंने कहा, 'इसका फ़ैमिनिज़्म से कोई मतलब ही नहीं है। मैं अपना कुर्ता उनको दूँगी नहीं, क्योंकि अगर मैं दे दूँ तो फिर वो जल जाएगा। उन्होंने कभी नहीं बोला है कि इस्त्री करो, मैं चाहती हूँ कि वो इस तरह का कुर्ता पहनें इसलिए मैं कर रही हूँ।' और ये चीज़ें, जिसको आप बराबरी के नाम पर मापते-तौलते हैं, ये बिल्कुल बचकानी बात है। बराबरी तो तब होगी, जब मुझे ऐसा लगता है कि जिस बात को मैं कह रही हूँ उसको वो उतनी ही मान्यता देते हैं, जितनी कि अपनी बात को देते हैं और मैं उनकी बात को।

एक बार आपकी शायद कुछ तबीयत ख़राब-सी हो गई थी और आप अस्पताल में एडमिट थीं। मैंने जावेद साहब को फ़ोन किया था, तो वो बड़े इमोशनल हो गए थे। उनकी आवाज़ काफ़ी भर्राई हुई थी और मुझे उन्होंने कहा कि जब बाल को खींचो तो पता चलता है कि खाल में कितना गहरा है। जब शबाना को कुछ हो जाता है, तो मुझे ये एहसास होता है कि मैं उससे कितना प्यार करता हूँ। आप क्या सोचती हैं?

बहुत सारे ऐसे किस्से हैं, लेकिन मैं एक बात आपको बताती हूँ। अभी रीसेंटली मैं सफ़दर हाशमी की 31वीं बरसी पर जावेद के साथ गई थी, इसलिए यही वाक़िया मुझे याद आ रहा है। 1989 में इंटरनेशनल फ़िल्म फ़ेस्टिवल में सफ़दर हाशमी के मर्डर को लेकर एचकेएल भगत, जो कांग्रेस

के मिनिस्टर थे, उनके सामने स्टेज पर मैंने पर्चा पढ़ा, जिसमें मैंने कांग्रेस को दोषी ठहराया और कहा कि ये फ़िल्म फ़ेस्टिवल करने का कोई मतलब ही नहीं है, जब हम अपने कल्चरल एक्टिविस्ट को इस तरह मार डालते हैं। बहुत हंगामा हुआ था, और मुझे ऐसा लगा जैसे पता नहीं क्या हो गया। और उस वक़्त जावेद का मुझे फ़ोन आया मुम्बई से और उन्होंने कहा कि 'आई एम सो प्राउड ऑफ़ यू। तुमने इतनी बहादुरी का काम किया है।' और प्लेन लेकर वो फ़ौरन आ गए दिल्ली... मेरे पास। उससे मुझे ताक़त मिली। जावेद मेरे साथ हैं, तो फिर मुझे किसी चीज़ से डर नहीं लगता।

फ़िलहाल आप ऐसा कौन–सा काम चाहेंगी, जो अब जावेद साहब को करना ही चाहिए?

मुझे ऐसा लगता है कि जावेद को अपनी आप बीती ज़रूर लिखनी चाहिए, क्योंकि उनकी ज़िन्दगी कई लोगों को इंस्पायर कर सकती है। ये जो हैं, मतलब बहुत ग़ैर मामूली आदमी हैं। जावेद को मैं बहुत वाइड आदमी समझती हूँ और ये बहुत ज़रूरी है कि उनकी निजी ज़िन्दगी के बारे में एक किताब हो। और काश वो एक फ़िल्म भी डायरेक्ट कर लेते, तो मुझे बहुत ख़ुशी होती।

कोई बात, जो आप पब्लिकली जावेद साहब से कहना चाहेंगी?

जावेद का जो एक परमानेंट डायलॉग मेरी ज़िन्दगी में है, वो है, 'रुक जाओ', 'ठहर जाओ', 'अभी सोचते हैं।' तो ये जो 'रुक जाओ', 'ठहर जाओ', 'अभी सोचते हैं', अगर वो ये छोड़ दें, और जब मैं चाहती हूँ कि कोई काम हो वो उस वक़्त ही हो जाए, तो ये मेरी ज़िन्दगी का सबसे क़ीमती और नायाब तोहफ़ा होगा।

भाई सलमान अख़्तर के साथ जावेद

50

हम बायोलॉजिकल नहीं, साइकोलॉजिकल ट्विन्स हैं : सलमान अख़्तर

हम एक-दूसरे से सत्रह महीने छोटे-बड़े हैं। हम बायोलॉजिकल ट्विन्स नहीं है, पर साइकोलॉजिकल ट्विन्स हैं। मैं मदर ओरिएंटेड-चाइल्ड बन गया, वो फ़ादर-ओरिएंटेड-चाइल्ड बन गए। लेकिन ज़िन्दगी इतनी सीधी-सपाट नहीं होती, क्योंकि जब आप एक पैरेंट से नज़दीकी जुड़ाव महसूस करते हैं, तो दूसरा पैरेंट आपके अंदर कहीं छिपा रहता है, जो बाद की उम्र में बाहर निकलता है। पहले जावेद फ़ादर के रास्ते जाते हैं, फिर मदर की तरफ़ लौटते हैं। मैं पहले मदर के रास्ते जाता हूँ, फिर फ़ादर की तरफ़ लौटता हूँ। हमारी ज़िन्दगी ब्रेडेड यानी महिलाओं की चोटी की तरह गुँथी हुई रही है।

हालाँकि जावेद स्टेज पर एक्टिंग, मिमिक्री, डिबेट आदि पहले से करते रहे, लेकिन मैं सोचता हूँ कि 18 की उम्र में जब वे भोपाल में थे, तब उनमें फ़िल्मों में जाने की गहरी सोच पैदा हुई। वे फ़िल्मों के बारे में लगातार पढ़ते रहते थे। मुझे याद आता है कि वे जेम्स मिचनर का उपन्यास 'कारवाँ' पढ़ रहे थे। उन्होंने मुझसे उसे पढ़ने के लिए कहा। मैंने पढ़ा भी। फिर जावेद ने कहा कि 'तुम्हें पता है कि मिचनर ने यह किताब क्यों लिखी?' मैंने कहा, 'नहीं।' फिर जावेद ने कहा कि 'मिचनर ने किताब इसलिए लिखी कि एक दिन इस पर मैं एक फ़िल्म बनाऊँगा।' तो फ़िल्मों में जाने की इस तरह की प्रबल लगन थी जावेद में।

'उम्र में तो ये मुझसे कोई डेढ़ साल छोटा है, लेकिन शायरी में मुझसे पूरे दस साल बड़ा है' -जावेद अख़्तर

(1976 में डॉ. सलमान अख़्तर के हिन्दी-उर्दू में प्रकाशित पहले ग़ज़ल संग्रह 'कु ब कु' के रिलीज़ के मौके पर)

51

गुफ़्तगू [शाहिद अख़्तर के साथ अरविंद मण्डलोई]

डैडी की मेमोरी ऐसी थी कि उनको हज़ारों शे'र याद थे, वही जादू में है, उनकी मेमोरी बहुत तेज़ है : शाहिद अख़्तर

पहली बार जब आपने अपने बड़े भाई जावेद अख़्तर को देखा, उनसे बात हुई, तब कौन-सा क्षण था वो, कैसा था? इनका स्ट्रगल भी आपने देखा?

मुझे याद नहीं, मगर हम लोग मेरे ख़याल से राही मासूम रज़ा के घर पर थे। हम लोग बहुत छोटे थे। इतने छोटे थे कि हम लोग समझ नहीं सके कि ये क्या हो रहा है, कौन-कौन हैं ये। इतना मालूम था कि ये भाई है। मैंने इनके स्ट्रगल का हर पहलू देखा है। मैंने भोपाल के हिलाल मंज़िल से लेकर, होराइज़न होटल के पीछे, पाली हिल के होराइज़न बिल्डिंग के ऊपर एक छोटे-से घर और बाद में बैंड स्टैंड के अपार्टमेंट तक देखा है। जब इन्होंने काली एम्बेसडर ख़रीदी थी, तो ख़रीदने के बाद इनके पास पैसे नहीं थे कि अब इसमें पेट्रोल कैसे डालें। तो इधर-उधर से कहीं से भी पैसे मिलाकर पेट्रोल ख़रीदा। एक बार इन्होंने मुझसे कहा था कि 'तुमको आगे बढ़ना है और कुछ करना है तो गाड़ी ख़रीदो, उससे तुमको कॉन्फिडेंस आएगा। तो सबसे पहले मैंने गाड़ी ली। उन्होंने घर लेने में मेरी मदद भी की थी। तो उन्होंने ज़िन्दगी के हर पहलू पर, हर क़दम पर साथ निभाया।

जावेद साहब और जाँ निसार अख़्तर में क्या आप कोई समानता पाते हैं?

डैडी की मेमोरी ऐसी थी कि उनको हज़ारों शे'र याद थे। वही जादू में है, उनकी मेमोरी बहुत तेज़ है।

◀ *भाई शाहिद अख़्तर और बहनों के साथ जावेद*

गुफ़्तगू

[बाबा आज़मी के साथ
अरविंद मण्डलोई]

अगर जावेद पॉलिटिकल बैकग्राउंड पर लिखें, तो बेहतरीन फ़िल्म बनेगी : बाबा आज़मी

जावेद साहब के साथ आपने काम किया हुआ है। उनके साथ पर्सनल और प्रोफ़ेशनल तौर पर आप क्या फ़र्क़ महसूस करते हैं?

प्रोफ़ेशनली और पर्सनली दोनों में एक कॉमन फ़ैक्टर उनका ह्यूमर है, जो उनकी राइटिंग में भी नज़र आता है और उनकी पर्सनल लाइफ़ में भी नज़र आता है। लोग समझते होंगे कि बहुत सीरियस क़िस्म का आदमी है। मगर जावेद साहब महफ़िल में रहें तो वे महफ़िल के सेंटर में होते हैं, क्योंकि उनका ह्यूमर ऐसा नहीं है कि सिर्फ़ उनके हमउम्र लोगों के साथ में ही उनका इंटरेक्शन हो। हमारी फ़ैमिली में, या दोस्तों में जितने जूनियर्स हैं, वो सब जावेद साहब के चारों तरफ़ ही बैठे रहते हैं और कुछ न कुछ ह्यूमर, मज़ाक़ चलते रहता है। मैंने उनके साथ उनकी 'मिस्टर इंडिया', 'रूप की रानी चोरों का राजा', 'अर्जुन', 'प्रेम' की है। मैंने कई और लोगों की स्क्रिप्ट पर भी काम किया है, लेकिन जावेद साहब की राइटिंग की जो ख़ूबी है, उनकी राइटिंग में एक ग्रेट चीज़ जो है, वह यह है कि आपको स्क्रिप्ट उठाना है और सेट पर जाकर शूट करना है। इतना डिटेल ऑब्ज़र्वेशन और राइटिंग बहुत कम नज़र आती है।

जावेद साहब ने बहुत कमाल के साँग्स लिखे हैं।

जी हाँ, 'अर्जुन' का 'मामैया केरो केरो केरो मामा...' और 'एक दो तीन...' मेरे फ़ेवरेट हैं। भई, 'एक दो तीन' हम अब सुनते हैं और सुपरहिट हो गया है, तो हमको आसान लगता है। लेकिन उसको इस तरह से म्यूज़िक में बिठाना और वो सारी चीज़ें, आई थिंक इट इज़ ग्रेट। 'एक लड़की को देखा तो ऐसा लगा...', आइकॉनिक गाना है। लोग समझते हैं कि जावेद साहब रैप नहीं लिख पाएँगे। लेकिन मुझे पूरा यक़ीन है वो रैप लिखेंगे और उसमें भी ख़ूबी ये होगी कि उसमें कोई ग़लत ज़बान नहीं होगी। 'रॉक ऑन' के गाने आप देख लो। इन गानों में जो लाइटनेस और जो 'कंटेम्परेरीपन' है, कमाल है। तो ऐसा नहीं है कि अब जावेद साहब आज के गाने नहीं लिख सकते। 'रॉक ऑन' के गाने यूथ की ज़बान में हैं, आज की ज़बान में हैं। और कोई एक वर्ड उसमें ऐसा नहीं है कि आपको सुनकर थोड़ा भी ऑकवर्ड लगता हो।

सिनेमा में उनके योगदान को आप किस तरह देखते हैं?

जावेद साहब की अगर स्क्रिप्ट हो, तो डायरेक्टर का 70 पर्सेंट काम हो गया, क्योंकि उसमें शॉट डिवीजन यानी सीन को किस तरह से माउंट करना है, कहाँ से सीन को शुरू करना है, क्या सुर ले जाना है, ये सारी चीज़ें पेपर पर छपी हुई रहती हैं, और एक्चुअली अच्छे राइटर की ये निशानी है। जावेद साहब से एक रिक्वेस्ट करना चाहूँगा कि अब एक पॉलिटिकल बैकग्राउंड के साथ स्क्रिप्ट लिखें। अगर जावेद साहब दिल से पॉलिटिकल बैकग्राउंड पर लिखें, तो मुझे लगता है उससे बेहतरीन फ़िल्म कोई नहीं होगी और इंटरनेशनल लेवल पर होगी 100 पर्सेंट।

शबाना आज़मी, जावेद अख़्तर, तन्वी आज़मी और बाबा आज़मी

53

गुफ़्तगू [तन्वी आज़मी के साथ अरविंद मण्डलोई]

अब्बा कुछ फ़रमाइश करते, फिर जावेद साहब सुनाते : तन्वी आज़मी

कैफ़ी साहब और जावेद साहब का कोई क़िस्सा या ऐसी कोई याद जो आपके ज़ेहन में आती हो?

दोनों को जोड़ के फ़िलहाल कोई क़िस्सा मुझे याद आ नहीं रहा है, लेकिन होता ये था कि शाम को अगर कोई भी ना हो, तो हम 6 लोग बैठ जाते थे। मतलब शबाना, जावेद साहब, मम्मी-अब्बा, बाबा और मैं, और कोई ना कोई दोस्त आ ही जाता था। तो उसमें अब उनकी शे'र-ओ-शायरी अगर शुरू हो जाए, तो फिर अब्बा कुछ फ़रमाइश करते, फिर जावेद साहब सुनाते, तो यह सब हमारे लिए एनरिचिंग एक्सपीरियंस हुआ करता था। जब मेरी शादी हुई तो शबाना और जावेद साहब मम्मी-अब्बा के साथ जानकी कुटीर वाले घर में रहते थे। अब ये होता था कि दोनों क्योंकि यूपी के हैं तो बेइंतहा तकल्लुफ़ करते थे। अगर हमने बोल दिया कि 'आइए भई, ख़ाना लग गया।' अब वो दोनों अगर एक साथ अपने-अपने कमरे से निकले, तो वो 'पहले आप, पहले आप' के चक्कर में रह जाते थे। जावेद साहब का एक मेरा निज़ी क़िस्सा ये है कि हम दोनों समझते हैं कि हम आज भी परिवार से अलग हैं, क्योंकि हम तो ठहरे बाहर वाले, चाहे कुछ कहें, वो तो नाते से जुड़ गए हैं। वो शादी करके आए, मैं शादी करके आई, तो हम तो ठहरे बाहर वाले। तो हम अक्सर एकजुट हो जाते हैं और फिर हम बहुत 'बुराई' करते हैं अपने ससुराल वालों की और ससुराल की। वास्तव में, ये सब बहुत मज़ाकिय़ा तौर पर ही होता है, और इसको हम लोग कोई सीरियसली लेते नहीं हैं।

54

एक वक़्त था, जब हिन्दुस्तानी फ़िल्मी गीत का मतलब ही आनंद बख़्शी था

'ज़िन्दगी के सफ़र में गुज़र जाते हैं जो मक़ाम...'

एक वक़्त था, जब हिन्दुस्तानी फ़िल्मों के 80 फ़ीसदी गाने आनंद बख़्शी साहब लिख रहे थे। उस दौर में हिन्दुस्तानी फ़िल्मी गीत का मतलब ही आनंद बख़्शी हो गया था। 1965 में फ़िल्म 'हिमालय की गोद में' आई थी, जिसमें बख़्शी साहब को पहचान मिली थी। मगर इसी साल उनके गीतों से सजी एक और फ़िल्म आई 'जब जब फूल खिले।' इस फ़िल्म का एक-एक गीत इतना बड़ा हिट हुआ कि मार्केट में सिर्फ़ आनंद बख़्शी ही छा गए। उन्होंने अपने कॅरियर में 636 फ़िल्मों में गाने लिखे। साढ़े तीन हज़ार गानों से ऊपर लिखे, हालाँकि उन्होंने फ़िल्मों में एक से एक गीत दिए, उनकी लिखी कई ग़ज़लें भी फ़िल्मों में आईं, मगर उन्होंने कभी शायर होने का दावा नहीं किया। वो हमेशा कहा करते थे, 'देखो भई, मैं शायर नहीं हूँ, गीतकार हूँ, वो भी फ़िल्मी गीतकार।' मुझे ये कहने में कोई गुरेज़ नहीं कि बख़्शी साहब उन लोगों में से एक हैं, जिन्होंने मुझे गीत लिखने के लिए एनकरेज किया। एक बार प्यारेलाल जी के यहाँ पार्टी में मैंने बख़्शी साहब को अपनी कुछ शायरी सुनाई, जो उन्हें बेहद पसंद आई। उसके बाद से जब भी वो मुझे कहीं मिलते, तो कहते कि 'देखिए, आपको गाने लिखने चाहिए और आप बहुत अच्छे गाने लिखेंगे, ऐसा मेरा यक़ीन है।'

आनंद बख़्शी साहब का लिखा जो गाना मुझे बहुत अच्छा लगा, वो था, 'ज़िन्दगी के सफ़र में गुज़र जाते हैं जो मक़ाम...' मैं एक पार्टी में उनसे मिला। मैं तब गाने नहीं लिखता था, सिर्फ़ स्क्रिप्ट ही लिखा करता था। मैंने उनसे कहा कि 'बख़्शी साहब, मुझे आपका ये गाना इतना पसंद आया कि मुझे वो क़लम चाहिए, जिससे आपने ये गाना लिखा है।' इस पर बख़्शी साहब बहुत ख़ुश भी हुए, मुस्कुराए भी, कहने लगे कि 'भई वो जो क़लम है, वो तो मुझे आशा भोसले जी ने प्रेज़ेंट किया है, वो कैसे मैं किसी और को दूँ, ठीक नहीं लगता, लेकिन आपने मुझे ये मोहब्बत दी है, इज़्ज़त दी, तो मैं आपको एक क़लम ज़रूर प्रेज़ेंट करूँगा।' और वो प्रेज़ेंट मुझे अगले दिन मिला। मैंने आज तक उसे सँभाल कर रखा है।

ये गीत मेरे बहुत फ़ेवरेट गानों में है। अगर आप मुझे कहेंगे कि जबसे फ़िल्मी गीत बनना शुरू हुए हैं, उन गानों की छोटी से छोटी लिस्ट बनाओ जो तुम्हें पसंद हैं तो कितनी भी शॉर्ट लिस्ट हो, उसमें ये गाना ज़रूर होगा।

देखिए, ये एक तरह से 'वर्ड हेवी साँग' है, इसमें बहुत सारे शब्द हैं, लेकिन इसकी धुन ऐसी है कि शब्दों को आपके ऊपर बोझ नहीं बनने देती। वर्ना बहुत ज़्यादा शब्द हों, तो आदमी सोचने लगता है, तो ट्यून में ड्रायनेस आने का ख़तरा होता है, लेकिन इसमें जो 'ऑर्केस्ट्राइज़ेशन' है, जो इसकी कॉम्पोज़िशन है, वो उतनी ही कमाल की है, जितने कमाल के शब्द हैं। ये गीत वाक़ई ऐसा था कि जितना मैं इम्प्रेस उस वक़्त हुआ था, उतना ही असर आज भी है।

मशहूर गीतकार आनंद बख़्शी के साथ जावेद अख़्तर

55

मेरी ज़िन्दगी का पहला गाना लता जी और किशोर दा ने गाया था

एक दिन यश चोपड़ा साहब सुबह-सुबह घर आए, जिनके लिए मैंने बतौर स्क्रिप्ट राइटर कई फ़िल्में लिखी हैं। कहने लगे कि मैं एक फ़िल्म बना रहा हूँ 'सिलसिला', तुम उसके गाने लिख दो। मैं शायरी करता था और वो मैं अपने पास ही रखता था। 4-6 लोग थे, जिन्हें मालूम था कि मैं पोएट्री भी लिखता हूँ। जिन लोगों ने सुनीं थीं, उन लोगों में यश चोपड़ा साहब भी थे। मैंने उनसे कह दिया कि मैं नहीं लिखना चाहता हूँ। मैं सिर्फ़ अपने लिए करता हूँ पोएट्री। मैं तो स्क्रिप्ट लिखता हूँ, वही काफ़ी है। मगर वो मेरे पीछे ही पड़ गए और उन्होंने लिखवा ही लिया मुझसे। मैंने उन्हें टालने की लाख कोशिशें कीं ताकि वो नाराज़ हो जाएँ, लेकिन वो नहीं हुए। ये बात मुझे बाद में पता चली कि यश चोपड़ा साहब ने मुझे इतना पीछे पड़ कर लिखवाया क्यूँ, हालाँकि उन्हें भी पोएट्री का सेंस था, इसमें कोई शक नहीं। साहिर साहब से लिखवाते थे, साहिर साहब बीमार थे, नहीं लिख सकते थे। हुआ ये कि वे लता जी के पास गए, उन्होंने लता जी से पूछा कि 'दीदी! साहिर साहब तो हैं नहीं, अब मैं किससे लिखवाऊँ? और फ़िल्म में मुझे चाहिए पोएट्री।' इस पर लता जी ने कहा, 'मेरी एक दोस्त है पदमा, उसने जावेद साहब की ग़ज़लें सुनी हुई हैं और नज़्में भी सुनी हुई हैं। वो तारीफ़ करती है, वो तो ख़ुद अच्छी पोएट है। तो तुम्हारे तो अच्छे रिलेशन हैं, तो तुम और किसी से मत लिखवाना, उन्हीं से लिखवाना।' तो मेरे गाना लिखने की जो वजह थी, उसके पीछे लता जी छुपी हुई थीं। मेरी क़िस्मत भी देखिए कि मेरी ज़िन्दगी का पहला गाना भी लता जी और किशोर दा ने गाया। लता जी के हज़ारों गीत हैं। हिन्दुस्तानी इनकी वजह से हिन्दुस्तानी होने पर गर्व करता है।

मैं एक राइटर हूँ और एक बात मैं दावे के साथ बोल रहा हूँ कि मैंने लता जी के गाने सुने हैं और आप लोगों ने भी सुने हैं, मगर मैंने आज तक उनसे कभी किसी लफ़्ज़ का ग़लत उच्चारण नहीं सुना। ये ग़लतियाँ दूसरों से हुई हैं, ऐसा नहीं है कि नहीं होती हैं, कहीं-ना-कहीं कोई ग़लती बड़े-से-बड़े सिंगर से भी हो जाती है। लता जी में मैंने यह ग़लती नहीं देखी..., परफ़ेक्ट फ़्लॉलेस एक्सेंट।

एक बार मुझे पंडित जसराज ने बड़ा दिलचस्प क़िस्सा सुनाया था, कहने लगे कि 'मेरी ज़िन्दगी का एक दिलचस्प पुराना क़िस्सा है। मेरा नाम हो गया था थोड़ा-बहुत, बतौर क्लासिकल सिंगर, लेकिन ज़ाहिर है कि बड़े गुलाम अली खाँ तो उस्तादों में थे, मेरे बुज़ुर्ग सीनियर थे। मैं अमृतसर में था और मुझे मालूम हुआ कि बड़े गुलाम अली खाँ आए हुए हैं, वो कहीं ठहरे हुए हैं। ख़ैर, मैं वहाँ गया, जा कर पैर छुए, बैठा बात-वात की उनसे। बड़े गुलाम अली खाँ मुझसे बातें कर ही रहे थे कि अचानक उन्होंने मुझे इशारा किया कि चुप हो जाओ। मैं घबरा के चुप हो गया। मैंने देखा वो ग़ौर से सुन रहे थे और नीचे होटल में फ़िल्म अनारकली का गाना बज रहा था, 'ये ज़िन्दगी उसी की है, जो किसी का हो गया...।' ये सब देख कर मैं हैरान हुआ कि बड़े गुलाम अली खाँ, इतने बड़े उस्ताद, वो ये गाना सुन रहे हैं और वो भी पूरे ध्यान के साथ। जब गाना ख़त्म हुआ, तो हैरत से मुस्कुराए और कहने लगे, 'कमबख़्त कभी बेसुरी होती ही नहीं है।'

लता मंगेशकर के साथ जावेद अख़्तर

फ़िल्म निर्देशक यश चोपड़ा और जावेद अख़्तर

56

मैं उनकी पोएट्री का फ़ैन हूँ : यश चोपड़ा

पहली बार फ़िल्म 'दीवार' के सिलसिले में मुलाक़ात हुई। मैं मानता हूँ कि 'दीवार' उनकी ज़िन्दगी की बेस्ट स्क्रिप्ट है। तब से आज तक हम तीनों यानी मैं, सलीम साहब और जावेद साहब दोस्त हैं। कई बार हमारी महफ़िलों में हम जावेद साहब की कविता सुनते थे, तब मैं कहता था कि आप फ़िल्मों में गाने क्यों नहीं लिखते और वे हमेशा टाल जाते। जब मैंने 'सिलसिला' बनाई, तब मैंने फिर उनसे रिक्वेस्ट की कि आप इसके गाने लिखें और तब वे राज़ी हुए।

उसके बाद उन्होंने कई फ़िल्मों के गाने लिखे और ये साबित कर दिया कि वे एक बेस्ट साँग राइटर हैं। मैं उनकी पोएट्री का फ़ैन हूँ। वे आधुनिक कवि हैं। 'बार्डर' के गाने उन्होंने ख़ूब लिखे। उन्होंने जितनी फ़िल्में की, उनकी स्क्रिप्ट उन्होंने पूरी 'कम्पलीट' दी। इससे पहले मैंने ऐसा करते सिर्फ़ पं. मुखराम शर्मा को देखा था। इनकी याद्दाश्त कमाल की है, यह उनकी एक बड़ी 'एसेट' है। हमने कई शामें इकट्ठे गुज़ारी हैं। वे महफ़िल की रौनक होते हैं।

ये गाना यूँ तो...

मेरे और शिव-हरि दोनों के कॅरियर का पहला-पहला गाना था, 'देखा एक ख़्वाब तो ये सिलसिले हुए।' ये गाना यूँ तो तर्ज़ पर लिखा गया था, लेकिन मेरे ख़याल से लफ़्ज़ों के साथ तर्ज़ को ठीक से बिठाने के लिए उन्होंने तर्ज़ थोड़ी बदली थी। उस वक़्त मुझे ज़्यादा तजुर्बा तो था नहीं। बात ये थी कि तर्ज़ के आख़िर में थोड़ा घुमाव था, लेकिन मैंने जो लफ़्ज़ लिखे थे उनमें ये घुमाव नहीं था। अगर मैंने ये लिखा होता; 'दिल ने तेरा नाम गुनगुनाया है' तो काम बन जाता, लेकिन उनको पहली वाली लाइन इतनी अच्छी लगी कि उन्होंने तर्ज़ को वैसे ही ढाल लिया।

मैं और मेरी तन्हाई
अक्सर ये बातें करते हैं
तुम होतीं तो कैसा होता
तुम ये कहतीं तुम वो कहतीं
तुम इस बात पे हैरां होतीं
तुम उस बात पे कितनी हँसतीं
तुम होतीं तो ऐसा होता
तुम होतीं तो वैसा होता

गायक : *लता मंगेशकर, अमिताभ बच्चन*
संगीत : *शिव-हरि*

फ़िल्म : *सिलसिला*
निर्देशक : *यश चोपड़ा*
1981

57

एचएमवी की तारीख़ में सबसे ज़्यादा बिकने वाला कैसेट

मैंने 'सिलसिला' के बाद एक नए संगीतकार कुलदीप सिंह के साथ एक बहुत छोटी-सी फ़िल्म की थी। ये फ़िल्म थी 'साथ-साथ।' इसके गाने जगजीत सिंह और चित्रा सिंह ने गाए थे। ये गाने काफ़ी हिट हुए थे और आज भी सुने जाते हैं। 'साथ-साथ' और 'अर्थ' का कॉम्बिनेशन कैसेट एचएमवी की तारीख़ में सबसे ज़्यादा बिकने वाला कैसेट है।

ये तेरा घर ये मेरा घर, किसी को देखना हो गर
तो पहले आ के माँग ले, मेरी नज़र तेरी नज़र

जो चाँदनी नहीं तो क्या, ये रौशनी है प्यार की
दिलों के फूल खिल गये, तो फ़िक्र क्या बहार की
हमारे घर न आयेगी, कभी ख़ुशी उधार की
हमारी राहतों का घर, हमारी चाहतों का घर

फ़िल्म : साथ-साथ
गायक : जगजीत सिंह, चित्रा सिंह
संगीत : कुलदीप सिंह

फ़िल्म : साथ-साथ
निर्देशक : रमन कुमार
1982

SAN FRANCISCO

58

दिलीप साहब का नाम ही उनका पूरा त'आरुफ़ है

किसी महान कलाकार के लिए कुछ कहना बहुत मुश्किल भी है और बहुत आसान भी है। आसान इसलिए कि दिलीप साहब का नाम ही उनका पूरा त'आरुफ़ है, उनकी पूरी तारीफ़ है, उनका पूरा परिचय है। और मुश्किल इसलिए कि कोई किस तरह से बताए कि सूरज में कितनी रोशनी है, कोई किस तरह बताए कि समंदर में कितनी लहरें हैं, कोई किस तरह बताए कि यूनिवर्स कितना विशाल है-कितना बड़ा है और कोई किस तरह से बताए कि दिलीप साहब के फ़न की ऊँचाइयाँ क्या हैं और गहराइयाँ क्या हैं। मैं भी उन करोड़ों इंसानों में से एक हूँ, जो उनके फ़ैन थे, फ़ैन हैं और फ़ैन रहेंगे।

◀ *दिलीप कुमार के साथ जावेद अख़्तर और अमिताभ बच्चन*

59

नैतिकता पर सवालिया निशान है 'शक्ति'

मेरे ख़याल से मेरी सबसे ज़्यादा नैतिक फ़िल्म है 'दीवार।' मैं 'नैतिक' लफ़्ज़ को छोटे मायने में इस्तेमाल नहीं कर रहा हूँ, बल्कि अवचेतन के स्तर पर ले रहा हूँ। ऐसी एक और फ़िल्म, जो ये सही है और ये ग़लत, कहकर नैतिकता पर सवालिया निशान लगाती है, वो है 'शक्ति।' वो ब्लैक एंड ह्वाइट में जवाब नहीं देती, क्योंकि शायद ऐसे जवाब थे ही नहीं। शायद 'शक्ति' इसकी बेहतर मिसाल है। वो मुख़्तलिफ़ नैतिकताओं वाली तीन शख़्सियतों पर केन्द्रित है, लेकिन तीनों अपनी-अपनी जगह सही हैं।

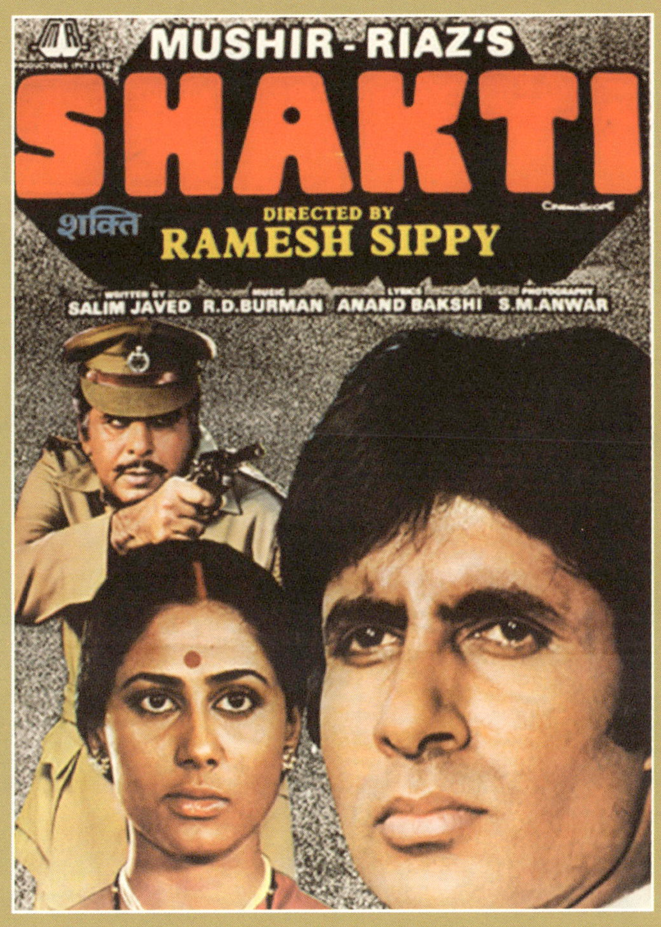

फ़िल्म : *शक्ति*

निर्देशक : *रमेश सिप्पी*

1982

शत्रुघन सिन्हा, सुभाष घई, जावेद अख़्तर और रेहाना घई

60

वे मेरे दोस्त ही नहीं, मेरे गुरु दोस्त हैं : सुभाष घई

मुम्बई में संघर्ष करने वाले दिनों से हम दोस्त हैं। फ़िल्म लाइन के वे मेरे पहले दोस्त थे। उन्होंने मुझे फ़िल्म लाइन के बारे में काफ़ी कुछ बताया। वे मेरे दोस्त ही नहीं, मेरे गुरु दोस्त हैं। उनका और मेरा एक इमोशनल रिश्ता है। उनकी वाक् विद्या उनका सबसे बड़ा गुण है। वे किशोर कुमार आदि की नक़ल भी कर सकते हैं, वे पार्लियामेंट में भी बात कर सकते हैं, यूएन में भी और वर्ल्ड फ़ोरम में भी। उनके दिल में एक बच्चा है और यही उनका सेंस ऑफ़ ह्यूमर क्रिएट करता है। उनके स्ट्रगल का जो गुस्सा था, वो आज भी उनमें दिखता है। अपनी कामयाबी को वे बहुत समझदारी से आगे लेकर गए। वे अपनी ज़िम्मेदारियों से कभी नहीं भागे, वे सोचते थे कि यदि मैं आगे चलता हूँ तो मेरे घर वाले भी पीछे नहीं रहने चाहिए। ये महान मानवीय गुण हैं। हमने सिर्फ़ दो बार साथ में काम किया, 'मेरी जंग' और 'कृष्णा' में। मैं शायद ज़्यादा उम्मीद करता हूँ उनसे, शायद मेरा हक़ बनता है कि मेरे काम को वो ज़्यादा प्रेफ़रेन्स दें। मेरी कुछ अपनी अनजस्टिफाइड डिमांड रहती है, एक दोस्त से दूसरे दोस्त के नाते और इसीलिए हम लोग ज़्यादा काम एक-दूसरे के साथ नहीं कर सके, लेकिन दोस्त हम हमेशा रहे। ये डर-सा लगता है कि साथ काम करने से हमारे बीच जो प्यारा-सा रिश्ता है उसमें गड़बड़ नहीं हो जाए। कभी-कभी मैं डर जाता हूँ, मैं उन्हें खोना नहीं चाहता। हमारी दोस्ती संघर्ष के दिनों की दोस्ती है। उन्हें कितने अवार्ड मिले यह जुदा बात है पर उन्होंने फ़िल्म राइटर्स को एक बहुत बड़ा रुतबा दिलाया है, ये उनका बहुत बड़ा अचीवमेंट है। वे नास्तिक हैं, उन्होंने खुदा पर नहीं खुद अपने पर यकीन किया।

शतरंज के मोहरे वही हैं
लेकिन बाज़ी पलट चुकी है।

(अरुण वर्मा के किरदार में अनिल कपूर)

फ़िल्म : *मेरी जंग*
निर्देशक : *सुभाष घई*
1985

फ़ुटपाथों के हम रहने वाले
रातों ने पाला हम वो उजाले
आकाश सर पे
पैरों तले है दूर तक ये ज़मीं
और तो अपना कोई नहीं
फ़ुटपाथों के हम ...

हाँ बचपन में खेले ग़म से
निर्धन घरों के बेटे
फूलों की सेज नहीं
काँटों पे हम हैं लेटे
भूखे रहे, सौ ग़म सहे
दिल ये कहे
रोटी जहाँ, है स्वर्ग अपना वहीं
और तो अपना कोई नहीं
फ़ुटपाथों के हम ...

गायक : *अनूप जलोटा, हरिहरन, शैलेन्द्र सिंह, सुरेश वाडकर*
संगीत : *हृदयनाथ मंगेशकर*

फ़िल्म : *मशाल*

निर्देशक : *यश चोपड़ा*

1984

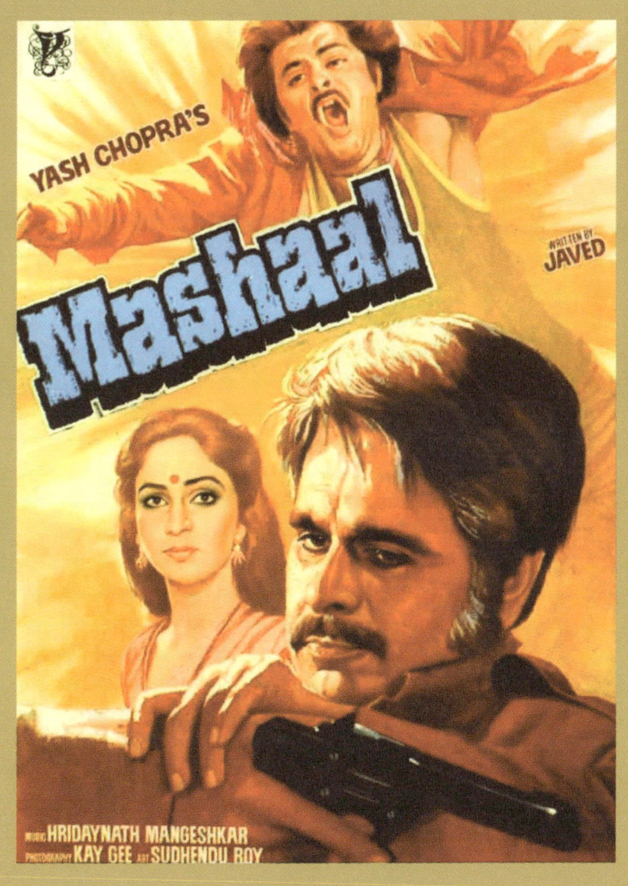

61

हिन्दी स्क्रीन पर नया था अर्जुन का कैरेक्टर

कभी-कभी क्या होता है कि आपने बहुत सारे काम ठीक कर लिए और एक चीज़ गड़बड़ हो गई, तो उससे कम हो जाती है बात। मुझे ऐसा लगता है कि 'अर्जुन' जो है, एक बहुत अच्छी स्क्रिप्ट थी और बावजूद इसके कि उसको आप सुपरहिट फ़िल्मों में नहीं काउंट कर सकते, इट वाज़ अ हिट फ़िल्म। कामयाब पिक्चर थी, लेकिन जैसे कि 'दीवार' है, जैसे कि 'त्रिशूल' है, 'शोले' है या 'डॉन' है, ये उतनी कामयाब फ़िल्म नहीं थी, लेकिन उसके बावजूद इतने बरसों बाद भी वो लोगों को याद है, लोग मुझसे कहते हैं कि उसे दोबारा बनाना चाहिए। और उसका जो फ़र्स्ट हाफ़ था, वो बेमिसाल था। सेकंड हाफ़ में राइटर के तौर पर कहीं मैं थोड़ा-सा लड़खड़ा गया। तो अगर वो ग़लती, जिसका मुझे बाद में एहसास हुआ कि मुझे क्या करना चाहिए था, अगर ये एहसास मुझे उस वक़्त हो गया होता, तो ये पिक्चर जो है ये उन्हीं पिक्चरों में गिनी जाती, जिनका मैंने ज़िक्र किया है। बावजूद इसके देखिए कि अर्जुन का जो कैरेक्टर था, हिन्दी स्क्रीन पर नया था। और उसके बाद बहुत सारी फ़िल्में बनी हैं, जिसमें अर्जुन जैसा कैरेक्टर इस्तेमाल किया गया।

फ़िल्म : *अर्जुन*

निर्देशक : *राहुल रवैल*

1985

सच मेरे यार है, बस वही प्यार है
जिसके बदले में कोई तो प्यार दे
बाक़ी बेकार है, यार मेरे ...
जिस हाथ में इक हाथ है
उस हाथ की क्या बात है
क्या मंज़िलें, क्या फ़ासले
इक हमसफ़र गर साथ है
जिसकी क़िस्मत कोई यूँ सँवार दे
वो ही दिलदार है, यार मेरे ...

फ़िल्म : *सागर*

गायक : *एस.पी. बालासुब्रमण्यम* **संगीत :** *आर.डी. बर्मन*

ठीक है,
समंदर हमारी जागीर नहीं है,
लेकिन उसकी लहरों पर
तुम्हारी कंपनी का
ठप्पा भी नहीं लगा है।

(राजा के किरदार में कमल हासन)

फ़िल्म : *सागर*
निर्देशक : *रमेश सिप्पी*
1985

62

गुफ़्तगू [जावेद अख़्तर के साथ
अरविंद मण्डलोई]

किशोर कुमार की आवाज़ में ऐसा जादू था, जिसका कोई जवाब ही नहीं

किशोर कुमार के बारे में आपका क्या कहना है?

जहाँ तक किशोर कुमार की बात है, अब आप क्या करेंगे कि एक आदमी की ऐसी आवाज़ है कि वो बस एक आलाप लेता है सीधी-सी और दिलों पर छा जाता है। फ़िल्म 'अराधना' में गीत 'कोरा काग़ज़' के पहले जो उनकी आलाप थी, ना उसमें कोई मुर्की है, ना उसमें कोई तान है, ना कोई हरकत है, सीधा-सा वो एक आलाप है, इससे ज़्यादा सादा आलाप हो नहीं सकता, लेकिन वो आपको आज 50 साल बाद भी क्यूँ याद है? उसमें सिर्फ़ आवाज़ ही आवाज़ थी किशोर कुमार की, वो ऐसी जादू-भरी आवाज़ है। कितने बड़े-बड़े ग्रेट सिंगर हुए। मैं रफ़ी साहब को बहुत ग्रेट सिंगर मानता हूँ और मैं उन्हें एक्चुअली दुनिया का पहला प्लेबैक सिंगर मानता हूँ। इसलिए कि गाने वाले तो बहुत थे, ये पहला आदमी था मो. रफ़ी, जिसने ये देख कर कि कौन आदमी स्क्रीन पर गाने वाला है, वैसी आवाज़ बना के गाया, बहुत मुश्किल काम है। दिलीप साहब के लिए जब वो गाते थे, तो अलग अंदाज़ होता था, जब वो देव आनन्द के लिए गाते थे, अलग अंदाज़ होता था, जब वो शम्मी कपूर के लिए गाते थे तो अलग अंदाज़ होता था, जब वो जॉनी वॉकर के लिए गाते थे तो अलग अंदाज़। ये आवाज़ तक चेंज करते थे। राजेन्द्र कुमार की बहुत भर्राई हुई आवाज़ थी। अब आप ये देखिए कि राजेन्द्र कुमार के लिए जो रफ़ी ने गाने गाए हैं, उसमें आवाज़ में आपको वो भर्राहट महसूस होगी। तो ये तो बहुत कमाल के लोग हैं। मन्ना दा का जो लाजवाब कंट्रोल क्लासिकल में था, वही कंट्रोल कॉमेडी साँग्स में भी दिखाई देता था। महमूद के लिए गाए उनके गाने देखिए। और दूसरी तरफ़ बड़े संजीदा क़िस्म के क्लासिकल साँग्स देखिए, लेकिन सब बातें अपनी जगह, सब बड़े हैं। मुकेश जी की आवाज़ में जो दर्द, जो असर था वो कहाँ है, कोई शक? लेकिन एक आदमी था किशोर कुमार, जिसकी आवाज़ में एक ऐसा जादू था, पैदाइशी आवाज़ में था कि जिसका कोई जवाब ही नहीं।

मैं एक बात बहुत डरते-डरते, झिझकते-झिझकते कहना चाहूँगा, लेकिन कहूँगा ज़रूर, इसलिए कि मैं किशोर कुमार का बड़ा हार्डकोर फ़ैन हूँ। किशोर कुमार ने जब भी किसी के साथ गाना गाया है, तो आपको एक फ़र्क़ महसूस हुआ ही होगा। फिर चाहे वो किसी के भी साथ हो, मेल सिंगर हो या फीमेल सिंगर। देखिए, ये सारे सिंगर्स ग्रेट सिंगर्स थे, और हैं, इसीलिए वहाँ हैं। मगर किशोर कुमार में कुछ अलग बात थी। आप यह देखिए कि किशोर कुमार ने जब कभी भी किसी के साथ गाना गाया है, तो आपका ध्यान किशोर कुमार की आवाज़ पर ही रहता है।

किशोर कुमार के साथ जावेद अख़्तर

मैं ख़्वाबों की शहज़ादी
मैं हूँ हर दिल पे छाई
बादल है मेरी ज़ुल्फ़ें
बिजली मेरी अँगड़ाई
बिजली गिराने मैं हूँ आई
कहते हैं मुझको हवा हवाई
समझे क्या हो नादानों
मुझको भोली ना जानो
मैं हूँ साँपों की रानी
काटा माँगे ना पानी
सागर से मोती छीनूँ
दीपक से ज्योति छीनूं
पत्थर से आग लगा लूँ
सीने से राज़ चुरा लूँ

फ़िल्म : *मि. इंडिया*

गायक : *कविता कृष्णमूर्ति* **संगीत :** *लक्ष्मीकांत प्यारेलाल*

मोगेम्बो ख़ुश हुआ।

(मोगेम्बो के किरदार में अमरीश पुरी)

फ़िल्म : *मि. इंडिया*

निर्देशक : *शेखर कपूर*

1987

63

और श्रीदेवी बन गईं 'हवा हवाई गर्ल'

दरअसल, मैंने 'मि. इंडिया' की स्क्रिप्ट लिखी थी। इस फ़िल्म में एक सीन है, जिसमें हीरोइन श्रीदेवी ये दिखाती है कि वो हवाना की एक कैबरे डांसर है। वो अपना नाम 'मिस हवा हवाई' बताती है। हमारे यहाँ एक मुहावरा है, 'भाई! कहाँ हवा-हवाई घूम रहे हो? ये यू.पी. में चलता है। हवा-हवाई का साउंड ही काफ़ी दिलचस्प है। तो इस तरह श्रीदेवी 'हवाना की मिस हवाई' बन गईं। जब मैंने इस सिचुएशन के लिए गाना लिखा तो मैंने इस नाम को गाने में इस्तेमाल किया, 'कहते हैं मुझको हवा-हवाई।' क्या आपको मालूम है, जब 'मि. इंडिया' और 'तेज़ाब' रिलीज़ हुई थीं तब श्रीदेवी और माधुरी दीक्षित एक-दूसरे से होड़ कर रही थीं। मीडिया ने इन दोनों का नाम 'मिस हवा-हवाई' और 'एक दो तीन गर्ल' रख दिया था। मज़े की बात ये है कि ये दोनों गाने मैंने ही लिखे थे।

जावेद अख़्तर और अभिनेता सतीश कौशिक

गुफ़्तगू [सतीश कौशिक के साथ अरविंद मण्डलोई]

मैं जावेद साहब को अपना गुरु कहना चाहूँगा, क्योंकि मैंने उनसे ज़िन्दगी जीने का गुरुमंत्र सीखा है : सतीश कौशिक

'जाने भी दो यारों' की जो स्क्रिप्ट थी, उसके और एक अभिनेता के रूप में स्थापित होने में जो गैप है, उसमें आप थिएटर करते रहे, ड्रामे करते रहे... जावेद साहब से आपकी मुलाक़ात कब हुई थी?
सबसे पहले अगर कमर्शियल फ़िल्में देखें, तो वे फ़िल्में जावेद साहब के थ्रू ही मिली थीं। भई, 'जाने भी दो यारों' के बाद तो 'सागर' पिक्चर रिलीज़ हुई। 'सागर' भव्य पिक्चर थीं। प्रीमियर पर मैं, शबाना, जावेद साहब इकट्ठे गए थे। उसके बाद 'जोशीले' आई, फिर 'मिस्टर इंडिया' आई। 'मिस्टर इंडिया' में ही उनको लगा कि मुझे असिस्टेंट डायरेक्टर होना चाहिए। पर मैंने कहा कि 'सरकार, आपको इसमें होना पड़ेगा।' वो मुझे कहानी सुनाने के लिए मेरे वन बेडरूम फ्लैट में सांताक्रुज ईस्ट आए, कहानी सुनाई। कहने लगे कि 'इसमें असिस्टेंट बनना पड़ेगा तुमको।' बोनी और वो दोनों आए थे। उनका सेंस ऑफ़ ह्यूमर, सेंस ऑफ़ राइटिंग गज़ब का है और 'मिस्टर इंडिया' कमाल की स्क्रिप्ट थी। तो वो स्क्रिप्ट लिखते-लिखते, असिस्ट करते-करते मेरा-उनका

ऐसा घनिष्ठ संबंध बन गया और उन्होंने सोच लिया कि 'मिस्टर इंडिया' के बाद तो सतीश को डायरेक्टर बनाना है।

'मिस्टर इंडिया' की स्क्रिप्ट राइटिंग और वो सारी चीज़ें आपके इतने क़रीब से गुज़रीं, तो ये जो 'कैलेंडर' का कैरेक्टर था, जिसने आपको पहचान दी, असल में इसका क्रिएशन कैसे हुआ?

क्या है कि बैठे-बैठे एक दिन बात हो रही थी और वो जावेद साहब और हमारी ख़ुराफ़ातें थीं असल में, क्योंकि हम कुछ-न-कुछ करते रहते हैं ना ज़िन्दगी के बारे में। हमने बहुत किरदार सिलेक्ट किए, गलियों के किरदार सिलेक्ट किए। मेरे पिताजी बनवारीलाल कौशिक सेल्समैन थे। उनका एक डीलर था, मैं उनका एक क़िस्सा सुना रहा था जावेद साहब को कि 'जावेद साहब! मेरे फ़ादर ने मुझे एक क़िस्सा सुनाया था, एक आदमी का तकिया कलाम 'कैलेंडर' था, वो बीच-बीच में 'कैलेंडर' बोलता था।' जावेद साहब ने कहा, 'कैलेंडर, यार कैलेंडर वर्ड को कैसे तकिया कलाम बोलता था?' तो मैंने बोला, 'बाऊजी मुझे बताते थे कि वो आदमी कहता था, 'पंडित जी! पाँच पेटियाँ आईं, पाँच पेटियों में से कैलेंडर चार पेटियाँ कैलेंडर ख़राब निकलीं। अब देखो, दस लाख का माल कैलेंडर दो लाख का रह गया। अब ऐसे ही चलता रहा कैलेंडर, तो हमारा क्या चलेगा।' जावेद साहब कहने लगे, 'कैलेंडर' यार, ये तो बड़ा कमाल है यार।' वो कुक का कैरेक्टर वर्कआउट हो रहा था। अच्छा, मेरी कोशिश ये थी कि मैं जावेद साहब को कब बोलूँ कि जावेद साहब ये रोल मुझे दे दीजिए। जावेद साहब ने कहा, 'यार इसका नाम कैलेंडर क्यों न रख दें।' और फिर वो कैलेंडर नाम जो है कुक का, वो आया। फिर इसका गैटअप डिसाइड किया गया। तो ऐसे 'कैलेंडर' जो है, ये बातों-बातों में बन गया, पर जावेद साहब ने कहा, 'यार 'कैलेंडर' के नाम का जस्टीफ़िकेशन देना पड़ेगा'। तब जावेद साहब ने वो डायलॉग लिखा, 'एक तो समझ में नहीं आता तेरा नाम कैलेंडर रख किसने दिया।' जवाब में कैलेंडर कहता है, 'कुछ नहीं, मेरे मम्मी-डैडी है ना कुछ अँग्रेज़ी में नाम रखना चाहते थे।' और जावेद साहब ने उस किस्से से वो 'कैलेंडर' नाम निकाला।

फिर बनी 'रूप की रानी चोरों का राजा'?

'रूप की रानी चोरों का राजा' सबसे बड़ी डिज़ास्टर हुई। सबसे बड़ा धक्का लगा। जावेद साहब और हम लोग एक़दम सकते में आ गए। पिक्चर में कोई बुराई नहीं थी, पर पाँच साल लग गए बनने में। क्या रीज़न थे किसी को नहीं पता था, ना कोई एक्सेप्ट करना चाहता था और आज भी पिक्चर जब देखते हैं तो रिएक्शन आते हैं, 'अरे क्या पिक्चर थी यार।' टीवी पर हिट है, लगातार चलती रहती है। कितने डायरेक्टर्स बोलते हैं यार 'रूप की रानी चोरों का राजा' मैं दोबारा बनाना चाहता हूँ... आई वॉन्ट टू मेक इट अगेन, यंग डायरेक्टर्स बोलते हैं, क्योंकि उसकी जो मेकिंग थी, वो अनबिलीवेबल थी।

जावेद साहब के बारे में एक लाइन में कहना हो तो आप कैसे कहेंगे?

मैं जावेद साहब को एक संत कहूँगा। मेरी लाइफ़ में तो कम-से-कम वो एक संत की तरह हैं, जिसकी संगत में बैठ कर मैंने ग्रहण ही किया है। और आज मेरी पर्सनैलिटी में जो बदलाव हैं,

वो मुझे लगता है कि उस संत की वजह से आए हैं। तो मैं जावेद साहब को अपना गुरु कहना चाहूँगा, क्योंकि मैंने उनसे गुरुमंत्र सीखा है। फ़िल्म इंडस्ट्री के बारे में नहीं, ज़िन्दगी जीने का गुरुमंत्र सीखा है।

कोई एक बात आप बताइए कि ज़िन्दगी में ये वाक़िया जावेद साहब और आपके साथ दोबारा होना चाहिए।

सबसे बड़ी बात है कि मुझे लगता है कि एज़ ए राइटर और डायरेक्टर हमको इकट्ठे एक बार फिर काम करना चाहिए। अब जो हमारा काम होगा ना, वो वास्तव में बहुत सुलझा हुआ काम होगा। मैं उनको और उनकी लेखनी को डबल प्रूव करना चाहूँगा, जो मैं तब नहीं कर पाया था, लेकिन मैं अब करना चाहूँगा। वी शुड कम बैक एज़ राइटर एंड डायरेक्टर। मेरी 84-85 में मुलाक़ात हुई थी और आज तक आप देख लो, कितने साल हो गए, तीस-पैंतीस साल होने वाले हैं, और तीस-पैंतीस साल में आप समझो कि बीस साल हमने घनिष्ठ गुज़ारे हैं।

०००

चौदह को तेरा संदेशा आया
पन्द्रह को आऊँगा ये कहलाया
चौदह को आया न पन्द्रह को तू
तड़पाके मुझको तूने क्या पाया
सोलह को भी
सोलह को भी सोलह किये थे सिंगार
आजा पिया आयी बहार
एक दो तीन चार पाँच छै सात आठ नौ
दस ग्यारह बारह तेरह
तेरा करूँ दिन गिन-गिन के इंतज़ार

०००

गायक : *अलका याग्निक* **फ़िल्म :** *तेज़ाब* **निर्देशक :** *एन. चंद्रा*

संगीत : *लक्ष्मीकांत प्यारेलाल* *1988*

65

एक दो तीन लिखकर मिनिएचर फ़ॉर्म में बारहमासा लिख दिया

एक गाने के लिए कई लोगों ने मुझसे एतराज़ जताया कि 'भई आप तो शायर हैं, और आपने लिख दिया, एक दो तीन चार पाँच छः सात आठ नौ दस ग्यारह बारह तेरह...', दरअसल, लक्ष्मी जी (लक्ष्मीकांत-प्यारेलाल) ने 13 तक गा कर मुझे ये ट्यून बताई थी। मुझे एक आइडिया आया। मैंने कहा, इसे एक से तेरह तक ऐसे ही रहने दीजिए, इसे नहीं बदलना। इसके आगे जो ट्यून है, उस पर मैं वर्ड लिखूँगा। ये सुनकर लक्ष्मीजी भी ज़रा नर्वस-से हो गए। कहने लगे, 'भाई! एक दो तीन आजा मौसम है रंगीन... यहाँ तक तो ठीक है, लेकिन तेरह तक गिनना तो बड़ा ख़राब लगेगा।' मैंने कहा, आप इसकी फ़िक्र न करें, जो मैं गाना आगे लिखूँगा, मैं उसे जस्टिफ़ाई कर दूँगा। तो ये 'ग्यारह बारह तेरह, तेरा करूँ दिन गिन-गिन के इंतज़ार, आजा पिया आई बहार। 14 को तेरा संदेसा आया, 15 को आऊँगा ये कहलाया, 15 को आया न 16 को तू, तड़पा के मुझको तूने क्या पाया, 16 को भी 16 किए थे सिंगार, आजा पिया आई बहार...'। हमारे यहाँ एक ट्रेडिशन है, बारहमासा कहलाता है। बारहमासा जो है, वो विरह का गीत होता है, जिसमें एक बिरहन अपने प्रीतम से दूर है, वो बारह महीने का डिस्क्रिप्शन देती है कि मैंने 12 महीने तेरे बग़ैर कैसे काटे। तो मैंने ये मिनिएचर फ़ॉर्म में बारहमासा लिख दिया कि एक महीने में एक-एक दिन उसने कैसे काटा। इस तरह से उसका जस्टिफ़िकेशन भी हो गया और वो गाना भी बहुत ही पॉपुलर हुआ।

जावेद अख़्तर और अनिल कपूर

66

गुफ़्तगू [अनिल कपूर के साथ
अरविंद मण्डलोई]

जावेद साहब उस किताब की तरह हैं, जिसको जब पढ़ो तो उसमें कुछ न कुछ अलग ही मिलता है : अनिल कपूर

जावेद साहब से जब आपकी पहली मुलाक़ात हुई, वो कैसे हुई ?

जावेद साहब से मेरी पहली मुलाक़ात शबाना जी के साथ में हुई। शबाना जी ने हमेशा मुझे एनकरेज किया। ऐसा लगता था कि जावेद साहब मुझे पसंद नहीं करते। एक बातचीत तो थी। फिर उन्होंने मेरा काम देखा, तो वहाँ से एक क़िस्म का बॉण्ड शुरू हुआ। मुझे ऐसा लगता है उन्होंने दो-तीन जगह मुझे रेकमेंड किया। तो वहाँ से शुरुआत हुई।

जब आप अपनी ज़िन्दगी की अभिनय यात्रा को देखते हैं, तो उसमें जावेद साहब की भूमिका क्या दिखती है?

सबसे पहले शुरुआत तो शबाना जी ने की, ये तो मैं कभी ज़िन्दगी में नहीं भूलूँगा। उसके बाद से जावेद साहब ने मुझे सजेस्ट किया, तो 'शक्ति' बनी पर मेरे कॅरियर का टर्निंग पॉइंट थी फ़िल्म 'मशाल', जब जावेद साहब ने यश जी को मुझे रेकमेंड किया।

वहाँ से जब आपकी यात्रा शुरू हुई तो फिर आई 'मिस्टर इंडिया', उसके बाद फिर 'मेरी जंग' दूसरी टर्निंग पॉइंट थी?

मुझे भी और पूरी इंडस्ट्री को लगता है कि मेरी टर्निंग पॉइंट ये दो फ़िल्में थीं और दोनों में जावेद साहब का ही हाथ था। बहुत ज़बरदस्त हाथ था। 'मेरी जंग' और 'मशाल', अगर ये दोनों फ़िल्में नहीं होतीं तो, शायद 'मिस्टर इंडिया' में मैं होता ही नहीं।

इन दोनों फ़िल्मों की स्क्रिप्ट की बात करें तो क्या ख़ास बात थी, जिसने एक एक्टर के रूप में आपको सेटिस्फ़ेक्शन दिया?

जावेद साहब जब भी कोई किरदार देते हैं, तो उस वक़्त, और अभी भी, वे लैंडमार्क्स होते हैं। जैसे 'ज़ंजीर' हो गया, 'दीवार' हो गया, 'मेरी जंग' हो गया, 'मशाल' हो गया। 'एंग्री यंगमैन' का जो किरदार है, तो समझ लो कि उस वक़्त ये एंग्री यंगमैन थे। और वो जो पॉवर था उन कैरेक्टर का, जो आज सपना है, वो तो किसी भी कलाकार को मिल जाए, किसी भी एक्टर को मिल जाए, तो उस वक़्त कॅरियर में उससे बेहतर तो कोई रोल ही नहीं हो सकता था। तो ये जो कैरेक्टर्स थे, ये जो दो स्क्रिप्ट थीं, वो कहीं न कहीं मुझे ऐसा लगता है कि आगे की भी जो फ़िल्में मेरी बनीं, उनमें कहीं न कहीं ये नींव की तरह हैं।

एक अभिनेता के रूप में जावेद साहब से आपने क्या ख़ास बातें सीखीं ?

मैं तो रोज़ सीखता हूँ, आज तक सीख रहा हूँ। जब भी उनसे मिलता हूँ मैं कुछ-न-कुछ सीख कर लौटता हूँ। ये जर्नी जो है हमारी, वो रोज़ की है। मतलब रोज़ कुछ-न-कुछ उनकी बातें याद रहती हैं। सबकॉन्शियस लेवल पर कुछ-न-कुछ तो चलता ही है, वो सिलसिला चल ही रहा है। कुछ किताबें ऐसी लिखी गईं हैं, जिनको लेकर ऐसा नहीं होता कि उसको पढ़ा और भूल गए। वो किताब फिर आप लेते हैं, फिर पढ़ते हैं फिर मज़ा आता है। 10 साल के बाद फिर पढ़ते हैं, फिर मज़ा आता है, फिर 30 साल के बाद उस किताब को फिर पढ़ते हैं, फिर मज़ा आता है, तो जावेद साहब एक वैसी किताब हैं, जब मिलो, मज़ा उतना ही है। उनमें कुछ-न-कुछ अलग मिलता है। ये जो बात थी, उस वक़्त तो मुझे समझ में नहीं आई, अब समझ में आ रही है।

जावेद साहब की कोई ऐसी ख़ास बात जो आप बताना चाहते हों, जो आपने नोटिस की हो और सोचते हों कि उसको लोगों तक पहुँचना चाहिए?

मुझे लगता है कि इस जनरेशन को ये संदेश पहुँचना चाहिए कि जावेद साहब से यंग आदमी कोई है ही नहीं। वो हमेशा यंग बने रहेंगे, विचारों में और हर चीज़ में। आप चाहे कोई भी हों, कोई फ़िल्ममेकर हों, कोई आदमी हों, पोएट हों, पॉलिटीशियन हों, लीडर हों, कुछ भी हों, जावेद साहब से मिलकर कुछ फ़ायदा ही होगा। और जिनकी मुलाक़ात उनके साथ नहीं हुई है, बातचीत नहीं हुई है, तो उनकी बदनसीबी है। ऐसी मेरी फ़ीलिंग है।

उन सारी नफ़रतों के अँधेरों से
जो इंसान को इंसान से दूर करती हैं
कहो कि - मैं आज़ाद हूँ।

(आज़ाद के किरदार में अमिताभ बच्चन)

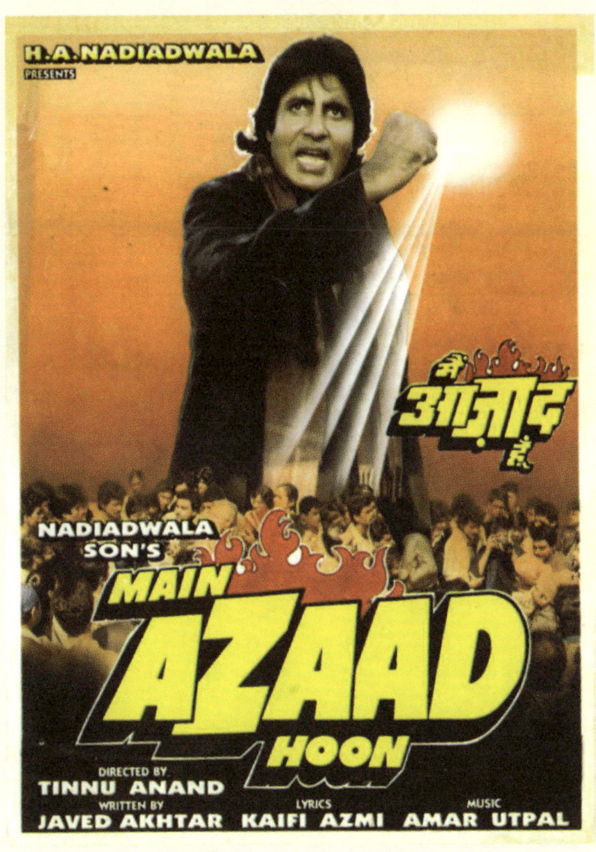

फ़िल्म : *मैं आज़ाद हूँ* **निर्देशक :** *टीनू आनंद*

1989

घर से निकलते ही, कुछ दूर चलते ही
रस्ते में है उसका घर
कल सुबह देखा तो बाल बनाती वो
खिड़की में आई नज़र
मासूम चेहरा, नीची निगाहें
भोली-सी लड़की, भोली अदाएँ
ना अप्सरा है, ना वो परी है
लेकिन ये उसकी जादूगरी है
दीवाना कर दे वो, इक रंग भर दे वो
शरमा के देखे जिधर ...

गायक : *उदित नारायण*

संगीत : *राजेश रोशन*

फ़िल्म : *पापा कहते हैं*

निर्देशक : *महेश भट्ट*

1996

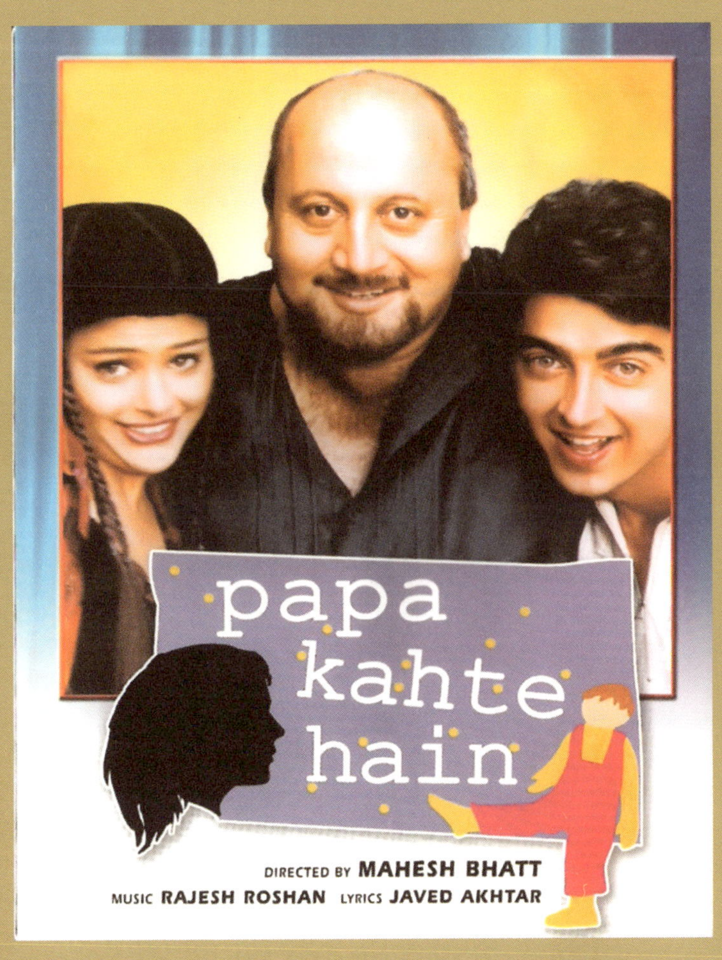

वो कृष्ण कन्हैया मुरलीधर
मनमोहन कुंज बिहारी है
गोपाल मनोहर दुःख भंजन
घनश्याम अटल बनवारी है
वो कंस विनाशक महारथी
सुदर्शन चक्रधारी है
बन कुंज बिरहैया सांवरिया
नंदलाला कान्ह मुरारी है
हर रूप निराले हैं उसके
हर लीला उसकी न्यारी है
वो गोपीनाथ मदनमोहन
वो श्याम पीताम्बर आएगा
आएगा युगांधर आएगा

गायक : *अमित कुमार, कविता कृष्णमूर्ति*
संगीत : *लक्ष्मीकांत–प्यारेलाल*

फ़िल्म : *युगान्धर*

निर्देशक : *एन. चंद्रा*

1993

67

उर्दू में कृष्ण पर जितनी शायरी हुई है, उसकी कोई हद ही नहीं है

एन. चंद्रा साहब की एक फ़िल्म थी 'युगान्धर।' 'युगान्धर' में मेरे गाने थे और लक्ष्मीकांत-प्यारेलाल का म्यूज़िक था। एक दिन मैं गया, उनकी सिटिंग थी म्यूज़िक की, तो उनके म्यूज़िक रूम में लक्ष्मी जी भी बैठे हुए थे और एन. चंद्रा भी बैठे हुए थे। दोनों कुछ ज़रा ऑक्वर्ड थे कि क्या कहें, कैसे कहें, तो मैंने पूछा कि क्या बात है, बताइए। कहने लगे, वो असल में क्या था कि 'कृष्ण की आरती की एक सिचुएशन है, तो उसमें आरती हो रही है कृष्ण जी की, वो लिखनी थी।' इस बात पर उनके चेहरे पर जो डिस्कम्फर्ट था, वो मेरी समझ में आ गया कि उन्होंने सोचा कि भई अब ये शायरी-वायरी करते हैं वो तो ठीक है, लेकिन अब ये आरती लिख पाएँगे कि नहीं लिख पाएँगे, ये ज़रा टेढ़ी खीर है। तो मैंने कहा, 'अच्छा ठीक है, ऐसा कीजिए कि ट्यून मुझे दे दीजिए। कल मिलते हैं, कुछ कोशिश करता हूँ। तो उन्होंने मुझे ट्यून दे दी।

मैं घर गया, मैंने लिखा और अगले दिन मैं गया उनके पास और कहा कि आरती लिख ली है, लेकिन देखिए आरती का एक क्रिसेंडो होता है, वो उसमें नहीं था, ये तो सिर्फ़ एक गाने की ट्यून थी, एक क्रिसेंडो भी चाहिए, वो मैंने अपनी तरफ़ से लिख लिया है, तो वो आप ले लीजिए।' तो बाक़ी तो गाना आप सुनिएगा, लेकिन उसका जो क्रिसेंडो है, वो मैं आपको सुनाता हूँ। और ये क्रिसेंडो जो हैं, सिर्फ़ श्री कृष्ण के नामों से लिखा है।

'वो कृष्णा कन्हैया मुरलीधर मनमोहन कान्हा मुरारी है,
गोपाल मनोहर दुःख भंजन घनश्याम अटल बनवारी है,
बनकुंज बिरैया साँवरिया नंदलाला कान्हा मुरारी है,
वो कंस विनाशक महारथी सुदर्शन चक्रधारी है,
सब रूप निराले हैं उसके, हर लीला उसकी न्यारी है,
वो गोपीनाथ मदनमोहन,
वो श्याम पीतांबर आएगा, आएगा युगान्धर आएगा, आएगा युगान्धर आएगा...।'

ये लोग बड़े हैरान हो गए। कहने लगे, 'साहब! इतने नाम तो हमें नहीं मालूम हैं, आपको कैसे पता?' मैंने कहा, 'दो वजहें हैं इसकी। एक तो मैं सचमुच अवध का रहने वाला हूँ, अवध में सबसे ज़्यादा जो महिमा है, वो कृष्ण की है। दूसरे- मैं उर्दू लिटरेचर पढ़ा हुआ हूँ और पुरानी उर्दू शायरी जानता हूँ। ये सारे नाम मैंने अवध से और उर्दू पोएट्री से सीखे हैं। बहुत कम लोग जानते हैं कि उर्दू में जितनी शायरी हुई है कृष्ण पर, सौ साल पहले, डेढ़ सौ साल पहले, दो सौ साल पहले, उसकी कोई हद ही नहीं है। वो मैंने पढ़ी और ये सारे नाम मुझे वहीं से मालूम हैं। देखिए! लोगों का ये ख़याल है ना कि उर्दू शायरी का मतलब है जाम और शराब और महबूब की गली, जिसे गाने वालों ने पॉपुलर कर दिया है। वर्ना उर्दू में जो हमारा पुराना कल्चर है, जो हमारी माइथोलॉजी है, उस पर इतनी पोएट्री लिखी गई है कि कोई हद नहीं।

कुछ ना कहो, कुछ भी ना कहो
क्या कहना है, क्या सुनना है
मुझको पता है, तुमको पता है
समय का ये पल, थम-सा गया है
और इस पल में, कोई नहीं है
बस एक मैं हूँ, बस एक तुम हो

गायक : *कुमार सानू, लता मंगेशकर*

संगीत : *आर.डी. बर्मन*

फ़िल्म : *1942 ए लव स्टोरी*

निर्देशक : *विधु विनोद चोपड़ा*

1994

68

‘एक लड़की को देखा तो’ ऐसे लिखा गया

गाने-वाने मेरे ठीक ही चल रहे थे, लेकिन एक स्प्रिंगबोर्ड मिलता है, जिससे आप एक बड़ा गीत लिखते हैं। और इस स्प्रिंगबोर्ड के लिए मैं अपनी ज़िन्दगी के आख़िरी दिन तक विधु विनोद चोपड़ा का शुक्रगुज़ार रहूँगा। इसलिए कि इस दरमियान एक ऐसा दौर आ गया था कि गाने बड़े चालू क़िस्म के, बड़े बाज़ारी गाने हो गए थे, और वो चल रहे थे। लोगों को ये ईमान आ गया था कि ऐसे ही गाने चलते हैं। उस वक़्त एक प्रोड्यूसर-डायरेक्टर बिल्कुल अलग तरह के गाने माँगे और जिस तरह के गाने मैं लिखूँ, उन्हें एक्सेप्ट करे, ये आज आपको शायद मामूली बात लगे, लेकिन उस वक़्त वाक़ई ये एक हिम्मत का काम था। ये विधु विनोद चोपड़ा का कन्विक्शन था कि उन्होंने ऐसे गाने मुझसे एक्सेप्ट किए।

हुआ यूँ कि एक रोज़ आर. डी. बर्मन के म्यूज़िक रूम में एक सिटिंग हुई, जहाँ पर विधु विनोद चोपड़ा ने अपनी स्क्रिप्ट सुनाई। सब सुनकर, मैंने एक रिक्वेस्ट की किक गानों की सिचुएशन आपने बता दी, अच्छी हैं, लेकिन एक गाना इस पर्टिकुलर जगह पर आ सकता है, जहाँ इस लड़के ने इस लड़की को पहली बार देखा है और उसे ढूँढ रहा है। उन्हें मेरी ये बात गले नहीं उतर रही थी, फिर भी मैंने ज़ोर देकर कहा कि यहाँ एक बहुत अच्छा गाना हो सकता है। मेरी बात सुनकर कहने लगे कि, 'अच्छा ठीक है, आप गाना लिख दीजिए और अगर अच्छा हुआ, तो रख लेंगे उसे। उसमें क्या प्रॉब्लम है।'...तो फिर कब मिलें... वेडनस्डे को मिलते हैं 4 बजे। खैर साहब, हमने वादा कर लिया, लेकिन हुआ ये कि मैंने वेडनस्डे तक कुछ नहीं किया। अब मैं जब 4 बजे मिलने जा रहा था, मैं ख़ुद ही कार चला रहा था, तो रास्ते में मैं सोच रहा था कि मैं वहाँ जाकर क्या मुँह दिखाऊँगा, मैंने तो बड़ी बहस की थी उन लोगों से। वे कह रहे थे कि यहाँ गाना नहीं हो सकता और मैंने कहा था कि हो सकता है। अब मैं वहाँ जा कर कहूँगा क्या कि मैंने गाना लिखा ही नहीं है, तो ये तो मैं बड़ा ही बेवकूफ़ लगूँगा। जुहू में एक लिडो सिनेमा हॉल हुआ करता था, उसके सामने से मैं गुज़र रहा था और मुझे ख़याल आया। तो साहब मैं गया अंदर। उन्होंने कहा कि, 'भई क्या हुआ गाने का?' मैंने कहा, 'भई बहुत अच्छा एंगल है ये और मैं सोच रहा था कि अगर आप कहें कि हाँ गाना ठीक है ये, तो मैं कर देता हूँ, उसमें क्या प्रॉब्लम है। एंगल ये है कि 'एक लड़की को देखा तो ऐसा लगा' और उसके बाद सिमलीज़ आएँगी, जैसे ये, जैसे वो। अब ये सिर्फ़ बचने के लिए मेरे ध्यान में आया था कि कुछ तो मुझे कहना पड़ेगा। आर.डी. ने कहा कि बहुत अच्छा आइडिया है। एक काम करिए आप, आप पहला अंतरा यहीं पर लिख दीजिए। मैंने पहला अंतरा वहीं लिखा, आर.डी. ने सामने रखा और गाने लगा। उसने सेकंड भी नहीं लगाया, और वो भी वो ही ट्यून जो आप सुनते हैं। अब उन्होंने कहा कि 'भई इसमें और कुछ नहीं होगा, ऐसे ही अंतरे होंगे तीन। अब आप दो और अंतरे लिख दीजिए।' मैंने कहा, ठीक है। दूसरा भी आसानी से लिख दिया, लेकिन तीसरे तक पहुँचते-पहुँचते मेरी साँस थोड़ी फूली। मैं आमतौर पर गाने एक सिटिंग में फ़ौरन ख़त्म कर देता हूँ, लेकिन इस गाने को लिखने में मुझे दो दिन लगे। आमतौर पर तो मैं एक गाना आधे घंटे में, एक घंटे में लिखता हूँ, लेकिन इसमें मुझे दो दिन इसलिए लगे कि कुछ

ख़ास सिमली मैं लेना नहीं चाहता था। मैं ये चाह रहा था कि गाने में एक ख़ास प्योरिटी रहे, एक ख़ास इनोसेंस रहे। इसमें लस्ट न हो। मैं इसमें ये लाइन भी लिख सकता था कि 'जैसे छलका हो जाम।' मगर हवस ज़रा-सी भी दिखे या ज़रा-सा भी पाप झलके, वो सिमली नहीं आनी चाहिए। इतनी पाकीज़गी रहनी चाहिए। बहरहाल, तीसरा अंतरा मुकम्मल हुआ। ये गाना 21 सिमली से बना। बहुत पसंद किया गया। बहुत चला। ज़िन्दगी में पहली बार मुझे इस सॉन्ग पर अवार्ड मिला, ट्रॉफ़ीज़ मिली इस गाने पर।

'1942-ए लव स्टोरी': आर.डी. का नॉकआउट पंच

आर.डी. बर्मन एक नई साउंड, एक नया रिदम, एक नई सेंसिबिलिटी लेकर आए, ये उनसे पहले नहीं थी। वो एक बड़ा सॉफ़िस्टिकैटेड-सा आदमी था। और इतने बड़े जीनियस को भी लोगों ने तज दिया था। मोहम्मद अली क्ले ने अपनी बायोग्रॉफ़्री में एक बहुत अच्छी बात लिखी है कि चैम्पियन वो है, जो जब गिरने वाला हो ज़मीन पर, उस वक़्त कहीं अपने सिस्टम में से एनर्जी इकट्ठा करके नॉकआउट पंच सामने वाले को मार सके। और यही काम आर.डी. बर्मन ने किया। हालात ने उन्हें पूरी तरह ज़ख़्मी कर दिया था, तोड़ दिया था, लेकिन वो आर.डी. बर्मन था-चैम्पियन था। उसने अपने अंदर की सारी एनर्जी जमा करके वो नॉकआउट पंच '1942-ए लव स्टोरी' के म्यूज़िक में देकर दिखा दिया।

जैसे-जैसे वक़्त गुज़र रहा है, मुझे लगता है कि लोगों में आर.डी. बर्मन की क़द्र बढ़ती जा रही है। बड़े आदमी की निशानी यही है। वक़्त जो है, बड़े आदमी को और बड़ा बनाता है... टाइम इज़ काइंड टू ग्रेट पीपल।

'1942-ए लव स्टोरी' पंचम और मेरे लिए कई तरह से इम्पॉर्टेंट थी। ये वो फ़िल्म थी कि अगर वो ज़िन्दा होते, वो वापस अपने उसी मक़ाम पर आ जाते, जो वो डिज़र्व करते थे। इस पिक्चर के जिस गाने का लोग हमेशा ज़िक्र करते हैं, वो है 'इक लड़की को देखा तो ऐसा लगा...', लेकिन अगर आप मुझसे पूछेंगे, तो मुझे इस पिक्चर में सबसे ज़्यादा अच्छा गाना लगा- 'कुछ ना कहो, कुछ भी ना कहो...'। मुझे ऐसा लगता है, इसमें पंचम की ही नहीं ये बर्मन फ़ैमिली की पूरी ट्रेडिशन और संस्कार जो हैं, वो इस गाने में आ गए हैं। इसमें उनके पिता का रंग भी है और उनका रंग भी है। इसमें वो ठहराव और गहराई है, और ठहराव और गहराई का मतलब ये नहीं कि आप किसी को बोर करने लगें। इस ट्यून में, इस गाने में एक जादू है। पंचम के साथ मेरे लिखे गानों में यही गाना मेरा

आर. डी. बर्मन और जावेद अख़्तर

फ़ेवरेट गाना है। वैसे तो पंचम ने बहुत सारे सिंगर्स के साथ काम किया, बहुत सारे लिरिक्स राइटर्स के साथ काम किया, लेकिन इनकी एक टीम जो थी, वो थी आर.डी. बर्मन, किशोर कुमार, आनंद बख़्शी। इन्होंने कुछ बहुत एक्सेप्शनल म्यूज़िक और एक्सेप्शनल गाने दिए हैं, जैसे-

कुछ तो लोग कहेंगे, लोगों का काम है कहना...
ज़िन्दगी के सफ़र में गुज़र जाते हैं, जो मक़ाम...

पंचम अपने वक़्त से आगे था। हम धीरे-धीरे पंचम की तरफ़ जा रहे हैं। हमारे लिए वह अब और ज़िन्दा हो रहा है। पंचम को कोशिश नहीं करनी पड़ती थी, संगीत उसके अंदर से निकलता था। गानों की धुन वो एक-दो मिनट में बना दिया करता था। मेरी ज़िन्दगी की ये बड़ी उपलब्धि है कि मैंने पंचम के साथ काम किया।

आर.डी. बर्मन बहुत कम उम्र में ही स्कूल छोड़ के मुम्बई आ गए, जहाँ उनके फ़ादर सचिन देव बर्मन एक बहुत कामयाब म्यूज़िक डायरेक्टर थे। अब बड़े बाप के बेटे होने से बहुत-से फ़ायदे हैं, लेकिन यक़ीन कीजिए कि कुछ नुक़सान भी हैं। होता ये है कि लोगों में एक तरह का रिज़र्वेशन या एक तरह की कुछ चिढ़ आ जाती है- अरे भई!! ये बड़े बाप के बेटे हैं तो क्या समझते हैं... ये भी बन जाएँगे। लेकिन वो बहुत टैलेंटेड थे और वाक़ई जिसे अंग्रेज़ी में कहते हैं, 'वर्दी सन ऑफ़ वर्दी फ़ादर' वो ये थे।

बहुत कम उम्र में उन्होंने अपना योगदान देना शुरू कर दिया। एक पिक्चर थी 1958 में रिलीज़ हुई थी 'सोलहवाँ साल', उसमें बड़ा मशहूर गाना था, 'है अपना दिल तो आवारा, न जाने किस पे आएगा...', उसमें जो माउथ ऑर्गन बज रहा है, वो इस यंग लड़के ने बजाया था। 'दोस्ती' (1964) में भी जो माउथ ऑर्गन बजा है, वो आर.डी. बर्मन ने ही बजाया है, जाने वालों ज़रा, मुड़ के देखो मुझे... एक वक़्त था कि जब हिन्दी फ़िल्म इंडस्ट्री का जो म्यूज़िक था, वो तक़रीबन आधी आर.डी. बर्मन के पास होती थी और लगभग आधी लक्ष्मीकांत-प्यारेलाल के पास और जो बाक़ी बचती थी, वो दूसरे म्यूज़िक डायरेक्टर के पास जाती थी, ऐसे भी दिन थे।

मुझे एक क़िस्सा याद आ रहा है, जो आर.डी. बर्मन ने ही मुझे सुनाया था। उनके पिता एस.डी. बर्मन को बड़ा सीवियर हार्ट अटैक हुआ था। हॉस्पिटल में आईसीयू में थे और पंचम को डॉक्टर ने इजाज़त दी कि जा कर थोड़ी देर मिल लो अपने फ़ादर से। वो अंदर गए तो एस.डी. बर्मन लेटे हुए थे। वो सामने देख रहे थे और सामने वो कार्डियोग्राफ़ था, जिसकी स्क्रीन पर वो हार्ट बीट टिक-टॉक-टिक-टिक-टॉक-टिक-टिक-टॉक ऐसे जाती रहती है। उन्होंने इशारा किया और बड़ी आहिस्ता और कम ज़ोर आवाज़ में अपने बेटे से कहा, 'देखो, ज़िन्दगी की असल बीट तो ये है। जब तक तुम्हारे गाने में ये हार्ट बीट मौजूद है, तुम्हारा गाना ठीक है।' क्या ख़ूबसूरत बात कही सचिन देव बर्मन ने और मुझे लगता है कि आर.डी. बर्मन ने यह बात अपने गिरह में बाँध ली। आर.डी. बर्मन के म्यूज़िक में दिल की धड़कन हमेशा रहती है, इसलिए कि गाने दिल से बनाए हुए थे। अब दिल जो है, वो तो अलग-अलग लम्हों में अलग-अलग तरह का होता है। कभी वो शरारत से भर जाता है, कभी सोच से, कभी मोहब्बत से, कभी ग़म से, लेकिन जो भी जज़्बा है, जो भी इमोशन है, जो भी अहसास है, जब उसे आर.डी. बर्मन ने पकड़ा, तो ऐसा लगता है कि ये दिल से ही हुआ।

संदेसे आते हैं, हमें तड़पाते हैं
जो चिट्ठी आती है, वो पूछे जाती है

किसी दिलवाली ने, किसी मतवाली ने
हमें ख़त लिखा है, ये हमसे पूछा है
किसी की साँसों ने, किसी की धड़कन ने
किसी की चूड़ी ने, किसी के कँगन ने
किसी के कजरे ने, किसी के गजरे ने
महकती सुबहों ने मचलती शामों ने

अकेली रातों ने, अधूरी बातों ने
तरसती बाहों ने
और पूछा है तरसी निगाहों ने
के घर कब आओगे, लिखो कब आओगे
के तुम बिन ये घर सूना-सूना है

गायक : *सोनू निग़म,*
रूप कुमार राठौर
संगीत : *अनु मलिक*

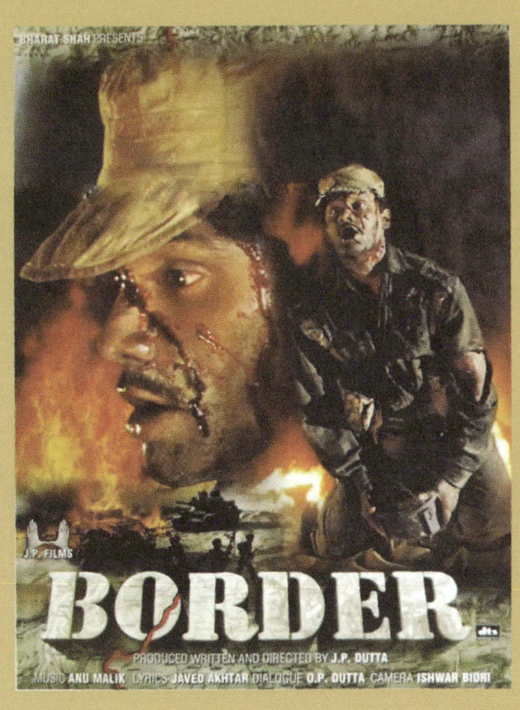

फ़िल्म : *बॉर्डर*
निर्देशक : *जे. पी. दत्ता*
1997

69

कई मामलों में जावेद साहब का लेखन समय से काफ़ी आगे है : अनु मलिक

हम साथ में इसलिए अच्छा काम करते हैं, क्योंकि वे जीवंत और मधुर धुन की उम्मीद करते हैं, और अगर बेस क्लासिकल है तो उन्हें ज़्यादा अच्छा लगता है।

मैं पहली बार जावेद साहब से उनकी एक फ़िल्म के ज़रिए मिला था, जब मैं बच्चा था। वे एक महान क़िस्सागो रहे हैं। उनकी टीम सलीम-जावेद थी। मैं 'ज़ंजीर' को याद कर रहा हूँ। मैंने जावेद साहब को उनकी फ़िल्म 'सिलसिला' में लिखने के ज़रिए जाना, 'देखा एक ख़्वाब तो ये सिलसिले हुए' मुझे पसंद है। उनकी फ़िल्मों के कारण मैं हमेशा उनका आदर करता था। जब भी मैं उनसे मिला, मैंने हमेशा उन्हें एक ख़ुशदिल व्यक्ति की तरह पाया, वह इंसान जो सफलता को अपने साथ लाद कर नहीं चलता, वह जो हिन्दी फ़िल्म उद्योग में अपने योगदान को लेकर सजग है, लेकिन यह कहता नहीं कि मैंने ये किया, मैंने वो किया। ये वो इंसान है, जो आगे बढ़ कर हमेशा कुछ नया करना चाहता है।

'डुप्लीकेट' और कुछ अन्य फ़िल्मों जैसे प्रोजेक्ट पर हम काम कर रहे थे, लेकिन मैं फ़िल्म 'बॉर्डर' को अधिक 'ब्राउनी पॉइंट्स' दूँगा। मैं जे. पी. दत्ता का शुक्रिया अदा करता हूँ कि उन्होंने ये यक़ीन किया कि हमारी जोड़ी काम करेगी। मैंने जावेद साहब की पोएट्री के साथ काफ़ी अवार्ड्स भी पाए हैं। लोग मुझसे कहते हैं कि जब आप जावेद अख़्तर साहब के साथ काम करते हैं तो अच्छा काम होता है, चाहे मेरा कोई भी गाना हो, जैसे 'किसका है ये तुमको इंतज़ार, मैं हूँ ना।'
वे एक प्रतिभावान लेखक हैं। वे यहीं बैठे-बैठे एक अद्भुत लाइन बना लेंगे, लेकिन हमको ये नहीं पता कि ये कैसे हुआ, शायद जैसे कहा हो - बिंगो और हो गया। वे आलोचना का स्वागत करते हैं, लेकिन तब ही जब उन्हें ऐसा महसूस हो। आपको साबित करना होगा कि 'देखो, ये सही नहीं है' और वे पूछेंगे 'क्यों'। अगर आप सिर्फ़ आलोचना की ख़ातिर आलोचना कर देंगे तो वे नाराज़ हो जाएँगे, क्योंकि आप बिना जानकारी के सिर्फ़ आलोचना कर रहे हैं। वे बहुत होशियार हैं, बहुत सिद्धांतवादी हैं, बिल्कुल जानते हैं कि वे किस बारे में बात कर रहे हैं। वे बहुत अंतर्ज्ञानी हैं, वे आपको देखेंगे, अगर पता चले कि आप सही हो तो ही झुकेंगे। आप ऐसे नहीं कह सकते कि मज़ा नहीं आया।

जावेद अख़्तर के बारे में बहुत सारी बातें हैं। वे बिल्कुल बच्चों जैसे हैं, वे बहुत जल्दी नाराज़ हो जाते हैं, वे बहुत जल्दी सुधार भी कर लेते हैं। वे ऐसे दिखते हैं, जैसे सबको नियंत्रित करते हों, लेकिन वे हमेशा ऐसा नहीं करते। वे बहुत मज़ाक़ करते हैं। उनके पास चुटकुले हैं। कई मामलों में उनका लेखन समय से काफ़ी आगे है। और हम साथ में इसलिए अच्छा काम करते हैं, क्योंकि वे जीवंत और मधुर धुन की उम्मीद करते हैं, और अगर बेस क्लासिकल है तो उन्हें ज़्यादा अच्छा लगता है। 'मैं हूँ ना' के 'गोरी गोरी' गाने को ही देख लीजिए, ये 'रिफ़्यूजी' के गाने 'ऐसा लगता है' से काफ़ी अलग है, एक लेखक के साथ ही एक संगीतकार के लिए भी ये अलग है।

◀ *संगीतकार अनु मलिक और जावेद अख़्तर*

माटी रे माटी रे माटी रे माटी रे
रुत आए दिन आए जो आए दुःख लाए
देख ले हमने कैसे उमरिया काटी रे, माटी रे...

देश छूटा, गाँव छूटा, छूटे घर आँगन
काट ही डाले दुःखों ने जन्मों के बंधन
दर्द ने ही दिल की खाई पाटी रे, माटी रे...

मैं भली या बुरी थी
अब कहूँ मैं क्या
हर घड़ी जैसे भँवर में थी मेरी नैया
थक गई हूँ लड़ते-लड़ते अपने जीवन से
गोद लेले मुझे माटी मेरी मइया
है अँधेरी मौत की ये घाटी रे
माटी रे माटी रे माटी रे माटी रे

गायक : *लता मंगेशकर* **संगीत :** *विशाल भारद्वाज*

फ़िल्म : *गॉडमदर*

निर्देशक : *विनय शुक्ला*

1999

70

इतिहास में नाम यूँ ही नहीं लिख जाते : विनय शुक्ला

जावेद साहब के लिखे संवादों में शब्द केवल शब्द नहीं होते, वो शब्दों में ढली हुई सोच होते हैं। 'दीवार' का विजय जब कहता है, ''मैं किसी के फेंके हुए पैसे नहीं उठाता'' तो इसमें विजय का ही नहीं, बल्कि तमाम मानवता का सम्मान शामिल है। वो 'दीवार' की कॉलगर्ल अनिता को भी वही इज़्ज़त देते हैं, जो 'शोले' की राधा को। (यहाँ मैं यह कहना उचित समझता हूँ कि सलीम-जावेद की लिखी फ़िल्मों में स्क्रिप्ट दोनों साथ लिखते थे मगर डायलॉग की ज़िम्मेदारी जावेद साहब की होती थी)। जावेद साहब के डायलॉग्स में उनका मिज़ाज बोलता है। वो जब बोलते

फ़िल्म इन्ड्रस्ट्री को यह एहसास कि स्क्रीन प्ले लिखना एक तकनीकी कला है, सलीम-जावेद ने कराया।

हैं तो उनके अन्दर बैठा हुआ एडिटर हमेशा डिलीट बटन पर उँगली रखे बैठा रहता है, इसीलिए उनके सीन और संवाद इतने चुस्त होते हैं। उनकी पंच लाइन भी लाज़वाब होती है। वो 'रेटरिक' का इस्तेमाल करते हैं, मगर उनकी बयानबाज़ी आम लेखकों की तरह शब्दों का आडम्बर नहीं होती, उनमें किरदारों की भावना होती है, कोरी भावुकता नहीं। अगर वो शब्दों से खेलना जानते हैं तो सलीम-जावेद की स्क्रिप्ट में सायलेंस का इस्तेमाल भी उसी ख़ूबी से होता है। 'शोले' में राधा और जय का अनकहा प्रेम, 'शक्ति' में विजय का अपनी माँ की मौत पर घर आना और बिना कुछ बोले अपने ग़म का इज़हार कर देना, 'शोले' ही में अहमद की लाश के साथ घोड़े की टॉप और इमाम साहब का पूछना 'इतना सन्नाटा क्यों है भाई?'

कहा जाता है कि साहित्य समाज का दर्पण होता है। गुणी स्क्रीन राइटर के हाथ में फ़िल्म भी साहित्य का दर्जा प्राप्त कर लेती है। 'दीवार' इसकी बेहतरीन मिसाल है। इसमें हमें 1970 के दशक के भारत का अक्स दिखाई देता है। इस भारत की आत्मा गाँव से शहर की तरफ़ चल पड़ी थी। किसान के साथ-साथ मज़दूर के कन्धों पर भी देश का भार आ गया था। नैतिक मूल्य तेज़ी से बदल रहे थे। बेरोज़गारी और बढ़ती महंगाई ने आम आदमी के मन में आक्रोश भर दिया था और सलीम-जावेद ने इस आक्रोश को किरदार बनाकर सिनेमा के परदे पर, विजय के रूप में पेश किया, जो न काला था न सफ़ेद, जो सर्वगुण सम्पन्न नायक नहीं था, हमारी आपकी तरह इंसान था, जो नायिका ही ज़ुल्फ़ों में नहीं, ज़िन्दगी के झमेलों में उलझा हुआ था। हिन्दुस्तान की फ़िल्मों को नया हीरो मिल गया था।

ये वो दौर था, जब अमूमन फ़िल्म शुरू हो जाती थी और स्क्रीन प्ले शूटिंग शेड्यूल के हिसाब से बनता-बिगड़ता रहता था। हैरानी की बात ये है कि सही मायनों में स्क्रीन प्ले क्या होता है, इसकी समझ ज़्यादातर फ़िल्मी लेखकों को भी नहीं थी। स्क्रीन प्ले का मतलब हीरो-हीरोइन का रोमांस, विलेन की विलेनी, एक्शन, गाने और मेलोड्रॉमा हुआ करता था। कहानी जो भी हो, उसे ठोक-पीट कर फ़ार्मूला में फ़िट कर दो। ग़ौर कीजिए 'ज़ंजीर', 'दीवार' और 'शोले' में अमिताभ का कैरेक्टर एक भी गाना नहीं गाता। तो कैरेक्टर के सायकोलॉजिकल डायमेंशंस भी होते हैं। कहानी कहने में लॉजिक होनी चाहिए। फ़िल्म इन्ड्रस्ट्री को यह एहसास कि स्क्रीन प्ले लिखना एक तकनीकी कला है, सलीम-जावेद ने कराया।

उन्होंने एक के बाद एक कामयाब फ़िल्म दे कर यह साबित कर दिया कि पटकथा न सिर्फ़ फ़िल्म की रीढ़ की हड्डी है, बल्कि उसका दिल भी है और ये तभी संभव है, जब शूटिंग शुरू होने से पहले पूरी स्क्रिप्ट आप के हाथ में हो। सलीम-जावेद ने फ़िल्म राइटर का ऐसा डंका बजाया कि उसकी आवाज़ न सिर्फ़ फ़िल्म प्रोड्यूसर्स और डायरेक्टर्स को सुनाई दी, बल्कि आम दर्शक को भी सुनाई दी। उन्होंने फ़िल्म लेखन को गरिमा प्रदान की, राइटर्स को उसकी एहमियत का एहसास कराया, उसे उसकी क़ीमत समझाई। इतिहास में नाम यूँ ही नहीं लिख जाते।

◀ *फ़िल्म निर्देशक - लेखक विनय शुक्ला और जावेद अख़्तर*

71

जावेद साहब गाने को एक अलग ही स्तर पर ले जाते हैं : आशुतोष गोवारिकर

शायद नौ साल की उम्र में मैंने फ़िल्म 'ज़ंजीर' देखी थी, जो मुझे ख़ास लगी थी। तब मैं 'ज़ंजीर' में जावेद साहब की भूमिका के बारे में नहीं जानता था। फ़िल्म देखने के बाद मैं 'एंग्री यंग बॉय' बन गया था। इसने मुझे कई स्तरों पर प्रभावित किया। फिर कई सालों बाद, मैंने जुहू बीच पर एक होर्डिंग देखा था, जिसमें लिखा था, 'सलीम-जावेद की

अगर आपके पास एक डिब्बा होगा तो आप उसके 6 भिन्न-भिन्न हिस्से ही देखते हैं, लेकिन जावेद सर उसी डिब्बे का सातवाँ हिस्सा भी देख लेते हैं।

त्रिशूल', और उसमें डायरेक्टर का कोई ज़िक्र नहीं था, ना ही प्रोड्यूसर का, और ना ही एक्टर का, लेकिन ये दो लेखक थे, जिनका नाम टाइटिल के भी ऊपर था। तब मैंने फिर से सजग हो कर 'ज़ंजीर' देखी। उनकी फ़िल्मों में, चाहे हीरो का परिवार से निजी संबंध हो, या गर्लफ्रेंड से, या पत्नी से, या समाज से, उसकी प्रतिक्रियाएँ बिल्कुल ही अलग तरह की थीं। उस समय 'एंग्री यंग मैन' की इमेज़ ऐसी थी, जिसके ज़रिए पूरे देश रिफ़लेक्ट हो रहा था। व्यवस्था से मोहभंग, व्यवस्था के प्रति गुस्सा, व्यवस्था का विरोध, यह सब कुछ उनकी फ़िल्मों के विजय नाम के किरदार के ज़रिए रिफ़लेक्ट हो रहा था। मुझे कई बार संदेह होता है, और इसे मैंने उन्हें बताया भी है, कि मुझे लगता है कि वे ही वो विजय हैं, वे ही वो 'एंग्री यंग मैन' हैं, वे ही विजय के चरित्र का वो रूमानी पहलू हैं। वे हमेशा इस बात पर हँसते रहे, लेकिन ना तो स्वीकारते हैं और ना ही नकारते हैं।

'लगान' लिखते वक़्त, मेरे दिमाग़ में एक 'विशलिस्ट' थी कि अगर ए. आर. रहमान इसमें म्यूज़िक दें तो बहुत ही अच्छा होगा और जावेद साहब लिरिक्स लिख दें तो यह दोगुना अच्छा होगा और जैसा कि भाग्य ने साथ दिया, मैंने जो सोचा था, वैसे ही हुआ। मुझे जावेद साहब के साथ काम करने का मौक़ा मिला। मेरी उनसे पहली मुलाक़ात मुझे साफ़ तौर पर याद है, जहाँ मुझे उन्हें 'लगान' की स्क्रिप्ट पढ़ कर सुनाना थी। उन्होंने मुझे 4 घंटे का समय दिया। उन्होंने स्क्रिप्ट सुनी, अपने विचार रखे, टिप्पणियाँ कीं, अपने संदेह ज़ाहिर किए। मुझे लग रहा था कि वे 'हाँ' नहीं कहेंगे। लेकिन, मेरे लिए यह आश्चर्य था, जब उन्होंने कहा कि 'मेरा संदेह केवल स्टोरी-टेलिंग, स्क्रीन-प्ले, डायलॉग तक सीमित है, मेरा यह फ़ैसला लिरिक्स लिखने के मेरे फैसले के बीच बिल्कुल नहीं आने वाला है। ये सिर्फ़ मेरी सलाहें हैं स्क्रिप्ट के बारे में, जो मैं महसूस करता हूँ उसे दर्ज़ करना ज़रूरी है। जब मैंने 'स्वदेस' बनाई, तो चीज़ें मेरे लिए पहले से और आसान हो गईं। गाने के लिए बोल लिखने के बाद, वे गाने को एक अलग ही स्तर पर ले जाते हैं। उनके लिरिक्स लिखने का काम पूरा होते ही, गाने के बाद का दृश्य और गाने के पहले का दृश्य दोनों ही एक अलग स्तर पर पहुँच जाते हैं।

जावेद सर के बारे में मेरी एक बड़ी समझ है, और यह सिर्फ़ उनके काम करने के तरीक़े ही नहीं या फिर उनकी स्क्रिप्ट राइटिंग या लिरिक्स राइटिंग ही नहीं, बल्कि मैं दिन-प्रतिदिन के हालात के प्रति उनके दृष्टिकोण को देखने के आधार पर कह रहा हूँ कि अगर आपके पास एक डिब्बा होगा तो आप उसके 6 भिन्न-भिन्न हिस्से ही देखते हैं, लेकिन जावेद सर उसी डिब्बे का सातवाँ हिस्सा भी देख लेते हैं।

◀ *फ़िल्म निर्देशक आशुतोष गोवारिकर और जावेद अख़्तर*

बार-बार हाँ बोलो यार हाँ
अपनी जीत हो, उनकी हार हो
कोई हमसे जीत न पावे
चले चलो, चले चलो
मिट जावे जो टकरावे, चले चलो
भले घोर अँधेरा छावे
चले चलो, चले चलो
कोई राह में ना थम जावे, चले चलो
टूट गयी जो उँगली उठी
पाँचों मिली तो बन गयी मुट्ठी
एका बढ़ता ही जावे
चले चलो, चले चलो

गायक : *ए. आर. रहमान, श्री निवास*

संगीत : *ए. आर. रहमान*

फ़िल्म : *लगान*

निर्देशक : *आशुतोष गोवारिकर*

2001

72

वे हमेशा दो या तीन या चार आयामों में लिखते हैं : करण जौहर

मेरे पैरेंट्स, जावेद साहब और हनी आंटी दोस्त थे। मैं फ़रहान और ज़ोया के साथ बड़ा हुआ। छुट्टियों के दिनों की फ़िल्म शूट्स की ढेर सारी यादें हैं। मेरे पिता ने एक फ़िल्म प्रोड्यूज़ की थी, 'दोस्ताना', जिसे जावेद साहब और सलीम साहब ने लिखा था। इसके बाद हमारे परिवारों की दोस्ती और गहरी हो गई। लंबे समय तक जावेद साहब हमसे जुड़े रहे। मेरे फ़ादर ने दूसरी फ़िल्म जो बनाई थी, वह थी 'दुनिया।' उस समय तक सलीम साहब और जावेद साहब, लेखक के तौर पर अलग हो चुके थे। 'दुनिया' पूरी तरह से जावेद साहब ने ही लिखी थी। उन्होंने इसके गाने भी लिखे थे।

जब जावेद सर किसी के साथ कम्फ़र्ट महसूस करें, उस पर भरोसा करें, उसे पसंद करें, तो माहौल अच्छे काम के लिए काफ़ी कंड्यूसिव हो जाता है।

जब मैं अपनी पहली फ़िल्म 'कुछ कुछ होता है' का निर्देशन कर रहा था, उनसे फ़िल्म के लिए गाने लिखने को कहा। उन्होंने एक गाना लिखा। हमारे बीच संवाद की कमी रही, जिसने हमारे सोचने के तरीक़े को प्रभावित किया। और उस समय, हमने दोस्ताना तरीक़े से अपने रास्ते अलग कर लिए। मेरे मन में उनके काम और उनकी प्रतिभा के प्रति हमेशा बहुत आदर और सम्मान रहा। वे एक जीनियस हैं। मुझे लगता है कि वे फ़िल्म बिरादरी के सबसे बुद्धिमान लोगों में से एक हैं और मैं उनके साथ काम करने को तरस रहा था। तब मैंने उन्हें कॉल किया और कहा, 'देखिए, आपको मेरे साथ इस पर काम करना है' और जब उन्होंने 'कल हो न हो' की पहली चार लाइनें लिखीं, मैंने सोचा कि 'ओके, मेरे जीनियस की घर वापसी हो चुकी है।' अब मैं उनके अलावा किसी और के साथ काम करने की नहीं सोच सकता।

जब मैं 'कुछ कुछ होता है' लिख रहा था तब मैं नया था! मैं कुछ ज़्यादा ही हिस्टिरिकल था, लेकिन आज मैं पहले से ज़्यादा शांतचित्त हूँ। आज उनका मुझ पर भरोसा है। मेरी जान-पहचान के दायरे में वे सबसे बुद्धिमान व्यक्ति हैं। उनसे मेरा विवाद सिर्फ़ फ़िल्म के टाइटिल को ले कर ही था और मैं इस पर ही बने रहना चाहता था। उन्हें फ़िल्म की स्क्रिप्ट पसंद आई थी। उनका कहना था कि मुझे अधिक इंटेंस टाइटिल लेना चाहिए न की कोई फ्रिविलस, जो कि उनकी नज़र में 'कुछ कुछ होता है' था। मैंने कहा था कि यह टाइटिल एक 'बज़ एक्सप्रेशन' होने जा रहा है और ऐसा ही हुआ।

जब हमने 'कल हो न हो' में साथ काम किया, तब एक शब्द भी ऐसा नहीं था, जिस पर हमने बहस की हो। हम एक दूसरे को बेहतर ढंग से समझ चुके थे। जब जावेद सर किसी के साथ कम्फ़र्ट महसूस करें, उस पर भरोसा करें, उसे पसंद करें, तो माहौल अच्छे काम के लिए काफ़ी कंड्यूसिव हो जाता है।

लिरिक्स राइटिंग की दुनिया में उनका पहला काम है – 'सिलसिला।' 'देखा एक ख़्वाब तो ये सिलसिले हुए, फूल भी हो दरमियाँ तो फ़ासले हुए', ये उनकी सबसे बेहतरीन चार लाइनें हैं। ये चार लाइनें सब कुछ कह गईं – प्यार, रोमांस, धोखा, बेवफ़ाई। वे अपने शब्दों के साथ मितव्ययी रहते हुए भी बहुत कुछ कह जाते हैं। वे हमेशा दो या तीन या चार आयामों में लिखते हैं। वे लिखते तो स्पेसिफ़िक हैं, लेकिन उनकी लाइनें यूनिवर्सली कनेक्ट कर देती हैं।

◂ *फ़िल्म निर्माता-निर्देशक करण जौहर और जावेद अख़्तर*

हर घड़ी बदल रही है रूप ज़िन्दगी
छाँव है कभी, कभी है धूप ज़िन्दगी
हर पल यहाँ जी भर जियो
जो है समाँ कल हो न हो

चाहे जो तुम्हें पूरे दिल से
मिलता है वो मुश्किल से
ऐसा जो कोई कहीं है
बस वो ही सबसे हसीं है
उस हाथ को तुम थाम लो
वो मेहरबाँ कल हो न हो
हर पल यहाँ जी भर जियो
जो है समाँ कल हो न हो

गायक : *सोनू निग़म*

संगीत : *शंकर एहसान लॉय*

फ़िल्म : *कल हो ना हो*

निर्देशक : *निखिल आडवानी*

2003

73

जावेद अख़्तर के साथ काम करने का सौभाग्य मुझे मिला है : शाहरुख़ ख़ान

जावेद सर को मैं तब से जानता हूँ, जब से मैं मुम्बई आया। मेरी जो समझ बनी है, बहुत सारे ख़यालात बने हैं, बहुत सारी चीज़ें जो मैंने सीखी हैं वो जावेद सर से सीखी हैं। जो लोग हिन्दी सिनेमा में अपना योगदान देने का दावा करते हैं, जावेद अख़्तर ने उन लोगों से कहीं अधिक योगदान दिया है। उनके लिखे गानों के कारण और जो विचार हमने साझा किए, उनकी वजह से, मेरी सफलता में भी उनका योगदान रहा है। मैं संजीव कुमार या बलराज साहनी या मधुबाला जैसे कलाकारों के साथ काम नहीं कर पाने की कमी महसूस करता हूँ। और मैं यह भी 'मिस' करता हूँ कि राज कपूर या के. आसिफ़ या गुरुदत्त को मैंने स्टूडियो में नहीं देखा। लेकिन मैं कहूँगा कि जावेद अख़्तर के साथ काम करने का सौभाग्य मुझे मिला है।

यश चोपड़ा के लिए अच्छा गाना लिखना आसान भी था और मुश्किल भी

'वीर-ज़ारा' मैंने यश जी के साथ की थी, 'मशाल' के बाद। यश चोपड़ा साहब तो उन लोगों में से थे, जो ज़बान को समझते थे, शायरी को समझते थे और ज़बान की और शायरी की बारीकियों को समझते थे। उनके लिए अच्छा गाना लिखना बहुत आसान भी था और बहुत मुश्किल भी। आसान इसलिए था कि आप ठीक लिखेंगे तो वो समझेंगे और मुश्किल इसलिए कि ज़रा-सा भी आप ठीक नहीं लिखेंगे, तो भी वो समझ लेंगे कि ये ग़लती है। ऐसे लोगों के साथ काम करने में मज़ा आता है, इसलिए कि आप अपने आप को खेंचते हैं, दिखाते हैं कि हम बेहतर से बेहतर क्या कर सकते हैं। इसमें आपको भी अपने आप को एक्सपैंड करने का मौक़ा मिलता है। एक गाना था, जो रूपकुमार राठौड़ और लताजी ने गाया था..., 'तेरे लिए...' ये गाना लोगों को बहुत पसंद आया। इस गाने और इस फ़िल्म के बारे में बहुत अजीब बात यह रही कि इस फ़िल्म के म्यूज़िक डायरेक्टर मदन मोहन थे, जो इस दुनिया से बरसों पहले जा चुके थे।

◀ *फ़िल्म 'मैं हूँ ना' के सेट पर जावेद अख़्तर के साथ शाहरुख़ ख़ान (फ़िल्म सिटी, मुम्बई 2004)*

जानम देख लो मिट गईं दूरियाँ
मैं यहाँ हूँ, यहाँ हूँ, यहाँ हूँ, यहाँ
कैसी सरहदें, कैसी मजबूरियाँ
मैं यहाँ हूँ, यहाँ हूँ, यहाँ हूँ, यहाँ

तुम छुपा न सकोगी मैं वो राज़ हूँ
तुम भुला न सकोगी वो अंदाज़ हूँ
गूँजता हूँ जो दिल में तो हैरां हो क्यूँ
मैं तुम्हारे ही दिल की तो आवाज़ हूँ
सुन सको, तो सुनो, धड़कनों की ज़बाँ
मैं यहाँ हूँ, यहाँ हूँ, यहाँ हूँ, यहाँ

गायक : *उदित नारायण*

संगीत : *मदन मोहन*

फ़िल्म : *वीर-ज़ारा*

निर्देशक : *यश चोपड़ा*

2004

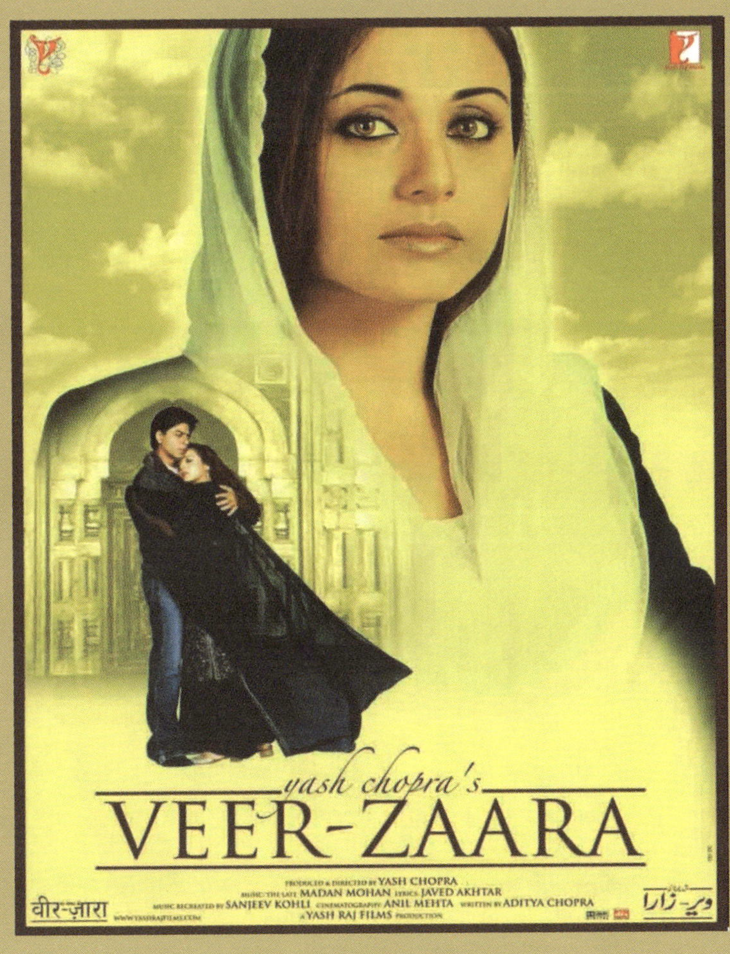

मदन मोहन

74

बरसों बाद 'वीर ज़ारा' में काम आया मदन मोहन का संगीत

हिन्दी सिनेमा में ग़ज़ल की बात की जाए तो जो लोग हिन्दी सिनेमा के संगीत के इतिहास को थोड़ा-बहुत भी जानते हैं, वो सबसे पहले जो नाम लेंगे, वो नाम है, मदन मोहन। मदन मोहन ने फ़िल्मी संगीत की एक लंबी पारी खेली और बहुत ही कामयाब और यादगार गीत दिए। जैसे -

- *आपकी नज़रों ने समझा प्यार के क़ाबिल मुझे (अनपढ़)*
- *दो दिल टूटे, दो दिल हारे (हीर राँझा)*
- *हम हैं मता-ए-कूचा-ओ-बाज़ार की तरह (दस्तक)*
- *आज सोचा तो आँसू भर आए (हँसते ज़ख़्म)*

मदन मोहन, कैफ़ी आज़मी और चेतन आनंद, ये एक ऐसा ट्रायंगल था, जिसने बहुत ही कमाल का काम एक साथ किया। जैसे -

- *मैं ये सोचकर उसके दर से उठा था (हक़ीक़तें)*
- *मेरी दुनिया में तुम आईं क्या-क्या अपने साथ लिए (हीर राँझा)*
- *तुम जो मिल गए हो तो ये लगता है के जहाँ मिल गया (हँसते ज़ख़्म)*

मदन मोहन साहब के एक बेटे हैं संजीव। उनका एक बड़ा एहसान है मुझ पर, वो मैं आपको बताता हूँ। हुआ यूँ कि एक दिन मुझे यश चोपड़ा साहब ने फ़ोन किया और मुलाक़ात हुई तो कहने लगे, 'भई, ये मैं एक पिक्चर बना रहा हूँ, इसमें आपको गाने लिखने हैं और बहुत गाने हैं इसमें।' मैंने पूछा 'कितने गाने हैं?' यश जी ने कहा, 'दस गाने हैं।' मैंने कहा, 'ठीक है, लिखेंगे। म्यूज़िक डायरेक्टर कौन हैं?' उन्होंने बताया, 'इसमें मैं म्यूज़िक ले रहा हूँ मदन मोहन का।' मैंने कहा, 'किसका म्यूज़िक ले रहे हैं?'...कहने लगे, 'मदन मोहन'। मैंने कहा, 'वो कैसे?' फिर उन्होंने बताया 'देखिए! ये उनके बेटे हैं संजीव, इनके पास वो कैसेट्स और वो टेप्स मौजूद हैं, जिन पर मदन मोहन ने अपनी धुन बना कर टेप किया था और यह धुन उनके पास रखी हुई है और ये इतनी ख़ूबसूरत धुनें हैं कि यह तो बहुत ज़्यादती होगी कि ये टेप में रह जाएँ। और मैंने रिक्वेस्ट की है संजीव से और ये तैयार हैं। मैं इन्हें रिकॉर्ड करना चाहता हूँ और इन धुनों पर आपको गाने लिखने होंगे।' मैंने कहा, 'इज़्ज़तअफ़्ज़ाई! देखिए, मैं तो कभी सोच भी नहीं सकता था कि मेरी क़िस्मत यूँ जागेगी कि कहाँ जो मदन मोहन चले गए हमें छोड़ कर, उनकी धुन पर मैं गाना लिख सकूँगा।'

जगजीत सिंह और शिव-हरि के साथ जावेद अख़्तर

चलें जैसे हवाएँ सनन-सनन
उड़ें जैसे परिंदे गगन-गगन
जायें तितलियाँ जैसे चमन-चमन
यूँ ही घूमूँ मैं भी मगन-मगन

मैं दीवानी दिल की रानी
ग़म से अनजानी
कब डरती हूँ
वो करती हूँ जो है ठानी
चलें जैसे हवाएँ ...

गायक : *वसुंधरा दास, केके*

संगीत : *अनु मलिक*

फ़िल्म : *मैं हूँ ना*

निर्देशक : *फराह ख़ान*

2004

फ़िल्म निर्देशक एवं कोरियोग्राफ़र फराह ख़ान

75

जावेद अंकल का घर एक तरह से एफ़टीआईआई की तरह था : फराह ख़ान

तकनीकी रूप से देखें तो वास्तव में, जावेद सर मेरे एक्स-अंकल हैं। उनकी शादी हनी आंटी से हुई थी, जो मेरी माँ की सगी छोटी बहन हैं तो वे मेरे 'मासा' हुए। लेकिन एक समय बाद उनकी शादी नहीं रही। लेकिन मैंने कभी नहीं सोचा कि अब वे मेरे मासा नहीं हैं।

हनी आंटी और जावेद अंकल के बड़े बंगले में स्ट्रगल करते एक्टर्स, म्यूज़िशियंस और कैमरामैन भी रहते थे। वास्तव में ये घर एक तरह से एफ़टीआईआई की तरह था। दरअसल, मैं कई लोगों को जानती हूँ, चाहे वे सतीश शाह हों, या अमन कुमार, या बेंजामिन गिलानी, या कमलजीत सिंह, या पंकज पाराशर हों, क्योंकि मैं उनसे जावेद अंकल के घर पर बचपन में ही मिल चुकी थी।

इसमें कोई संदेह नहीं कि 'शोले' मेरी फ़ेवरेट फ़िल्म है। अगर आप मेरी फ़िल्म 'मैं हूँ ना' देखेंगे तो उसमें शोले फ़िल्म को ढेरों ट्रिब्यूट दिए हैं। मुझको उनकी 'मजबूर' जैसी अन्य फ़िल्में भी पसंद हैं। वे बहुत अच्छी स्क्रिप्ट्स थीं। ख़ास तौर पर जिसके डायलॉग जावेद अंकल के लिखे हुए हैं। लोग आज भी इसके डायलॉग याद रखते हैं, गाने याद रखते हैं। मुझे तो लगता है, 'एंग्री यंग मैन' उस समय की सबसे शानदार रचना है। उनकी स्क्रिप्ट में महिला कैरेक्टर्स हमेशा स्ट्रॉन्ग रहीं। जावेद अंकल महिलाओं को उन शक्तिशाली लोगों के बराबर ही देखते हैं, जिनका ख़ुद का नज़रिया होता है।

मेरे लिए, वे हमेशा जावेद अंकल ही हैं। जब मैं अपनी फ़िल्म कर रही थी तब अगर जावेद अंकल गाने नहीं लिख रहे होते तो ये फ़िल्म बिना गानों के ही बनती। मैं उनसे बहुत झगड़ती हूँ। लेकिन जावेद अंकल सबसे खुले व्यक्तित्त्व के हैं। अगर उन्हें लगे कि आप सही हो तो उन्हें कोई इगो प्रॉब्लम नहीं है। अगर आप उन्हें कुछ अच्छा सुझाएँगे तो वे निश्चित ही अपनाएँगे। वे ऐसे इंसान हैं, जो बुरी से बुरी सिचुएशन में भी कुछ मज़ाकिया ढूँढ ही लेंगे। एक बार हमारी बहस सिर्फ़ एक शब्द को ले कर हुई थी। उनके फ़ेवरेट शब्द हैं, धरती-अम्बर, जिसे बाद में उन्होंने गगन शब्द से बदला था। मैं जावेद अंकल के साथ किसी म्यूज़िक सीटिंग में बैठना और गाने लिखने के दौरान रहना चाहती हूँ। वे देश के सर्वश्रेष्ठ गीतकारों में से एक हैं। वे जब गाने लिखते हैं तो वे गाने की मूल भावना को पकड़ते हैं। उनके लिए गाने में एक सेंट्रल पॉइंट होना चाहिए। जैसे 'मैं हूँ ना' या 'कल हो न हो।' इन्हें बेहद सरल लिखा है, लेकिन इनमें कई गहरे अर्थ समाएँ हैं। आपको लगेगा कि आप कविता पढ़ रहे हैं, लेकिन ये कमर्शियल गाने हैं और हर कोई इन्हें समझता है। समय के हिसाब से, 'एक लड़की को देखा' तो पूरा नई शैली का गाना है। उन्होंने मेरे लिए रॉक क़व्वाली लिखी। अगर मुझे टॉप 3 सबसे दिलचस्प इंसान चुनना हो तो उनका नाम इनमें शामिल होगा!

जावेद अख़्तर और ए.आर. रहमान

76

नैरेटिव में गीतों का परफ़ेक्ट इस्तेमाल : ए.आर. रहमान

एक गीतकार के नाते, मेरा विश्वास है कि जावेद अख़्तर ने नैरेटिव में गीतों का परफ़ेक्ट इस्तेमाल किया है। उनके पास शब्दों का विशाल भंडार है और फिर भी शब्दों के चयन में वे काफ़ी सावधानी बरतते हैं। वे बातचीत करने में काफ़ी माहिर हैं, और दिलचस्पी बनाए रखते हैं तथा ख़ुद को एक्सप्रेस करने में भी वे बहुत कुशल हैं। गाने की रिकॉर्डिंग करते वक़्त, वे आसानी से जान जाते हैं कि कौन-सा शब्द काम कर रहा है और किस शब्द को बदलने की ज़रूरत है। मसलन, उनका गीत 'चंदा रे चंदा' काफ़ी सरल होते हुए भी बहुत मधुर है।

कहने को जश्न-ए-बहारा है
इश्क़ ये देख के हैराँ है
फूल से ख़ुशबू ख़फ़ा-ख़फ़ा है गुलशन में
छुपा है कोई रंज फ़िज़ा की चिलमन में
सारे सहमें नज़ारे हैं
सोये-सोये वक़्त के धारे हैं
और दिल में खोई-खोई सी बातें हैं
कहने को जश्न-ए-बहारा है

गायक: *जावेद अली*
संगीत: *ए. आर. रहमान*

फ़िल्म : *जोधा अकबर*

निर्देशक : *आशुतोष गोवारिकर*

2008

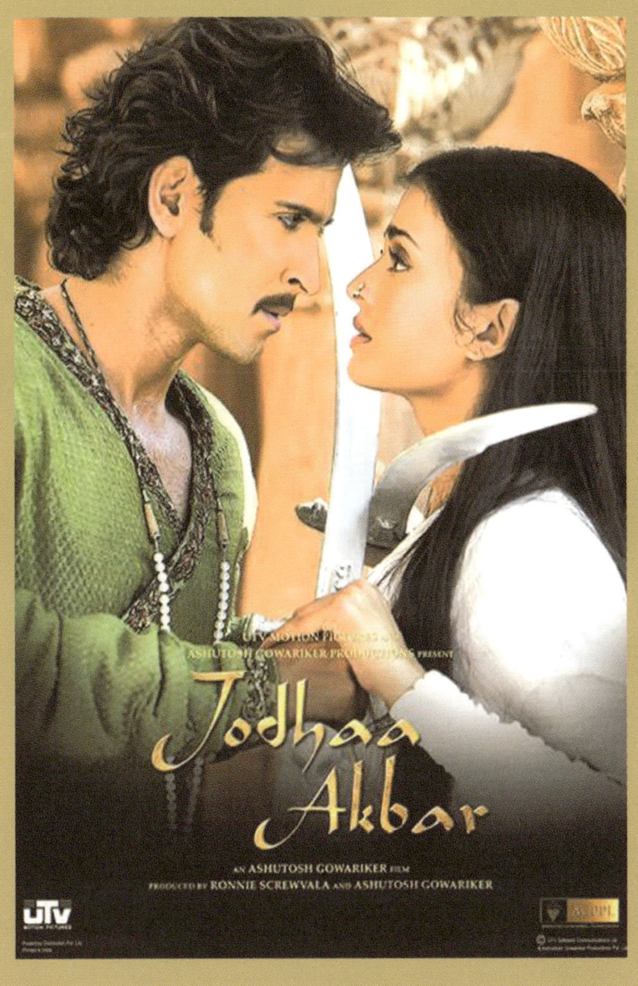

फ़रहान अख़्तर, जावेद अख़्तर, ज़ोया अख़्तर और शबाना आज़मी

77

'लार्जर दैन लाइफ़' फ़िल्में देखना चाहता हूँ फ़रहान-ज़ोया की

मुझे इस बात की बेहद ख़ुशी है कि फ़रहान और ज़ोया के काम पर मेरी कोई परछाई नहीं है। उनका अपना रंग है, अपना अंदाज़ है। वे टोटली ओरिजनल हैं। इन बच्चों ने जो फ़िल्में बनाईं, तो इनकी फ़िल्में हैं, अपने बाप की फ़िल्मों से बिल्कुल अलग हैं और ऐसा ही होना चाहिए, बजाए इसके कि हम अपने बड़ों से इतने इम्प्रेस हो जाएँ कि उन जैसे बनने की कोशिश करें, उनसे बेहतर करें। बतौर डायरेक्टर और राइटर फ़िलहाल मैं उनका क्रिटिसिज़्म तो नहीं करूँगा, लेकिन मैं अभी इनकी बनाई हुई 'लार्जर दैन लाइफ़' फ़िल्में देखना चाहता हूँ। मैं ये चाहता हूँ कि 'मैग्नम ओपस' जिसे कहते हैं, वहाँ से दिखाएँ अपनी फ़िल्में।

पिता-पुत्र : जावेद अख़्तर और फ़रहान अख़्तर

78

गुफ़्तगू [जावेद अख़्तर के साथ अरविंद मण्डलोई]

ज़ोया और फ़रहान की अपनी आवाज़ है, अपनी पहचान है

रक्षाबंधन के मौक़े पर ज़ोया और फ़रहान

आज फ़रहान और ज़ोया बहुत कामयाब हैं। आप उनकी कामयाबी को किस तरह से देखते हैं? एक बाप के नाते तो आपको ख़ुशी मिलती होगी, पर एक सिनेमा को जानने और समझने वाले व्यक्ति के रूप में आप उनका आकलन कैसे करते हैं?

मुझे उनकी कामयाबी पर बहुत ख़ुशी है, जो कि किसी भी बाप को अपने बच्चों के लिए होगी, लेकिन मुझे एक और भी बात की ख़ुशी है कि वो दोनों आवाज़ हैं, गूँज नहीं हैं। आमतौर से क्या होता है कि जब बच्चे पिक्चर बनाते हैं, जिनमें वो ऐसी फ़िल्में बनाने की कोशिश करते हैं, जैसी उनके बाप ने बनाई हैं, वही स्टाइल अपनाने की कोशिश करते हैं। इसकी मैं बहुत-सी मिसालें दे सकता हूँ। लेकिन इन दोनों में एक भी ऐसी बात नहीं थी, चाहे वो फ़रहान की पहली पिक्चर हो 'दिल चाहता है' या ज़ोया की पहली पिक्चर हो 'लक बाई चांस' या उसके बाद की इनकी जो फ़िल्में हैं। ज़ोया की जितनी भी फ़िल्में आप देखेंगे, उन पर कहीं आपको मेरे काम का साया नहीं दिखाई देता है। इन दोनों की अपनी आवाज़ है, अपनी पहचान है। दूसरा ये कि इन्होंने कामयाबी के लिए कभी कॉम्प्रोमाइज़ नहीं किया। जैसे कभी कोई वल्गर गाना भी अपनी पिक्चर में डाल दें या कोई बेहूदा डायलॉग, ऑफ़ सीन डायलॉग डाल दें, कोई गंदी बात रख दें कि ये पब्लिक को अच्छी लगेगी। इन्होंने एक सर्टेन स्टैंडर्ड मेंटेन किया है। इनकी पिक्चर वो चाहे कितनी चली हो, कितनी नहीं चली हो, वो बाद की बात है, लेकिन उसकी एक सर्टेन क्लास है, उसमें एक सर्टेन डीसेंसी है, जो कि बहुत बड़ी बात है। मुझे आजकल के दौर में जब लोग इतने डेस्परेट होते हैं कि किसी भी तरह चल जाए, कुछ भी डायलॉग हो, कुछ भी गाना हो, कुछ भी नाचना हो, मगर चल जाए। ये घबराहट और ये बेचैनी और बेताबी और लालच मुझे अपने बच्चों के काम में नहीं दिखाई देते। इसकी मैं बहुत इज़्ज़त करता हूँ।

आप ज़ोया और फ़रहान को क्या मैसेज देना चाहेंगे? ज़िन्दगी का क्या अनुभव है, जो आप उनको देना चाहेंगे?

मैं उन्हें कोई मैसेज नहीं देना चाहूँगा, इसलिए कि मुझे ऐसा लगता नहीं है कि उनको मेरे मैसेज

माँ हनी ईरानी के साथ ज़ोया और फ़रहान

की कोई ज़रूरत है। मैं दिल से समझता हूँ कि वो दोनों मुझसे बेहतर इंसान हैं। उनको ज़िन्दगी ने बहुत ही सहूलियतें दीं, लेकिन उस सहूलियत ने, उस आराम ने उन्हें बिगाड़ा नहीं, बल्कि बेहतर इंसान बनाया है। और मुझे उन दोनों पर बहुत नाज़ है। सच बात ये है कि कभी-कभार चुपके से उन्हें बताए बिना उनसे मैं कुछ सीख लेता हूँ।

एक फ़िल्म मेकर के रूप में आप ज़ोया के पूरे काम को किस तरह देखते हैं?

मैं समझता हूँ चूँकि मैं पहले तो राइटर हूँ, तो पहले मेरा ध्यान राइटिंग पर जाता है। उसके बाद फ़िल्म डायरेक्शन पर जाएगा। एक राइटर की हैसियत से मैं उसकी बहुत ही इज़्ज़त करता हूँ। मैं समझता हूँ कि वो बहुत अच्छी राइटर है, बहुत ही अच्छी राइटर है। ये एक ऐसी चीज़ लाई है हिन्दी सिनेमा में जो हिन्दी सिनेमा में होती ही नहीं थी, जिसे कहते हैं कि कैरेक्टर की सहदारी, कि ऊपर-ऊपर जो कैरेक्टर है वो तो है, इसके अंदर क्या है, और उसके नीचे क्या है और उसके नीचे जो तहें हैं वो तहें बताती हैं, कैरेक्टर्स के बारे में। दूसरे ये कि ये किसी कैरेक्टर से नफ़रत नहीं करती है। इसके यहाँ विलेन नहीं होते। इसके यहाँ जो ख़राब आदमी भी है, जिसे हम समझें ख़राब आदमी, उसकी भी पर्सनैलिटी का वो एक हिस्सा बता देती है कि देखो भाई, इसका भी क्या कुसूर है, ये भी किन हालात में है, कहाँ पला-बढ़ा है, क्या हुआ है इसके साथ। तो कहीं आपको उस इंसान के लिए भी एक सिम्पथी मिलती है। मिसाल के तौर पर 'दिल धड़कने दो' में अनिल कपूर। शायद एक एवरेज फ़िल्म मेकर ने फ़िल्म बनाई होती, तो अनिल कपूर को एक सख़्त, मतलबी, अपॉर्च्यूनिस्ट बाप बना देता कि साब वो बच्चों को इस्तेमाल भी कर रहा है और शादी बेटे की इसलिए करना चाहता है कि बिज़नेस में फ़ायदा हो जाएगा और बड़ा मतलबी और चालाक आदमी है, लेकिन उसने ऐसा नहीं किया। ये सारे काम वो आदमी कर रहा है, लेकिन उस आदमी से आपको हमदर्दी भी होती है कि ये भी क्या करे ग़रीब, इसके भी तो अपने प्रॉब्लम हैं। तो ये जो उसके अंदर हर इंसान को मोहब्बत से और नरमी से देखने की ख़ूबी है, वो बहुत बड़ी बात है।

ऐसा कौन-सा लम्हा है, जिसे आप ज़ोया के साथ शेयर करते हुए बड़े इमोशनल हुए, बहुत जज़्बाती हुए और बहुत ख़ुशी भी हुई?

शायद ऐसे बहुत-से लम्हे होंगे। मैं अपनी बेटी पर बहुत नाज़ करता हूँ। मुझे वो बहुत पसंद है और मेरे दिल में उसके लिए मोहब्बत तो बहुत है, लेकिन इज़्ज़त भी बहुत है... आई रिस्पेक्ट हर। ये इसलिए कि मुझे ऐसा लगता है कि ये अपने काम से सच्ची है, ये ज़िन्दगी में सच्ची है, अपने दोस्तों से सच्ची है, अपने माँ-बाप से सच्ची है और इसका दिल जो है, सही जगह पर है।

आपके ज़ेहन में फ़रहान साहब से जुड़ी सबसे पुरानी कौन-सी मेमोरी है, जिसे आप रीकलेक्ट करना चाहेंगे?

बहुत सारी हैं। फ़रहान जो है वो बहुत ही दिलचस्प बच्चा था, इसलिए मुझे उसकी बहुत कहानियाँ

याद हैं। मेरे ख़याल से वो 4 या 5 साल का था, मैं बेड पर लेटा हुआ था, वो मेरे पास बैठा हुआ था और अपने दोनों हाथ मेरे सीने पर रखे हुए मुझसे बात कर रहा था। मैंने उससे पूछा कि फ़रहान एक बात बताओ कि 'मैं जब बूढ़ा हो जाऊँगा, तो फिर तो मैं वैसे ही काम-वाम करूँगा नहीं, फिर तुम मेरा ख़याल रखोगे?' फिर उसने कहा, 'हाँ हाँ, बिल्कुल, ऑफ़्कोर्स।' मैंने कहा कि 'क्या करोगे तुम मेरे लिए?' तब मैं सिगरेट पिया करता था। तो उसने कहा, 'आई विल गेट सिगरेट फ़ॉर यू।' मैंने कहा कि 'तुम सिगरेट कहाँ से लाओगे, पैसे कहाँ से लाओगे?' तो कहने लगा, 'मैं मम्मी से ले लूँगा पैसे।' मैंने कहा, 'मगर मम्मी को तो पैसे मैं देता हूँ ना। फिर जब मैं काम नहीं कर रहा होऊँगा तो मम्मी के पास भी पैसे नहीं होंगे, फिर क्या करोगे?' तो उसने एक सेकंड सोचा और फिर वह लिपट गया मुझसे....'पापा बूढ़े मत होना।' मैंने एक मर्तबा ये क़िस्सा लिखा था, फ़रहान के बारे में और साथ में मैंने ये भी लिखा था कि मुझसे ये जिस तरह की फ़िल्मों में गाने लिखाता है 'रॉक ऑन' में, 'दिल चाहता है' में, असल में इसके पीछे साज़िश ये है कि वो इस तरह के गाने लिखवाकर ये चाहता है कि मैं बूढ़ा न होने पाऊँ। इसलिए कि मैं बूढ़ा हो गया, तो ज़िम्मेदारी हो जाएगी ना उसकी, तो यूथफुल गाने लिखवाता रहता है मुझसे।

फ़रहान परिवार की क्रिएटिविटी को आगे बढ़ाएँगे, यानी कि ये जो परम्परा चली आ रही है आपकी पुश्तों से, उसको आगे बढ़ाएँगे, इसका एहसास आपको पहली बार कब हुआ?

देखिए, परम्परा तो हमारे परिवार की सबसे पहले ये है कि हम बेटे को नालायक समझते हैं। मेरे फ़ादर को उनके फ़ादर नालायक समझते थे, और मेरे फ़ादर मुझे नालायक समझते थे और मैं फ़रहान को नालायक समझता था। बहुत ज़माने तक मुझे फ़रहान के बारे में फ़िक्र थी कि ये लड़का कुछ करेगा भी कि नहीं करेगा। लेकिन देखिए उसने कैसा मुझे हैरान कर दिया और ग़लत साबित किया, जिसकी मुझे बेहद ख़ुशी है।

एक स्क्रिप्ट राइटर के तौर पर, एक पोएट के तौर पर, एक फ़िल्म मेकर के तौर पर आप फ़रहान को किस तरह देखते हैं और भविष्य में आपको उनसे क्या उम्मीदें हैं?

देखिए, मैं बहुत ऑब्जेक्टिव आदमी हूँ। मुझे अगर अपनी पिक्चर के गाने नहीं पसंद आते या कोई गाना नहीं पसंद आया, मैं उसे कभी दोबारा सुनता ही नहीं हूँ। मुझे कोई अपनी लिखी स्क्रिप्ट न पसंद आए, तो मैं पिक्चर को दोबारा नहीं देखूँगा, लेकिन मैं फ़रहान के बारे में ये बोलूँगा कि जो उसकी पहली ही पिक्चर थी, 'दिल चाहता है' वो एक पाथ-ब्रेकिंग, वो अपनी तरह की एक पिक्चर थी। वो अपने अंदाज़ की पहली फ़िल्म थी और उस फ़िल्म ने बहुत-सी फ़िल्मों पर बहुत असर डाला है। उसके बाद कुछ अंदाज़ और स्टाइल और क्लास चेंज हो गया बहुत सारी फ़िल्मों का। तो ये तो एक बहुत बड़ा उसका अचीवमेंट है कि ना सिर्फ़ उसने कामयाबी हासिल की, बल्कि कामयाबी ऐसा काम करके हासिल की कि बड़े-बड़े नेशनल न्यूज़ पेपर जो हैं, उन्होंने इस फ़िल्म पर एडिटोरियल लिखे। तो ये कोई मामूली अचीवमेंट नहीं है, बड़ी बात है। फ़रहान को मैं एज़ एन एक्टर बहुत ही अच्छा समझता हूँ। आई थिंक ही इज़ अ वैरी गुड एक्टर। ही इज़ अ गुड डायलॉग राइटर।

आपने बच्चों को बड़ी आज़ादी दी है और बराबरी के दर्जे के साथ उनकी परवरिश की है। आपको कब ये एहसास हुआ कि ये बच्चे अब मेरे दोस्त हो गए हैं?

शुरू से ही मेरा बच्चों से एक ट्रेडिशनल बाप का रवैया नहीं रहा और उनसे मोहब्बत से और बेतकल्लुफ़ी से बात होती रही है और ख़ासतौर से फ़रहान का ये चक्कर है कि उसका 'सेंस ऑफ़ ह्यूमर' ज़बरदस्त है। वो एक से एक किस्से, जोक और बातें बताता रहता है और मैं भी फिर जवाब में कोशिश करता हूँ कि ऐसा ना समझो बेटा कि सिर्फ़ तुम्हारे ही पास 'सेंस ऑफ़ ह्यूमर' है। तो हम लोग मिलते हैं तो ये बातें करते हैं। उसके बाद भी मैं इन लोगों की इंडिविजुएलिटी की, इनकी राय, इनके ख़याल और इनके सोच की बहुत इज़्ज़त करता हूँ। ये बच्चे ऐसे माहौल में पले-बढ़े हैं और आज जो इनका ख़याल है, उसमें सांप्रदायिकता तो दूर की बात है। इन्हें कभी ऐसी बात बताई ही नहीं गई, सिखाई ही नहीं गई। न इन्होंने देखा, न इनके घर में ऐसा कुछ था। मुझे याद है कि जब फ़रहान 9-10 साल का था, क्रिकेट मैच देखता था तो पहले टीवी के ऊपर तिरंगे लगाता था और फिर तिरंगा हाथ में लेकर मैच देखता था। तो इस तरह के बच्चे को जो इस तरह पला-बढ़ा हो और ऐसे बड़ा हुआ हो, उस पर जब-जब लोग ओछे इल्ज़ाम लगाते हैं तो मुझे बहुत दुःख होता है और मैं उसे यही कहता हूँ कि पागल लोग हैं, तुम इनकी बात को कभी दिल पर मत लगाना, दुनिया में बहुत अच्छे-अच्छे लोग हैं और ये देश जो है बहुत अच्छे लोगों का देश है।

जब फ़रहान साहब और ज़ोया साहिबा को लगातार कामयाब होते हुए देखते हैं, तो फ़िल्म की समझ रखने वाले व्यक्ति के नाते आपको क्या लगता है?

वो अभी जल्दी है, वो फ़ैसला अभी नहीं किया जा सकता। ये लोग तो अभी शुरू हुए हैं। ठीक है, दोनों ने कई पिक्चरें बना लीं हैं, लेकिन इनका प्रभाव कब तक रहेगा और क्या आगे होगा, इसका अभी फ़ैसला करना, वो जल्दबाज़ी होगा। ये ज़रूर है कि जैसे 'दिल चाहता है' या अभी ये पिक्चर आई है, जो ज़ोया की 'गली बॉय', इन पिक्चरों ने एक सर्टेन स्टैंडर्ड रखा है दूसरे यंग फ़िल्म मेकर्स के सामने। और आज एक से एक काम करने वाले मौजूद हैं, बहुत अच्छा काम कर रहे हैं नए लड़के-लड़कियाँ। कोई ये अकेले नहीं हैं। इतना मैं कह सकता हूँ कि 'दिल चाहता है' का बहुत लोगों पर असर पड़ा और यंग फ़िल्म मेकर्स ने अपना अंदाज़, टेक्नीक, प्रोडक्शन स्टाइल और प्रेज़ेंटेशन को बहुत चेंज किया। फ़रहान ने अपनी फ़िल्म लक्ष्य की शूटिंग आई एम ए देहरादून में की थी। अभी 3 साल पहले वहाँ उसे एनुअल की-नोट लेक्चर देने बुलाया था। हॉल में 900 नौजवान लड़के थे, जो आर्मी के ऑफ़िसर्स होने वाले थे। इनसे जब पूछा गया कि तुम में से कितनों ने इंडियन आर्मी ज्वॉइन करने का फ़ैसला 'लक्ष्य' देखकर किया? तो लगभग 75 प्रतिशत हाथ उठ गए। फ़रहान ने ये मुझे बताया कि ये देख उसके आँखों में आँसू आ गए थे।

दिल चाहता है
कभी न बीते चमकीले दिन
हम न रहें कभी यारों के बिन
दिन-दिन भर हों प्यारी बातें
झूमे शामें गाएँ रातें
मस्ती में रहे डूबा-डूबा हमेशा समाँ
हमको राहों में यूँ ही मिलती रहें ख़ुशियाँ
दिल चाहता है
जगमगाते हैं झिलमिलाते हैं अपने रास्ते
ये ख़ुशी रहे रोशनी रहे अपने वास्ते
दिल चाहता है...

गायक : शंकर महादेवन
संगीत : शंकर एहसान लॉय

फ़िल्म : *दिल चाहता है*

निर्देशक : *फ़रहान अख़्तर*

2001

साहब, बनाने वाले ने तो
एक धरती बनाई थी...
पर इंसान के लालच ने
इस पर लोहे और बारूद की
लकीरें खींच दीं।

(सूबेदार मेजर प्रीतम सिंह के किरदार में ओमपुरी)

फ़िल्म : *लक्ष्य*

निर्देशक : *फ़रहान अख़्तर*

2004

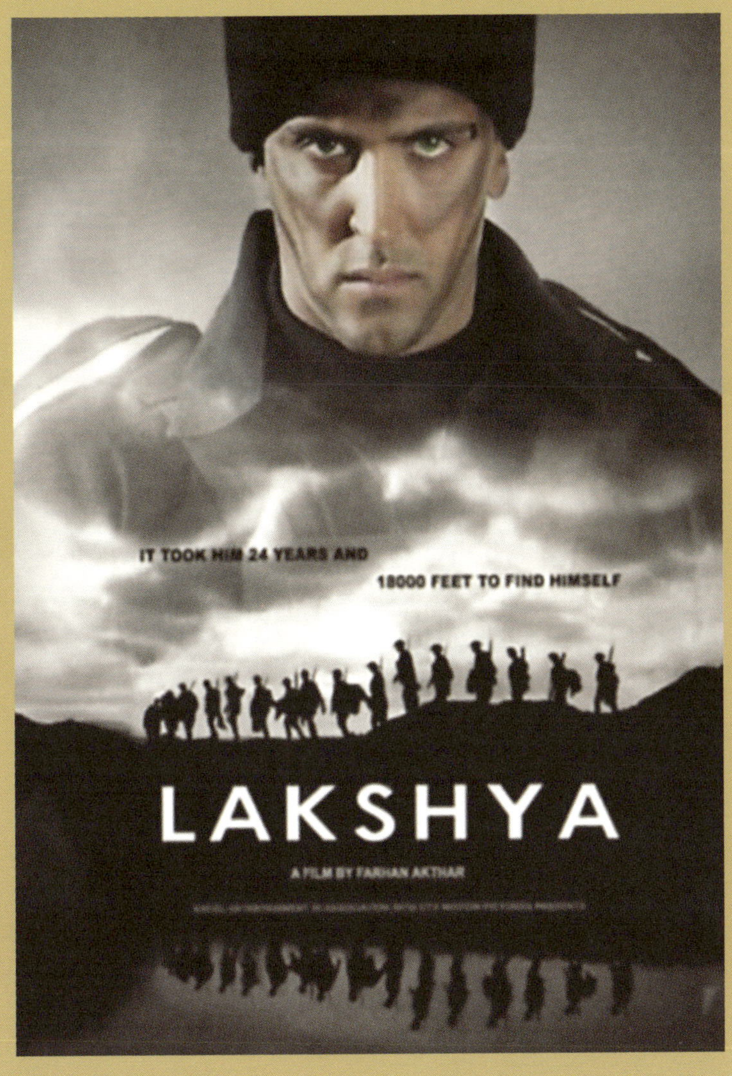

उलझी हुई ये डोरियाँ सुलझा ले
दिल की तू सुने अगर
दिल सच्चा है दिलवाले
राहें नहीं ऐसी तो कहीं
जहाँ कहीं कोई मोड़ नहीं
कहता है ये दिल अब जाने भी दे
टूटे शीशों को तू जोड़ नहीं
राहों में दो राहें, आते हैं सौ बार
क़दम-क़दम इक़रार है
क़दम-क़दम इंकार
फिर भी ये ज़िंदगी
पल भर को भी कभी रुकती ही नहीं...

गायक : *फ़रहान अख़्तर, विशाल ददलानी, दिव्या कुमार*
संगीत : *शंकर एहसान लॉय*

फ़िल्म : दिल धड़कने दो

निर्देशक : ज़ोया अख़्तर

2015

आसमाँ है नीला क्यूँ
पानी गीला-गीला क्यूँ
गोल क्यूँ है ज़मीं
सिल्क में है नर्मी क्यूँ
आग में है गर्मी क्यूँ
दो और दो पाँच क्यों नहीं
पेड़ हो गए कम क्यों
तीन हैं ये मौसम क्यूँ
चाँद दो क्यूँ नहीं
दुनिया में है जंग क्यूँ
है बहता लाल रंग क्यूँ
सरहदें हैं क्यूँ हर कहीं
सोचा है ये तुमने क्या कभी
सोचा है कि है ये क्या सभी
सोचा नहीं तो सोचो अभी ...

गायक: *फ़रहान अख़्तर*
संगीत: *शंकर एहसान लॉय*

फ़िल्म : *रॉक ऑन*

निर्देशक : *अभिषेक कपूर*

2008

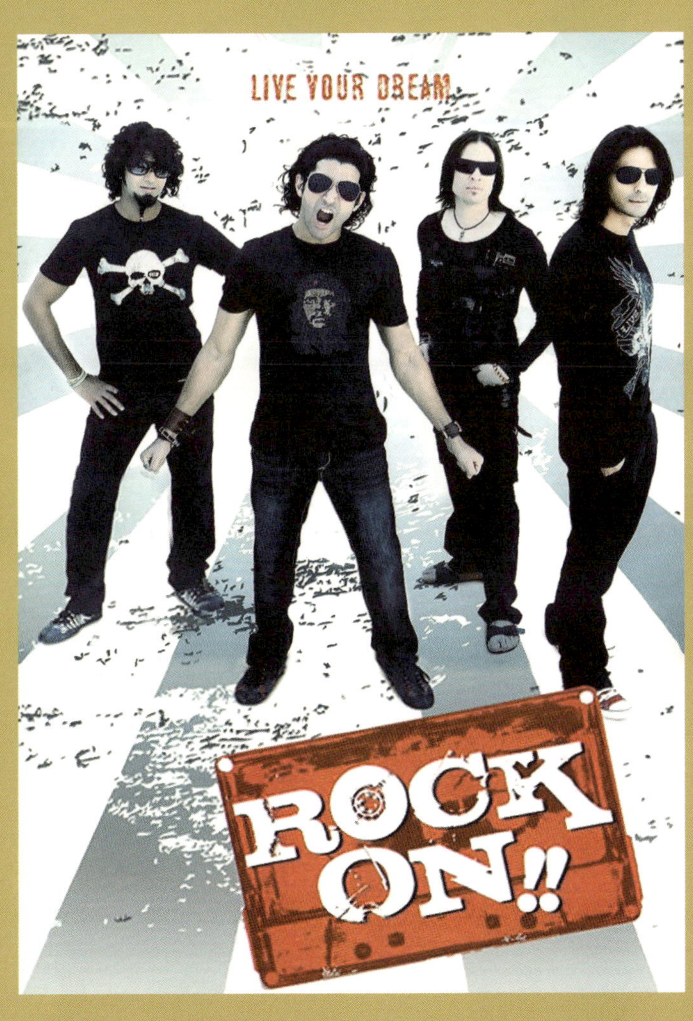

79

गुफ़्तगू [ज़ोया अख़्तर के साथ अरविंद मण्डलोई]

मेरे फ़ादर ने मुझे कभी ऐसे देखा ही नहीं कि लड़की हो तो तुम ऐसे रहो या वैसे रहो... : ज़ोया अख़्तर

वो कौन-सी बातें हैं, जो आपको लगता है कि जावेद साहब को जावेद साहब बनाती हैं?

मुझे लगता है, यह उनका 'सेंस ऑफ़ फेयरनेस', उनकी इक्वैलिटी की सोच है। जब फ़रहान और मैं पैदा हुए थे, जब हम ग्रो अप (फ़रहान एक साल छोटे हैं) कर रहे थे, तो हम ट्विन्स की तरह थे। मैंने कभी कोई डिफ़रेंस महसूस नहीं किया। मुझे नहीं पता था कि मेरी मदर की फ़ैमिली पारसी है, जो बहुत ही लिब्रल हैं। कॉलेज में भी मुझे फ़रहान से ज़्यादा आज़ादी थी। जब मैं अपने दोस्तों से मिली थी और फिर पता चला कि लड़कियों को बाहर जाना अलाउड नहीं है, तो यह मेरे लिए शॉक जैसा था। मेरे फ़ादर ने मुझे कभी ऐसे देखा ही नहीं कि लड़की हो, तो तुम ऐसे रहो या वैसे रहो... कभी नहीं।

जब आप बड़े हो रहे थे, जावेद साहब में एक फ़ादर के नाते आपको लेकर क्या कुछ चेंजेस दिखे?

टीनएज में आप एक़दम रिबैलियस होते हैं, तो मैं उनके साथ बहुत लड़ती थी, क्योंकि मुझे ये करना था, वो करना था, मुझे कॉलेज छोड़ना था। मुझे नहीं पढ़ना था। एक ही बार उन्होंने कहा कि तुम जो करना है करो लाइफ़ में, मैं इंटरफ़ेयर नहीं करूँगा, लेकिन ये मेरी रिस्पान्सबिलिटी है कि आप एजुकेटेड हों। उसके बाद मैं अमेरिका गई, फ़िल्म स्टडी करने। अभी देखती हूँ तो बोलती हूँ, 'थैंक्यू वैरी मच' क्योंकि मेरे काम में, मेरी राइटिंग में यह सब मेरे तो बहुत काम आया। फिर उसके बाद जब हम काम शुरू करने लगे तो, फिर कॅरियर चुनने में उनसे बहुत गाइडेंस मिली और अब मुझे लगता है, अब हम दोस्त हैं। अब इतने पेरेंट-चाइल्ड नहीं हैं, अब प्रॉपर दोस्त हैं, अब एक-दूसरे को कुछ भी बोल सकते हैं।

जावेद साहब के साथ वो कौन-सा 'प्राउड मोमेंट' है , जो आपको याद है?

मेरी फ़िल्म 'ज़िन्दगी ना मिलेगी दोबारा' का जब वो पहली बार रफ़ कट देख रहे थे, तो उन्होंने मेरी मदद की थी। उन्होंने वो 6 बार देखा था, उनको बहुत अच्छा लगा था। 'दिल धड़कने दो' का भी जब उन्होंने रफ़ कट देखा तो इसे भी उन्होंने बहुत पसंद किया था।

जावेद साहब की ज़िन्दगी की ऐसी कोई बात, जो हम में से किसी को भी नहीं पता, शायद उनके दोस्तों को भी नहीं पता, लेकिन एक बेटी होने के नाते आपको पता है?

हाँ, उनको कुत्तों से बहुत डर लगता है। कुत्तों से डरते हैं, लेकिन मेरे कुत्तों से नहीं और मेरे कुत्ते भी उनको पहचानते हैं। मेरी माँ के पास तो दो डाबरमैन थे, और तब हम छोटे थे, तो एक बार वो कहीं बाहर से लौटे तो वो घर में अंदर नहीं आ सके थे, फिर फ़रहान और मुझे डॉग्स को पकड़ने जाना पड़ा था, जिससे कि वो घर में आ पाएँ।

और कोई ख़ास बात?

हाँ, ही हैज़ गॉट ग्रेट स्किन, उनकी स्किन 75 साल में भी कितनी टाइट और हेल्दी है। फ़रहान और मैं उम्मीद करते हैं कि हमने उनसे इन्हेरिट किया है तो हमें भी झुर्री नहीं आएगी। फ़रहान और मुझे उनकी संतान होने पर गर्व है। हमारी कामना है कि वे स्वस्थ रहें और लिखना जारी रखें।

एक फ़िल्म मेकर की नज़र से आप जावेद अख़्तर के काम को कैसे देखती हैं?

मैं सलीम-जावेद पर डॉक्यूमेंट्री बनाना चाहती हूँ, क्योंकि ऐसा कभी उनके पहले और उनके बाद हुआ नहीं है कि राइटर्स आए हैं और उन्होंने 11 साल एक साथ काम किया है, 24 फ़िल्में की हैं, उनमें से 22 फ़िल्में ब्लॉक बस्टर्स रहीं। उनका प्राइस थोड़ा ज़्यादा था लीड एक्टर से, ये इंडस्ट्री में कभी पहले हुआ नहीं था। उनकी वजह से राइटर्स का नाम पोस्टर्स पर आना शुरू हुआ। एचएमवी उनके डायलॉग के रेकार्ड्स बनाते थे। उनका एक बहुत ही ख़ास कॉम्बिनेशन था। वो जो देश में सामाजिक-राजनीतिक उथलपुथल थी, वो जो मूड था कंट्री का, जो आदमी का मूड था, उसको लेकर जो कैरेक्टर बनाया था, वह एक 'लार्जर दैन लाइफ़' बॉलीवुड कैरेक्टर था, जो रिएलिटी और फैंटसी का एक मिक्स था। मेरी जनरेशन के तो सारे फ़िल्म मेकर्स उनकी फ़िल्में देखते हुए बड़े हुए हैं, तो इम्प्रेशन तो बहुत है। उनकी फ़िल्में बहुत सेक्युलर थीं। दूसरे जो मुझे यूनीक लगता है, वह है सलीम-जावेद के डायलॉग्स। 45 सालों बाद हम वो डायलॉग्स अभी भी विज्ञापनों में देखते हैं, अभी भी फ़िल्मों में देखते हैं। अभी भी मतलब जो पॉप कल्चर पर उसकी छाप पड़ी, वो गई नहीं है। और न सिर्फ़ 'शोले' के डायलॉग, बल्कि 'दीवार' का डायलॉग....'मेरे पास माँ है', उसके मीम्स अभी हमारे डिजिटल एज में भी बन रहे हैं। तो यह मेरे लिए फैसिनेटिंग है जो मैं किसी और राइटर्स के साथ नहीं देखती हूँ।

आपके पेरेंट्स का जो रिश्ता था, और जब दोनों का अलगाव हुआ, तो एक चाइल्ड के तौर पर, एक एडल्ट और मेंटली मेच्योर व्यक्ति के तौर पर आपके जीवन पर उसका क्या प्रभाव पड़ा?

देखो, इफ़ैक्ट तो होता है। मेरे पेरेंट्स बहुत यंग थे। जब उन्होंने शादी की थी तो मेरी मदर 18, फ़ादर खभब साल के थे। तो दस साल के बाद या जो भी समय रहा हो, जब रिलेशन काम नहीं कर रहा था, उन्होंने बहुत ही मेच्योर डिसीजन लिया था, लेकिन सत्तर के दशक के उस दौर में फ़िल्म इंडस्ट्री में होने वाले डिवोर्स को स्कूलों में थोड़ा वियर्डली देखा जाता था। लोग बात करते रहते थे कि सिर्फ़ फ़िल्म इंडस्ट्री के बच्चे ही डिवोर्स वाले होते हैं, लेकिन अभी तो बहुत कॉमन है। तो वो बहुत हेल्थी रहा कि कभी मेरी माँ ने उनके बारे में कुछ नहीं कहा, उन्होंने मेरी माँ के बारे में कुछ कहा नहीं...कभी नहीं।

ये जीवन इक राह नहीं
इक दोराहा है

पहला रास्ता
बहुत सहल है
इसमें कोई मोड़ नहीं है
ये रास्ता
इस दुनिया से बेजोड़ नहीं है
इस रास्ते पर मिलते हैं
रीतों के आँगन
इस रास्ते पर मिलते हैं
रिश्तों के बंधन
इस रास्ते पर चलनेवाले
कहने को सब सुख पाते हैं
लेकिन
टुकड़े-टुकड़े होकर
सब रिश्तों में बँट जाते हैं
अपने पल्ले कुछ नहीं बचता
बचती है

बेनामी-सी उलझन
बचता है
साँसों का ईंधन
जिसमें उनकी अपनी हर पहचान
और उनके सारे सपने
जल बुझते हैं
इस रास्ते पर चलने वाले
ख़ुद को खोकर जग पाते हैं
ऊपर-ऊपर तो जीते हैं
अंदर-अंदर मर जाते हैं ।

दूसरा रास्ता
बहुत कठिन है
इस रास्ते में
कोई किसी के साथ नहीं है
कोई सहारा देने वाला हाथ नहीं है
इस रास्ते में
धूप है
कोई छाँव नहीं है
जहाँ तसल्ली भीख में देदे कोई किसी को
इस रास्ते में

ऐसा कोई गाँव नहीं है
ये उन लोगों का रास्ता है
जो ख़ुद अपने तक जाते हैं
अपने आपको जो पाते हैं
तुम इस रास्ते पर ही चलना।

मुझे पता है
ये रास्ता आसान नहीं है
लेकिन मुझको ये ग़म भी है
तुमको अब तक
क्यूँ अपनी पहचान नहीं है।

दिलों में तुम अपनी बेताबियाँ ले के चल रहे हो
तो ज़िंदा हो तुम
नज़रों में ख़्वाबों की बिजलियाँ ले के चल रहे हो
तो ज़िंदा हो तुम
हवा के झोंकों के जैसा आज़ाद रहना सीखो
तुम एक दरिया के जैसे लहरों में बहना सीखो
हर एक लम्हे से तुम मिलो खोले अपनी बाहें
हर एक पल एक नया समा देखें ये निगाहें
जो अपनी आँखों में हैरानियाँ ले के चल रहे हो
तो ज़िंदा हो तुम
दिलों में तुम अपनी बेताबियाँ ले के चल रहे हो
तो ज़िंदा हो तुम

गायक : फ़रहान अख़्तर
संगीत : शंकर एहसान लॉय

फ़िल्म : *ज़िन्दगी ना मिलेगी दोबारा*

निर्देशक : *ज़ोया अख़्तर*

2011

एक ही रास्ता जिस पे
चुपचाप सर को झुकाए हुए
बंद आँखें किये
लोग चलते हैं सारे जनम
जानते भी नहीं
सोचते भी नहीं
पूछते भी नहीं
उनको ये रास्ता
लेकर कहीं जाएगा?
या कहीं भी नहीं?
चलते-चलते कहीं
एक मोड़ आता है
सीधे रास्ते से बिलकुल अलग

कोई दीवाना ही होता है
जो कि उधर जाता है
वरना बाकी तो
सब सीधे रास्ते पे ही
अपने सारे जनम चलते हैं
सर झुकाए हुए
बंद आँखें किए
और ये दुख लिए
मोड़ जो देखा था
उस पे मुड़ जाते हम
तो न जाने कहाँ तक
पहुँच पाते हम

गायक : *रणवीर सिंह*

संगीत : *ऋषि रीच*

फ़िल्म : *गली बॉय*

निर्देशक : *ज़ोया अख़्तर*

2019

80

गुफ़्तगू [फ़रहान अख़्तर के साथ
अरविंद मण्डलोई]

जिनसे भी मैं मिलता हूँ, वो हमेशा मुझसे ये कहते हैं कि 'यार, तुम्हारे डैड जैसा 'विटी' इंसान, मैंने अपनी ज़िन्दगी में कभी नहीं देखा' : फ़रहान अख़्तर

जावेद अख़्तर साहब ने भारतीय सिनेमा पर एक छाप छोड़ी है। एक निर्देशक के तौर पर आप उनके योगदान को कैसे देखते हैं?

जब आप उनकी फ़िल्में देखते हैं, चाहे वो 'दीवार' हो, चाहे वो 'हाथी मेरे साथी' हो, तो सबसे ज़्यादा, एक फ़ीलिंग जो महसूस होती है, वो ये है कि उन्होंने मेलोड्रामा को पीछे छोड़ दिया था। जब सलीम-जावेद आए थे, तब उनके पहले, मेरे ख़याल से जिस तरह के रिलेशनशिप्स थे, उनको उन्होंने बहुत रियलिस्टिक कर दिया था। बहुत मॉर्डन थे वो, मॉर्डन थिंकिंग थी उनकी। जिस तरह के किरदार उन्होंने लिखे, वे रियलिस्टिक भी थे, लेकिन जो डायलॉग का सेंस उनका था, वो हमेशा ऐसा था कि डायलॉग में इम्पैक्ट होना चाहिए, लेकिन इम्पैक्ट इस तरह का होना चाहिए कि ऐसा नहीं लगे कि डायलॉगगिरी या डायलॉगबाज़ी कर रहे हैं। तो बहुत ही मेहनत से तैयार किया गया क्राफ्ट था और बहुत ही इंटेलिजेंट राइटिंग थी। उन्होंने डायलॉग का इस्तेमाल किया, किस तरह से उन्होंने सीन शुरू किए, कहाँ ख़त्म किए, ये जो क्राफ्ट है, वो बहुत ही असरदार क्राफ्ट है, जो बहुत सारे राइटर्स के लिए आज तक असरदार क्राफ्ट बना हुआ है।

'लक्ष्य' में डायरेक्टर के तौर पर आपने उनके साथ और बतौर स्क्रिप्ट राइटर उन्होंने आपके साथ काम किया है, तो ये जो एक डायरेक्टर और एक स्क्रीनप्ले राइटर का, और एक पिता और पुत्र का कॉम्बिनेशन था, उसने कैसे काम किया?

एक तो जो आप एक-दूसरे की ख़ुशी और नाराज़गी बिना कुछ कहे समझ सकते हैं, तो ये अपने आप में एक प्रॉब्लम सॉल्व हो जाता है, क्योंकि कभी-कभी आप अगर किसी बहुत ही बुज़ुर्ग इंसान के साथ या बहुत ही अनुभवी इंसान के साथ काम कर रहे हैं, तो कहना बहुत मुश्किल होता कि 'सर! ये जो लाइन आपने लिखी है, मैं कैसे, किस मुँह से बताऊँ आपको? तो वो एक्सप्रेशन देखकर ही पता चल जाता है उन्हें कि, 'अच्छा अच्छा, ये लाइन तुम्हें पसंद नहीं आई। 'लक्ष्य' की स्टोरी उन्होंने मुझे सुनाई। फिर हमने मिलकर स्टोरी को स्क्रीनप्ले में डेवलप किया, तो तब तक वो ये भी समझ गए थे कि मेरी फ़िल्म बनाने की सेंसिबिलिटी क्या है, वो भी बहुत ज़रूरी है राइटर को समझना। तो ये पूरा जो क्रेडिट है, हंड्रेड पर्सेंट जो क्रेडिट है, मैं उन्हीं को दूँगा, क्योंकि जो एडॉप्ट करना था, वो एक्चुअली अगर आप सोचें तो उन्हें करना था। मुझे उनके एक्सपीरियंस से सीखना था, लेकिन उनको एडॉप्ट करना था।

जब आपके मदर-फ़ादर का सेपरेशन हुआ, तो उस समय, जब आप एडल्ट और एक मेच्योर पर्सन हो गए, तब उस सेपरेशन ने आप पर क्या इम्पैक्ट डाला?

देखिए, इसका ज़्यादा 'कॉन्शस इम्पैक्ट', मेरे ख़याल से ज़ोया को ज़्यादा याद होगा। मैंने उन सालों को ठीक तरह से अभी तक समझा नहीं है। मैंने बात उनसे भी की है, मैंने बात अपनी मॉम से भी की है, 'कि क्या हुआ था?' और जब आप एडल्ट होते हैं, समझ लेते हैं, लेकिन जो समझ उस

◀ *फ़रहान और जावेद अख़्तर*

वक़्त मुझे नहीं थी, वो इस चीज़ की कमी इस तरह पूरी हुई कि मेरी मॉम ने कभी भी ना तो मुझे, ना ज़ोया को ये महसूस करने दिया कि उन्होंने हमें छोड़ा है और ये बहुत ज़रूरी बात है। इसका बच्चों से कुछ लेना-देना है नहीं। आप जब भी उनसे मिलना चाहेंगे वो आएँगे, जो जहाँ रह रहे हैं, जब भी आप जाना चाहते हो, वो आपका दूसरा घर है। तो कभी एक डिस्कम्फर्ट की फ़ीलिंग नहीं आई कि इतना कुछ चेंज हो गया है कि मैं अब उनसे मिल नहीं पाऊँगा। और उसके अलावा जो एफ़र्ट उन्होंने किया, शबाना जी ने भी किया कि बच्चों को कभी ऐसी फ़ीलिंग न हो कि उनके फ़ादर उनको छोड़ कर कहीं चले गए हैं, तो ऐसा कभी हुआ नहीं।

जावेद साहब के व्यक्तित्त्व के कई रूप हैं। वो अच्छे शायर हैं, वो एक जागरूक नागरिक हैं। उनका अपना एक पॉलिटिकल विज़न है। इन सब व्यक्तित्त्वों में ऐसा कौन-सा व्यक्तित्त्व है, जो आपको सबसे ज़्यादा इम्प्रेस करता है?

ये सारी चीज़ें मिलकर ही तो उन्हें अनोखा बनाती हैं, तो अब मैं उनमें से क्या कहूँ कि ये ज़्यादा अच्छा है या ये कम अच्छा है। वो जावेद अख़्तर इसीलिए हैं, क्योंकि ये सारी चीज़ें हैं उनमें, ये जो एक क्रिएटिव रिस्पान्सबिलिटी है, सोशल रिस्पान्सबिलिटी है, ह्यूमेनिटेरियन रिस्पान्सबिलिटी है, वो सारी चीज़ों को अलग-अलग नहीं समझते।

जावेद साहब की वो ऐसी कौन-सी चीज़ है , जो आप सबसे ज़्यादा पसंद करते हैं या वो चीज़ जो उनको जावेद अख़्तर बनाती है?

उनकी जो ज़बान है, उनकी जो एक मेमोरी है पोएट्री की, उनकी जो एक अंडरस्टैंडिंग है राइटिंग की और एक जज़्बा है उनमें, मतलब अपने आप को लगातार इम्प्रूव करने का, लगातार रीइन्वेंट करने का। वो जब यश जी के साथ काम करते थे, उसी वक़्त वो मेरे साथ काम कर रहे थे, करण जौहर के साथ काम कर रहे थे, तो जो इंसान एक ही साल में 'जोधा अकबर' के गाने लिख सकता है और 'रॉक ऑन' के गाने लिख सकता है, इससे ही पता चलता है कि वो किस तरह के इंसान हैं।

कहते हैं बहुत मस्ती करते हैं जावेद साहब? वो जिस भी मंडली में बैठते हैं, तो जिसे कहते हैं कि पूरी महफ़िल लूट लेना, वैसा हो जाता है।

उनकी जो विट है, वो सभी को पसंद है। जिनसे भी मैं मिलता हूँ, वो हमेशा मुझसे ये कहते हैं कि 'यार, तुम्हारे डैड जैसा विटी इंसान, मैंने अपनी ज़िन्दगी में कभी नहीं देखा।'

साहिर लुधियानवी

81

वे मुझे जावेद नहीं, 'नौजवान' कहते थे

दरअसल, साहिर साहब से मेरा रिश्ता बड़ा गहरा और पुराना है। मेरे पिता शायर थे, मेरे मामू शायर थे और ये तमाम अदीब, चाहे वो बेदी साहब हों, कृश्न चंदर हों, इस्मत चुग़ताई हों, साहिर साहब हों, मजरूह साहब हों, इन तमाम लोगों को मैं बचपन से ही जानता था। यह एक कबीला था, एक कुटुंब था सारे राइटर्स का, जो एक-दूसरे से मिलते-जुलते रहते थे।

साहिर साहब से पहली बार मैं कब मिला, मुझे याद नहीं। बचपन से ही देखा है इन सब को। मैं जब मुम्बई आया तो मैं अपने बाप से अलग था और शायद साहिर मुझमें अपनी कमसिनी देखते थे, मैं 20-21 साल का था। रहने का ठिकाना नहीं, ख़ाने का ठिकाना नहीं। महीने में एक-आध बार कभी मैं साहिर साहब से मिलने जाता था। मैंने उनसे कभी कुछ माँगा नहीं। वो मुझे ख़ाना भी खिलाते, शराब भी पिलाते थे और बिल्कुल बराबर की तरह बात करते थे। वो जानते थे कि हालाँकि मैं 20-21 साल का हूँ, लेकिन मुझे शायरी की समझ है। मुझे उस उम्र में सैकड़ों शे'र याद थे। आज भी मैं दूसरों के हज़ारों शे'र कई घंटों तक सुना सकता हूँ। वो जो कुछ लिखते थे और पिछले एक महीने में जो कुछ लिखा हुआ था, वो शायरी या वो गीत मुझे सुनाते थे और मुझसे रिएक्शन भी लेते थे। वे मुझे जावेद नहीं, 'नौजवान' कहते थे। कहते, 'और सुनाओ नौजवान, क्या हाल है।' एक दफ़ा जब मेरे पास कोई काम नहीं था और मैं बिल्कुल बेरोज़गार था, जेब में कोई पैसा भी नहीं, कुछ नहीं, मैं उनके पास गया। आमतौर पर तो मैं शाम को जाया करता था। उनके पास रात का ख़ाना खा कर सो जाता था। दूसरे दिन सुबह वापस आता था, लेकिन इस बार मैं सुबह गया। वहाँ पहुँच कर मैंने उन्हें साफ़-साफ़ बता दिया कि, साहिर साहब ऐसा है कि मेरे पास कोई काम नहीं है। आप कहीं कह देंगे तो कोई भी मुझे नौकरी दे देगा। हो सके तो मुझे कोई छोटी-मोटी असिस्टेंट डायरेक्टर या डायलॉग राइटर जैसी कोई नौकरी दिला दीजिए। उन्होंने कहा, 'हाँ-हाँ नौजवान, क्यों फ़िक्र करते हो। हो जाता है कभी-कभी ऐसा भी ज़िन्दगी में। हम भी इस स्टेज से गुज़रे हैं, यह सब बातें करने के बाद ड्राइंगरूम के बराबर ही

उनका कमरा था, उसमें चले गए। वहाँ से उन्होंने मुझे आवाज़ दी...'नौजवान'। मैं गया।

साहिर साहब की एक बड़ी अजीब आदत थी, जब वो नर्वस या टेंशन में होते थे, तो वो कंघी करने लगते थे। उनकी जेब में एक छोटी कंघी पड़ी रहती थी। वो कंघी करते, तो समझ लीजिए कि वो कुछ परेशान हैं। कंघी करते-करते मुझसे कहने लगे, 'देखो! क्या है, ये सब हालात हमने भी देखे हैं। (टेबल की ओर इशारा करते हुए कहा) अभी ये कुछ तुम रख लो, बाद में मुझे वापस कर देना।' मैंने देखा कि सामने टेबल पर कुछ पैसे रखे हैं, तो मैंने कहा, 'मैं आपसे पैसे माँगने नहीं आया था, ये आप रहने दीजिए। मेरी तो कहीं सिफ़ारिश कर दीजिए। मैं वहाँ काम करूँगा, अगर उन्हें मेरा काम ठीक लगा, तो वो मुझे काम पर रख लेंगे।' तो कहने लगे कि रख लो और ज़िद करके उन्होंने मेरी जेब में डाल दिए।

बहरहाल, मैं वहाँ से बाहर निकला। मैंने जेब में से वो पैसे निकाले, दो सौ रुपए थे। यह बात है 1966-67 की। साहिर ने मुझे दो सौ रुपए दिए और दो सौ रुपए बड़ी रकम थी। अगर सोचिए तो उस ज़माने के हिसाब से मेरे तो दो महीने निकल सकते थे उतने रुपयों में। ख़ैर, वक़्त बदला, मुझे भी काम मिल गया, नाम भी हो गया थोड़ा-बहुत। और फिर वो वक़्त भी आया, जब पिक्चरों में हम साथ थे, जैसे- 'दीवार', 'त्रिशूल', 'काला पत्थर'। वो गीत लिख रहे थे और स्क्रिप्ट लिख रहे थे सलीम-जावेद। हम लोगों की साथ में सिटिंग भी होती थी, पार्टीज़ में भी साथ होते थे। जब सारे स्टार, बड़े डायरेक्टर और दूसरे लोग भी साथ होते थे, तो मैं हमेशा उनके सामने कहता कि साहिर साहब के दो सौ रुपए मेरे पास हैं, लेकिन मैं वापिस नहीं कर रहा हूँ, तो वो ज़रा एम्बैरेस भी होते थे और हँसते थे। फिर हँसते थे और बात को टालने की कोशिश करते हुए कहते, 'नहीं-नहीं भई, ले लूँगा मैं, ऐसी क्या बात है।' और मैं कहता था कि 'वो मैं देने वाला नहीं हूँ, वो तो मेरे पास रहेंगे।'

वक़्त गुज़र गया और एक दिन मुझे यह फ़ोन मिला कि उनका इंतिक़ाल हो गया है। मैं उनके घर गया। घर में कोई और था नहीं, एक साबिर दत्त थे उनके दोस्त और एक मैं था। रात को हम दोनों उसी घर में सो गए। सुबह तक दूसरे लोग आ गए, जैसे चोपड़ा साहब और दूसरे लोग। फिर उनका जनाज़ा क़ब्रिस्तान ले जाया गया। उन्हें दफ़्न कर दिया गया। मैं बाहर निकला तो एक आदमी भागता हुआ आया, मुझे याद है वो कौन था। उसने पूछा, 'दो सौ रुपए हैं क्या?' मैंने कहा, 'दो सौ रुपए क्यों, क्या बात है?' कहने लगा कि 'वो जो आदमी है, जिसने क़ब्र खोदी है, उसको देना है। अब यहाँ तो कोई और है नहीं और मुझे तो जैसे ही साहिर साहब की डेथ का मालूम हुआ, तो मैं ऐसे ही उठ कर चला आया। मेरी जेब में तो बटुआ भी नहीं है।' तो मैंने जेब में से दो सौ रुपए निकाल कर उन्हें दे दिए और चला आया। मैं अपनी कार में बैठ कर घर आ रहा था और अचानक मुझे याद आया, क़र्ज़ था, जो आज अदा हुआ।

बहरहाल, अब वो नहीं हैं, लेकिन उनके गीत हमारे साथ हैं और जब तक उनके गीत हमारे साथ रहेंगे, साहिर हमारे साथ रहेंगे।

82

सुरों का समंदर

राहुल रवैल की फ़िल्म 'और प्यार हो गया' का म्यूज़िक देने नुसरत हिन्दुस्तान आए थे, इस शर्त पर कि उन्हें गाने के लिए लता मंगेशकर और लिखने के लिए जावेद अख़्तर चाहिए। ये उनकी इज़्ज़त अफ़ज़ाई थी कि उन्होंने मेरा नाम लिया वो भी लता मंगेशकर जैसी फ़नकार के साथ। जिस वक़्त हम ये फ़िल्म कर रहे थे तब एचएमवी वालों को ये ख़याल आया कि क्यों न हम दोनों के साथ एक एल्बम बनाएँ। इसके पहले भी मुझे ऐसे प्रस्ताव आए थे पर मैंने सोचा था फ़िल्मों में लिख रहा हूँ, काफ़ी है, लेकिन जब बात ये हुई कि ये एल्बम जिसका नाम 'संगम' होगा, जिसमें पाकिस्तान के फ़नकार नुसरत फ़तेह अली ख़ान होंगे और हिन्दुस्तान के राइटर जावेद अख़्तर होंगे तो मुझे लगा कि ये तो हम अपने मुल्क को रिप्रेज़ेन्ट कर रहे हैं और ये तो इज़्ज़त की बात है। फिर इस एल्बम पर काम करना शुरू किया। समंदर किनारे एक बंगला था, जहाँ हम यह काम कर रहे थे। वे पूरे वक़्त अपनी मौसिकी में ही रमे रहते थे। मुझे कभी-कभी लगता था कि मेरे सामने दो समंदर हैं - एक जो ये बह रहा अरेबियन सी है और दूसरी तरफ़ ये आदमी जो बैठा है, ये भी एक समंदर है। इसके अंदर संगीत का, सुरों का एक समंदर भरा हुआ है। नुसरत के सुरों की जो सिम्प्लिसिटी है उसको अचीव करने के लिए आपके अंदर बहुत इल्म और बहुत इंट्रीकेसी चाहिए। ये सिम्प्लिसिटी आसानी से नहीं आती। नुसरत की शख़्सियत ने मेरे ज़ेहन में एक गहरा असर छोड़ा था, जो आज तक है।

उस दरम्यान उनसे कई मुलाक़ातें हुईं और मुझे मौक़ा मिला उन्हें क़रीब से देखने का। उनका फ़ोकस सिर्फ़ काम पर रहता था। किसी एक आदमी की बुराई नुसरत के मुँह से नहीं सुनी। वे या तो मेरे शे'र सुनते थे या फिर अपनी मौसिकी में रमे रहते थे।

फ़नकार नुसरत फ़तेह अली ख़ान के साथ जावेद अख़्तर

हुस्नेजाना की तारीफ़ मुमकिन नहीं
आफ़रीं आफ़रीं आफ़रीं आफ़रीं
तू भी देखे अगर, तो कहे हमनशीं
आफ़रीं आफ़रीं आफ़रीं आफ़रीं
चेहरा इक फूल की तरह शादाब है
चेहरा उसका है या कोई महताब है
चेहरा जैसे ग़ज़ल, चेहरा जाने ग़ज़ल
चेहरा जैसे कली, चेहरा जैसे कंवल
चेहरा जैसे तसव्वुर भी तस्वीर भी
चेहरा इक ख़्वाब भी चेहरा ताबीर भी
चेहरा कोई अलिफ़ लैलवी दास्ताँ
चेहरा इक पल यक़ीं, चेहरा इक पल गुमाँ
चेहरा जैसा कि चेहरा कहीं भी नहीं
माहरू-माहरू, महजबीं-महजबीं
आफ़रीं आफ़रीं आफ़रीं आफ़रीं

गायक : *नुसरत फ़तेह अली ख़ान*

एल्बम : *संगम*

1996

मुझको यक़ीं है सच कहती थीं
जो भी अम्मी कहती थीं
जब मेरे बचपन के दिन थे
चाँद में परियाँ रहती थीं

एल्बम : *सिलसिले*

1998

गायक : *जगजीत सिंह*

83

जादुई आवाज़

जगजीत सिंह हिन्दुस्तान की एक अजीम शख़्सियत थे। हमारे मुल्क में गायकी को आमतौर पर फ़िल्मों के साथ जोड़कर देखा जाता है। फ़िल्मी गीत गाने वालों को ज़्यादा तवज्जो मिलती है, लेकिन जगजीत सिंह जुदा थे। उन्होंने ग़ज़ल के ज़रिए अपना एक मुक़ाम बनाया, जहाँ तक पहुँचना सबके बूते की बात नहीं है। ज़माना बदला, गीतों और गायकी की शैली बदली, लेकिन जगजीत का जलवा हमेशा बरकरार रहा। वे अपनी जादुई आवाज़ के जरिए 70 के दशक में चमके थे और अगले 40 साल तक राज करते रहे।

कोई जो मिला तो मुझे
ऐसा लगता था जैसे
मेरी सारी दुनिया में
गीतों की रुत और रंगों की बरखा है
ख़ुशबू की आँधी है
महकी हुई-सी अब सारी फ़िज़ायें हैं
बहकी हुई-सी अब सारी हवाएँ हैं
खोयी हुई-सी अब सारी दिशाएँ हैं
बदली हुई-सी अब सारी अदाएँ हैं
जागी उमंगें हैं धड़क रहा है दिल
साँसों में तूफ़ाँ हैं
होंठों पे नग़में हैं
आँखों में सपने हैं ...

गायक : शंकर महादेवन

84

प्रतिभाशाली गायक

शंकर महादेवन प्रतिभाशाली गायक और संगीतकार हैं। 'ब्रेथलेस' उनका पहला एल्बम है। मेरे दिल में उनकी प्रतिभा के लिए बहुत इज़्ज़त है।

एल्बम : *ब्रेथलेस*

1998

शंकर महादेवन, जावेद अख़्तर और शबाना आज़मी

85 गुफ़्तगू [शंकर महादेवन के साथ अरविंद मण्डलोई]

जावेद साहब मेरे लिए फ़ादर फ़िगर हैं और अथाह नॉलेज वाले व्यक्ति हैं : शंकर महादेवन

जावेद साहब के साथ आपका जो एल्बम 'ब्रेथलेस' आया था, उसमें क्या ख़ास बात थी?

हम लोग, यानी जावेद साहब, वो 'एचएमवी' वाले और मैं, उनके ऑफ़िस में मिले। हम बात कर रहे थे कि किस तरह का एल्बम करना चाहिए। उन्होंने कहा कि 'शंकर साहब, मेरे दिमाग़ में एक आइडिया बहुत सालों से चल रहा है और मैंने इस आइडिया के बारे में कई क्लासिकल आर्टिस्ट, फ़िल्मी आर्टिस्ट, कम्पोज़र्स के साथ डिस्कस किया है। सभी लोग एक्साइट होते हैं, लेकिन आगे कैसे बढ़ा जाए, उनको समझ में नहीं आता है। वे एक ख़ास पॉइंट से आगे नहीं बढ़ पा रहे हैं।' उन्होंने बताया कि 'जब भी मैं क्लासिकल म्यूज़िक सुनता हूँ, तो उसमें अजीब-अजीब तरह के तान होते हैं, सरग़म होते हैं, सब इम्प्रोवाइज़ होता है, लेकिन उसका कोई रूप नहीं है, उसका कोई एक फिक्स्ड डायरेक्शन नहीं है। आप जब गाना गाते हो, तो उसमें एक बिल्कुल बँधा हुआ मुखड़ा होता है, फिर एक म्यूज़िक आता है, फिर एक अंतरा है, तो इसमें लगता है कि आप बँधे हो कहीं, इसके कुछ पैरामीटर्स हैं। तो हम ये तान और ये सरगम का जो पैटर्न्स है, इस पैराबोला को क्या हम लोग एक गाने में नहीं लेकर आ सकते, जिसमें शब्द को लेकर हम लोग विदाउट पैटर्न कुछ करें?' मैं बोला, 'एल्बम सर इसी से शुरू करते हैं, और पूरा गाना एक साँस में रखते हैं। लगना चाहिए कि एक नदी बह रही है, उसका कोई डायरेक्शन नहीं है... लेफ्ट-राइट, आगे-पीछे, ऊपर-नीचे जाना चाहिए, जैसे कि कोई तान ले रहे हो, लेकिन उसमें वर्ड्स होने चाहिए।' मैंने कहा कि 'सर! इसका कोई स्टार्टिंग पॉइंट तो होना चाहिए, कहीं से हम शुरू करें। आपको एक आधा सेकंड का मीटर देता हूँ। उस मीटर को लेकर आप चलिए।' तो मैंने सिर्फ़ इतना गाकर दे दिया, 'तननन नननन नननन नननन।' वो बोले, 'चलो लिखता हूँ, नो प्रॉब्लम।'

दस दिनों बाद उनका फ़ोन आया, तो मैं जुहू में, उनके घर 'सागर सम्राट' में गया। वो चार फुल स्केप शीट्स लेकर आए, बोले, 'ये लो।' बिगिनिंग से नीचे तक सिर्फ़ शब्द ही शब्द, शब्द ही शब्द, शब्द ही शब्द। मैंने कहा, 'ये क्या है जावेद साहब?' तो बोले, 'ये है आपका ब्रेथलेस।' मैं बोला

कि 'एक काम कीजिए सर, आप एक पर्टिकुलर अंदाज़ में उसे पढ़ कर सुनाइए', तो उन्होंने पूरा पढ़ कर सुनाया। फिर वो फुल स्केप शीट्स लेकर मैं निकल गया। टैक्सी में जुहू से मेरे डिक्टाफ़ोन में मैंने कंपोज़ करना शुरू किया। हर शब्द को एनालाइज़ करते-करते, कंपोज़ करते-करते मैं वाशी पहुँचा, जहाँ पर मैं रहता हूँ नवी मुंबई... और 'ब्रेथलेस' कंपोज़ हो चुका था। जब कॉन्फ़िडेंस आ गया तो मैंने बोला, 'जावेद जी! अभी आइए आप, सुनिए आपका 'ब्रेथलेस।' वो आए और सुनकर बोले कि 'मैंने कभी लाइफ़ में ऐसा कुछ सुना नहीं है, द वे यू हैव एक्ज़ीक्यूटेड... उन्होंने बहुत प्यार, बहुत दुआएँ दीं। और वो जो एक कनेक्शन बना ना, वो अभी तक बना हुआ है।

जावेद साहब के साथ आपने इतनी फ़िल्में की हैं। वो जब आपके लिए गीत लिखते हैं, तो वो हैंडलिंग कैसे होती है, आपने उनकी ख़ासियत में क्या महसूस किया?

जावेद साहब जैसे आर्टिस्ट इंडस्ट्री में लंबे समय से रहने के कारण सीनियर हैं, लेकिन सीनियर का मतलब ये नहीं कि वे पुराने पड़ गए हैं। ये ऐसे कलाकार हैं, जो वक़्त के साथ आगे जाते हैं। ऐसे कलाकार अतीत की ग्लोरी में नहीं जीते, वे साथ चलते हैं। मतलब कि एक बच्चे जैसा उत्साह है उनमें। दस बार वो फ़ोन करेंगे, 'अरे यार, क्या हो रहा है यार, कुछ बताओ कि क्या कर रहे हो, कब मिल रहे हो।' और गाने, कितने गाने हम लोग टेलीफ़ोन में लिखे हैं। 'कल हो न हो' जो गाना है, टेलीफ़ोन में लिखा गया था। एमिरेट्स के लॉउन्ज में लिखा है, गाड़ी में लिखा है, कहीं पर भी लिखा है। तो उनके पास ऐसा अद्भुत उत्साह रहता है। तो एक-एक शब्द, एक-एक लाइन वो लिख देंगे, दो लाइन लिख देंगे, फिर उस लाइन को बदल-बदल कर, बिल्कुल फ़ाइन कर देंगे। उनकी ख़ासियत ये है कि एक सिम्पल लैंग्वेज में बहुत बड़ी बात कह देते हैं। सिम्पल बात, सिंपल लैंग्वेज में जो आम आदमी भी समझ जाएगा, उसमें बहुत डीप बात कह देंगे। जैसे वो जो 'कल हो न हो' वाला गाना है उसमें इतनी गहराई है कि वह इस धरती के सभी इंसानों को टच करता है। बहुत सिम्पल शब्द हैं, जो आपको टच करते हैं। उनके साथ मेरी एक बहुत ही स्पेशल रिलेशनशिप है। मेरा कोई दूर का रिश्तेदार भी फ़िल्मों में नहीं है। मैं कुछ अलग बैकग्राउंड से आया हूँ, तो उनका मुझे एक सपोर्ट है कि 'तुम करो यार, मैं हूँ तुम्हारे साथ।' वो एक ऐसे इंसान हैं, जिन्होंने इस इंडस्ट्री को अंदर-अंदर से देखा है। वे सबको जानते हैं और उनसे कैसे डील किया जाए, यह भी वे जानते हैं। वे मेरे लिए बड़े भाई के समान हैं। वे मेरे लिए एक फ़ादर फ़िगर हैं। एक बहुत स्ट्रॉन्ग पर्सनैलिटी और अथाह नॉलेज वाले व्यक्ति हैं वो।

जब आपको किसी और गीतकार के साथ काम करना पड़ता है, तो क्या कभी ऐसा भी फ़ील होता है कि यार इस जगह जावेद अख़्तर होना चाहिए?

बहुत बार...बहुत बार। देखिए, क्या है कि मैं आपको एक टेक्निकल पॉइंट से बताता हूँ। देखिए, एक पर्टिकुलर जगह में एक वर्ड शायद बैठ भी जाएगा, लेकिन वो वर्ड एक 'लेगो ब्लॉक' जैसा बैठना चाहिए। जब आप 'लेगो ब्लॉक' बैठाते हो तो वो इतना परफ़ेक्ट जाकर बैठता है और वो एक फ़ीलिंग आती है कि यार इस जगह में इस वर्ड के अलावा कुछ और हो ही नहीं सकता है। तो अक्सर ऐसा होता है कि गाना मीटर में तो है, लेकिन कभी-कभी ऐसा लगता है कि यार इधर ऐसा कुछ होना चाहिए जो इस जगह के लिए बनाया गया है। तो ऐसा बहुत बार महसूस होता कि यार, काश, यहाँ पर जावेद जी होते तो ऐसा कुछ लिख देते, और वो भी सिम्पल शब्दों में।

Kaifi

86

पुराने गाने जैसे थे, उन्हें वैसे ही रहने देना चाहिए

पुराने गानों को ज़रूरत के अनुसार रीक्रिएट करने का सिलसिला रुकना चाहिए। मुझे यह पसंद नहीं है, लेकिन यह एक लोकतांत्रिक समाज है, इसलिए यहाँ किसी को कुछ भी करने की आज़ादी है। पुरानी चीज़ों को वैसा ही रहने दें, जैसी वे हैं और नई चीज़ें बनाएँ। पुरानी चीज़ों को नया करने की क्या ज़रूरत है? आज आनंद बख़्शी साहब (जिन्होंने टिप टिप बरसा पानी लिखा था) हमारे बीच नहीं हैं, जो विरोध कर सकें। मेरे गीत, 'घर से निकलते ही, कुछ दूर चलते ही' से छेड़छाड़ की गई। महाकवि नीरज के गीत 'ऐ भाई ज़रा देख के चलो' के साथ भी ऐसा हुआ है।

मुझे नहीं मालूम कि लोग पुराने गीतों का रीमिक्स क्यों बनाते हैं, यह संगीत निर्देशकों द्वारा अक्षमता की स्वीकार्यता है कि वे इस स्तर के गाने बनाने में सक्षम नहीं हैं। उन्हें यह विश्वास होना चाहिए कि वे सुपर हिट गीत दे सकते हैं। उन्हें उधार क्यों लेना चाहिए, इसकी क्या ज़रूरत है। इसके अलावा, लता मंगेशकर, मोहम्मद रफ़ी, किशोर कुमार के गीत... ये हमारी सांस्कृतिक विरासत हैं, जैसे हमारे देश में अजन्ता-एलोरा की गुफ़ाएँ धरोहर हैं। आजकल मुकेश और मोहम्मद रफ़ी के पुराने मधुर गीतों पर न्यूड मॉडल डांस कर रहे हैं और इस बढ़ते हुए ख़तरे को केवल आम जनता ही रोक सकती है।

अपने 75वें जन्मदिन के मौक़े पर रेट्रो थीम पार्टी में जावेद अख़्तर, साथ में शबाना आज़मी। जानकी कुटीर (मुम्बई, 2020)

87

सिनेमा में बरसों से कोई बड़ा विलेन आया ही नहीं

जब आप अपने बच्चों को चिड़ियाघर में ले जाते हैं, तो वे सबसे पहले उस पिंजरे की ओर भागते हैं, जिसमें शेर रहता है। सुंदर, रंग-बिरंगे पक्षियों को बाद में देखा जाता है। इसका कारण यह है कि हम सभी पहले ताक़तवर, ख़तरनाक जानवरों को देखना पसंद करते हैं, जो डर पैदा करते हैं। सिनेमा के साथ भी यही होता है। जैसे शेर आकर्षित करता है, वैसे ही एक विलेन भी आकर्षित करता है। चाहे वह 'ज़ंजीर' का तेजा हो या 'शोले' का गब्बर या 'शान' का शाकाल हो या फिर 'मि. इंडिया' का मोगेम्बो। इन सबकी एक अपनी स्टाइल है और एक उनमें एक कॉमन लिंक है। वे घटिया ऐय्याश नहीं हैं और उनमें से किसी ने भी महिलाओं से छेड़छाड़ करने की कोशिश नहीं की है। शोले में, गब्बर बसंती पर एक कमेंट करता है – 'अरे ओ साँभा, ये रामगढ़ वाले अपनी बेटियों को कौन चक्की का पिसा आटा खिलाते हैं रे। जरा दारी के हाथ-पाँव देख, बहुत करारे हैं साले!' यह उसकी सेक्सुअलिटी पर नहीं, बल्कि उसकी ताक़त पर टिप्पणी है। यही बात वह घोड़े के लिए भी कह सकता था। फ़िल्म 'शान' में, शाकाल राखी का अपहरण कर लेता है और कहता है कि 'तुम पनीर का एक टुकड़ा हो और तुम्हारा पति तुम्हारे पीछे एक चूहे की तरह दौड़ता हुआ जाल में आएगा।' राखी कमज़ोर नहीं पड़ती हैं, लेकिन शाकाल कहता है, 'चिंता मत करो, तुमको कोई नुक़सान नहीं होगा, क्योंकि मेरे पास इस तरह की फालतू चीज़ों के लिए वक़्त नहीं है, तुमको केवल तब तक यहाँ रहना होगा, जब तक कि तुम्हारा पति नहीं आ जाता।' इस बयान को लोगों ने सराहा था। अगर विलेन के पास उसकी अंतर्निहित गरिमा रहे तो उससे नफ़रत करने के बजाय उसकी प्रशंसा की जाएगी। जीवन या कन्हैयालाल या रंजीत या प्रेम चोपड़ा ने जिस तरह की भूमिकाएँ की हैं, उसे दर्शकों द्वारा सराहा नहीं जाएगा। सिनेमा में इन दिनों कोई ताक़तवर विलेन नहीं है। बरसों से कोई बड़ा विलेन ही नहीं आया। रोनित रॉय अच्छे हैं, लेकिन वह ज़्यादा फ़िल्मों में नज़र नहीं आते हैं।

जावेद अख़्तर से फ़ोटो जर्नलिस्ट प्रदीप चंद्रा की बातचीत पर आधारित

हिन्दी सिनेमा के नामचीन विलेन : अजीत, अमजद ख़ान, कुलभूषण खरबंदा और अमरीश पुरी

हिन्दुस्तानियों का जो फ़िल्म संगीत है, वो हिन्दुस्तानियों को जोड़ता है

पुराने गीत सिर्फ़ गीत नहीं होते हैं, ये आपको उस समय के संस्कार भी बताते हैं। उस समय क्या जीने का ढंग है, क्या लोगों के विश्वास हैं, लोगों का व्यवहार क्या है, उनके मूल्य क्या हैं, वो आपको धुन से भी मालूम होता है, आपको आवाज़ से भी मालूम होता है, आपको शब्दों से भी मालूम होता है। हम 50 के, 60 के दशक के गाने सुनते हैं, तो कुछ संस्कार हैं, कुछ तहज़ीब है उनमें। वो गाने में भी है, वो धुन में भी है, वो शब्द में भी है। उनमें जो बात कही जा रही है, तमीज़ से कही जा रही है। जो धुन है, वो तमीज़ से आगे चल रही है, जो गाया जा रहा है, वो एक शराफ़त के साथ गाया जा रहा है, लेकिन वो अब आपको मिलता ही नहीं।

ये जो बीच में बिचौलिए हैं, जो हमारा सामान लेकर पब्लिक को देते हैं। वो कहते हैं कि पब्लिक को यही चाहिए, यंग जनरेशन को यही चाहिए। अरे यंग जनरेशन को यही चाहिए, तो फिर टीवी पर इतने सारे जो म्यूज़िकल कॉन्टेस्ट आते हैं, उन पर लता मंगेशकर के गाने क्यों गाती हैं लड़कियाँ? वहाँ तो वही पुराने गाने गाए जाते हैं रफ़ी के, किशोर के, मुकेश जी के गाने गाते हैं। ये तो नहीं गाते, जो आज हैं। इससे ज़ाहिर होता है कि यंग जनरेशन पर ये झूठा इल्ज़ाम है। सच ये है कि जिनके हाथ में धंधा है उनका ये टेस्ट है, उनकी ये समझ है। और हिन्दुस्तान का जो फ़िल्मी संगीत है, वो एक ऐसी चीज़ है कि आप अमेरिका चले जाइए, इंग्लैंड चले जाइए, आप पोलैंड चले जाइए, सिंगापुर या कहीं भी चले जाइए, वहाँ जब शाम को रिसेप्शन होता है, पार्टी होती है, वहाँ थोड़ी देर बाद कोई हिन्दी पिक्चरों का गाना गाना शुरू करता है और सबके सब वही पचास के दशक के, साठ के दशक के, सत्तर के दशक के गाने गाते हैं। हिन्दुस्तानियों का जो फ़िल्म संगीत है, वो हिन्दुस्तानियों को जोड़ता है।

हमारी फ़िल्मों के गीतों का कॉन्ट्रिब्यूशन है। हमारे जो राइटर हैं, शैलेंद्रजी, साहिर साहब, क्या-क्या लिखा है इन लोगों ने। इन्होंने ये नहीं कि सिर्फ़ फ़िल्म की सिचुएशन पर लिख दिया है, इनके गीत जो हैं, वो हमारी ज़िन्दगी का हिस्सा बन गए हैं। लताजी ने कोई गीत गा दिया, वो हमारी ज़िन्दगी का हिस्सा बन गया है। जब कोई ख़ास भावना या कोई इमोशन या कोई फ़ीलिंग हमारी होती है, तो वो गीत हमारा रेफ़रेंस पॉइंट बनता है। हमें वो गीत उस मूड में याद आता है। इन गीतों ने क्या-क्या हमें दिया है। कॉमन मैन फ़िलॉसफ़ी भी होती थी इन गीतों में।

संगीतकार लक्ष्मीकांत और निर्माता-निर्देशक यश चोपड़ा के साथ जावेद अख़्तर

89

हिन्दी फ़िल्मों का गीत-संगीत: 'द गोल्डन इयर्स 1950-1975'

ज़ी क्लासिक चैनल पर 2016 में आए जावेद अख़्तर के लोकप्रिय टेलीविजन शो 'द गोल्डन इयर्स 1950-1975' के सारे एपिसोड दर्शकों एवं फ़िल्म संगीत प्रेमियों द्वारा काफ़ी सराहे गए। जावेद अख़्तर के साथ की गई इस संगीतमय यात्रा में हिन्दी फ़िल्म गीत-संगीत के साथ-साथ हिन्दी सिनेमा और फ़िल्म इंडस्ट्री की कई कही-अनकही कहानियों से भी आप रूबरू हुए।

90

क्लासिक लीजेंड्स : हिन्दी सिनेमा के महान कलाकारों के जीवन की पड़ताल

क्लासिक लीजेंड्स भारतीय टेलीविजन पर प्रसारित एक हिंदी एंटरटेनमेंट शो है, जिसमें हिंदी फ़िल्म इंडस्ट्री के उल्लेखनीय और प्रतिभाशाली लोगों के बारे में जावेद अख़्तर ने बहुत ही रोचक और सारगर्भित तरीक़े से बात की है। शो के पहले चार सीज़न ज़ी क्लासिक पर प्रसारित किए गए थे, और पाँचवें सीज़न का प्रसारण ज़ी अनमोल सिनेमा, ज़ी बॉलीवुड और ज़ी सिनेमा एचडी पर हुआ था। शो में, जावेद अख़्तर ने हिन्दी सिनेमा के स्वर्ण युग के महान कलाकारों के जीवन की पड़ताल की है, जिन्होंने अपने दमदार परफॉरमेंस से सिल्वर स्क्रीन को ग़ौरवान्वित किया। शो के पहले सीज़न का प्रीमियर 11 दिसंबर, 2011 को हुआ था। प्रत्येक एपिसोड एक कलाकार पर फ़ोकस है, और इस सीरीज़ में हिन्दी सिनेमा के लोकप्रिय हीरो, हीरोइन, म्यूज़िशियन, डायरेक्टर, सिंगर और गीतकार शामिल हैं।

टाटा स्काई प्रोग्राम पेश करते हुए जावेद अख़्तर

91

टाटा स्काई–जावेद अख़्तर एक्टिव :

आम ज़िन्दगी और क्लासिक शायरी एवं दोहे

आज की भागदौड़ वाली ज़िन्दगी में, टाटा स्काई ने अपने प्लेटफॉर्म से एक ख़ास प्रोग्राम प्रसारित किया है, जिसमें फ़िल्म लेखक, गीतकार एवं शायर जावेद अख़्तर कोई क्लासिक दोहा या शायरी सुनाते हैं और आम ज़िन्दगी के संदर्भ में इन रचनाओं की व्याख़्या करते हैं, जो लोगों में व्यापक जीवन मूल्यों की स्थापना करती हैं।

शे'र

कुछ तो होते हैं मोहब्बत में जुनूँ के आसार
और कुछ लोग भी दीवाना बना देते हैं
– ज़हीर देहलवी

वाक़ई ऐसा ही होता है। इंसान जब किसी चीज़ पर फ़ोकस करता है, कोई भी चीज़ से उसकी ऐसी मोहब्बत हो कि दूसरी चीज़ें ग़ैर-अहम हो जाएँ तो कुछ लोग उसे अजीब नज़रों से देखते हैं। इसलिए कि शायद आमतौर से इंसान इतना बिखरा हुआ है, इतने ख़ानों में बँटा हुआ है कि कहीं भी वह पूरा नहीं है। अधूरा-अधूरा सा हर तरफ़ फैला हुआ है। कुछ लोग अपने काम से, किसी इंसान से, किसी मक़्सद से, किसी लक्ष्य से या किसी बात से ऐसी मोहब्बत करते हैं और उसे लेकर एक जुनून उनमें आता है और लोग उसे दीवाना समझने लगते हैं। मुझे ऐसा लगता है कि दो वजह होंगी। एक वजह तो – लोग जो हैं उसे दीवाना इसलिए समझने लगते हैं कि भाई, एक ही चीज़ इतनी इंपोर्टेन्ट कैसे हो गई तुम्हारे लिए? ये तो दीवानगी की बात है। यह भी वजह होगी कि उन्हें, इसकी ये जो ताक़त है, ये जो इसका फ़ोकस है, ये जो एक जगह सिमट जाना है, एक नुक़्ते पर, ये उन्हें कहीं डराता भी है और वे अपने डर को निकालने के लिए उसे दीवाना ही समझते हैं। ये तो दीवाना है इसलिए कि हमारे जैसा नहीं है। हमारे जैसा नहीं है तो ग़लत है।

मोहब्बत करने वाले को दीवाना समझना कोई हैरत की बात नहीं है। इसलिए कि जब ज़िन्दगी की बहुत सारी चीज़ों को छोड़ दें – मुझे ये नहीं चाहिए मुझे सिर्फ़ ये चाहिए – तो ये जो उसकी लापरवाही है बाक़ी चीज़ों से, वो लोगों के अंदर डर पैदा करती है और वो इसी में अपना भला समझते हैं कि इसको दीवाना समझें और दीवाना कहें। कुछ तो होते हैं मोहब्बत में जुनूँ के आसार, कुछ तो दीवानगी होती भी है। इसमें भी कोई शक नहीं, इसलिए कि वाक़ई आप में एक दीवानगी ही चाहिए, ज़िन्दगी की बहुत सी चीज़ों को ठुकराने के लिए, ज़िन्दगी में बहुत सारे चैलेंज एक्सेप्ट करने के लिए, बहुत सी दीवारों को तोड़ने के लिए। आपके पास एक ऐसा सिर चाहिए जो आप मारते रहें दीवार पर कि दीवार टूट जाए। थोड़ा जुनून तो चाहिए होता है पाने के लिए। मोहब्बत में पाने की कोशिश होती है, उस मंज़िल तक पहुँचने की कोशिश होती है। किसी से भी मोहब्बत, ज़रूरी नहीं है कि इंसान से हो, वो एक मक़्सद से हो सकती है, एक लक्ष्य से हो सकती है, एक आइडियोलॉजी से हो सकती है। अगर है ऐसी मोहब्बत, तो उसमें जुनून के दीवानगी के कुछ तो आसार, कुछ तो निशान, कुछ तो ढंग होंगे, लेकिन और कुछ लोग भी दीवाना बना देते हैं। कुछ लोग भी फिर उसे दीवाना बना के ही सुरक्षित महसूस करते

हैं। उससे डरते हैं, उससे घबराते हैं, उसे अलग महसूस करते हैं। मैं आपको एक शे'र सुना रहा हूँ। एक ग़ज़ल थी मेरी जो नुसरत फ़तेह अली ने गाई भी है 'संगम' में, उसका एक शे'र है–

इश्क़ बेघर करे इश्क़ बेदर करे,
इश्क़ का सच है कोई ठिकाना नहीं
हम जो कल तक ठिकाने के थे आदमी,
देखिए आज कैसे ठिकाने लगे

होता यह है कि गुलामी में भी तो कुछ आराम है ना! गुलामी में कुछ चीज़ें मिल जाती हैं। आपको, लेकिन जब इंसान बंधन तोड़ता है, बंदिशें तोड़ता है, जब आप गुलामी से इंकार करते हैं तो बाक़ी जो चीज़ें उन बंदिशों के साथ मिलती हैं वो चीज़ें भी खो जाती हैं।

मीर, जिन्हें शायर–ए–जज़्बात कहा जाता है शायरी का बादशाह, उनका आप एक शे'र सुनिए, उनके यहाँ वाक़ई एक जुनून, एक दीवानगी बहुत ज़्यादा थी–

होगा किसी दीवार के साये में पड़ा मीर
क्या रब्त मोहब्बत से उस आराम–तलब को

अब आप देखिए यह मीर के बारे में उनका इल्ज़ाम है कि किसी दीवार के साये में पड़ा होगा। यह दीवार के साये में क्यों पड़ा है भाई? वह अपने घर में क्यों नहीं है? यह मीर है, जो यह जो इश्क़ करने वाला है, मोहब्बत करने वाला है, दीवार के साये में पड़ा है, तो यह बात तो मालूम हो गई कि इसका सब कुछ जा चुका है। अब इसके पार वही है–इश्क़ बेघर करे, इश्क़ बेदर करे; तो वो सब तो हो चुका है, लेकिन जो मोहब्बत करने वाले हैं या जो मोहब्बत की इज़्ज़त करते हैं, उन्हें यह भी बर्दाश्त नहीं है कि अच्छा तो तुम वहाँ दीवार के साये में पड़े हुए आराम कर रहे हो, बजाय इसके कि अपने जुनून की पूरी नुमाइश करते, इश्क़ के लिए जान दे रहे होते। यह इतना सख़्त इम्तिहान है मोहब्बत का कि उनको यह भी बर्दाश्त नहीं होगा।

जमीलुद्दीन आली, हमारे उर्दू के बहुत अच्छे शायर हैं। दिल्ली के रहने वाले थे, अब हिन्दुस्तान में नहीं रहते। बहुत अच्छा उनका शे'र है –

कुछ न था याद बजुज़ कार–ए–मोहब्बत
इक उम्र,
वो जो बिगड़ा है तो अब काम कई याद आए
बजुज़ मतलब सिवाय, कार–ए–मोहब्बत मतलब मोहब्बत के काम

एक ज़माने तक सिवाए मोहब्बत के मुझे तो कुछ याद नहीं। मोहब्बत से दिल उठ गया था,

दिल टूट गया या कोई ऐतबार जाता रहा या कोई यक़ीन ख़त्म हुआ या दिल उचाट हो गया तो अब ध्यान आया कि क्या-क्या चीज़ें खो दी थीं। क्या-क्या काम अधूरे रह गए थे, लेकिन मोहब्बत करने वाले आज भी हैं और हमेशा रहेंगे। मुझे फ़ैज़ का एक अच्छा शे'र याद आ रहा है आज के वक़्त में भी-

हम सहल-तलब कौन से फ़रहाद थे लेकिन
अब शहर में तेरे कोई हम सा भी कहाँ है

फरहाद-शीरीं की बड़ी मशहूर कहानी है, जिसमें उसको कहा गया था कि तुम यह पहाड़ काट के यहाँ एक दूध की नहर बहा दोगे तो तुम्हारी शादी शीरीं से कर दी जाएगी। वो अकेला तिशा (कुदाल जिससे पत्थर तोड़े जाते हैं) लेकर पहाड़ काटता रहा, काटता रहा। आख़िर उसने पहाड़ काट दिया। तो वो था फ़रहाद! हम आराम-तलब उसे कहते हैं, जिसे आराम चाहिए और सहल-तलब उसे कहते हैं, जो आसान काम करना चाहे।

आज ज़िन्दगी बड़ी मटेरियलिस्टिक (भौतिकतावादी) हो गई है, लक्ष्य बदल गए हैं। तो अब कौन है फ़रहाद जो एक शीरीं के लिए पहाड़ काटे। हम तो उतने नहीं हैं माना, लेकिन सच है कि हम जितनी मोहब्बत करते हैं, हम में जितना प्यार है उतना भी कहाँ दुनिया में मिलता है। यही थोड़ा-बहुत जो प्यार हमें है, जो मोहब्बत है हमारे दिलों में वही रहे, वही बाक़ी रहे यही गनीमत, लेकिन सच यह है कि आज भी फ़रहाद है। आज भी मजनू है। वो जंगल में लैला-लैला करते ना घूमे, इसलिए कि जंगल ही आजकल मिलना मुश्किल है। वो शहरों में ही रहते हैं, लेकिन लैला भी है और मजनू भी है और वह सोहनी भी है, जो कच्चे घड़े पर चिनाब पार कर ले। चिनाब आज भी है। हर शहर में, हर घर में चिनाब मिल जाते हैं, जिन्हें सोहनी कच्चे घड़े पर पार करने की हिम्मत रखती है। तो-

कुछ तो होते हैं मोहब्बत में जुनूँ के आसार
और कुछ लोग भी दीवाना बना देते हैं

दोहा

रहिमन धागा प्रेम का, मत तोड़ो चटकाय
जोड़े से फिर ना जुड़े, जुड़े गाँठ पड़ जाए

अब्दुल रहीम ख़ानख़ाना अक़बर के पोएट लॉरियट (राजकवि) थे और महाकवि तुलसीदास जी के बहुत गहरे दोस्त। यह बड़ा मशहूर दोहा है उनका। कहने को तो बड़ी सीधी सी बात है, लेकिन जैसे अच्छे दोहे में होती है, इसमें भी एक गहराई है, परते हैं। अगर आप देखने जाएँ तो अंदर दूर तक दिखाई देता है और बहुत कुछ दिखाई देता है। यूँ तो रहीम कह रहे हैं कि रहीम, प्रेम का धागा कभी तोड़ना नहीं! इसलिए कि वह जुड़ता नहीं और जुड़ता है तो उसमें

गिरह पड़ जाती है, गाँठ पड़ जाती है। लेकिन मुझे ऐसा लगता है कि इसकी दोनों पंक्तियों में, दोनों मिसरों में एक बात और भी है। रहीम यह भी कह सकते थे रहिमन धागा प्रेम का मत तोड़ो। यह 'चटकाय' की शर्त क्या है? चटकाय का मतलब है ज़ोर से, झटके से। दूसरी जो पंक्ति है उसमें भी दो बातें हैं। एक तरह से देखिए तो 'जोड़े से फिर न जुड़े' लेकिन उसके बाद फिर कहते हैं 'जुड़े गाँठ पड़ जाए' कि एक तो, वह जुड़ेगा ही नहीं, दूसरे, जुड़ेगा तो उसमें गाँठ पड़ जाएगी।

अब इसे हम शुरू से लेकर चलते हैं। पहली बात तो सबसे अच्छी यही है, जो रहीम का कहना है; रहिमन धागा प्रेम का मत तोड़ो। सच्ची बात यह है कि जो रिश्ते हैं, मोहब्बत के रिश्ते, अपनाइयत के रिश्ते, प्यार के रिश्ते, यह बंधन ना टूटे तो अच्छा है। जहाँ तक हो सके इसे आप निभाएँ, जहाँ तक हो सके इन्हें सँभाल के रखें। यही तो ज़िन्दगी की ख़ूबसूरती है, यही तो असली धन है, जो इंसान कमा सकता है – प्यार। लेकिन कभी-कभी ऐसा होता है और हम सबकी ज़िन्दगी में होता है कि कुछ धागे प्रेम के ऐसे होते हैं, जो अब लगता है कि इन्हें तोड़ना ही पड़ेगा या यह टूट ही जाएँगे। इसलिए कि ज़िन्दगी बड़ी कॉम्प्लिकेटेड है। उसमें बहुत सी बातें होती हैं। ऐसा हो ही नहीं सकता कि धागा कभी टूटे ही नहीं, टूट भी सकता है, लेकिन अगर धागा तोड़ना ही है तो उसके लिए रहीम आपको एक शर्त यह देते हैं कि धागा चटकाए नहीं। वो झटके से ना तोड़ो, वो ज़ोर से ना तोड़ो, वो बेरहमी से न तोड़ो, निर्दयी बन के ना तोड़ो। ये ज़रूरी है; इसलिए कि मैं समझता हूँ और यह आपकी आज़माइश है कि तीन सूरतों में इंसान पहचान में आता है। कहावत तो दो की है, लेकिन मैं एक बढ़ाऊँगा। 14 बरस तक एक इंसान के साथ रहो या साथ सफ़र करो तो मालूम होता है वह कैसा इंसान है। लेकिन एक कंडीशन और भी है, या इंसान को झगड़े में गुस्से में देखो। गुस्सा भी हर इंसान अलग-अलग तरह से करता है। जो उसका असली चरित्र है, जो उसका लेवल है, जो उसका कैरेक्टर है, वो बाहर निकल आता है।

शरीफ़ आदमी के गुस्से में भी एक शराफ़त होगी, वो उस रिश्ते को तोड़ेगा भी तो झटके से, बदसूरती से नहीं तोड़ेगा। और यही शायद रहीम आपसे कह रहे हैं। अगर बात यही होती कि रिश्ता ना तोड़ो तो शायद वह कभी कहते ही नहीं कि जोड़े से फिर ना जुड़े, जुड़े गाँठ पड़ जाए। काहे, कहते भाई? रिश्ता ना तोड़ो, ख़त्म हो गई बात। लेकिन यह बात रहीम को भी मालूम है कि कभी-कभी रिश्ता टूटता है। ये धागा जो है प्रेम का, कभी टूट भी जाता है। तो फिर कम से कम इस क़ाबिल तो रहे कि दोबारा जुड़ सके। तो बुरे से बुरे वक़्त में ऐसी बात ना कहो कि कल अगर दोस्ती हो, कल अगर रिश्ता फिर पनप सके तो, यह शब्द जो हैं वही दीवार बन जाएँ। बाक़ी बातें तो ठीक हो जाएँ, लेकिन यह जो झगड़े में बात हुई थी बाद में; झगड़ा जिस कारण हुआ था, वह कारण तो ख़त्म हो गया, लेकिन झगड़ा कारण बन गया, ऐसा नहीं होना चाहिए। हम लोग ज़रा लापरवाही से काम लेते हैं।

शब्द बड़ी ख़तरनाक चीज़ हैं। ये तलवार से ज़्यादा तेज़ और तीर से ज़्यादा नुकीले हो सकते

हैं। हम बिना सोचे-समझे बातें कर देते हैं कभी-कभी और ख़ासतौर से उनसे जिन्हें हम अपना समझते हैं। जिन्हें हम ग़ैर समझते हैं, पराया समझते हैं उनसे तो बड़े सँभल के बात करते हैं, लेकिन जिन्हें अपना समझते हैं, जिनसे प्रेम का धागा बँधा है; वहाँ लापरवाह हो जाते हैं। मैं तो ये कहूँगा कि पहले तो यही हो कि आपके प्रेम का धागा ना टूटे और टूटे तो चटका के ना टूटे ताकि फिर वह जुड़ सके, अगर टूट भी जाए। उसके लिए ज़रूरी यह है कि हम इस बात का ध्यान रखें कि इंसान का नेचर बड़ा अजीब है, कभी-कभी पहाड़ जैसी बात भी वह भुला देता है, कभी-कभी एक तिनका भी उसके दिल में जाकर चुभ जाता है। लिहाज़ा ज़रूरी है, हम सबके लिए ज़रूरी है कि हम जिनसे प्रेम बंधन में बँधे हैं उनको 'टेकन फॉर-ग्रांटेड' न लें, बल्कि हर बात सोच के, समझ के, नरमी से, नम्रता से और प्यार से ही कहे। वरना होता क्या है कि ये जो मोहब्बत का पौधा है, जब इसे ध्यान का, नम्रता का, नरम बात का, पानी रोज़ नहीं मिलता तो यह पौधा सूखने लगता है। यह धागा टूटने लगता है और हम हैरान हो जाते हैं कि ऐसा क्यों हो रहा है? इसलिए याद रखिए बस-

रहिमन धागा प्रेम का मत तोड़ो चटकाय
जोड़े से फिर ना जुड़े, जुड़े गाँठ पड़ जाए

नज़्म

दोस्तों, मजाज़ लखनवीं को उर्दू शायरी का शेली और कीट्स कहा गया है। जब हम मजाज़ का नाम लेते हैं तो सबसे पहले जिस नज़्म का ख़याल आता है उस नज़्म का उन्वान है, आवारा-

रास्ते में रुक के दम ले लूँ मेरी आदत नहीं
लौट कर वापस चला जाऊँ मिरी फ़ितरत नहीं
और कोई हम-नवा मिल जाए ये क़िस्मत नहीं
ऐ ग़म-ए-दिल क्या करूँ
ऐ वहशत-ए-दिल क्या करूँ

ये नज़्म तो बहुत लम्बी है। इसमें एक इंसान है, जो आवारा घूम रहा है। दरअसल, उर्दू शायरी में आवारा कोई बुरा लफ़्ज़ नहीं है। आवारा से मतलब ये नहीं है कि वो जो सड़क पर खड़ा सीटियाँ बजा रहा है या किसी लड़की को छेड़ रहा है, वो आवारा नहीं है उर्दू शायरी में। आवारा वो है, जो ज़िन्दगी का बँधा-ढका ढर्रा है, जो जाना-पहचाना रास्ता है, वो उसे छोड़ देता है। छोड़ कर कहाँ जा रहा है ये भी उसे ठीक से नहीं मालूम, लेकिन ये रास्ता मुझे नहीं चाहिए।

एक बहुत मशहूर राइटर था अल्बर्ट कामू। उसने एक अपनी कहानी में जुमला लिखा, बड़ा ख़ूबसूरत है जहाँ एक मालिक अपने नौकर से कहता है कि ''आई एम गोइंग अवे फ्रॉम हियर।'' तो नौकर पूछता है ''बट मास्टर, व्हे'र आर यू गोइंग?'' उसका जवाब देता मास्टर ''कांट यू अंडरस्टैंड, आई एम गोइंग अवे फ्रॉम हियर? देट इज़ व्हे'र आई एम गोइंग।'' कि मैं

यहाँ से जा रहा हूँ बस यही मेरे जाने का रीज़न है। ये जो आवारा इंसान है उर्दू शायरी में ये वो आवारा है, वो जो एक सिक्योर-रेगुलर लाइफ़ है, जो जानी-पहचानी ज़िन्दगी है, जो जाने-पहचाने रास्ते हैं, उन्हें छोड़ के किसी तलाश में निकला है। कभी उसे मालूम होता है कि किस बात की तलाश है और कभी ये भी मालूम नहीं होता कि वो क्यों भटक रहा है, लेकिन वो भटक रहा है। अब उसमें अजीब-अजीब लम्हे आते हैं। ज़ाहिर है कि आप जब घर से निकलते हैं, कहीं दूर चले जाते हैं, तो कभी-कभी पीछे की भी याद आती है। देखिए क्या ख़ूबसूरत शे'र है! और उस पर एक अजीब ग़म, और एक अजीब बेबसी, और एक अजीब इमोशन है -

ये सर्द रात, ये आवारगी, ये नींद का बोझ
हम अपने शहर में होते तो घर चले जाते

ये वो है, जो शायद अपना घर अपना शहर छोड़ के कहीं और गया है और दर-बदर की ठोकरें खा रहा है। क्यों? क्या तलाश है? ये तो मैं नहीं जानता। आप इसकी एक वजह सोच सकते हैं, मैं कुछ और सोच लूँ। शे'र तो ऐसे ही अपनाए जाते हैं। अब इस आवारा के बारे में आप अपनी राय बनाएँ, मैं अपनी राय बनाऊँगा। कैफ़ भोपाली, भोपाल के बहुत अच्छे शायर थे। उन्होंने भी क्या ख़ूबसूरत तस्वीर बनाई है-

सो गई शहर की सारी सड़कें,
एक आवारा मगर बाक़ी है

अब कुछ आवारा ऐसे भी होते हैं, जो अपनी आवारगी में भी एक नाज़ ढूँढ लेते हैं, एक फ़ख़्र ढूँढ लेते हैं।
हबीब जालिब का एक बहुत अच्छा शे'र है-

ये एजाज़ है अपनी आवारगी का
जहाँ भी गए दास्ताँ छोड़ आए

ये एजाज़ है अपनी आवारगी का, ये देखिए हमारी आवारगी का जादू है, हमारी आवारगी का कमाल है। जिधर से गुज़र गए, दास्ताँ छोड़ दी। आवारा जो है वो ये करता है कि उसकी अपनी एक कहानी होती है, इसलिए कि जो सबकी कहानी है, उससे अलग उसकी कहानी होती है। वो अलग रास्ता ढूँढता है।
ये ख़ूबसूरत शे'र सुनिए-

हमारे हर शऊर-ए-ज़िन्दगी का राज़ ठहरेगी
यही आवारगी कल बाइस-ए-एजाज़ ठहरेगी

कि बाद में अगर आपने रास्ता ढूँढ लिया और मंज़िल तक पहुँच गए तो आवारगी वर्चु (यश) बन जाती है, ख़ूबी बन जाती है, इसकी तारीफ़ होती है, इसके ऊपर आर्टिकल्स लिखे जाते हैं, किताबें लिखी जाती हैं, आपकी बायोग्राफ़ी लिखी जाती है।

बहुत ख़ूबसूरत शे'र है शहरयार का-

जुस्तजू जिसकी थी उसको तो न पाया हमने
इस बहाने से मगर देख ली दुनिया हमने

अब इस बहाने से दुनिया भी देख ली और मालूम हुआ जुस्तजू भी जो थी, वो भी हो गई। तो फिर क्या कहने आपके! आप तो आवारा हो गए, 'मेरे तो दोनों मीठे' जिसे कहते हैं। तो अब वो जो आप घूमे थे नगर-नगर और गली-गली, अगर ऐसे ये घूमा न होता, अगर ऐसे ये आवारा न फिरा होता तो इसे ज़िन्दगी की, दुनिया की, ज़मीन की ये समझ थोड़ी आती, जो है। ये कामयाब ही इसलिए हुआ है, ये इतना बड़ा ही इसलिए हुआ है कि इसने अपना रास्ता जो आम रास्ता था, छोड़ दिया। कहीं और निकल गया, शायद ये स्पिरिट होती है आवारा की कि-

जिधर जाते हैं सब, जाना उधर अच्छा नहीं लगता
मुझे पामाल रास्तों का सफ़र अच्छा नहीं लगता

तो जो आवारा जाने-पहचाने रास्ते, पामाल रास्ते छोड़ देता है और निकल जाता है तो उसके जीवन में तनहाइयाँ हैं, उसकी क़िस्मत में दुःख भी हैं, सर्द रातें भी हैं, नींद का बोझ भी है, लेकिन कभी वो ऐसे ही ढूँढते-ढूँढते मंजिल पा ले तो फिर यही तमाम आवारगी जो है उसकी ज़िन्दगी का हुस्न बन जाती है, उसकी कामयाबी की वज़ह ठहरती है।

समंदर के तल में मोती तो पड़े हैं बंद सीपों में, लेकिन वो कोई किनारे से नहीं हासिल कर सकता। जो कूद जाता है पानी में और अन्दर तक चला जाता है वो डूब भी सकता है, लेकिन समंदर से मोती लेकर तो वो ही आएगा जो इस तरह से कूद जाए। ये जो दीवानापन है, जो आपको आवारगी की तरफ़ ले जाता है, यकीनन, वो आपको तबाह भी कर सकता है, लेकिन ये भी सच है कि जब आवारगी आपको कहीं पहुँचाती है तो वो जगह ऐसी होती है कि वो लोग जो सीधे रास्ते पर चलते रहे वो हैरत से और इज़्ज़त से आपको देखते हैं। मैंने एक आवारगी को रदीफ़ बना कर लिखा था-

फिरते हैं कब से दरबदर
अब इस नगर, अब उस नगर
इक दूसरे के हमसफ़र
मैं और मेरी आवारगी...

......

92

फ़ेस ऑफ़ :

दूरदर्शन पर सबसे ज़्यादा देखा जाने वाला चुनावी चैट शो

दूरदर्शन पर 1998 में प्रस्तुत किए गए चुनावी चैट शो ' फ़ेस ऑफ़' को जाने-माने पत्रकार एवं कवि प्रीतिश नंदी और जावेद अख़्तर ने होस्ट किया था, जिसका निर्देशन फ़िल्मकार पंकज पाराशर ने किया था। इस शो में मनमोहन सिंह, अटल बिहारी वाजपेयी, जॉर्ज फ़र्नांडीस, मुलायम सिंह यादव, ज्योति बसु जैसे दिग्गज राजनेताओं के इंटरव्यू प्रस्तुत किए गए। ' फ़ेस ऑफ़' दूरदर्शन पर सबसे ज़्यादा देखा जाने वाला भारत का चुनावी चैट शो रहा। प्रस्तुत हैं दो पूर्व प्रधानमंत्रियों के वक्तव्य :

जब हमने जनसंघ बनाया था या आज हम भारतीय जनता पार्टी के नाम से काम कर रहे हैं, हमने अपने दरवाज़े सबके लिए खोल रखे हैं। इसलिए नहीं खोल रखे कि दरवाज़ा खुला रहे और कोई आए ना। हम ईमानदारी से चाहते हैं कि मुसलमान हमारे साथ आएँ और इसलिए न केवल पार्टी के दरवाज़े हमने खोल कर रखे, अपने दिल के दरवाज़े भी खोल कर रखे हैं। माइनॉरिटिज़ के बारे में पार्टी की बिल्कुल दो टूक राय है। माइनॉरिटिज़ इस देश के नागरिक हैं। माइनॉरिटिज़ इस देश में बराबर के हक़दार हैं। उनके हक़ बराबर हैं। उनकी ज़िम्मेदारियाँ बराबर हैं। मज़हब के आधार पर इस देश में न पहले कभी भेदभाव हुआ था, न आगे कभी भेदभाव होगा। पूरी पार्टी इस बात को कह चुकी है कि हिन्दुस्तान एक सेक्युलर स्टेट था, है और रहेगा।

– अटल बिहारी वाजपेयी, पूर्व प्रधानमंत्री

व्यक्तित्त्व के महत्त्व पर किसी भी देश में इंकार नहीं किया जा सकता। हमें प्रोग्राम्स की ज़रूरत है, हमें पॉलिसीज़ की ज़रूरत है, लेकिन हमें लोग भी चाहिए उन सारे प्रोग्राम्स को लागू करने के लिए। इसलिए हम मानव इतिहास में इंडिविजुअल के महत्त्व से छुटकारा नहीं पा सकते। कुछ ख़ास व्यक्ति इतिहास में ऐसी जगह पर स्थापित हुए हैं कि वे परिवर्तन के अभिप्रेरक बन कर उभरे हैं और ये सारी दुनिया में ही होता है।

– मनमोहन सिंह, पूर्व प्रधानमंत्री

ये खेल क्या है

मिरे मुख़ालिफ़ ने चाल चल दी है
और अब
मेरी चाल के इंतिज़ार में है
मगर मैं कब से
सफ़ेद ख़ानों
सियाह ख़ानों में रक्खे
काले-सफ़ेद मोहरों को देखता हूँ
मैं सोचता हूँ
ये मोहरे क्या हैं

अगर मैं समझूँ
कि ये जो मोहरे हैं
सिर्फ़ लकड़ी के हैं खिलौने
तो जीतना क्या है हारना क्या
न ये ज़रूरी है
न वो अहम है
अगर ख़ुशी है न जीतने की
न हारने का ही कोई ग़म है
तो खेल क्या है
मैं सोचता हूँ
जो खेलना है
तो अपने दिल में
यक़ीन कर लूँ

ये मोहरे सचमुच के बादशाहो-वज़ीर
सचमुच के हैं प्यादे
और इनके आगे है
दुश्मनों की वो फ़ौज
रखती है जो कि मुझको
तबाह करने के
सारे मनसूबे
सब इरादे
मगर मैं ऐसा जो मान भी लूँ
तो सोचता हूँ
ये खेल कब है
ये जंग है जिसको जीतना है
ये जंग है जिसमें सब है जायज़

कोई ये कहता है जैसे मुझसे
ये जंग भी है
ये खेल भी है
ये जंग है पर खिलाड़ियों की
ये खेल है जंग की तरह का
मैं सोचता हूँ
जो खेल है
इसमें इस तरह का उसूल क्यों है
कि कोई मोहरा रहे कि जाए

मगर जो बादशाह है
उस पर कभी कोई आँच भी न आए
वज़ीर ही को है बस इजाज़त
कि जिस तरफ़ भी वो चाहे जाए
मैं सोचता हूँ
जो खेल है
इसमें इस तरह का उसूल क्यों है
प्यादा जो अपने घर से निकले
पलट के वापस न जाने पाए

मैं सोचता हूँ
अगर यही है उसूल
तो फिर उसूल क्या है
अगर यही है ये खेल
तो फिर ये खेल क्या है
मैं इन सवालों से जाने कब से उलझ रहा हूँ
"मिरे मुख़ालिफ़ ने चाल चल दी है
और अब
मेरी चाल के इंतेज़ार में है."

देश के हम हैं रक्षक
जान भी देंगे बेशक
देश की रक्षा में
वीर जियाले हम हैं
शस्त्र सँभाले हम हैं
देश की रक्षा में
देश का कण-कण ये जाने
द्रोही भी, दुश्मन भी माने
आंतरिक सुरक्षा है हमसे
हम रात दिन हैं ये जाने
जय जय भारत
जय सी आर पी एफ
बादल जो हिंसा के छाए
ख़तरे का डर सर उठाए
हिम्मत की ज्वाला जगाए
हम ये अंधेरे मिटाएँ

सीआरपीएफ एंथम

सीआरपीएफ के साथ मेरा एक ख़ास रिश्ता है। मैंने उनके लिए एक एंथम लिखा है। लिखने से पहले मैं सीआरपीएफ के कई अधिकारियों से मिला। उनसे जो जानकारी मिली, उसने इन बहादुरों के प्रति मेरा सम्मान, प्रशंसा और प्यार काफ़ी बढ़ा दिया।

Javed Akhtar @Javedakhtarjadu Follow

I have a special relation with CRPF. I have written Their anthem Before putting the pen to paper I met a number of CRPF officers n what ever I learned my respect admiration and love for these braves increased by many a fold Today I share the grief of the dear ones of the martyrs

9:41 AM - 14 Feb 2019 from Mumbai, India

1,765 Retweets 14,942 Likes

739 1.8K 15K

2010 से माइक्रो-ब्लागिंग साइट ट्विटर पर सक्रिय जावेद अख़्तर, देश-दुनिया के विभिन्न मुद्दों पर अपने विचार लगातार लिखते रहते हैं।

भारतमाता तेरी क़सम, तेरे रक्षक रहेंगे हम
वंदे मातरम्, वंदे मातरम्
माँ हमने तन मन, जीवन तुझसे ही पाये हैं
तेरी धरती से जन्मे हैं, तेरे फल खाये हैं
हम पर तेरी ममता, तेरी करुणा के साये हैं

तेरी बाहों में हैं पले, माँ हम तेरे हैं लाड़ले
दीवारें हम बनेंगे माँ, तलवारें हम बनेंगे माँ
छू ले तुझको है किसमें दम
भारत माता तेरी क़सम...
हमको प्यारा है तेरा हर ज़र्रा भारत माँ
हमको प्यारे हैं तेरे पर्वत, जंगल, नदियाँ
हमको प्यारे तेरे गाँव, नगर, तेरे रास्ते, गलियाँ
कोई दुश्मन कभी अगर, भूले से देख ले इधर
भारतमाता...

आई एम ए (इंडियन मिलिट्री
एकेडमी) एंथम

बाम्बे ब्लास्ट के ख़िलाफ़ प्रोटेस्ट जुलूस (मुम्बई)

93

आप हायर एजुकेशन को इम्प्रूव करते रहे, प्राइमरी और बेसिक एजुकेशन ग़ायब होता रहा

18 फ़रवरी, 2021 नई दिल्ली में लेखक पुरुषोत्तम अग्रवाल द्वारा संपादित किताब 'कौन हैं भारत माता?' के विमोचन के अवसर पर दिए गए प्रसिद्ध शायर जावेद अख़्तर के भाषण का संपादित अंश।

मेरी लाइफ़ का अचीवमेंट ये है कि मैंने उनसे (जवाहरलाल नेहरू) ऑटोग्राफ़ लिए, और दूसरे जब मैं 14-15 साल का था तो मेरे तीन हीरो थे - पंडित जवाहरलाल नेहरू, कृश्न चंदर और दिलीप कुमार। और ये इसी नंबरिंग में थे। वो दिन भी याद है 1964 का जब पंडित जवाहरलाल नेहरू नहीं रहे। और मैं इतना ख़ुशक़िस्मत हूँ कि 63 में जब उनकी आख़िरी बर्थडे पार्टी हुई थी तो दिल्ली में यूथ फ़ेस्टिवल हुआ था। मैं भी आया था डिबेट में। वो कैसे दिन थे कि सभी स्टूडेंट्स लाइन लगाए हुए तीन मूर्ति भवन में गए। वो साइड के रास्ते से पीछे के लॉन में चले गए। न कोई मेटल डिटेक्टर, न कोई गार्ड, न कोई तलाशी। ज़ाहिर है कि अब वो दिन जब याद आते हैं तो उनमें बहुत सी ख़ूबसूरती दिखाई देती है। मगर मुझे एक बात पर हैरत है और ये सवाल मैं सबसे पहले करना चाहूँगा। 64 में नेहरू दुनिया छोड़ कर चले गए। इस दौरान दुनिया कितनी बदल गई - इकॉनोमिकली, सोशली, मॉरली, पॉलिटिकली?

ये भी सही है कि एक मिक्स्ड इकॉनोमी ज़रूरी है। वो एजुकेशन हो, या हेल्थ हो। ये ऐसे उद्देश्य हैं, जिसमें हुकूमत अपनी पूरी रिस्पांसबिलिटी नहीं छोड़ सकती, लेकिन जिसको हम परमिट राज कहते थे, तो क्या यह हक़ीक़तें है कि नहीं है? मैं पूछ रहा हूँ, स्टेटमेंट नहीं दे रहा कि जो प्राइवेट सेक्टर था, उसके लिए ज़िन्दगी थोड़ी सी दूभर हो गई थी। वह बहुत ज़्यादा प्रोडक्टिव हो सकता था। मतलब मुझे वो दिन याद है कि जब आपको एक फ़िएट गाड़ी अगर ख़रीदनी हो तो 11 साल इंतज़ार करना पड़ता था। इसके बजाय एक ग्राहक है, जिसके पास पैसा है, जो कार ख़रीद सकता है। मगर गाड़ी का प्रोडक्शन इतना कम है कि उसको मिलने में 11 साल लगेंगे। जब मैं मुम्बई गया था तो मुम्बई में टेलीफ़ोन लगने में कम से कम 8 से 10 साल लगते थे। तो ये कहीं तो प्राइवेट सेक्टर को 'कर्ब' किया गया? पब्लिक सेक्टर बहुत ज़रूरी है। उसके बिना तो हम आज जहाँ हैं, वहाँ होते ही नहीं। जो हैवी इंडस्ट्री लगी है वह कोई इंडिविजुअल लगा भी नहीं सकता। लेकिन कहीं तो कुछ ऐसा हुआ कि जितना 'फ़्लरिश' हो सकता था मिडिल क्लास, उतना नहीं हुआ? हमारे ज़माने में, मेरे बचपन में घर में तीन चीज़ें बड़ी क़ीमती थीं - एक बिजली की इस्त्री और एक मर्फी का रेडियो, और एक उषा का पंखा। तो गाँव में क्या हुआ मैं उस पर कमेंट नहीं कर सकता, लेकिन अर्बन मिडिल क्लास ने तो एक छलांग लगाई है न? तो क्या वह ये छलांग पहले नहीं लगा सकता था?

एक बात है कि उस वक़्त की जो वैल्यूज़ थीं, आदर्श थे और जो उसूल बने, जो क़ानून बने, उस समय ऐसे थे कि पढ़ते में, सुनने में, देखने में सब अच्छे लगे। और वो उसूल वो वैल्यू सिस्टम आज भी वैलिड हैं। उनमें कोई गड़बड़ नहीं है। लेकिन हर बार उसका मिस-इंटरप्रिटेशन दिखाई देता है और मिसयूज़ दिखता है। मिसाल के तौर पर आप एजुकेशन देखिए। भाई आज हम यहाँ है आईआईएम की वजह से, और दूसरे आईआईटी और दूसरे इंस्टीट्यूशन्स जो बने, उनकी वजह से। ये सही है, लेकिन मुझे कभी-कभी ऐसा लगता है कि एक बिल्डिंग बनाई गई सौ माले की और उसमें लिफ़्ट भी लगाई गई। वो लिफ़्ट ही 80 फ़्लोर पर है! तो भाई अगर आप 80 फ़्लोर तक चढ़ कर आ सकते हैं तो फिर आपको लिफ़्ट मिलेगी। आराम से चले जाइए ऊपर। हमने सब

◀ *नई दिल्ली के जवाहर भवन में पुस्तक विमोचन के मौक़े पर लेखक पुरुषोत्तम अग्रवाल और जावेद अख़्तर (2021)*

सहूलियतें दे रखी हैं। लेकिन 80 फ़्लोर तक कैसे आएँ? कोई सीरियस कोशिश मुझे पूरे पीरियड में नहीं दिखती है प्राइमरी और बेसिक एजुकेशन में। वो ग़रीब जो अच्छी एजुकेशन अफ़ोर्ड नहीं कर सकता, उसे अच्छी एजुकेशन मिलती तो ज़रूर वो सौ सीढ़ियाँ चढ़ सकता था। मगर ये प्राइमरी और बेसिक एजुकेशन ग़ायब होता रहा। आप हायर एजुकेशन को इम्प्रूव करते रहे, तो ये सिर्फ़ प्रिविलेज क्लास के लिए हो जाएगा।

मैं आपको एक सच्चा इंसिडेंट सुनाता हूँ कि अभी कुछ दिन पहले एक चैनल में जिसमें आर एंड डी का डिपार्टमेंट होता है जो क्या प्रोग्राम बने, किस तरह के सीरियल्स आएँ, आदि तय करता है, कुछ लोग शॉर्ट स्टोरीज़ का एक सीरियल ले कर गए। कहा कि 13 शॉर्ट स्टोरीज़ हैं और इन पर हम फ़िल्म बनाएँगे। तो वो जो आर एंड डी वाली लेडी बैठी थीं, उन्होंने पूछा कि ये किसकी लिखी हुई है। बताया गया कि जी, प्रेमचंद की, तो लेडी ने कहा कि उसे ख़ुद आना चाहिए था। तो ये है ज़माना।

मुझे ये बड़ा अजीब लगता है कि ये हमारी फ़िल्में जो हैं, सेंसर होती हैं। और अजीब-अजीब तरह से सेंसर होती हैं। एक दो किस्से सुनाता हूँ, जो सच्चे भी हैं कि एक ज़माने में मारुति एक कॉमेडियन थे, जो डायरेक्टर भी हुआ करते थे। उन्होंने एक पिक्चर बनाई ''ये बम्बई है।'' अब वो ऐसे ही 'फ़नी'-सी पिक्चर थी। उसमें आदमी छतरी लिए हुए मरीन ड्राइव पर हवा में उड़ रहा था। तो सेंसर बोर्ड ने ऑब्जेक्शन लिया कि ये बम्बई नहीं है, वहाँ पर मरीन ड्राइव पर छतरी ले कर कोई नहीं उड़ता है। तो उन्होंने कहा जी ठीक है, मैं टाइटल चेंज कर देता हूँ। तो उन्होंने टाइटल चेंज कर दिया ''क्या ये बम्बई है?'' और उसके बाद पिक्चर रिलीज़ हो गई। अब हर चीज़ को सेंसर बहुत ग़ौर से किया जाता है। ख़ैर, अब इस तरह की बेवक़ूफ़ियाँ नहीं होती हैं, लेकिन सेंसर तो अभी भी है, जिसे हम सर्टिफ़िकेशन कहते हैं। अब कुछ भी अच्छा सा नाम रख लो, पर बात तो वही है। अब ओटीटी जो है उसके बारे में सोचा जा रहा है कि इसे कैसे कन्ट्रोल किया जाए, इसे कैसे काटें, कैसे रोकें। कमाल ये है कि एजुकेशन का कोई सेंसर नहीं है। जो मोस्ट इम्प्रैशनेबल ऐज है बच्चे की 6-7 साल की उम्र से 12-14 साल की उम्र तक, यहाँ जो स्कूल्स हैं, अलग-अलग कम्युनिटीज़ के अलग-अलग रीजन (रिलिजन) के, अलग-अलग लैंग्वेज के, उसमें क्या पढ़ाया जा रहा है, कोई पूछने वाला ही नहीं है। कुछ भी पढ़ा दो इस मुल्क में। कुछ 10-12 वर्जन हिस्ट्री के हैं। कुछ अँग्रेज़ दे गए हैं हिस्ट्री। कोई एक हिस्टोरियन है 'बहुत बड़ा।' उन्होंने लन्दन में ही बैठ कर हिन्दुस्तान की पूरी हिस्ट्री लिखी है, जो बड़ी वैलिड मानी जाती है।

हमारे यहाँ ये हिस्ट्री का कन्सेप्शन क्या है? क्या वाक़ई इस मुल्क की हिस्ट्री के इतने ही वर्जन हैं? आप बच्चे के माइंड को पॉइज़न करते हैं और फिर कहते हैं ये ऐसा कैसे है। किसी ने इस तरह की किताबों को सेंसर किया है? किसी ने देखा है कि क्या पढ़ाया जा रहा है?

तरकश, 2001

शायरी का पहला संकलन : तरकश

ताज़गी, गहराई और विविधता, भावनाओं की ईमानदारी और ज़िन्दगी में नए भावों की तलाश जावेद अख़्तर की शायरी की विशेषताएँ हैं। नाज़ुक-ख़्रयाली और फ़सीहुल-बयानी उनको विरासत में मिली है। तरकश ग़मे-जानाँ और ग़मे-दौराँ के तीरों से भरा है। वे एक यथार्थवादी, व्यावहारिक शहरी आदमी हैं। उनका कोई ज़हनी या जज़्बाती रिश्ता अपने माता-पिता के ज़मींदाराना और सूफ़ी समाज से नहीं है। उनके माँ-बाप ख़ुद इस समाज को रद्द कर चुके थे, लेकिन मेरा निजी ख़याल है कि जावेद ने अचेत रूप में उर्दू कल्चर के ज़रिए इस सूफ़ी तहज़ीब की ख़ास विशेषताओं यानी धर्मनिरपेक्ष और मानवप्रेमी मूल्यों को भी कुबूल किया है। तरकश आधुनिक उर्दू शायरी का एक अहम दस्तावेज़ है।

– कुर्रतुल ऐन हैदर, उपन्यासकार

लावा, 2012

शायरी का दूसरा संकलन : लावा

जावेद की अपनी एक शैली है, अपना एक ख़ास अंदाज़ है और उस अंदाज़ में अक़्ल की पहरेदारी ने वह चार चाँद लगा दिए हैं, जो उन्हें बेमिसाल बना देते हैं। अपनी बात हमारे दिल तक उतार देने के लिए जावेद अख़्तर के पास जो शब्द-संपदा है, वह अकूत है। इनके लिखे वाक्यों में से एक भी लफ़्ज़ आप इधर से उधर बदल देने की हिमाक़त नहीं कर सकते। हर लफ़्ज़ अपनी जगह मुकम्मल होता है। सही शब्दों का ऐसा चुनाव बड़ी तपस्या के बाद आता है। शब्दों का ज़बरदस्त ख़ज़ाना है जावेद अख़्तर के पास। शब्दों का कब और कहाँ, किस तरह इस्तेमाल करना है, जावेद बख़ूबी जानते हैं। पामाल रास्तों पर जावेद कभी नहीं चले, उनमें यह हौसला है। जावेद नया सूरज उगा रहे हैं।

– पुष्पा भारती, लेखिका

...अपनी ज़िन्दगी में तुमने क्या किया? किसी से सच्चे दिल से प्यार किया? किसी दोस्त को नेक सलाह दी? किसी दुश्मन के बेटे को मोहब्बत की नज़र से देखा?
जहाँ अँधेरा था, वहाँ रौशनी की किरण ले गए ?
जितनी देर जिये, इस जीने का क्या मतलब था...?

–कृश्न चंदर, (तरकश का समर्पण नोट)

आमतौर पर प्रोज़ की किताब खोलते हैं, तो पहले पेज पर एक शे'र लिखा होता है। मैंने अपनी ज़िन्दगी में पहली पोएट्री की किताब जो 'तरकश' छापी, वो जब खोलते हैं, तो पहले पेज पर एक प्रोज़ का टुकड़ा है, जो कृश्न चंदर का है। उनकी राइटिंग ने मुझे बहुत इन्फ़्लूएंस किया।

शायरी और विचारों का कैलिग्राफ़िकल संकलन : ख़्वाब के गाँव में

जावेद अख़्तर का यह कविता संग्रह अपने आप में नायाब है। कुछ-कुछ प्रायोगिक क़िस्म का। जावेद अख़्तर की कविताई का आनंद कविता के साथ-साथ तारतम्य बैठाती कलाकृतियों से कई गुना बढ़ जाता है। कलाकृतियाँ कविता-पोस्टर की याद दिलाती हैं।

*– **रचनाकार,** ई-पत्रिका*

'ख़्वाब के गाँव में' : अमेज़न ने बेस्ट सेलर चुना

यह पहली बार है जब इंदौर शहर और मध्यप्रदेश से प्रकाशित किसी किताब को अमेज़न ने बेस्ट सेलर चुना है। यह किताब है 'ख़्वाब के गाँव में', जिसमें जावेद अख़्तर की शायरी, उनके विचार और समाज और फ़िल्मों के बारे में उनकी राय है। चार साल पहले मंजुल पब्लिशिंग हाउस (भोपाल) ने इसे प्रकाशित किया था। अब तक इसके तीन संस्करण आ चुके हैं। शहर के दो संस्कृतिकर्मियों, अरविंद मण्डलोई और अशोक दुबे का प्रयास है यह किताब। यह हिन्दुस्तान की दूसरी किताब है, जो हस्तलिखित है। इससे पहले एम. एफ. हुसैन की जीवनी हाथ से लिखी जा चुकी है।

– दैनिक भास्कर, 6 अप्रैल, 2020

टॉकिंग फ़िल्मस एंड साँग्स, 2018

सिनेमा के बारे में 2008

नसरीन मुन्नी कबीर के साथ मुक्त भाव से की गई बातचीत के जरिए, 'टॉकिंग फ़िल्म्स एंड साँग्स' जावेद अख़्तर की बहुमुखी प्रतिभा के दोनों पहलुओं (स्क्रिप्ट राइटर और साँग राइटर) को सामने लाता है। यह किताब मूल रूप से 'टॉकिंग फ़िल्म्स' (1999) और 'टॉकिंग साँग्स' (2005) के रूप में अलग-अलग प्रकाशित हो चुकी है। ये दोनों किताबें बेहद लोकप्रिय रही हैं और भारतीय सिनेमा के पाठकों, शोधकर्ताओं और स्कॉलर्स को पसंद आई हैं।
– **किताब के ब्लर्ब से**

जावेद अख़्तर और नसरीन मुन्नी कबीर की किताब 'टॉकिंग साँग्स' पर बात करना एक सुखद अनुभव है। हिन्दी फ़िल्मी गीतों की व्यापक परिघटना के बारे में अधिक जानने के उत्सुक सभी लोगों के लिए यह किताब उपयोगी है। 'टॉकिंग साँग्स' वास्तव में गीत लेखन की कला को जानने-समझने के इच्छुक लोगों के लिए बहुत ही महत्त्वपूर्ण प्रक्रिया की तरह है। यह किताब उन तत्त्वों की बात करती है, जिनको लेकर गीतों की रचना होती है। और जावेद अख़्तर गीतों की शब्दावली से जुड़े सबसे उल्लेखनीय बदलावों को रेखांकित करते हैं।
– **प्रसून जोशी,** गीतकार

'सच तो यह है कि मैं आज तक दूसरे किसी ऐसे व्यक्ति से नहीं मिली, जिसकी हिन्दी सिनेमा के विषय में सोच इतनी सुलझी हुई हो और जो कुछ ही पलों में हल्की-फुल्की बातों से लेकर बहुत ही गहरी बातें तक करने में माहिर हो।'
– **नसरीन मुन्नी कबीर,** लेखिका

संगीत मार्तण्ड पं. जसराज और जावेद अख़्तर 'तिरंगा' कार्यक्रम में

94

जावेद को आज का ग़ालिब कह दें तो कोई अतिशयोक्ति नहीं होगी : पं. जसराज

पहली मुलाक़ात में सच में उनसे प्यार हो गया। उनके वाइब्रेशंस इतने पॉज़िटिव हैं कि उनसे एक बार मिलें, तो भी हमेशा याद रहते हैं। जावेद साहब ऐसी शख़्सियत हैं कि आज हिन्दुस्तान में ऐसी शख़्सियत की ज़रूरत है, उनका लेखन बताता है कि हिन्दी-उर्दू में इतना सरल और सीधा लिखा भी गूढ़ अर्थ दे सकता है। उनको आज का ग़ालिब कह दें तो कोई अतिशयोक्ति नहीं होगी। कन्सर्ट तिरंगा में उनकी लिखी कविता लाजवाब है, जिसे मैंने गाया, लगता है माहौल साकार हो गया। जब वो केसरिया पर लिखते हैं तो लगता है कि सारी कायनात केसरिया हो गई। जब वे सफ़ेद पर लिखते हैं तो हर तरफ़ शांति दिखती है और जब हरे की बात करते हैं तो सारी धरती हरी हो जाती है।

प्रख्यात पार्श्व गायिका आशा भोसले के साथ जावेद अख़्तर (मुम्बई, 2019)

बीते ज़माने में हमें साहिर, शकील बदायूनी, मजरूह सुल्तानपुरी जैसे कई महान गीतकार मिले हैं और मेरे ध्यान में यह बात है कि आज के समय में भी हमारे पास जावेद अख़्तर जैसा महान गीतकार है।

– आशा भोसले

95

काश ये गाना मैंने लिखा होता : जावेद अख़्तर

गुलज़ार और मेरी सूरत नहीं मिलती, फिर भी लोग धोखा खा जाते हैं। बात ये है कि आम इंसान और एक एवरेज इंटेलिजेंस वाले इंसान का दिमाग़ एक कबाड़खाने की तरह होता है, जो चीज़ मिली कबाड़खाने में डाल दी। कोई सिलसिले से नहीं रखते। 'अरे, ये शायर है ना वो!' हाथ डाला, निकाला, तो जो भी नाम निकल आया कबाड़खाने से।

मेरे साथ का एक क़िस्सा सुनिए। मैं और शबाना एयरपोर्ट पर कहीं से आए जेट एयरवेज़ से। जेट एयरवेज़ की लड़कियों ने कहा कि आप दोनों बैठिए हम आपका सामान ले आते हैं, तो हम दोनों एक बेन्च पर बैठ गए। एक जनाब आए और बोले-

''आदाब गुलज़ार साहब!''

''तो मैंने कहा, जी आदाब!''

''गुलज़ार साहब एयरपोर्ट पर कैसे?''

मैंने कहा, ''वो जावेद अख़्तर साहब आ रहे हैं, मैं उन्हें रिसीव करने आया हूँ।''

वो ज़रा कंफ़्यूज़ हुए कि इतना बड़ा आदमी जावेद अख़्तर को रिसीव करने आया है और पूछा, ''आप जावेद अख़्तर को रिसीव करने आए हैं?''

मैंने कहा, ''मैं हमेशा आता हूँ, जावेद अख़्तर साहब कहीं से भी आए, मैं हमेशा आता हूँ।''

तो उसके चेहरे पर जो डिस-अपॉइंटमेंट था कि वो फ़ैन गुलज़ार का और ये जावेद अख़्तर को लेने आए हैं।

''अच्छा, चलता हूँ गुलज़ार साहब।''

बात सिर्फ़ ये है कि कबाड़खाने में सारे शायरों के सब नाम और पते एक जगह डाल दिए गए हैं, अब निकालने पर जो भी निकल आए।

कितनी बार हुआ कि मैं एक गाना सुन रहा हूँ, जो गुलज़ार साहब ने आज से बीस साल पहले लिखा था, कहीं मुझसे मिस हो गया और उसका एक अंतरा मैं सुन रहा हूँ, तब मुझे समझ आया कि ये किसका गाना है। ये तो गुलज़ार साहब का गाना है। मैंने इन्हें फ़ोन किया कि, 'गुलज़ार साहब ये गाना आपने कब लिखा था?' ये नहीं पूछा कि ये आपका गाना है कि नहीं।

मैं तो रश्क करता हूँ कि 'बीड़ी जलाई ले जिगर से पिया' ये गाना उन्होंने लिखा, काश ये गाना मैंने लिखा होता। ये कमाल का गाना है। इस गाने को सुनकर आप कह सकते हैं कि ये फ़िल्म के लिए लिखा है? गाने की एक-एक लाइन ऐसी है, जैसे कई सौ साल से लोग गा रहे होंगे, ये लोक गीत सा आभास देता है।

◂ *गुलज़ार और जावेद अख़्तर*

96

हर दो मिनट के बाद कुछ न कुछ खिल जाता है इनके साथ बात करने के बाद : गुलज़ार

मैं आज भी उर्दू ही में लिखता हूँ, उर्दू ही में पढ़ता हूँ। जावेद साहब ने ज़बान सीखी है। आज भी जब मैं लफ़्ज़ों के तलफ़्फ़ुज में फँस जाता हूँ, तो जावेद अख़्तर साहब को फ़ोन करता हूँ।

हर दो मिनट के बाद कुछ ना कुछ खिल जाता है इनके साथ बात करने के बाद। मैंने इन्हें लड़ते हुए नहीं देखा है, जोश में देखा है, गुस्से में नहीं देखा है, क्योंकि गुस्से की बात जब ये जोश में करते हैं, तो कहीं किसी जुमले में वो ह्यूमर जो इनके अंदर पैदा होता है, उसको चुभाते रहते हैं, तो कभी-भी झगड़े की शक्ल नहीं लेता है। वो रूठ जाते हैं, लेकिन नाराज़ नहीं होते हैं।

इनकी मेमोरी बड़ी माशाअल्लाह है। कम-से-कम लाख-डेढ़ लाख शे'र तो याद होंगे। ये कृश्नचंदर का अफ़साना पूरा सुना जाते थे। 'परछाईयाँ' की कॉपी मुझे साहिर साहब ने दी थी। नसरीन मुन्नी कबीर जब साहिर साहब पर एक डायरी बनाने वाली थी, तो फ़ोन किया मुझे। मैंने कहा कि मैं ढूँढता हूँ। मैंने ऐसे ही फ़ोन किया कि जावेद साहब आपके पास 'परछाईयाँ' है? कहने लगे,''नहीं आप कहिए तो सुना देता हूँ पूरी।''

मैं एक और चीज़ जोड़ना चाहता हूँ कि साहिर साहब के साथ इनका जो रिलेशन है वो बहुत कमाल है। साहिर साहब ने एक बड़ा कमाल का काम किया। विविध भारती पर जब गाने आते थे तो सिर्फ़ संगीतकार और गायक का नाम होता था। साहिर साहब ने प्रोटेस्ट किया ये कि गाने राइटर एसोसिएशन से पास कराए जाएँ। जब तक गीतकार का नाम शामिल ना हो तब तक गाने नहीं जाएँगे और फिर गीतकार का नाम शामिल हुआ, साहिर साहब की वजह से। और जब जावेद अख़्तर राज्यसभा के मेम्बर हुए तो इन्होंने भी बहुत बड़ा काम किया, साहिर साहब से भी आगे का, कॉपीराइट का। इन्होंने हर ज़बान के हर अदीब, हर राइटर को उस साँकल से आज़ाद कराया, जो ब्रिटिश पीरियड से थी और कहीं-ना-कहीं गले में पड़ी हुई थी और ये बहुत बड़ा काम है आपका।

एक लड़की को मैं भी मिला था
बड़ा अच्छा लगा मिलकर
मेरी मद्दाह थी
एक फ़ैन थी मेरी
वो मेरी शायरी की ख़ूबियाँ पहचानती थी
मेरे मिसरे मेरी तश्बीहें उसके दिल को छूती थीं
मुझसे मिलकर अचानक बौखलाने लग गई थी
बड़ी नर्वस हँसी हँसकर कहा
मुझे डर है मैं अपना नाम ही न भूल जाऊँ
बग़लगीर हो के मोबाइल पे सेल्फी भी ले ली
गई तो नाम लेकर शुक्रिया कहकर गई वो
वो मेरा नाम ना था

हमेशा से यही डर था कि
वो कमबख़्त मुझसे अच्छा लिखता है

(जावेद अख़्तर पर गुलज़ार की नज़्म)

पुरस्कार व सम्मान

सर्वोत्तम गीतकार के लिए

- पाँच बार राष्ट्रीय पुरस्कार
- पन्द्रह बार फ़िल्मफ़ेयर पुरस्कार
- पाँच बार स्क्रीन अवार्ड
- छः बार आइफा अवार्ड (सबसे अधिक बार आइफा जीतने का रिकार्ड गीतकार के लिए)
- तीन बार मिर्ची म्यूज़िक अवार्ड

सर्वोत्तम पटकथा लेखक के लिए

- तीन बार बेस्ट स्क्रीनप्ले फ़िल्मफ़ेयर अवार्ड (सलीम ख़ान के साथ)
- दो बार बेस्ट स्टोरी फ़िल्मफ़ेयर अवार्ड (सलीम ख़ान के साथ)

- फ़िल्मफ़ेयर लाइफ़टाइम अचीवमेंट अवार्ड -2007
- 7वाँ रॉयल स्टैग मिर्ची म्यूज़िक अवार्ड 2015 - लाइफ़टाइम अचीवमेंट अवार्ड
- हृदयनाथ मंगेशकर अवार्ड - 2017
- पद्मश्री - 1999
- अवध सम्मान उत्तर प्रदेश - 2001
- इंदिरा गांधी राष्ट्रीय एकता पुरस्कार - 2005
- पद्मभूषण - 2007
- राज्यसभा सदस्य मनोनीत - 2010
- साहित्य अकादमी पुरस्कार - उर्दू - 2013 (लावा के लिए)
- हिन्दी अकादमी का शलाका सम्मान - 2017-2018
- शांति दूत अवार्ड, संकट मोचन मंदिर, बनारस - 2018
- टाटा लिटरेचर लाइव पोएट लॉरॅट अवार्ड - 2020
- रिचर्ड डॉकिन्स अवार्ड - 2020

98

जहाँ सवाल करने की इजाज़त नहीं होगी वो समाज भी ठीक नहीं होगा

ये एक अजीब बात है दुनिया में, कहा जाता है परंपरा है, ये तो हमारे रीति-रिवाज़ हैं, ये तो हमारा जीने का सैकड़ों साल से तरीक़ा है, तुम कौन होते हो इसको बदलने वाले, तुम कैसे कह रहे हो कि ये ठीक नहीं है। आज भी दुनिया के बहुत सारे देश हैं, जहाँ हमसे भी बहुत ज़्यादा होता है, लेकिन हम धीरे-धीरे उधर सरकने की कोशिश कर रहे हैं। तो अगर, जो होता है वही होता रहे या जो होता था वही होता रहता, तो इंसान तो आज भी गुफ़ाओं में रह रहा होता या पेड़ों पर बैठा होता। हर आने वाली पीढ़ी ने, नए युग ने कोई नई बात सोची है, जो पहले नहीं सोची गई। कोई नई बात समझी है, जो पहले नहीं समझी गई। इसी से दुनिया आगे बढ़ी है। इसी से ये दुनिया बेहतर बनी है। दुनिया में हज़ारों साल तक गुलामी थी, लोग ख़रीदे जाते थे, बेचे जाते थे। ये सब हज़ारों साल तक हुआ था ना? तो क्या सब ठीक हो गया? और अब अगर कोई इसे कहे कि गुलामी बंद करो, तो वो बुरा है?

जिस जगह सवाल करने की इजाज़त नहीं हो, वो चाहे कोई फ़िलॉसफ़ी हो, चाहे कोई सिस्टम हो, चाहे कोई रास्ता हो, वो ख़तरनाक जगह है। वो सिस्टम भी ख़राब है, वो सरकार भी ठीक नहीं होगी, वो समाज भी ठीक नहीं होगा, वो गाँव ही ठीक नहीं होगा, वो आबादी ही ठीक नहीं होगी, जहाँ सवाल करने की इजाज़त नहीं होगी। इंसान जहाँ पहुँचा है, इंसान ने जितनी गुत्थियाँ खोली हैं, वो एक ही तरह से खोली हैं... सवाल करके।

अगर नसीब कोई चीज़ है, अगर जो हो रहा है वो लिखा है, तो फिर पाप और पुण्य कैसे हो सकते हैं? एक आदमी के भाग्य में लिखा था कि ये मेरा मर्डर करेगा, तो उसने कर दिया। अब आप

उसे हत्यारा क्यों कह रहे हो, उसका क्या दोष है। मेरे भाग्य में लिखा था कि मैं इसका पैसा खा जाऊँगा, तो फिर आप मुझे चोर क्यों कह रहे हैं। अरे भई! मेरे तो भाग्य में ही लिखा था ना कि मैं इसका पैसा खा जाऊँगा। तो पाप और पुण्य हो ही नहीं सकते।

धर्मों के मामले में अगर आप ध्यान से देखेंगे, तो इनका आपस में ही एक बात और दूसरी बात में अंतर्विरोध है। अब या तो कोई गॉड है, ख़ुदा है, ईश्वर है, टोटल कंट्रोल है, जिसका। टोटल कंट्रोल है तो पाप और पुण्य नहीं हो सकता। पाप और पुण्य है तो टोटल कंट्रोल नहीं हो सकता। तय कर लीजिए क्या सही है।

हमारे यहाँ जो कम्यूनल मुसलमान हैं ना, उन्हें सेक्युलर हिन्दू बड़े बुरे लगते हैं और जो कम्यूनल हिन्दू हैं, उन्हें सेक्युलर मुसलमान बहुत बुरे लगते हैं, क्योंकि ये लोग ग़लत साबित कर रहे हैं ना दूसरे को। आप अगर ज़रा-सा याद करेंगे, तो जो कम्यूनल मुसलमान थे, वो तो महात्मा गांधी की भी इज़्ज़त नहीं करते थे, लेकिन दिलचस्प बात ये है कि कम्यूनल हिन्दू भी नहीं करते थे। कम्यूनल हिन्दू मुझे मैसेज भेजते हैं कि तुम तो पाकिस्तान चले जाओ, तुम तो जेहादी हो और कम्यूनल मुसलमान मुझे कहते हैं कि तुम तो अब हिन्दू नाम ही रख लो ना, तुम तो बिक ही गए हो। तो जब तक दोनों गाली दे रहे हैं, तब तक मैं बिल्कुल ठीक हूँ।

Certificate of Registration

Be it known from this point forward that the National Star Association will hereby designate the star located at RA 21h24m26.70s D -23°39'57.57" epoch 2000 in the constellation Capricornus, to the name

JAVED AKHTAR

Be it further known that this star, along with name, is permanently recorded in the official National Star Association Catalog which is protected under the copyright laws of the United States of America.

Signed and sealed for the 17th day of January, 2006

Julie Steeper - Secretary

Greg Thomson - Record Keeper

रिचर्ड डॉकिन्स अवार्ड से सम्मानित पहले भारतीय

जावेद अख़्तर रिचर्ड डॉकिन्स अवार्ड (2020) पाने वाले पहले भारतीय बने। यह अवार्ड जावेद अख़्तर को नास्तिकता, तर्कसंगतता और स्वतंत्रता के समर्थन में उनकी साहसिक सार्वजनिक पक्षधरता के लिए दिया गया है। यह अवार्ड हर साल विज्ञान, विद्वता, शिक्षा, या मनोरंजन के क्षेत्र के दुनिया के एक प्रतिष्ठित व्यक्ति को दिया जाता है। इस अवार्ड के लिए जावेद अख़्तर को अमेरिका के सेंटर फॉर इंक्वायरी के बोर्ड ने चुना, जिससे रिचर्ड डॉकिन्स फ़ाउंडेशन संबद्ध है।

जिधर जाते हैं सब, जाना उधर अच्छा नहीं लगता
मुझे पामाल रस्तों का सफ़र अच्छा नहीं लगता

ग़लत बातों को ख़ामोशी से सुनना, हामी भर लेना
बहुत हैं फ़ायदे इसमें मगर अच्छा नहीं लगता

मुझे दुश्मन से भी ख़ुद्दारी की उम्मीद रहती है
किसी का भी हो सर, क़दमों में सर अच्छा नहीं लगता

कभी तो इंसान ज़िन्दगी की करेगा इज़्ज़त
ये एक उम्मीद आज भी दिल में पल रही है

नया हुक्मनामा

किसी का हुक्म है
इस गुलिस्ताँ में
बस इक रंग के फूल ही होंगे
कुछ अफ़सर होंगे जो ये तय करेंगे
गुलिस्ताँ किस तरह बनाना है कल का
यक़ीनन फूल तो यक-रंगी होंगे
मगर ये रंग होगा कितना गहरा कितना हल्का
ये अफ़सर तय करेंगे
किसी को ये कोई कैसे बताए
गुलिस्ताँ में कहीं भी फूल यक-रंगी नहीं होते

कभी हो ही नहीं सकते
कि हर इक रंग में छुपकर
बहुत से रंग रहते हैं
जिन्होंने बाग़-ए-यक-रंगी बनाना चाहे थे
उन को ज़रा देखो
कि जब इक रंग में
सौ रंग ज़ाहिर हो गए हैं तो
कितने परेशाँ हैं कितने तंग रहते हैं
किसी को ये कोई कैसे बताए
हवाएँ और लहरें

कब किसी का हुक्म सुनती हैं
हवाएँ हाकिमों की मुट्ठियों में हथकड़ी में
क़ैद-ख़ानों में नहीं रुकतीं
ये लहरें रोकी जाती हैं
तो दरिया कितना भी हो
पुर-सुकूँ बेताब होता है
और इस बेताबी का
अगला क़दम सैलाब होता है

जो बात कहते डरते हैं सब तू वो बात लिख
इतनी अँधेरी थी न कभी पहले रात लिख

जिनसे क़सीदे लिखे थे, वो फेंक दे क़लम
फिर ख़ून-ए-दिल से सच्चे क़लम की सिफ़ात लिख

जो रोज़नामों में कहीं पाती नहीं जगह
जो रोज़ हर जगह की है, वो वारदात लिख

जो वाक़यात हो चुके हैं उनका तो ज़िक्र है
लेकिन जो होना चाहिए, वो वाक़यात लिख

संसद भवन के बाहर जावेद अख़्तर

99

मार्केटिंग स्ट्रॉन्ग हो जाए तो क्रिएटिविटी दबती है

राज्यसभा में कॉपीराइट बिल के समर्थन में 2012 में जावेद अख़्तर द्वारा दिया गया भाषण

बड़े ज़माने से कुछ तकलीफ़ें थीं, लेकिन शायद हिन्दुस्तान के कलाकार समझते थे कि बोलेंगे तो सुनने वाला कौन है, लेकिन अब वक़्त बदल रहा है, हालात बदल रहे हैं। उम्मीद करता हूँ कि क़ानून भी बदलेगा और हिन्दुस्तान के कलाकारों की क़िस्मत भी बदलेगी। ये आज इस यक़ीन से बोल रहा हूँ उनके बारे में कि इस किनारे से उस किनारे तक जितने लोग हैं सदन में, सुन रहे हैं पूरे ध्यान से, पूरे दिल से, और अगर बात हिन्दुस्तान के संगीतकारों और गीतकारों की है तो ऐसा ही होना चाहिए, इसलिए कि ये मुल्क, ये धरती गीतकारों और संगीतकारों की है। ये बात मैं इसलिए नहीं कह रहा हूँ कि ये बात सुनने में अच्छी लगती है। ये मैं इसलिए कह रहा हूँ कि ये सच्ची है।

दुनिया में कौन-सा दूसरा मुल्क है, जहाँ एक मुल्क में क्लासिकल परंपरा की दो ट्रेडिशन सैकड़ों साल पुरानी है - हिन्दुस्तानी और कर्नाटक! दुनिया में कौन-सा ऐसा मुल्क है, जहाँ लोक-संगीत के इन्द्रधनुष में इतने रंग हों, जितने यहाँ हैं - कश्मीर से कन्याकुमारी तक - जाकर देख लीजिए - महाराष्ट्र से मणिपुर तक - जाकर देख लीजिए! क्या-क्या रंग हैं म्यूज़िक के! दुनिया में कौन-सा ऐसा मुल्क है, जहाँ पवित्र ग्रंथों में भी शायरों का नाम और काम मिलता है! दुनिया में कहाँ ऐसा मुल्क है, जहाँ जन्म से लेकर मरण तक कोई जगह नहीं है, कोई पल नहीं, कोई क्षण नहीं है, जिस पर सैकड़ों गीत ना हों! वो अहसास की कोई मंज़िल हो, वो भावना की कोई रुत हो, वो ख़याल का कोई रंग हो, आपको सैकड़ों गीत मिल जाएँगे। अब फिर हमारे फ़िल्मी गीत, जो रिलीज़ होते हैं तब फ़िल्मी गीत हैं, लेकिन कुछ दिनों बाद वो लोकगीत बन जाते हैं। वक़्त की छलनी से सब कुछ बह जाता है, एक्टर का चेहरा, फ़िल्म का नाम, और वो अमरगीत रह जाता है, जो आपके अतीत का, आपकी यादों का हिस्सा बन जाता है। आज आपके कानों में जब कोई पुराना गीत गूँजता है तो ऐसा लगता है लड़कपन के किसी दोस्त ने कंधे पर हाथ रख दिया है, 'बैठो, कहाँ जा रहे हो? बात करो'। यादों का मेला लग जाता है। ये गीत कहाँ सुना था, कब सुना था, किसके साथ सुना था, और कभी-कभी ये भी याद आता है कि किसके लिए सुना था। हैरत होती है, और हैरत से ज़्यादा ग़म होता है कि जिस मुल्क में संगीत के, और शायरी के इतने चिराग़ रोशन हैं, उनके नीचे देखिए तो अँधेरा ही अँधेरा है। जिस अँधेरे में, हिन्दुस्तान के राइटर्स की और म्यूज़िशियन्स की ज़िन्दगी बरसों से लाचार और बेबस भटक रही है। कोई बात नहीं! लेकिन दिल में एक उम्मीद है कि एक दिन आएगा, जब हमारी सुनी जाएगी, एक दिन आएगा, जब हमें इंसाफ़ मिलेगा, एक दिन आएगा, जब हमें हमारा अधिकार मिलेगा।

'आएगा आने वाला', बड़ा मशहूर गीत था, सर! 60 साल से ज़्यादा पुराना। ये गीत कम्पोज़ किया था, पंडित खेमचंद प्रकाश ने - अपने ज़माने के बहुत बड़े संगीत विद्वान। पिछले दिनों एक अजीब वाक़िया हुआ। क्या होता है कि जब एक गाना रिकॉर्ड होता है तो उसमें दो रॉयल्टीज़ जनरेट होती हैं, एक साउंड रिकॉर्डिंग रॉयल्टी कहलाती है, जो साउंड रिकॉर्डिंग का मालिक है प्रोड्यूसर या म्यूज़िक कंपनी, उसके लिए होती है, और एक परफ़ॉर्मिंग होती है, जो कि राइटर और म्यूज़िशियन के लिए होती है। ये यहाँ भी है। ये क़ानून अभी नहीं आ रहा है। ये क़ानून है, और बाहर भी है, बाहर ज़रा थोड़ा-सा अलग है, वहाँ सचमुच राइटर और म्यूज़िशियन को पैसा दे देते हैं। तो, वहाँ पर कहीं 13-14 हज़ार रुपया जमा हो गया, खेमचंद प्रकाश के अकाउंट में इस गाने के लिए और वो पैसा यहाँ भेजा गया। खेमचंद प्रकाश जी तो अब इस दुनिया में नहीं हैं। ढूँढा गया, तो उनकी पत्नी मलाड में स्टेशन पर भीख माँगती हुई मिलीं। ये कोई बहुत हैरत की बात नहीं है। ऐसी बहुत कहानियाँ हैं। जब मैं छोटा था, तब एक पिक्चर आई थी - 'मुज़रिम', जिसमें शम्मी कपूर और पद्मिनी, हीरो-हीरोइन थे। उसके पोस्टर पर हीरो-हीरोइन दोनों की तस्वीर नहीं थी, हारमोनियम लिए ओ.पी. नैयर खड़े थे। 'सुर के जादूगर - ओ.पी. नैयर।' वो ओ. पी. नैयर, नाला सुपारा नाम की एक छोटी-सी बस्ती है मुम्बई से बाहर, वहाँ एक फ़ैन के घर में छोटे से कमरे में रहे अपनी आख़िरी उम्र में, और होम्योपैथी के इलाज से अपनी ज़िन्दगी गुज़ारी, जबकि उसके सैकड़ों गाने बजते रहे और उनकी रॉयल्टी म्यूज़िक कंपनीज़ लेती रहीं। इसके

बाद मजरुह, शैलेन्द्र, गुलाम मोहम्मद। कितने नाम बताऊँ आपको, जिन लोगों ने क्या-क्या कॉन्ट्रिब्यूट किया! शैलेन्द्र जैसा गीतकार पैदा होगा फिर? क्यूँ, क्या वजह है? अगर हमारे यहाँ भी रॉयल्टी की इजाज़त है, हमारे यहाँ भी क़ानून है रॉयल्टी का, तो किस-किस का नाम लें? 'नाम किस-किस के गिनाऊँ।' इसके मुक़ाबले में, दूसरी तरफ़ चलिए, 69-70 में, बीटल्स की टीम टूट गई थी। पिछले साल, सिर्फ़ पॉल मैकार्टनी को, जिसने अपने जीवन में 27 गाने लिखे हैं, 16 मिलियन डॉलर, गाना लिखने की रॉयल्टी मिली। एल्टन जॉन, जिसने पिछले पाँच साल से कोई रिकॉर्ड नहीं बनाया, पिछले साल उसे 22 मिलियन डॉलर रॉयल्टी मिली। हमारे यहाँ जो रॉयल्टी के सिस्टम हैं उसमें आईपीआरएस - इंडियन परफ़ॉर्मिंग राइट सोसाइटी में दुनिया से रॉयल्टी जमा भी की जाती है, ये कहाँ चली जाती है? आप इजाज़त दें तो मैं छोटा-सा पैराग्राफ़ आपको पढ़कर सुनाता हूँ।
(ये एक कंपल्सरी मूव है, जो हर कॉन्ट्रैक्ट में, वो चाहे भारत रत्न पंडित रविशंकर हों, या ए. आर. रहमान - दो ऑस्कर के विनर हों, या मेरे जैसे मामूली आदमी हों, या गुलज़ार हों, या कोई भी हो, ये कंडीशन उसमें होती है।)

"The rights assigned, included but not restricted to the rights of mechanical, digital reproduction, in any manner or format or media, will existing, or feature publication, broadcasting. reproducing, hiring, renting, translation, adaption, synchronization, making a use in cinematographic film, performing in publishing in any other way, whole or the part of the literary work, the rights to grant the mechanical and reproduction, publication, sound, and television broadcasting transmission over the airways electronically, or through satellite, or literary works."

अब प्रोएथिकल्स सुनिए :
"Including all forms of communication. transmission, reproduction, and exploitation of the literary work, that may be discovered or invented in the future, the said work have been assigned by me, for good and valuable concentration."

ये बोंडेड लेबर नहीं है तो क्या है? सिर्फ़ अँग्रेज़ी में लिख दिया है, है तो बोंडेड लेबर। इसके ऊपर किसने शिकायत की है? अगर ए. आर. रहमान और पंडित रविशंकर को ये शिकायत है, तो बाक़ियों का हाल तो आप सोच लें कि क्या होगा। इससे भी ज़्यादा शर्म की बात क्या है कि ये कॉन्ट्रैक्ट सिर्फ़ हिन्दुस्तानी, देसी कंपनियाँ साइन नहीं करवाती हैं। ये वो कंपनियाँ भी साइन करवाती हैं, जो जापान की हैं, जो जर्मनी की हैं, जो अमेरिका की हैं। इनकी हिम्मत नहीं हो सकती कि जापान में, या जर्मनी में, या अमेरिका में, किसी फ़नकार को, कलाकार को कहे कि इस पर साइन करो। क्या फ़र्क़ है इनमें और वो ईस्ट इंडिया कंपनी में? और क्या फ़र्क़ है उन हिन्दुस्तानी कंपनियों में, मीर जाफ़र में, जो इनके साथ मिलकर काम कर रही हैं? ये सिर्फ़ फ़िल्म की प्रॉब्लम नहीं है, हरेक की है। ये सिर्फ़ पैसे की भी बात नहीं है आप उन्हें ज़लील कर रहे हैं।

मार्केटिंग इतनी स्ट्रॉन्ग हो जाए तो क्रिएटिविटी दबती है, वो हुकुम देती है।

पिछले दिनों, शिवकुमार शर्मा जी, जिन पर हमें प्राउड होना चाहिए कि हमारे पास एक ऐसा फ़नकार, एक ऐसा कलाकार है, उनको एक म्यूज़िक कंपनी ने बुलाया। कहने लगे, 'देखिए, शुरू बड़ा धीरे-धीरे करते हैं आप। वो एंड में जो तेज़ होता है ना, आप उससे शुरू कीजिए तो चलेगा।' ये म्यूज़िक कंपनी वाला शिवकुमार शर्मा को बता रहा है। उन्होंने कहा, 'साहब, मेरे मोहल्ले में एक बैंड है। बारातों में जाता है। आप उसका बना लीजिए। मुझे माफ़ कर दीजिए।' एक बार मेरे साथ वाक़िया हो चुका है। एक म्यूज़िक सीटिंग में था, म्यूज़िक कंपनी के मालिक आ गए। मैंने सोचा शायद मेरे फ़ैन होंगे। सुनने आए हैं, मैंने क्या लिखा है। सुना उन्होंने। कहने लगे, 'वो आपने पहली लाइन में एक वर्ड लिखा है 'रूठना', ये वर्ड निकाल दीजिए।' मैंने कहा 'क्यूँ?' 'नहीं, आजकल ये वर्ड चलता नहीं है।' मैंने कहा 'कहाँ नहीं चलता है?' मैंने कई गाने सुनाए, जिसमें वर्ड 'रूठना' हो। कहने लगे, 'हाँ, होगा। ये वर्ड आप निकाल दीजिए।' मैंने कहा, 'भाई, अगर आपको इस तरह से काम करना है, तो मैं तो कर नहीं सकता हूँ। आप किसी और को ले लीजिए।' मेरी बड़ी इज़्ज़त करता था। वो अगले ही दिन मेरी बात मान गया और किसी और को ले लिया। मुझे निकाल दिया।

जो लोग इस बिल के ख़िलाफ़ हैं, वो क्या कहते हैं? कोई कहता है कि 'देखिए, आपने तो गाना लिखा था, किसी ने म्यूज़िक। एक प्रोड्यूसर ने अपना पैसा ख़र्च करके उसे रिकॉर्ड किया। उस फ़िल्म प्रोड्यूसर ने उस गाने को बड़े बड़े स्टार्स पर, बड़ी अजीब-अजीब लोकेशन पर जाकर पिक्चराइज़ किया। बड़े-बड़े शॉट डाले, बड़े-बड़े विजुअल्स डाले। ये सब किस काम के लिए किया? फ़िल्म के लिए किया। ये फ़िल्म प्रोड्यूसर है, ये म्यूज़िक प्रोड्यूसर नहीं है। ये गाना फ़िल्म के लिए रिकॉर्ड करता है। हम तो फ़िल्म से कुछ नहीं माँग रहे हैं। तुम्हारी फ़िल्म सुपरहिट हो जाए, तुम जानो; ना चले, तुम जानो; हमारा उससे कोई रिश्ता नहीं है। फ़िल्म बड़ी से बड़ी हिट हो जाए, आप एक नया पैसा नहीं देंगे। मैंने बड़ी सुपरहिट फ़िल्में लिखी हैं। साहब, मेरे पास तो प्रोड्यूसर नहीं आया कि हुज़ूर, आपने तो 'शोले' लिख दी, 'दीवार' लिख दी, 'त्रिशूल' लिख दी। ये लीजिए, कुछ आपके लिए लाया हूँ। हमने तो नहीं देखा! ये तो पिक्चर के लिए था। हमने पैसा ले लिया, अब आपकी क़िस्मत, आप कैसी पिक्चर बनाते हैं। हम तो ज़िम्मेदार नहीं है उसके लिए। अगर हिट है तो भी आपका क्रेडिट, फ़्लॉप है तो भी आपका क्रेडिट। जब आप इसमें से निकालते हैं और दूसरी जगह इस्तेमाल करते हैं, तो वहाँ भी जो रॉयल्टी होती है, ज़रा देखिए, सरकार ने क़ानून बनाया था कि वो 50 फ़ीसदी जाएगी आर्टिस्टों को और 50 फ़ीसदी हमें जाएगी। हम लोगों ने वहाँ कहा, 'नहीं, ये अचानक ऐसी बात होगी तो अच्छा नहीं लगेगा। आप 75 फ़ीसदी उनको दीजिए।' और चेंज किया गया हमारे कहने पर। ये शराफ़त हमारी थी, मगर उनकी शराफ़त ये है कि उन्हें 99 फ़ीसदी भी नहीं चाहिए, उन्हें 100 चाहिए। अगर यहाँ भी उनका हक़ है, तो फिर एक काम कीजिए - एक आदमी एक फ़िल्म बनाता है, उसमें शाहरुख़ ख़ान हीरो है, पिक्चर चली, नहीं चली, कोई बात नहीं, मैं उसमें से चार शॉट निकाल कर - मैं एक प्रिंट का मालिक हूँ - एक बीड़ी के एड में इस्तेमाल कर लेता हूँ। मुझे हक़ है। वो कहेगा, 'मैंने, ये शॉट तो फ़िल्म के लिए दिया था। आपने बीड़ी के एड में कैसे इस्तेमाल कर

लिया?' यही मेरा सवाल है। ये गाना हमने फ़िल्म के लिए दिया था, वहाँ हम कोई क्लेम नहीं कर रहे हैं। आप फ़िल्म से निकाल कर जब उसे इस्तेमाल करते हैं, तब भी हम कहते हैं, 75 प्रतिशत ले लो तुम। साढ़े बारह-साढ़े बारह देने में तकलीफ़ है तुम्हें। ये तो लालच की बात है।

एक्चुअली, ये पाबंदी डायरेक्टर्स पर नहीं है, म्यूज़िक कम्पनीज़ पर नहीं है। ये पाबंदी हम पर है, आर्टिस्टों पर है, राइटर्स पर है, लेकिन शिकायत उन लोगों को है। हमें शिकायत नहीं हैं। हिन्दुस्तान के सारे कलाकार हाथ जोड़ रहे हैं सरकार के, और अपोज़ीशन के कि प्लीज़ इसे 25 प्रतिशत नॉन-असाइन करवा दीजिए। तो ये जो है, आप 75 इसमें से ले रहे हैं और क्या चाहिए आपको? मगर कहते हैं कि कॉन्ट्रैक्ट पर हिंडरेन्स है। अच्छा? तो फिर 'मिनिमम वेजेस रजिस्ट्रेशन' भी कॉन्ट्रैक्ट पर हिंडरेन्स है? आज हम जहाँ खड़े हैं दिल्ली में, वहाँ एग्रीकल्चर में, स्किल्ड लेबर 328 रुपए से कम में काम नहीं कर सकती, अन-स्किल्ड लेबर 270 से कम में काम नहीं कर सकता। वो कह रहा है साहब मैं 150 में करने को तैयार हूँ, तो आप मुझे क्यूँ रोक रहे हो? मेरा तो कॉन्ट्रैक्ट हो गया है। डॉवरी प्रिवेंशन क्या है? प्रोहिबिशन एक्ट। एक आदमी है, उसकी बेटी है। वो डॉवरी देने को तैयार है, उसकी बेटी डॉवरी के लिए तैयार है, लड़का डॉवरी लेने को तैयार है, लड़के का बाप ख़ुश है। सरकार को क्या ऐतराज़ है? सरकार को ऐतराज़ ये है कि उसे मालूम है ये बराबरी का फ़ैसला नहीं हो रहा है। ये मजबूर है। इसको रोकना पड़ेगा हमें। चाइल्ड लेबर में क्या गड़बड़ है? जो चाइल्ड लेबर प्रोहिबिशन और रेगुलेशन एक्ट है वो क्या है? अरे भाई, माँ-बाप अपने बच्चे से काम करवाने को तैयार हैं, बच्चा तैयार है, कारख़ाने वाले तैयार हैं, मगर हमें मालूम है कि ये तैयारी किस हालत में होती है। और ये भी देखिए कि पिछले 20 बरस में, स्टैंडिंग कमेटी ने कहा कि हमको एक कॉन्ट्रैक्ट लाकर दो, जिसमें राइटर ने अपने पब्लिशिंग राइट तुम्हें नहीं दिए हो, वो नहीं ला सकते, इसलिए कि है ही नहीं। ये बोंडेड लेबर है। उसके बाद हमदर्दी भी है। कह रही है, अगर बेचारा ज़रूरत पड़ने पर अचानक सब कुछ बेचना चाहे, तो आपने तो उसका हाथ बाँध दिया है। मैं एम. के. सिंह साहब की इजाज़त से शेक्सपियर को कोट करना चाहूँगा। इसलिए कि मैं समझता हूँ कि यहाँ इसके कॉपीराइट, कम से कम इस हाउस में, उनके पास हैं -

'Tis time fear when tyrants seem to kiss.'
'जब ज़ालिम हमदर्दी करे तो डरने का वक़्त है।'

जब म्यूज़िक कंपनी कह रही है, बेचारे राइटर का क्या होगा अगर इसके पास ये राइट नहीं रहें। और इसके ख़िलाफ़ कौन लोग हैं, जो हाथ जोड़कर कहते हैं कि भाई, ये ना कीजिएगा? सारे तो मैं नाम नहीं दे सकता, लेकिन कुछ नाम आपको दे देता हूँ -
पंडित रविशंकर, पंडित शिवकुमार शर्मा, पंडित हरिप्रसाद चौरसिया, शोभा मुद्गल, विशाल भारद्वाज, गुलज़ार, प्रसून जोशी, जगजीत सिंह, अमजद अली ख़ान, अमान अली ख़ान, अयान अली ख़ान।

रवि जी इंतज़ार में ही चले गए, जगजीत भी इंतज़ार में ही चला गया। इनके भी सिग्नेचर हैं।

विशाल-शेखर, और बहुत नाम है। फ़िल्म इंडस्ट्री के तो सारे नाम हैं ही, कलाकारों के नाम है, ज़ाकिर का नाम है, साउथ के सारे बड़े कलाकार, बंगाल के सारे सिंगर्स और म्यूज़िशियन्स का नाम है। ये लोग कहते हैं कर दीजिए। क्यूँ भाई? अच्छा, एक और बात कि अच्छा कर दीजिए, लेकिन पुराने पर नहीं होना चाहिए। ये बात किसी हद तक सही है, किसी हद तक सही नहीं है। मतलब, आप ये कल को कहें ये बिल आ जाए कि 'साहब, 1919 से मेरा गाना रिलीज हुआ था, तो आप तो मुझे हिसाब बताइए।' बेकार बात है। कोई भी लॉ जो है वो रेट्रोस्पेक्टिव में नहीं लग सकता है। लेकिन अब, जब वो गाना बजेगा तो उसकी रॉयल्टी होगी, ऐसा क़ानून है। तब तक, जो आपने कर दिया, कर दिया, भूल जाइए, हम भी भूल जाते हैं। सर, जब तक ये नहीं होता है, यही एक तरीक़ा है। सारे म्यूज़िशियन्स, सारे राइटर्स तो ग़लत नहीं हो सकते हैं। एक तरफ़ ये हैं, दूसरी तरफ़, ये मल्टी-नेशनल्स हैं, दूसरी तरफ़ ये बड़े-बड़े प्रोड्यूसर्स हैं, जो ये प्रीटेंड कर रहे हैं कि प्रोड्यूसर्स का बहुत नुक़सान होगा। दरअसल, जो अप- फ्रंट मनी होता है, वो तो 10-12 प्रोड्यूसर्स को मिलता है। बाक़ी को तो एक नया पैसा नहीं मिलता है उनका। पहली बार उन छोटे प्रोड्यूसर्स को पैसा मिलेगा जब ये बिल आएगा इसलिए कि पब्लिशिंग हमारे हाथ में होगी और वो पब्लिशर होंगे। वरना, म्यूज़िक कंपनी सब ले जाती है, बेच देते हैं उसे। तो 90 परसेंट प्रोड्यूसर्स का इससे फ़ायदा ही होना है, और जो 10 परसेंट समझ रहे हैं कि उनका नुक़सान होगा, उनका भी फ़ायदा ही होगा, इसलिए कि वो जितने में बेचते हैं, वो कम है, लेकिन जब तक ये बिल पास नहीं होगा, तब तक ये ज़ुल्म, ये सितम, ये लूट चलती ही रहेगी। ये एक अँधेरा है, जिसमें हम चल रहे हैं और मुझे वो शे'र याद आता है -

सियाह रात नहीं लेती नाम ढलने का
यही तो वक़्त है सूरज तेरे निकलने का

ये बिल आज पास होना चाहिए, और अभी। शुक्रिया।

संगीतकार शंकर महादेवन, लॉय मेंडोसा, सुलेमान मर्चेंट, ललित पंडित और अन्य लोगों के साथ बातचीत करते जावेद अख़्तर

100

अगर जावेद साहब लेखक, शायर और गीतकार नहीं होते तो एक बेहतरीन वकील होते

अमित दत्ता

जावेद साहब द्वारा भारत में कॉपीराइट क़ानून बदलने के लिए कई सालों के हंगामेदार सफ़र का बीड़ा उठाने और उसके बाद इस क़ानून को लागू करवाने के लिए सालों की लंबी लड़ाई को दो-चार पेजों में समेटना मेरे लिए बहुत मुश्किल काम होगा। जैसे जावेद अख़्तर ने पटकथा लेखन को नए सिरे से परिभाषित करने, फ़िल्मी गीत-लेखन को बुलंदियों पर पहुँचाने का काम किया है, वैसे ही उन्होंने भारत में कॉपीराइट क़ानून के क्षेत्र में बुनियादी परिवर्तन लाने के लिए नेतृत्व कर के फ़िल्म उद्योग की लीक से हटकर सोच-समझ स्थापित करने की भूमिका निभाई है।

जावेद अख़्तर ने मुझे क़ानून को फिर से सीखने पर मजबूर किया, जबकि मुझे क़ानून के पेशे में 12 साल हो चुके हैं। हम इस बात पर सहमत हो सकते हैं कि कलाकारों के अधिकारों को, क़ानून द्वारा ऐतिहासिक रूप से तथा निर्ममता से ख़ारिज किए जाने के उनके दर्द, और भारत के रचनात्मक उद्योग के आकाश पर कलाकारों द्वारा अपनी जगह हासिल करने की जद्दोजहद को ख़ुद लेखक और शायर से बेहतर और कौन समझ सकता है।

ये कहना बिल्कुल उचित होगा कि अगर भारत की संगीत कंपनियों ने 2004 में जावेद साहब को इन्डियन परफ़ार्मिंग राइट सोसाइटी लिमिटेड (आईपीआरएस) के बोर्ड में आने से नहीं रोका होता तो भारत के रचनाकारों की तक़दीर शायद कभी नहीं बदलती। क़िस्सा ये है कि जावेद साहब से आईपीआरएस बोर्ड में शामिल होने की सहमति देने का अनुरोध किया गया था। उक्त बोर्ड गीतकारों, संगीतकारों और संगीत प्रकाशकों (संगीत कंपनियों) की ओर से होटल, रेडियो, टीवी और अन्य मंचों से रॉयल्टी एकत्र करने वाली कॉपीराइट संस्था है। चुनाव के दिन परिणाम घोषित होने के बाद जावेद साहब को पश्चिम बंगाल के सुदूर शहर बारासात की जिला अदालत से एक संगीत कंपनी द्वारा हासिल की गई निषेधाज्ञा सौंपी गई, जिसने उन्हें तथा अन्य निदेशकों को पदभार ग्रहण करने के पहले ही अनिवार्य रूप से बोर्ड से बाहर कर दिया।

जैसा कि जावेद साहब ख़ुद बताते हैं, तब तक वे सोचते थे कि संगीत प्रकाशन का संबंध किताबों में गीत प्रकाशित करने से है। जावेद साहब ने वह किया, जो सिर्फ़ मार्गदर्शक और दूरदृष्टा करते हैं, उन्होंने बेहद पुरानी और मज़बूत धारणा पर सवाल किए। सारी संगीत जमात को यह अनुचित धारणा आम तौर पर स्वीकार थी कि लेखकों और संगीतकारों का रचनात्मक समुदाय संगीत कंपनियों से मिलने वाली मामूली रक़म से ज़्यादा कुछ के क़ाबिल नहीं हैं। और जावेद साहब में हिम्मत थी कि न केवल इस धारणा पर सवाल उठाए, बल्कि संगीत और फ़िल्म उद्योग से जुड़े हर व्यक्ति की बेहतरी के लिए सकारात्मक रूप से धारणा विकसित की। आईपीआरएस की घटना ने कॉपीराइट क़ानूनों में जावेद साहब की रुचि जागृत कर दी और बाक़ी कलाकारों की तरह पहले से ही मान्य-लेखकों और संगीतकारों के अधिकारों के विषय में उन्होंने जितनी ज़्यादा जाँच-पड़ताल की, उन्हें उतना ही ज़्यादा धक्का लगा। यहाँ रचनाकारों का एक वर्ग था, जिसने भारत की सांस्कृतिक विरासत के निर्माण में योगदान दिया, लेकिन उन्हें दिखावटी तारीफ़ के अलावा कुछ नहीं मिला, जबकि उनकी रचनाओं से होने वाली आमदनी का पूरा हिस्सा फ़िल्म और संगीत व्यवसाय द्वारा रख लिया जाता था। जावेद साहब को यह भी समझ आया कि यह समस्या सिर्फ़

अंतरराष्ट्रीय स्तर पर लेखकों और कलाकारों के लिए कॉपीराइट क़ानूनों में बदलाव लाने में विक्टर ह्यूगो का उल्लेखनीय योगदान रहा है, जिससे प्रेरणा लेकर जावेद अख़्तर ने भारत में कलाकारों के अधिकारों के लिए अथक संघर्ष किए, जिसके फलस्वरूप 2012 में भारत सरकार ने कॉपीराइट क़ानून में लेखकों और कलाकारों के हित में महत्त्वपूर्ण सुधार किए।
पेरिस में प्रसिद्ध लेखक विक्टर ह्यूगो के निवास पर जावेद

उद्योग के रवैये और रिवाज की नहीं थी, बल्कि इस मसले की बुनियाद में एक क़ानून था, जिसने 1957 में शुरुआत से ही संगीत उद्योग में रचनाकारों की साझेदारी की बड़ी निर्दयता के साथ अवहेलना की थी।

मैं पहली बार 2009 के मध्य में जावेद साहब से मिला और इस तरह नीति विकास एवं सुधार में मेरा प्रशिक्षण शुरू हुआ। मैं यक़ीन के साथ कह सकता हूँ कि अगर जावेद साहब लेखक, शायर, और गीतकार नहीं होते तो एक बेहतरीन वकील होते। अगले 3 वर्षों तक जावेद साहब

ने कॉपीराइट क़ानून को ही जिया, उसी में साँसे लीं और उसी पर बोले। उन्होंने कई मंत्रियों, विपक्षी पार्टियों के नेताओं और सभी प्रकार की राजनीतिक विचारधाराओं के छोटे-बड़े दलों के सांसदों से व्यक्तिगत मुलाक़ातें करके लगातार कई दिनों तक भारत में कलाकारों की दयनीय हालत के बारे में बताया और क़ानून को बदलने की हिमायत की। रचनाकारों के वर्ग की बेहतरी के लिए उनके अनन्य उत्साह, समर्थन और भावातिरेक को विभिन्न राजनीतिक विचारधाराओं वाले अरुण जेटली, सुषमा स्वराज, सोनिया गांधी, कपिल सिब्बल तत्कालीन लोकसभा स्पीकर मीरा कुमार, प्रकाश जावड़ेकर जैसे कई प्रबल समर्थक राजनेता मिले, जिन्होंने लीक से हटकर क़ानून में बदलाव का समर्थन किया। उस दौर के राजनीतिक विद्वेष और निरन्तर संसदीय स्थगन के बावजूद जावेद साहब को मिला दलीय समर्थन अभूतपूर्व था। जैसा कि जावेद साहब कहते हैं, इसकी वजह से क़ानून में बदलाव के समर्थन में कलाकारों का समुदाय भी उनके इर्द-गिर्द इकट्ठा हो गया। जावेद साहब की अगुवाई में किए जा रहे प्रयास को कलाकारों के समुदाय ने स्वीकार किया और एक आवाज़ से समर्थन दिया।

जावेद साहब को इस प्रतिबद्धता की भारी व्यावसायिक क़ीमत चुकानी पड़ी, जो फ़िल्म उद्योग द्वारा उनके प्रति निष्ठुर और बदले की भावना से किए गए अनौपचारिक बहिष्कार के रूप में थी और मुझे लगता है कि वह किसी न किसी रूप में अब भी जारी है। मुझे कभी-कभी लगता है कि भारत के कॉपीराइट क़ानून को जावेद साहब जैसे किसी व्यक्ति की ही ज़रूरत थी, जो रचनाकारों के प्रति निर्दय, कठोर और अवहेलनापूर्ण सलूक करने वाले क़ानून को बदल सके।

संसद के दोनों सदनों में अप्रैल तथा मई, 2012 में लगभग निर्विरोध पारित होने और सरकार द्वारा अधिसूचित किए जाने के बाद जून, 2012 में कॉपीराइट (संशोधन) अधिनियम, 2012 प्रभावशील हो गया। लेकिन ज़िन्दगी इतनी आसान नहीं है- जब उद्योग के लिए तकलीफ़देह यह क़ानून पारित हो गया, तब बहुतों ने इसका विरोध किया। क़ानून को सम्म ान देने और लागू करने के आश्वासन पर, जावेद साहब की अगुवाई में कलाकारों और संगीत व्यवसायियों को सभी विवाद सुलझाने में अगले पाँच साल और लग गए। यह समझौता अपने आप में ऐतिहासिक था। इसने कलाकारों के अधिकारों को क़ायम रखने के लिए समर्पित संगीत कंपनियों और कलाकारों को एकजुट किया, ताकि दशकों से कमज़ोर प्रदर्शन कर रहे संगीत उद्योग को खड़ा किया जा सके। जैसा कि होना था- उद्योग के कुछ हठी लोगों के साथ मुक़ाबला करते हुए, जावेद साहब की अध्यक्षता में उनके सहयोगी कलाकारों के साथ आईपीआरएस दुनिया में सबसे तेज़ी से विकास करने वाली कॉपीराइट संस्था बन गई है। कलाकारों को रॉयल्टी का भुगतान किया जा रहा है और भारत के कलाकारों के लिए हर दिन और भी बेहतर होता जा रहा है। अगर आप मुझसे संक्षिप्त शब्दों में बताने को कहें कि जावेद साहब ने भारत में कलाकारों के लिए क्या हासिल किया है तो मैं बेहिचक कहूँगा कि क़ानून तो संसद और सरकारों द्वारा बनाया जाता है, किसी एक व्यक्ति द्वारा नहीं, लेकिन कौन सी संसद या सरकार क़ानून बदलती अगर जावेद अख़्तर जैसा कोई आदमी नहीं होता, जो अपना नुक़सान करके भी तकलीफ़ और बदसलूकी की कहानी सुनाता!

आईपीआरएस के कार्यक्रम में जावेद अख़्तर के साथ अमित दत्ता और गुलज़ार साहब

101

ये बरसों बाद हुआ है कि एक बिल लोकसभा और राज्यसभा दोनों से सर्वसम्मति से पास हुआ है

कॉपीराइट बिल के पास होने पर आईपीआरएस द्वारा आयोजित सम्मान समारोह में जावेद अख़्तर का वक्तव्य

दोस्तों, साथियों! मैं बहुत शुक्रगुज़ार हूँ, आज बहुत अच्छी-अच्छी बातें मेरे बारे में कही हैं। हाँ, मैंने काफ़ी भागदौड़ की है और मैं कई लोगों से मिला, लेकिन यक़ीन कीजिए, मैं ये बात दिल से कह रहा हूँ, ये मेरी जीत नहीं है, ये आपकी जीत है। मैं जो नाम लेकर गया था, जिन लोगों को मैं बार-बार लेकर जाता रहा, उनकी क्या ताक़त है, आपकी क्या ताक़त है, हिन्दुस्तान के जो कलाकार हैं, उनकी क्या ताक़त है, उनको पता ही नहीं है। एक तरफ़

था सिर्फ़ आपका नाम, आपका गुडविल। लोग आपको जानते हैं आपके काम से, आपकी आवाज़ से, आपकी धुन से, आपके शब्द से। दूसरी तरफ़ तो सब-कुछ था, जो दुनिया में ताक़तवर माना जाता है। तो फिर क्या हुआ? हुआ ये कि पहली दफ़ा हमें ये मालूम हुआ कि हमारी क्या शक्ति है। ये शक्ति एक आदमी की नहीं है और ये एक आदमी की समस्या भी नहीं थी। जो काग़ज़ मैं लेकर गया था, वहाँ भारत रत्न पंडित रविशंकर और दो ऑस्कर विनर ए. आर. रहमान के भी दस्तख़त थे। हम सब के तो थे ही। जब हम गए स्टैंडिंग समिति में, तो हमने वो कंटेंट दिखाए, 200-300 कंटेंट - हर राइटर्स के, म्यूज़िक डायरेक्टर्स के, सिंगर्स के। 'देखिए, इसमें और बंधुआ मजदूरी में क्या फ़र्क़ है?' और जब म्यूज़िक कंपनी के लोग आए और दूसरे लोग आए तो उनसे कहा गया कि अगर ये सारे अपने राइट्स अपनी मर्ज़ी से ही देते हैं और आप इन्हें सही क़ीमत देते हैं तो 20 बरस में एक कॉन्ट्रैक्ट दिखाइए, जिसमें एक राइटर ने या म्यूज़िक डायरेक्टर ने ये राइट नहीं लिए हुए हैं। मगर ऐसा कोई कॉन्ट्रैक्ट नहीं दिखा सके। ये जीत जो है इंसाफ़ की है।

हम लोग अपने पॉलिटिशियन्स को बहुत सिनिकली देखते हैं और शायद सही भी है अक्सर मौक़ों पर, लेकिन संगीतकार, गीतकार, गायक क्या दे सकते हैं किसी पॉलिटिकल पार्टी को। ये बरसों के बाद हुआ है कि एक बिल लोकसभा से और राज्यसभा से, सर्वसम्मति से पास हुआ है। ये मेरी कामयाबी नहीं है। ये सच की कामयाबी है और ये इस बात का सुबूत है कि हमारी पार्लियामेंट में कुछ भी होता हो, लेकिन अभी लोगों के सीने में दिल है। हमें अपनी ताक़त को समझना है, लेकिन उसका नाजायज़ इस्तेमाल भी नहीं होना चाहिए। हमें ये एक सेकंड को भी नहीं समझना चाहिए कि हमने अपने प्रोड्यूसर्स को हरा दिया और हम जीत गए। वो भी एक सिस्टम के प्रोडक्ट हैं, हम भी एक सिस्टम के प्रोडक्ट हैं। हक़ीक़तें ये है कि जो दुनिया चल रही थी, जो सिस्टम उसमें चल उठा था, जो बदला नहीं, वो प्रोड्यूसर्स के लिए भी ठीक नहीं था, उसमें उनका भी नुक़सान था। जो धीरे-धीरे उनको समझ आ रही है बात। वक़्त के साथ और समझेंगे, जब ये प्रैक्टिस शुरू होगी। हक़ीक़तें ये है कि ये मैं आपको यक़ीन दिलाता हूँ कि ये जो बिल है, ये हमारे प्रोड्यूसर्स के लिए बेनिहायत अच्छा है। हमारे यहाँ 90% प्रोड्यूसर्स को एक नया पैसा अपनी म्यूज़िक से नहीं मिलता है, बल्कि अक्सर उन्हें पैसा देना पड़ता है। दिल जलता रहता था, तकलीफ़ भी थी, ह्युमिलिएशनकी फ़ीलिंग भी थी राइटर्स में, वो चाहे स्क्रिप्ट राइटर्स हो, चाहे कंपोज़र्स हो, चाहे सिंगर्स हो। हरेक को ये एहसास था कि जो इज़्ज़त हमको मिलना चाहिए, जो हमारे काम को मक़ाम मिलना चाहिए, जो क्रेडिट मिलना चाहिए, जो पैसा मिलना चाहिए, वो नहीं मिलता है। इस नाइंसाफ़ी के पहिये में प्रोड्यूसर भी घूम रहा था, बग़ैर ये जाने कि, उसके साथ ये नाइंसाफ़ी है। लेकिन 2005 में जो वाक़िया हुआ, उसने शायद हमारे सब्र के बाँध को तोड़ा कि अब बहुत हो गया। अब नहीं! साल में एक दफ़ा एक मीटिंग में चले जाता था। आईपीआरएस - पूरा नाम क्या है ये भी नहीं पता था। वहाँ जाते थे, चाय-वाय मिलती थी और एक लिफ़ाफ़ा दे देते, जिसमें एक लाख रुपए - डेढ़ लाख रुपए का चेक होता था। हम कहते कि ये तो फ़्री में मिल गया पैसा। लेकर आ जाते। ये कुछ राइटर्स- म्यूज़िक डायरेक्टर्स मेरे पास आए

और कहने लगे कि हम चाहते हैं कि अब जो ये इलेक्शन हो रहा हैं, इसमें आप खड़े हों। ये इसलिए कि यहाँ बड़ी गड़बड़ है और बड़ा कन्फ़्यूज़न है। मैंने कहा, 'मैं अपनी ज़िन्दगी में इलेक्शन नहीं लड़ा हूँ, क्यूँ इस मुसीबत में मुझे डाल रहे हो? ये है क्या, मुझे पता भी नहीं है इसके बारे में कुछ।' मगर, दोस्तों के साथ खड़ा हो गया और जीत भी गया। अच्छा, अब उसके बाद जब हम पहली बोर्ड मीटिंग में पहुँचे, तो हम एंटर हुए थे मीटिंग शुरू होने से पहले। तो हमारे हाथ में कोर्ट का नोटिस दे दिया गया कि मीटिंग नहीं हो सकती है और ये तो इलेक्शन क़ानूनन अमान्य था।

हमारा स्ट्रगल शुरू हुआ। हमने बड़ी कोशिश की। यहाँ गए, वहाँ गए। लेकिन अल्टीमेटली बात समझ में आई कि ऐसे कुछ नहीं होगा। दिल्ली से ही कुछ हो सकता है अगर क़ानून बने। हमें तो अभी-अभी नया-नया मालूम हुआ था कि रॉयल्टी क्या चीज़ होती है। क़ानून तो बहुत दूर की चीज़ होती है। फिर मालूम हुआ कि वहाँ पर एक बहुत बड़ी कंसर्न है, 'लूथरा एंड लूथरा।' वहाँ पर कुछ लॉयर्स हैं, जो हिन्दुस्तान के बेहतरीन कॉपीराइट लॉयर्स माने जाते हैं। मगर वह तो बहुत बड़ी कंसर्न है। एक-एक दिन की इन लोगों की फ़ीस होती है कई-कई लाख रुपए। तो हमने कहा, 'चलो बात करेंगे। उतना तो हम आपको नहीं दे सकते, लेकिन जो भी दे सकते हैं वो हम आपको ज़रूर देंगे।' मुझे वो दोपहर याद है, जब हम 4-5 लोग थे और ऐसा कभी हुआ ही नहीं कि हम किसी से मिलने गए हों और जगजीत सिंह हमारे साथ ना हों। मुझे उनके नहीं होने की इतनी तकलीफ़ है कि मैं आपको बता नहीं सकता। हम वहाँ गए। राजीव लूथरा साहब, जो उस कंपनी के मालिक हैं, उनसे मुलाक़ात हुई, उन्होंने जो इस काम के एक्सपर्ट हैं कॉपीराइट के, अमित दत्ता साहब, लॉयर, उनसे हमें मिलाया। हमने कहा कि ऐसा-ऐसा मसला है। उन्होंने कहा कि मैं आपको बताऊँगा कि आपकी डिमांड क्या होनी चाहिए सरकार से और किस तरह होना चाहिए। जहाँ मैं हुकूमत का, यूपीआई चेयरमैन का, प्राइम मिनिस्टर का, कपिल सिब्बल साहब का, अरुण जेटली साहब का, सुष्मा स्वराज जी का शुक्रिया अदा करना चाहूँगा, मीरा जी लोकसभा की स्पीकर हैं उनका शुक्रिया अदा करना चाहूँगा, उतना ही, मैं वहाँ अमित दत्ता साहब का शुक्रिया अदा करना चाहूँगा।

श्रीमती सोनिया गाँधी, जिन्होंने पर्सनली पहली बार जब हमारे कॉन्ट्रैक्ट देखे और हमारी सिचुएशन देखी, उन्होंने ख़त लिखा कपिल सिब्बल साहब को कि आपको ये काम करना है कि दुनिया के जो बेहतरीन राइट्स कंपोज़र्स-राइटर्स के लिए होते हैं वो इस देश में होने चाहिए। प्राइम मिनिस्टर मनमोहन सिंह ने ख़त लिखा और ख़ुशक़िस्मती की बात ये है कि कपिल सिब्बल साहब तो ऑलरेडी हमारे हमदर्द थे ही इस इशू पर, तो उनको और प्रोत्साहन मिल गया। कभी-कभी कन्फ़्यूज़न होने लगता था मुझे कि ये बिल सरकार का है या अपोज़ीशन वालों का। जिस तरह से अरुण जेटली साहब ने इस बिल का साथ दिया, मैं आपको बता नहीं सकता हूँ। राज्यसभा से, ये बग़ैर अरुण जेटली के पास हो नहीं सकता था। जब ये डिबेट हो रही थी, तो अरुण जेटली साहब एंड तक बैठे हुए थे। आमतौर से 6 बजे ख़त्म हो जाती है पार्लियामेंट। उन्होंने उसे साढ़े 8 बजे तक चलवाया।

हम लोग पढ़ते हैं, 'कॉरिडोर ऑफ़ पॉवर।' पार्लियामेंट में जब भी मैं चलता हूँ, मुझे ये ही लगता है कि ये ही है, 'कॉरिडोर ऑफ़ पॉवर।' अब आप बताइए ये तो मैं आपको एक दिन की कहानी सुना रहा हूँ। ये तीन बरस का ऐसा ही है, आप ये यक़ीन कीजिए। कहाँ से बॉल निकल रही है कहाँ रोकी जा रही है, लेकिन ये सब ना होता, अगर हमको सही सजेशन न होता। इससे मिलो, उससे क्या कहना है, क्या डिमांड करना है, एक-एक लैटर जो हमने दिया है वो अमित दत्ता साहब का ड्राफ़्ट किया हुआ है। एक-एक अपील जो हमारी है वो इनकी ड्राफ़्ट की हुई है। इनके बग़ैर हमारी गुडविल की इज़्ज़त तो हो जाती, लेकिन हमारा काम नहीं हो पाता।

आनंद जी भाई

ये बहुत मुश्किल काम था। कभी लगता था हो रहा है, कभी लगता था नहीं हो रहा है, लेकिन जावेद साहब अड़े रहे और इन्होंने ये करके दिखाया कि आर्टिस्ट क्या होता है। जो एक सेल्फ़ रिस्पेक्ट थी, जिसको सुला दिया गया था, उसको फिर से इन्होंने जगा दिया। बहुत बड़ा काम किया है इन्होंने। इसके लिए इनको दुआएँ बड़ों की भी मिलेंगी, बच्चों की भी मिलेंगी। आने वाली पीढ़ी को आपने रास्ता दिखाया है।

गुलज़ार

कहने वाले बहुत हैं, करने वाले बहुत कम। कहने वाले हम सब थे, करने वाले जावेद साहब। निकनेम से इन्हें 'जादू' बुलाते हैं, ये पूरी शख़्सियत ही जादू है और ये जादू ही कर गए। कम लोग होते हैं, जो राह दिखाते हैं, एक पूरे फ़ेथ के साथ, मैं जहाँ तक समझ पाता था, इनको फ़ॉलो किया। मैं जानता था कि ये जिस तरफ़ हैं वो रास्ता ज़रूर सही होगा। मैं इसलिए इनके साथ चलता रहा।

पं. शिवकुमार शर्मा

ये एक हिस्टोरिक मोमेंट था हमारे लिए। हम देखते थे कि एक शख़्स है, जो सब छोड़ कर इसमें लगा है। अक्सर क्या होता है कि अगर मेरा अच्छा चल रहा है तो मैं सोचता हूँ कि मेरे लिए तो ठीक है भैया, बाक़ी लोग देख लें अपना। इस दायरे के बाहर जाकर आम लोगों के लिए सोचना, ये एक ऐसी चीज़ है कि जिसके लिए जावेद साहब का नाम स्वर्णाक्षरों में लिखा जाएगा।

102

भारत माता की जय कहना मेरा कर्तव्य नहीं, मेरा अधिकार है

2016 में राज्यसभा में जावेद अख़्तर का 'विदाई-भाषण'

अच्छा वक़्त, बुरा वक़्त, कैसा भी वक़्त हो, गुज़र जाता है। ये छः साल भी गुज़र गए और ऐसे गुज़रे कि लगा कि मैंने छः बार आँखें झपकाई हैं। इतनी तेज़ी से निकल गए। लेकिन इस तेज़ी में भी जो कुछ देखने को मुझे मिला, वो मैं ज़िन्दगी भर अपने दिल में, अपने ज़ेहन में सँभाल कर रखूँगा। वो बड़ी क़ीमती चीज़ है। मैंने यहाँ 'लीडर ऑफ़ द अपोज़ीशन', और उसके बाद, 'लीडर ऑफ़ द हाउस' - श्री अरुण जेटली की स्कॉलरली स्पीचेस सुनी। मैंने इनके साथ यहाँ चिदम्बरम साहब और कपिल सिब्बल साहब की डिबेट सुनी। मैंने यहाँ वृंदा करात और सीताराम येचुरी की लॉजिकल तक़रीरें सुनीं। मैंने यहाँ श्री रविशंकर प्रसाद के विट को देखा। यहाँ रामगोपाल यादव साहब, जो सख़्त-से-सख़्त बात नर्म-से-नर्म लहज़े में कह सकते हैं, उनकी बातें सुनीं। और भी सुनता लेकिन मुझे एक क़िस्सा याद आ रहा है। मजाज़ उर्दू के एक बहुत बड़े शायर थे, और उनका सेंस ऑफ़ ह्यूमर भी बहुत मशहूर था। वो कश्मीर गए, पहली बार किसी मुशायरे में। वहाँ किसी ने पूछा कि 'मजाज़ साहब, आप पहली बार आए हैं, यहाँ के क़ुदरती नज़ारे देखे आपने? कैसे लगे आपको?' कहने लगे, 'बहुत अच्छे लगे और ये बीच में पहाड़-वहाड़ आ गए, वरना और भी दिखाई देते।' मैं यही कह सकता हूँ कि बीच में बहुत सारे एड्जोर्नमेंट्स आ गए थे, वरना और भी तक़रीरें सुन लेता, लेकिन ख़ैर, जितना सुना वो भी काफ़ी था।

यहाँ जब मैं आया था तो एक ख़ास मक़सद, एक ख़ास लक्ष्य लेकर आया था। कुछ राइटर्स के, कंपोज़र्स के प्रॉब्लम्स थे इस मुल्क में कॉपीराइट के और वही दुःख लेकर मैं आया था। मैं सोनिया जी से मिला अपने साथियों के साथ। उन्होंने हमें मनमोहन सिंह जी के पास भेजा। उन्होंने भी सुना तो उन पर भी उतना ही असर हुआ, जितना सोनिया जी पर हुआ था। मनमोहन जी ने कहा, 'देखिए, हम आपका साथ ज़रूर देंगे, लेकिन आप अपोज़ीशन से, ख़ासतौर से, बीजेपी से बात कर लीजिए। उनके बग़ैर आपका काम नहीं हो पाएगा।' तो हम अरुण जेटली साहब के पास गए। मुझे थोड़ी हैरत भी हुई, थोड़ी ख़ुशी भी हुई कि बहुत हद तक ये हमारा प्रॉब्लम जानते ही थे। लेकिन थोड़ी डिटेल हमने और दी। जिस तरह उन्होंने रिएक्ट किया, उस दिन मुझे मालूम हुआ कि ये काम हो जाएगा। लेकिन, ये बात मुझे बहुत अच्छी लगी मनमोहन जी की, कि अपोज़ीशन से बात कर लीजिए, उनके बग़ैर नहीं होगा। ऐसा ही होना चाहिए। देखिए, सरकारें तो उन मुल्कों में भी होती हैं, जहाँ डिक्टेटरशिप

जावेद अख़्तर राज्यसभा में

है। सरकारें तो वहाँ पर भी होती हैं, जहाँ बादशाहतें हैं, लेकिन डेमोक्रेसी में और इन हुकूमतों में फ़र्क़ क्या है? वहाँ सिर्फ़ सरकार होती है, यहाँ सरकार और अपोज़ीशन दोनों होते हैं। किसी ने सही कहा है –

चमन में इख़्तिलात-ए-रंग-ओ-बू से बात बनती है
हम ही हम हैं तो क्या हम हैं, तुम ही तुम हो तो क्या तुम हो

देखिए क्या है कि हम बड़े ख़ुशक़िस्मत लोग हैं और हम शिकायतें तो करते रहते हैं हुकूमतों से भी, देश से भी और समाज से भी, लेकिन जो हमारे पास है, उसका शुक्रिया हम अदा नहीं करते, जितना हमें करना चाहिए। जितना उसका एहसान मानना चाहिए, उतना हम मानते नहीं। वो है हमारा संविधान!

ज़रा नज़र उठाकर देखिए, यहाँ से चलेंगे तो दूसरी डेमोक्रेसी आपको मेडिटेरियन कोस्ट पर मिलती है। वो क्या बात है, वो क्या ताक़त है हमारी जो हमें यहाँ मिलती है? ये संविधान हमें डेमोक्रेसी देता है। लेकिन ये याद रखिए कि डेमोक्रेसी बग़ैर सेक्युलरिज़्म के नहीं हो सकती। ये वो मुल्क हैं, जिनमें सेक्युलरिज़्म नहीं है और इसलिए डेमोक्रेसी नहीं है। डेमोक्रेसी का मतलब होता है कि जिस बारे में ज़्यादा लोगों की राय होगी, वो बात मानी जाएगी। लेकिन डेमोक्रेसी ये मान कर चलती है कि ये मेजोरिटी और ये माइनॉरिटी परमानेंट नहीं है, ये हर इशू पर बदलेगी। अगर कोई ऐसी परिभाषा बना दी जाए, मेजोरिटी की और माइनॉरिटी की, जो परमानेंट है तो फिर डेमोक्रेसी तो उसी दिन ख़त्म हो गई। हम अगर सेक्युलरिज़्म की बात करें, हम अगर सेक्युलरिज़्म को बचाने की कोशिश करें तो किसी एक वर्ग या किसी दूसरे वर्ग पर कोई एहसान नहीं कर रहे हैं। हमको सेक्युलरिज़्म इसलिए बचाना होगा क्योंकि इसके बग़ैर डेमोक्रेसी ही नहीं बन सकती। लेकिन मैं ऐसा विश्वास रखता हूँ कि हमारे देश में ये बहुत बड़ा अचीवमेंट है। हम जब आज़ाद हुए, तब शायद हम एक सुई बनाने के क़ाबिल नहीं थे। आज हम एक इंडस्ट्रियल कंट्री

फ़िल्म अभिनेत्री व निर्देशक नंदिता दास की फ़िल्म 'मंटो' में जावेद अख़्तर

हैं, बहुत बड़ी पॉवर हैं, बहुत बड़े अचीवमेंट्स हैं हमारे, शायद इससे भी ज़्यादा हो सकते थे। लेकिन जितने हुए वो भी बहुत हैं। सबसे बड़ा अचीवमेंट ये है कि हमने अपनी धरती में जनतंत्र को उतार दिया। उसकी जड़ें इतनी गहरी हैं कि उखड़ नहीं सकती हैं। ये मुमकिन नहीं है। ये बहुत बड़ा तोहफ़ा है जो हमारे बुज़ुर्गों ने हमें दिया है। एक तरफ़ ये डेमोक्रेसी और एक तरफ़ ये कमाल का संविधान और दूसरी तरफ़ एक ऐसा मुल्क, एक ऐसी आबादी जिसमें 50% लोग जो हैं, वो 27 साल के नीचे हैं, जहाँ 35 करोड़ लोग यंग हैं, 10 साल और 25 साल के बीच में हैं। ये यंग मुल्क है। इतनी एनर्जी है इसके पास, इसके पास अच्छा क़ानून है, इसके पास इल्म है, टैलेंट है, कैलिबर है। मैं ऐसा मानता हूँ, इसलिए नहीं कि मैं हिन्दुस्तानी हूँ, इसलिए कि ये सच बात है कि एवरेज हिन्दुस्तानी का आईक्यू बहुत अच्छा होता है। वो पढ़ा-लिखा ना हो, वो गाँव में रहता हो, वो ज़बान टूटी-फूटी बोलता हो, लेकिन उसकी अक़्ल है, वो नादान नहीं है। हर चीज़ हमारे फ़ेवर में है तो फिर क्या वजह है कि आज दुनिया के सबसे ज़्यादा बेरोज़गार हमारे मुल्क में हैं? क्या वजह है कि दुनिया के सबसे ज़्यादा टीबी के मरीज़ हमारे मुल्क में हैं? क्या वजह है कि दुनिया का हर पाँचवा बच्चा जो पाँच बरस की उम्र से पहले मरता है वो हिन्दुस्तानी होता है? क्या वजह है कि हर साल एक कैलेंडर ईयर में 50 हज़ार औरतें माइनर प्रेगनेंसी के कॉम्प्लिकेशंस की वजह से मरती हैं? हमें ये सोचना होगा। ये शक्ति, ये क़ानून, ये सिस्टम, सब हमारे पास है। हम तरक़्क़ी करना चाह रहे हैं, तो कौन-सी? किसका डेवलपमेंट और किसके लिए और किसकी क़ीमत पर? डेवलपमेंट जीडीपी नहीं है, डेवलपमेंट है - ह्यूमन डेवलपमेंट इंडेक्स। मैं आपको बताऊँ, एक मुल्क है दुनिया में - ब्राज़ील, जहाँ दुनिया की तीसरी सबसे बड़ी प्राइवेट प्लेन की फ्लीट है और उनकी एक तिहाई आबादी पॉवर्टी लाइन के नीचे है। ये हमें अपने देश में नहीं चाहिए, साहब! मैं ऐसा विश्वास रखता हूँ कि कोई भी पार्टी हो, वो चाहती तो यही है कि अपने देश का भला हो। मैं देखता हूँ कि जहाँ ये समस्याएँ हैं बेरोज़गारी की, हॉस्पिटल की, दवा की, स्कूल की, कॉलेज की, इंफ्रास्ट्रक्चर की, वहाँ हम अपनी एनर्जी किन चीज़ों में लगा रहे हैं? वो क्यूँ वेस्ट हो रही है? आए दिन कुछ ऐसी बात सुनने को आती है, जो ना सुनते तो अच्छा था। अभी दो-तीन दिन पहले, एक साहब हैं, जिन्हें ये ख़याल हो गया कि वो नेशनल लीडर हैं। हालाँकि, हक़ीक़तें ये है

कि वो हिन्दुस्तान के एक स्टेट आन्ध्र के एक शहर हैदराबाद के एक मोहल्ले के लीडर हैं। उन्होंने ये कहा कि वो 'भारत माता की जय' नहीं कहना चाहते इसलिए कि संविधान उन्हें नहीं कहता है। संविधान तो उन्हें शेरवानी पहनने को भी नहीं कहता है और टोपी लगाने को भी नहीं कहता है। मैं ये जानने में इंट्रेस्टेड नहीं हूँ कि 'भारत माता की जय' कहना मेरा कर्तव्य है कि नहीं है। ये मैं जानना भी नहीं चाहता इसलिए कि ये मेरा कर्तव्य नहीं, ये मेरा अधिकार है। और मैं कहता हूँ – 'भारत माता की जय', 'भारत माता की जय', 'भारत माता की जय।' ये कौन लोग हैं? मैं इस बात को और इनके इस ख़याल को पूरी सख़्ती से कंडेम करता हूँ। मैं इतनी ही सख़्ती से एक और नारे को भी कंडेम करता हूँ, जो अक्सर हिन्दुस्तान के शहरों में प्राय: बोला जाता है – 'मुसलमान के दो स्थान, क़ब्रिस्तान या पाकिस्तान।' मैं उसे भी कंडेम करता हूँ।

अब हम रुक नहीं सकते, वक़्त रुकता नहीं, या तो हम आगे जाएँगे या पीछे जाएँगे। हमें फ़ैसला करना है। हम इस दोराहे पर हैं। जिन समाजों में, जिन मुल्कों में, अक़्लमंद वो हैं, जो तजुर्बों से सीखें, लेकिन उससे ज़्यादा अक़्लमंद वो हैं, जो दूसरे के तजुर्बे से सीखें। देख लीजिए, जिन मुल्कों में धर्म का बड़ा बोल-बाला है, जिन मुल्कों में ये यक़ीं हैं कि गुज़रा हुआ ज़माना बड़ा अच्छा था, जिन मुल्कों में ये ख़याल है कि जो हम कह रहे हैं वही ठीक है।

सब तिरे सिवा काफ़िर, आख़िर इस का मतलब क्या
सर फिरा दे इंसाँ का ऐसा, ख़ब्त-ए-मज़हब क्या

जिन मुल्कों में ये ख़ब्त हैं वो कहाँ गए? जहाँ बात पर ज़बान कटती है, जहाँ एक लफ़्ज़ बोल दे जो धर्म के ख़िलाफ़ हो, मज़हब के ख़िलाफ़ हो तो फाँसी दे दी जाती है, वो मुल्क हमारी मिसाल बननी चाहिए या वो, जहाँ हर तरह की आज़ादी हो, जहाँ 'लास्ट टेम्पटेशन ऑफ़ जीसस क्राइस्ट' भी बन सकता है। कौन से मुल्क सही हैं? कहाँ इंसान आराम से है? कहाँ ज़िन्दगी बेहतर है? ये दोराहा है। आज-कल जिसे हम फ्रिंज कहते हैं, वो फ्रिंज दिन-ब-दिन बड़ी होती जा रही है और उसकी ज़रूरत नहीं है। मैं दिल से समझता हूँ कि इस सरकार में बहुत क़ाबिल लोग भी मौजूद हैं और जो बहुत अच्छा काम करते हैं और कर सकते हैं।

मैं यही उम्मीद करूँगा कि अपोज़ीशन हो या सरकार, अपोज़ीशन का भी रोल है। अपोज़ीशन को भी सोचना चाहिए और सरकार को भी कि यहाँ काम हो। ये एड्ज़ोर्नमेंट्स जो हैं, हमें आगे नहीं ले जाएँगे और ये पोलराइज़ेशन भी हमें आगे नहीं ले जाएगा। एक ऐसा हिन्दुस्तान बने, और बन सकता है, बहुत मुश्किल नहीं है, बहुत आसान है कि जहाँ हर सिर पर छत हो, हर तन पर कपड़ा हो, जहाँ पेट में रोटी हो, जहाँ हर एक के पास दवा हो, इलाज हो, स्कूल हो, सड़कें हों, बिजली हो, पुल हो, ये हो सकता है। ज़रा सा बस अगले इलेक्शन की परवाह बंद कर दे आदमी और सब कुछ हो जाएगा।

103

क्या हम अपनी 'ग्राउंड रियलिटी' के साथ जी रहे हैं या हम एक 'पाथेर पांचाली' बनाने की कोशिश कर रहे हैं?

सत्यजीत रे सोसायटी की तरफ़ से कोलकाता में आयोजित सत्यजीत रे मेमोरियल लेक्चर सीरीज़ 'रे टुडे' का पहला व्याख्यान 2009 में जावेद अख़्तर ने दिया था।

प्रस्तुत है जावेद साहब द्वारा दिए गए व्याख़्यान का संक्षिप्त अंश।

सत्यजीत रे मेमोरियल लेक्चर सीरीज़ में व्याख़्यान देते जावेद अख़्तर (कोलकाता, 2009)

मैं सोचता हूँ कि भारत के किसी भी कोने में रहने वाले औसत भारतीय या सिनेमा दर्शक के सामने जब सत्यजीत रे का नाम आता है तो इमेजेस का एक कोलाज उभर कर सामने खड़ा हो जाता है। 'पाथेर पांचाली', 'अपराजिता', 'अपुर संसार', 'चारुलता', 'प्रतिद्वन्दी', 'मिडिलमैन' (जन अरण्य), 'जलसाघर' और आप पूरी तरह से अभिभूत हो जाते हैं। यह मानवीय प्रकृति है, शायद हमारे लिए यह एक अनिवार्यता है कि हम हर चीज़ को तार्किक बनाते हैं, प्रोसेस को, परिघटना को समझने की कोशिश करते हैं। लेकिन कभी-कभी हम इसमें विफल हो जाते हैं, क्योंकि जीवन सीधी रेखा नहीं है, ख़ास तौर पर आर्ट। मानवीय प्रगति, बहुत से क्षेत्रों में, लॉजिकल है, ऑर्गेनिक है, रेशनल है। आप इसे समझ सकते हैं। लेकिन कभी-कभी यह रेशनलिटी बुरी स्थिति में फँस जाती है। कोई व्यक्ति आता है, जो इस ऑर्गेनिक ग्रोथ का हिस्सा नहीं लगता, कोई शेक्सपियर आता है, कोई बीथोवन, कोई माइकलेंजलो आता है, कोई सत्यजीत रे आता है; और हम उसे रेशनलाइज़ करने की कोशिश करते हैं, उसे समझने की कोशिश करते हैं, लेकिन जीनियस एक ऐसा एलिमेंट है, जिसे हम आज तक तार्किक आधार पर समझने में कामयाब नहीं हो सके हैं।

तो हम क्या कर सकते हैं सिवाय इसके कि उनके प्रति सम्मान, निष्ठा जताएँ या आभार प्रकट करें कि वह एक समय में थे, और उन्होंने कुछ किया और हमें कुछ दिया। जब सत्यजीत रे सोसायटी ने मुझे बुलाने के लिए फ़ोन किया तो मेरे दिमाग़ में कुछ यादें ताज़ा हो गईं कि कब और कैसे मैंने इनके बारे में पहली बार सुना था और कब मैंने इनकी फ़िल्म पहली बार देखी थी। मैं भोपाल में प्री-यूनिवर्सिटी में था। उन दिनों में एक ख़ास लड़के से मेरी मुलाक़ात हुई, जिसने एक फ़िल्म सोसायटी बनाई थी। उसका नाम था - अनिल। उसका सरनेम याद नहीं आ रहा। शायद गुप्ता या अग्रवाल था। उस उम्र में सरनेम बहुत महत्त्वपूर्ण नहीं होते हैं। वह मिस्टर रे को पत्र लिखा करता था। उसी फ़िल्म सोसायटी में मैंने 'पाथेर पांचाली' देखी थी। तब तक मैंने उस तरह की कोई फ़िल्म नहीं देखी थी। इसके कुछ समय बाद मुझे 'अपुर संसार' देखने का अवसर मिला। 'अपराजिता' तो मैंने बहुत बाद में देखी थी।

कॉलेज के बाद मैं फ़िल्म इंडस्ट्री में आ गया। हम 'शोले' और 'दीवार' जैसी फ़िल्में लिख चुके थे। तो एक दिन मुम्बई में एक फ़िल्म फ़ेस्टिवल आयोजित हुआ था, जिसमें मैंने जैसे ही थिएटर में प्रवेश किया, उन्हें नज़दीक से ध्यानपूर्वक देखा, वे सामने खड़े थे। मैं उनको अभिभूत हो कर देख रहा था। हमारी नज़रें मिलीं। मैं सोचता हूँ कि उन्होंने मुझे रिकॉग्नाइज़ किया था। किसी तरह मैंने उनके नज़दीक जाने का साहस जुटाया। उन्होंने अपना हाथ आगे बढ़ाया और हमने हाथ मिलाया। यह मेरी उनसे पहली मुलाक़ात थी। तो इससे पहले कि मैं कुछ कहता कि कुछ अन्य लोग आ गए और हमारी मुलाक़ात ख़त्म हो गई। इस मुलाक़ात के दस-पंद्रह वर्षों बाद, जब मैं कोलकाता में था, तो मैं अपने एक दोस्त अयान रशीद के साथ उनके घर गया था। यह उनसे मेरी लंबी मुलाक़ात थी। अधिकांश समय वे ही पूछते रहे, क्योंकि मुझमें अपनी बात ख़ुद शुरू करने का साहस नहीं था। उन्होंने 'शोले' के बारे में बात की, दूसरी फ़िल्मों के बारे में बात की। दरअसल, मैं उनके प्रति कृतज्ञता से भरा हुआ था, क्योंकि 1976 में दूरदर्शन पर उनका एक इंटरव्यू प्रसारित हुआ था, जिसे पत्रकार अमिता मलिक ने लिया था। इस इंटरव्यू में अमिता मलिक ने 'शोले' का ज़िक्र किया, जो उतना प्रशंसात्मक ढंग से नहीं किया गया था। लेकिन

उन्होंने इसका विरोध किया था और कहा था कि 'आप ग़लत बोल रही हैं। मुझे गर्व है कि ऐसी फ़िल्में अब भारत में बन रही हैं।' तो यह मेरा उनसे पर्सनल इंटरेक्शन रहा।

सत्यजीत रे के आर्ट, उनकी प्रतिभा, उनकी संवेदनशीलता और उनकी बारीक समझ के बारे में बात करते हुए, मैं ख़ुद को अजीब स्थिति में पाता हूँ। पूरी ईमानदारी से कहूँ तो मैं इसके लिए ख़ुद को अक्षम पाता हूँ, लेकिन निश्चित रूप से जब मैं उनके और उनकी फ़िल्मों के बारे में सोचता हूँ, कुछ ख़ास शब्द मेरे दिमाग़ में आते हैं, जिनके सहारे मैं अपने लिए उनके आर्ट का विश्लेषण करता हूँ। वे शब्द हैं - डिग्निटी, अंडरस्टेटमेंट और कॅम्पैशन (गरिमा, कम बयानी और करुणा) अब हम क्या इन सबको सिनेमा में और समाज में प्रासंगिक पाते हैं? कमर्शियल सिनेमा भी शून्य में ज़िंदा नहीं रह सकता। यह समाज को रिफ़लेक्ट करता है और समाज सिनेमा को रिफ़लेक्ट करता है। हालाँकि, अगर हल्के तौर पर कहें तो, हिन्दी मेनस्ट्रीम सिनेमा किसी यथार्थ की खोज के लिए नहीं जाना जाता। लेकिन तथ्य यह है कि वे एक ख़ास समाज में रहने वाले एक निश्चित दर्शक वर्ग के लिए फ़िल्में बना रहे हैं, और इरादतन या ग़ैर-इरादतन सिनेमा समाज को रिफ़लेक्ट तो करता है। कभी-कभी मैं सोचता हूँ कि अगर आप भारतीय सिनेमा के विलेन की सूची बनाएँ तो आप इस देश के पिछले साठ वर्षों का सामाजिक-राजनीतिक इतिहास लिख सकते हैं। चालीस के दशक में विलेन ज़मींदार हुआ करते थे। पचास के दशक में विलेन पूँजीपति, उद्योगपति, लखपति हो गया। साठ के दशक में विलेन था शहरी समाज का अंडरवर्ल्ड मैन। सत्तर के दशक में अंडरवर्ल्ड पर्सन हीरो बन गया। नब्बे-अस्सी के दशक में राजनेता विलेन हो गया। नब्बे के अंतिम दशकों में पाकिस्तानी घुसपैठिया, एक आतंकवादी विलेन था। और अब हमारे पास विलेन ही नहीं हैं। हमने अपने सारे विलेन ख़र्च कर दिए। तो इस तरह से हम देखें तो डिग्निटी, अंडरस्टेटमेंट, कॅम्पैशन और दूसरे लोगों के प्रति संवेदनशीलता यदि सिनेमा में है तो यह समाज में भी होगा और अगर यह समाज में है तो सिनेमा में भी होगा।

मैं सोचता हूँ कि सत्यजीत रे की फ़िल्में इन महान मूल्यों की तरफ़दारी करती हैं। डिग्निटी की बात करें तो आम तौर पर यह आउटडेटेट क्वालिटी हो चुकी है, जो चलन से बाहर है। लेकिन जब आप 'पाथेर पंचाली' के कैरेक्टर पर नज़र डालते हैं, जब आप 'जलसाघर', 'अपराजिता' के कैरेक्टर्स पर नज़र डालते हैं तो वे डिग्निफ़ाइड दिखते हैं, भले ही वे ग़लत हों या सही हों। यह जीनियस फ़िल्ममेकर किसी को भी ग़लत नहीं ठहराता है। उसके पास सबके लिए हमदर्दी है। मुझे 'पाथेर पांचाली' की वह ग़रीब औरत, बूढ़ी औरत याद आती है, जिसके ईगो को जब चोट लगती है तो वह मरने के लिए निकलती है। वह एक 'डाइंग डिग्निटी' है। मुझे वह छोटा बच्चा याद आता है, जो नेकलेस छीन लेता है और उसे तालाब में फेंक देता है। यह डिग्निटी है और वह अपनी बहन की डिग्निटी बचा लेता है। लेकिन आज मैं इस मूल्य के प्रति संवेदनशीलता या लालसा नहीं देखता।

क्यों? शायद डिग्निटी का अर्थ है, दूसरों को फिर से सोच-विचार करने का मौक़ा देना, क्योंकि डिग्निटी एक स्थिति है; डिग्निटी में एक स्थिरता होती है। कहीं न कहीं लोगों ने आत्म-विश्वास खो दिया है। कहीं न कहीं हमने एक समाज के रूप में आत्म-विश्वास खो दिया है।

सोनी टेलीविज़न के शो 'इंडियन आइडल' के 'जावेद अख़्तर स्पेशल' कार्यक्रम में

सत्यजीत रे के सिनेमा में, मैं देखता हूँ कि उनके कैरेक्टर्स 'रूटेड' हैं, इसलिए यूनिवर्सल हैं। 'अपराजिता' का एक दृश्य है, जिसमें लड़का कहीं दूर जा रहा है। माँ बैग पैक कर रही है। वह बैग में गीता रखती है। कुछ होममेड रेसिपी रखती है। वह सामान रखती जा रही है, और बताते जा रही है कि वह उस छोटे से टिन बॉक्स में क्या-क्या रख रही है। वह पूछती है कि तुम्हारे हाथ में क्या है। लड़का बताता है कि यह ग्लोब है। तो यहाँ एक लड़का है, जो एक हाथ में गीता और होममेड रेसिपी, तथा दूसरे हाथ में ग्लोब लेकर घर से बाहर जा रहा है। मुझे लगता है कि फ़िल्मकार एक अंडरस्टेटमेंट, एक सटल्टी के साथ वही दिखा रहा है, जो उसका सद्गुण था। एक अन्य दृश्य है, 'अपुर संसार' का, जिसमें अपु अपने दोस्त के साथ गाँव जाता है, जहाँ उसे एक ख़ास परिस्थिति में शादी करनी पड़ जाती है। ऐसे में वह अपने दोस्त से यह नहीं कहता कि दोस्त दोस्ती तो निभानी पड़ेगी, बल्कि वह कहता है कि मेरे पास कोई दूसरी शर्ट भी नहीं है और मुझे शेव भी तो करना होगा। तो यह अंडरस्टेटमेंट आजकल नहीं दिखता। तो चाहे वो डिग्निटी हो, अंडरस्टेटमेंट हो या कॅम्पैशन हो, लेकिन यह प्रासंगिक है, और मिस्टर रे के वैल्यूज़, उनका सिनेमा, उनकी सेंसिबिलिटी भी प्रासंगिक है।

जो बाज़ार हमारे सामने है, उसमें 'सटल्टी' की कोई जगह नहीं है। यह एक बाज़ार है। मुझे यक़ीन है कि टूथपेस्ट का विज्ञापन करने वाली एक एडवटरटाइज़िंग कंपनी को 'मोनालिसा' बेचना बहुत कठिन होगा, क्योंकि वह कहेगी कि हो सकता है यह एक रहस्यपूर्ण एवं गूढ़ मुस्कान हो, पर हमें दाँत तो दिख नहीं रहे। मैं जो लिरिक्स लिखता हूँ, तो मैं सोचता हूँ कि तेज़ रफ़्तार और कोलाहल के इस बेसुरेपन में मेरे लिखे को कौन समझेगा। याद करें, 'जलसाघर' में एक दृश्य है, जिसमें एक कैरेक्टर म्यूज़िक सुन रहा है और एक जनरेटर की आवाज़ उसे डिस्टर्ब करना शुरू करती है। पर हमें जनरेटर नहीं दिखता है। यह एक अंडरस्टेटमेंट है। लेकिन जो दिलचस्प है, वह यह कि 'जलसाघर' के ज़मींदार हों, या 'शतरंज के खिलाड़ी' में लखनऊ के नवाब, उनके प्रति भी रे का कॅम्पैशन है, उनकी एक समझ है। ये ज़मींदार और नवाब सही नहीं हैं, लेकिन वे भी मानव हैं, वे अपने ही मूल्यों से बँधे हुए लोग हैं और निर्देशक उन्हें काफ़ी मानवीय नज़र से देखता है, काफ़ी कॅम्पैशन से देखता है। लेकिन यह कॅम्पैशन आज कहाँ चला गया है। क्या यह हमारे समाज में है? क्या यह हमारी फ़िल्मों में है? अगर सिनेमा समाज का आईना है तो हम गहरे ख़तरे में हैं, और मेरा मानना है कि सिनेमा समाज का आईना है।

पचास-साठ के दशक में हिन्दी सिनेमा का ऐसा दौर भी रहा है, जब हिन्दी फ़िल्मों में औसतन नायक वर्किंग क्लास का होता था, चाहे वो टीचर हो, वकील हो, मिलवर्कर, किसान, स्टूडेंट, क्लर्क हो। लेकिन अब वैसा नहीं है। अब हमारा नायक काम नहीं करता है। पिछले 10-12 वर्षों से वह वर्किंग क्लास का नहीं है। वह बड़े से घर में रहता है। वह बहुत धनवान है। वह जब घर से निकलता है तो वह भारत की सड़कों पर नहीं, बल्कि स्विट्ज़रलैंड या न्यूजीलैंड में होता है। ऐसा क्यों हैं? हम भूत-प्रेत, रहस्य-रोमांच और प्रेम पर तो फ़िल्में बनाते हैं, हम हर तरह की फ़िल्में बनाते हैं, लेकिन हम शायद ही कभी ऐसी फ़िल्म बनाते हैं, जो किसी सामाजिक मुद्दे पर हो। पचास-साठ के दशक में ऐसा नहीं था, लेकिन आज ऐसा ही है। ऐसा क्यों है? कॅम्पैशन के लिए जगह कहाँ है? आज भारत की 75 प्रतिशत आबादी में हमारी दिलचस्पी नहीं है। जब मैं ग्रेजुएशन के बाद 19 साल की उम्र में फ़िल्म इंडस्ट्री में गया तो वहाँ फ़िल्मों के जानकार लोगों ने मुझे बताया था कि अगर तुम राइटर बनना चाहते हो तो तुम्हें ऐसी स्क्रिप्ट लिखनी है, जो कस्बों-छोटे शहरों के लोगों को पसंद आए, क्योंकि हमारे पास बड़े शहर हैं ही कितने, और बड़े शहरों में थिएटर का किराया इतना अधिक है कि तुम मुश्किल से ही पैसा कमा सकते हो। वास्तविक मुनाफ़ा छोटे शहरों में ही है। इसलिए तुम्हें ऐसी फ़िल्में, ऐसी स्टोरी, ऐसे कैरेक्टर्स बनाने हैं, जो छोटे शहरों की कल्पनाओं, आकांक्षाओं, उनकी समस्याओं, उनकी चिंताओं को दिखाए, लेकिन चालीस साल बाद अब यह मंत्र उल्टा हो गया है। आजकल नए फ़िल्मकारों का नज़रिया बहुत ही स्पष्ट है। उनकी फ़िल्में जब तक बड़े शहरों और भारतीय डायस्पोरा में अच्छी तरह से चल रही हैं, तो उनके लिए इसका कोई मायने नहीं है कि उनकी फ़िल्में बिहार या यूपी में रिलीज़ हो रहीं हैं या नहीं। निश्चित तौर पर ये फ़िल्मकार कोई समाजशास्त्री या अर्थशास्त्री नहीं हैं। लेकिन ग़ैर-इरादतन वे कह रहे हैं कि 75 प्रतिशत लोगों का उनके लिए कोई मायने नहीं है, क्योंकि उनके पास पैसे नहीं हैं। और ये जो 25 प्रतिशत लोग जो 'शाइनिंग इंडिया' में रहते हैं, उनसे फ़र्क़ पड़ता है। हमें उनके लिए फ़िल्म बनाना चाहिए, क्योंकि वे पैसे ख़र्च कर सकते हैं।

तो अगर मैं 75 प्रतिशत के लिए फ़िल्म बना ही नहीं रहा हूँ तो 'सर्वजोया' को क्यों दिखाऊँगा। दुनिया की सभी सर्वजोयाएँ और सभी अपु मेरी फ़िल्म का टिकट ख़रीदने नहीं जा रहे तो मैं उनके लिए या उनके बारे में फ़िल्म क्यों बनाऊँ। हो सकता है कि 'पाथेर पांचाली' सहित पचास और साठ के दशक में बनी अन्य फ़िल्मों को भी गाँव की सर्वजोयाओं ने नहीं देखा होगा, लेकिन उन फ़िल्मों में एक पैशन, एक कंसर्न था। लेकिन आज केवल सिनेमा में नहीं, बल्कि हर जगह से कॅम्पैशन ग़ायब है। हम तंगदिल हो गए हैं, स्वार्थी बन गए हैं। और समाज में आई नई समृद्धि ने हमें परोपकारी बनाने की जगह, लालची एवं संवेदनहीन बना दिया है। यह स्थिति फ़िल्म 'मिडिलमैन' में भी देखी गई है। कुछ लोग कह सकते हैं कि मिडिलमैन में सिनिसिज़्म है। लेकिन यह सिनिसिज़्म नहीं है, यह 'डीप हर्ट' है। निर्देशक देख सकता था कि समाज में क्या हो रहा है। और यदि उसने इसे रिज़ॉल्व कर लिया होता, जो अंत में सोमनाथ (शायद मैं सही नाम ले रहा हूँ) ने वह नहीं किया होता जो किया, और एक साफ़-सुथरी अंतरात्मा के साथ उससे बाहर निकल आता। लेकिन उसने किया। और वह लड़की जिसका नाम कोना है, वह वेश्यावृत्ति करते वक़्त अपना नाम ज्योतिका रखती है। मेरा उस कोना के प्रति, समाज के कई सारे लोगों के मुक़ाबले अधिक सम्मान है, क्योंकि कोना स्वयं को ज्योतिका बनाते हुए कहीं न कहीं, किसी न किसी हद तक, किसी न किसी तरह, कोना को बचाने का प्रयास कर रही है। वह कहना चाहती है कि कोना कोई दूसरा व्यक्ति है, मैं इस वक़्त ज्योतिका हूँ। यहाँ कुछ प्योरिटी, कुछ डिग्निटी बचाने के लिए व्यग्रता से किया गया एक त्रासद प्रयास है। लेकिन सोमनाथ के बारे में क्या कहेंगे। उसने तो अपना नाम नहीं बदला, और न ही हममें से किसी ने बदला।

तो देवियों एवं सज्जनों, मैं अब शुरुआत की बात करते हुए अपना भाषण समाप्त करूँगा। एक युवा व्यक्ति अपनी उम्र के 30 के दशक में है, शादीशुदा है और पिता बनने वाला है। वह एकफ़िल्म बनाने का निर्णय लेता है, जो आर्थिक रूप से चलने वाली नहीं है। एक ऐसी फ़िल्म जिसका कोई भविष्य नहीं है। कोई भी इस फ़िल्म में एक पैसा लगाने को तैयार नहीं है। सारी परिस्थितियाँ ऐसी हैं कि उसे अपने सुविधाजनक काम में ही लगे रहना चाहिए था। लेकिन उसने अपने सपने को साकार करना चाहा, और शायद इसमें उसे दो साल लग गए। आख़िरकार उसने एक फ़िल्म बना ली। यह एक ऐसी फ़िल्म थी, जो पूरी तरह 'ग्राउंड रियलिटी' के ख़िलाफ़ थी। उस वक़्त उस फ़िल्मकार को हर परिस्थिति ने, हर लॉजिक ने और दुनियादारी की समझ ने यह बताया ही होगा कि उसे यह फ़िल्म नहीं बनानी चाहिए, लेकिन उसने यह किया और शेष सारी बातें तो अब इतिहास हैं। हम सभी ज़िन्दगी जी रहे हैं, समझौते किए जा रहे हैं, अपनी ज़िन्दगी को लेकर दुःखी हैं। ऐसे काम कर रहे हैं, जिसे हम ख़ुद भी माफ़ नहीं कर सकते। और इसे हम 'ग्राउंड रियलिटी' कहते हैं। आप सभी, और मेरे लिए भी, चाहे हम डॉक्टर हों, इंजीनियर हों, पेंटर हों, बिजनेसमैन, बैंकर हों, या जो भी हों, सवाल यह उठता है कि क्या हम अपनी 'ग्राउंड रियलिटी' के साथ जी रहे हैं या हम एक 'पाथेर पांचाली' बनाने की कोशिश कर रहे हैं?

104

10 से 15 वर्ष की उम्र में जावेद अख़्तर को दिए गए देश की जानी-मानी शख़्सियतों के ऑटोग्राफ़

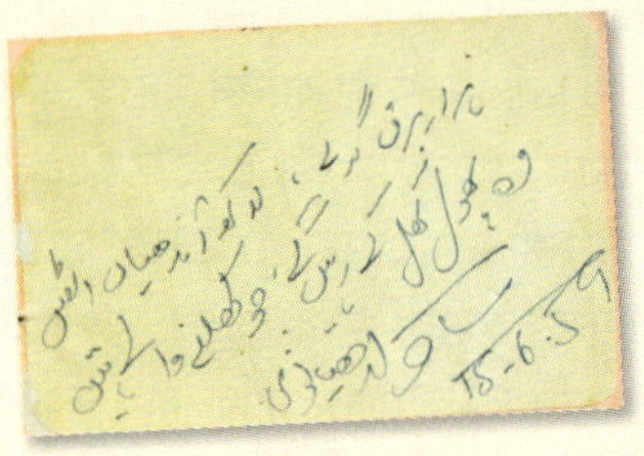

हज़ार बर्क़ गिरे लाख आँधियाँ आएँ
वो फूल खिल के रहेंगे, जो खिलने वाले हैं
साहिर लुधियानवी
15-6-59

हर वो शख़्स जो समझदार हो गया, उसे
बुज़ुर्गों के तौर-तरीक़े पसंद नहीं आए
जाँ निसार अख़्तर
10-12-60

सी के नायडू

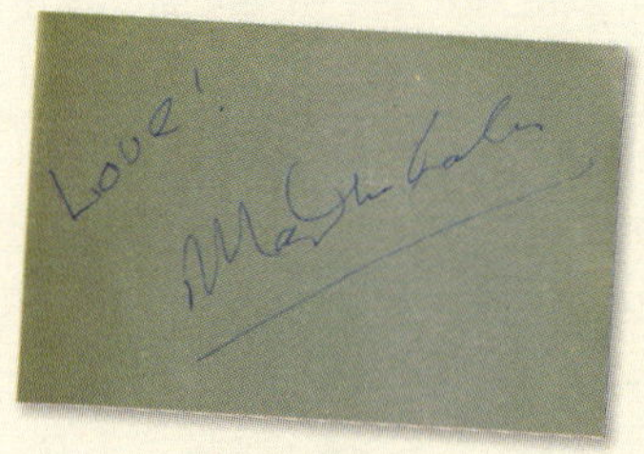

प्यार!
मधुबाला

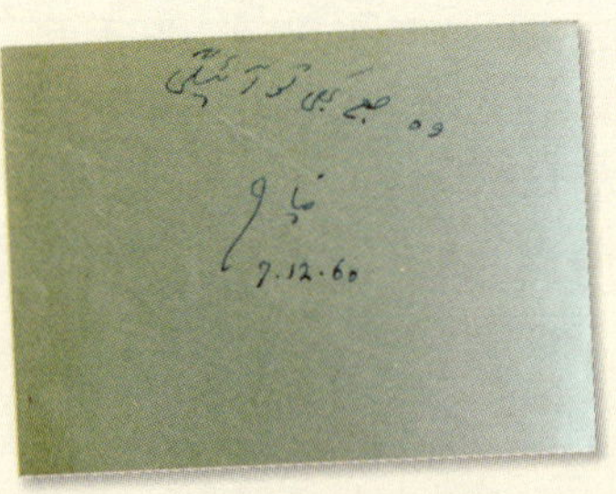

वो सुबह कभी तो आएगी।
ख़य्याम
7-12-60

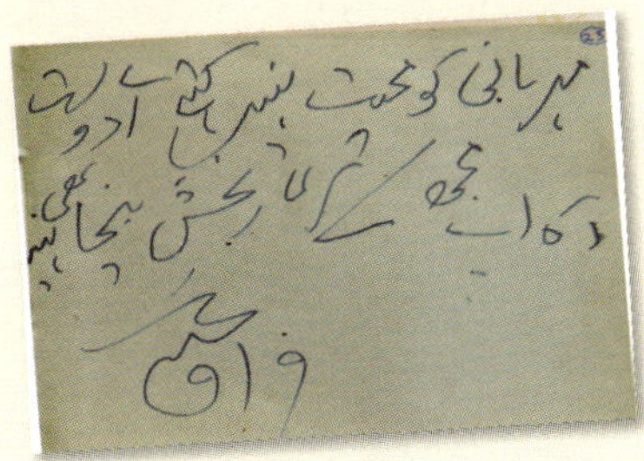

मेहरबानी को मोहब्बत नहीं कहते ए दोस्त आह अब मुझ से तिरी रंजिश-ए-बेजा भी नहीं

फ़िराक़ गोरखपुरी

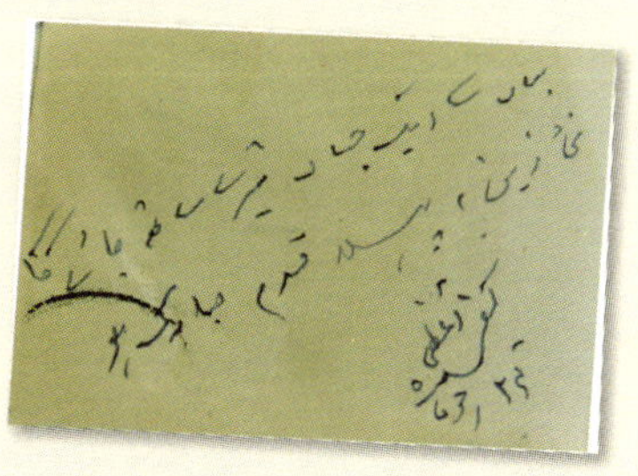

यहाँ से एक जहाँ तेरे साथ जाएगा नई ज़मीन

पे पहला क़दम मुबारक हो

कैफ़ी आज़मी, 6 दिसंबर, 60

जवाहरलाल नेहरू

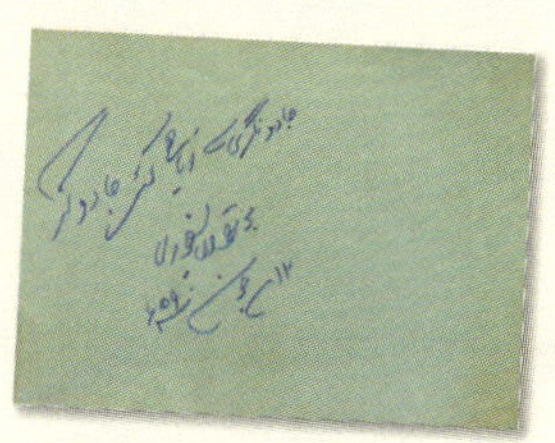

जादू नगरी से आया है कोई जादूगर।

मजरूह सुल्तानपुरी

12 जून, 59

जॉनी वाकर

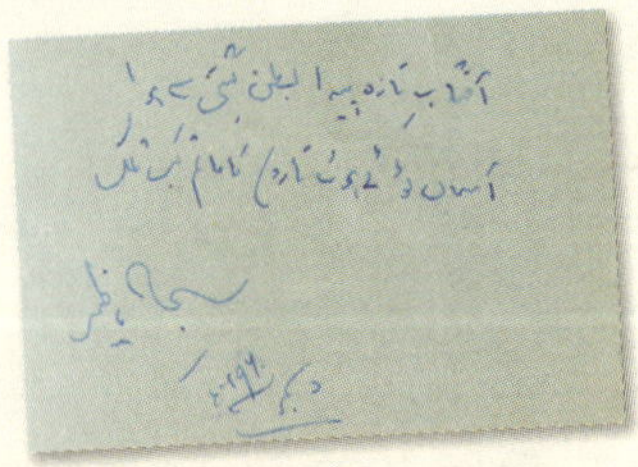

आफ़ताब-ए-ताज़ा पैदा बत्न-ए-गीती
से हुआ आसमान, डूबे हुए तारों
का मातम कब तलक
सज्जाद ज़हीर
दिसंबर, 60

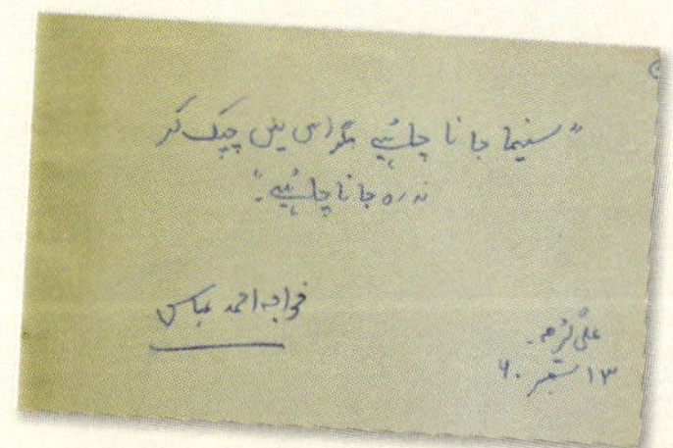

सिनेमा जाना चाहिए मगर उसमें
चिपक कर न रह जाना चाहिए।
ख़्वाजा अहमद अब्बास
13 सितंबर, 60 - अलीगढ़

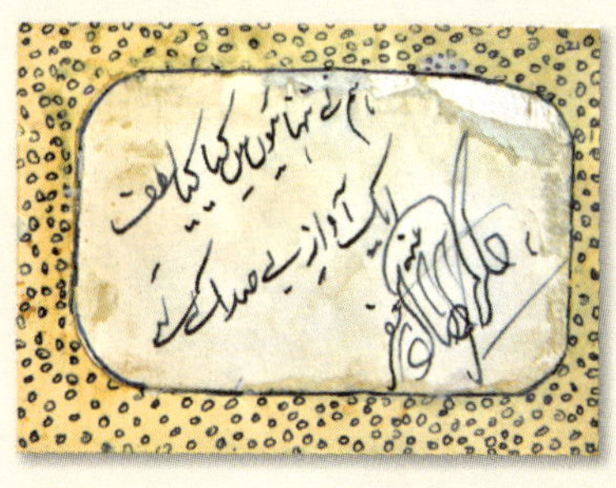

हमने तन्हाइयों में क्या-क्या लुत्फ़
एक आवाज़े बे सदा के लिए
जिगर मुरादाबादी

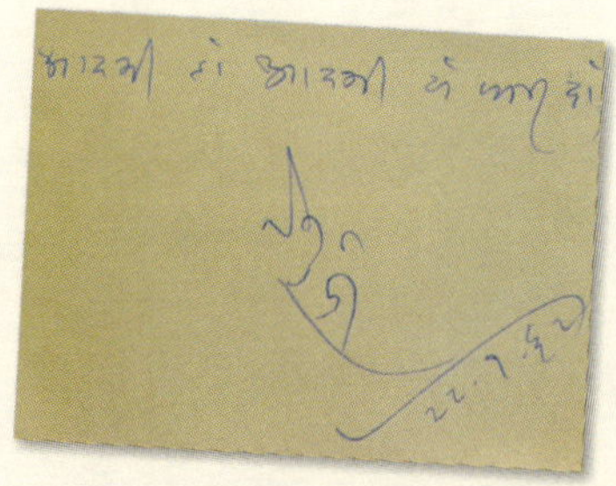

आदमी हो आदमी को प्यार दो।
नीरज
22-1-62

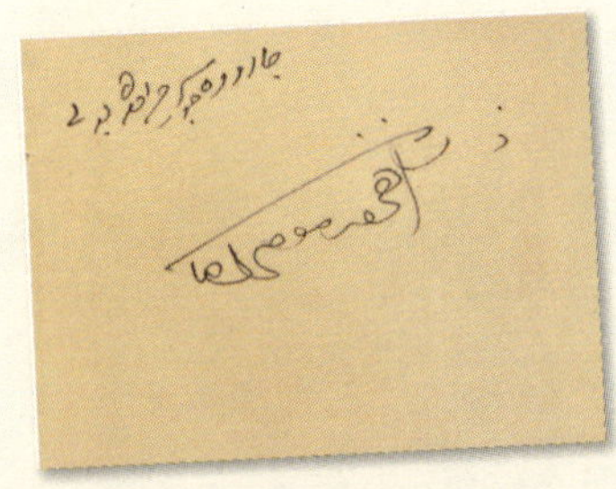

जादू वो जो सर चढ़ के बोले
राही मासूम रज़ा

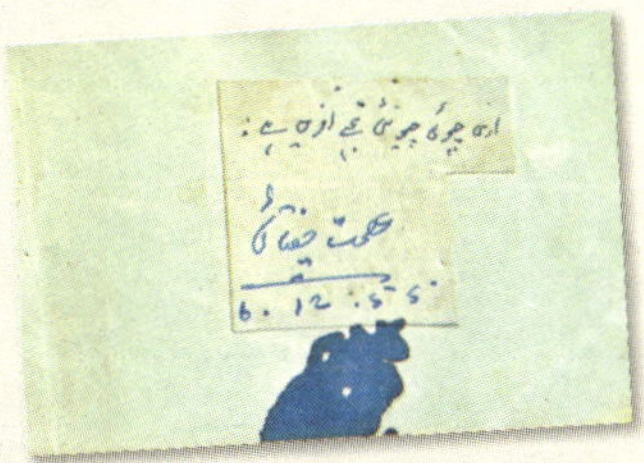

अरी छोटी चींटी तुझे आफ़रीन है।
इस्मत चुग़ताई
6-12-55

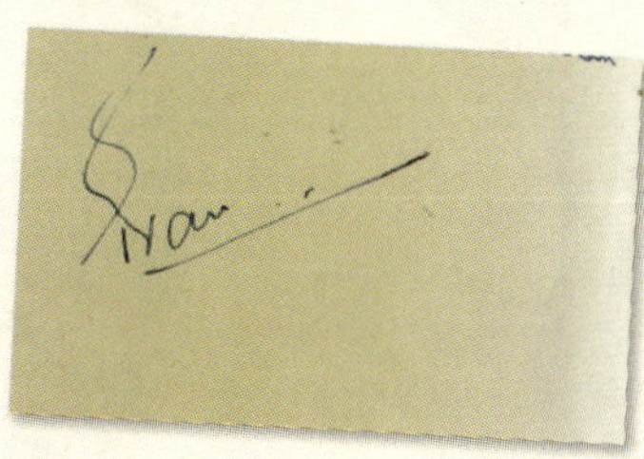

प्राण

दिलीप कुमार

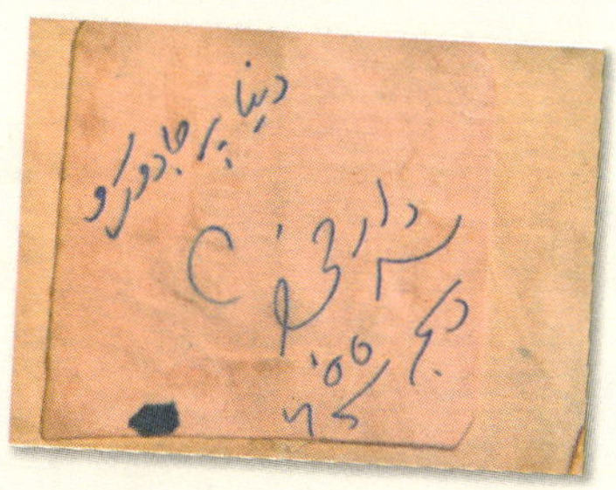

दुनिया पर जादू करो।
सरदार जाफ़री
दिसंबर 55

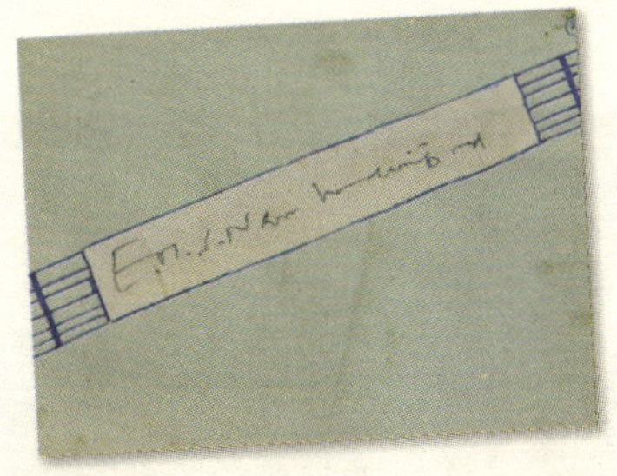

ई. एम. एस. नंबूदरीपाद

राष्ट्रपति भवन, नई दिल्ली में डॉ. ए. पी. जे. अब्दुल कलाम से पद्मभूषण सम्मान लेते हुए जावेद अख़्तर (2007)

प्रधानमंत्री अटल बिहारी वाजपेयी की कविताओं के एल्बम 'संवेदना' के रिलीज़ के अवसर पर (2002)

प्रधानमंत्री मनमोहन सिंह और यूपीए अध्यक्ष सोनिया गांधी से इंदिरा गांधी राष्ट्रीय एकता पुरस्कार लेते हुए (2005)

राष्ट्रपति प्रणब मुखर्जी और शबाना आज़मी के साथ राष्ट्रपति भवन में (नई दिल्ली, 2016)

प्रधानमंत्री मनमोहन सिंह द्वारा आयोजित रात्रिभोज में अमेरिकी राष्ट्रपति बराक ओबामा, मिशेल ओबामा, शबाना आज़मी और सलमान ख़ुर्शीद के साथ (2010)

विज्ञान भवन नई दिल्ली में राष्ट्रपति के. आर. नारायणन से राष्ट्रीय फ़िल्म पुरस्कार लेते जावेद अख़्तर (2000)

नई दिल्ली में अपने पसंदीदा अभिनेता रॉबर्ट डी नीरो और शबाना आज़मी के साथ (2013)

न्यूयॉर्क में ऋषि कपूर और नीतू कपूर के साथ (2019)

भारतीय मुक्केबाज़ मैरी कॉम के साथ

इप्टा मुम्बई के कलाकारों के साथ

रोम विश्वविद्यालय में अपनी शायरी की पुस्तक के इतालवी अनुवाद के विमोचन के मौक़े पर विद्यार्थियों के साथ (2019)

मुम्बई में फ़िल्म 'दुनिया' की म्यूज़िक रिलीज़ पार्टी में ऋषि कपूर, अशोक कुमार, दिलीप कुमार, प्राण, आर डी बर्मन, अमरीश पुरी, अमृता सिंह और अन्य कलाकारों के साथ *(1984)*

क्रिकेटर कपिल देव और फ़िल्म निर्देशक श्याम बेनेगल के साथ जावेद अख़्तर

हिन्दी के यशस्वी कवि शिवमंगल सिंह 'सुमन' के साथ जावेद अख़्तर

नोबेल पुरस्कार से सम्मानित बांग्लादेशी अर्थशास्त्री मुहम्मद यूनुस के साथ (मुम्बई, 2018)

राष्ट्रपति भवन में पद्म अलंकरण के मौक़े पर प्रधानमंत्री अटलबिहारी वाजपेयी, लता मंगेशकर और सचिन तेंदुलकर के साथ (1999)

नोबेल पुरस्कार से सम्मानित अर्थशास्त्री अमर्त्य सेन के साथ

जावेद अख़्तर के 75वें जन्मदिन पर मुम्बई में आयोजित कार्यक्रम में जावेद अख़्तर, लेखक अरविंद मण्डलोई (सबसे बाएँ) और गणमान्य लोग

सदाबहार एक्टर देव आनंद के साथ जावेद अख़्तर और शबाना आज़मी

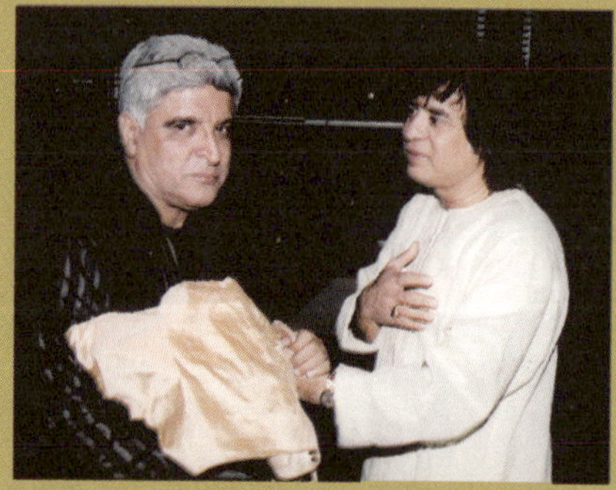

जावेद अख़्तर और प्रसिद्ध तबला वादक ज़ाकिर हुसैन

फ़िल्म फ़ेयर अवॉर्ड के साथ जावेद अख़्तर, अलका याग्निक और ए. आर. रहमान

खंडाला स्थित अपने घर 'सुकून' में जावेद अख़्तर

जामिया हमदर्द में डॉक्टरेट की उपाधि लेते हुए

फ़ुरसत के पल

अपनी पोतियों अकीरा और शाक्या के साथ जावेद अख़्तर

फ़ैज़ साहब से एक नशीली मुलाक़ात

मशहूर शायर फ़ैज़ अहमद फ़ैज़ और जावेद अख़्तर की पहली मुलाक़ात का क़िस्सा बहुत ही दिलचस्प है। जावेद साहब ख़ुद कहते हैं कि मुमकिन है लोग इस किस्से पर भरोसा न करें। यहाँ तक कि जब जावेद साहब ने इस मुलाक़ात के बारे में फ़ैज़ साहब की बेटी सलीमा को बताया था तो उन्होंने भी यह बात पक्की करने के लिए अपने पिता से पूछा था। तब फ़ैज़ साहब ने कहा था कि हाँ, ऐसा एक वाक़िया हुआ था।

जावेद साहब उन दिनों मुम्बई में अपना मुक़ाम तलाश कर रहे थे। जेब में बहुत अधिक पैसे नहीं होते थे। उम्र कोई 21-22 बरस ही रही होगी। एक दिन पता चला कि फ़ैज़ साहब सालों बाद भारत आ रहे हैं, मुम्बई के एक मुशायरे में भाग लेने। जावेद साहब ने जो हमेशा से फ़ैज़ साहब के प्रशंसक थे, सोचा यह अच्छा मौक़ा है उन्हें मुशायरे में सुना जा सकता है। लेकिन जब पता चला कि मुशायरे तक पहुँचने के ही पैसे नहीं हैं तो मुशायरे का टिकट भी कैसे लेंगे। इस बात का जावेद साहब को बहुत ग़म हुआ कि फ़ैज़ साहब सालों बाद शहर में हैं और वह मिलने भी नहीं जा सकते। इसके बाद जावेद साहब ने शराब पी। इतनी पी कि फिर होश ही न रहा। उसी मदहोशी में इस बात का जुनून भी शामिल हो गया कि फ़ैज़ साहब से मिलने जाना है। तो वे बिना टिकट ही लोकल ट्रेन में चढ़े और मुशायरे के स्टेशन पर उतर गए। रात बहुत हो गई थी इसलिए कोई गार्ड बाहर नहीं था। वह सीधे अंदर मुशायरे की महफ़िल में पहुँच गए। कुछ सुरुर-सा था ही, तो जैसे-तैसे सीधे स्टेज तक भी पहुँच गए। वहाँ एक शायर के साथ बैठे, गाव-तकिए को ठीक किया। पहले थोड़ी झपकी लगी फिर वहीं सो गए।

आँख खुली तो देखा कि मुशायरा ख़त्म हो चुका है। अब उन्हें अफ़सोस हुआ कि फ़ैज़ साहब को तो सुन ही नहीं पाए। फिर आस-पास देखा कि वो कुछ वॉलेंटियर्स के साथ अपनी गाड़ी की तरफ़ जा रहे हैं। तभी जावेद साहब उस ओर दौड़े और ज़ोर से चिल्लाकर कहा, 'इन्हें पीछे कीजिए फ़ैज़ साहब और आप मेरे साथ आइए।' इसके बाद उन्होंने भीड़ को हटाया, फ़ैज़ साहब की गाड़ी का गेट खोला, उन्हें बैठाया और साथ में ख़ुद भी बैठ गए। आगे एक वॉलेंटियर भी बैठा, लेकिन वह जावेद साहब से थोड़ा सहम गया। जावेद साहब ने उससे कहा कि 'आप गाड़ी चलाइए, ये किस क़िस्म के इंतज़ामात हैं यहाँ पर।' फिर पलटकर फ़ैज़ साहब से कहा, 'बहुत दिनों बाद आना हुआ फ़ैज़ साहब।' फिर फ़ैज़ साहब बोले, 'हाँ, इस दफ़ा थोड़ा ज़्यादा वक़्त हो गया।' इन्हीं बातचीत में फ़ैज़ साहब का होटल आ गया। आगे बैठे वॉलेंटियर ने पूछा, 'सर, गाड़ी रखेंगे या जाने दूँ?' जावेद ने यह बात फ़ैज़ से पूछी तो उन्होंने कहा कि 'जाने दो।' फिर जावेद साहब पलटे और कहा, 'गाड़ी ले जाओ।' इसके बाद दोनों होटल के अंदर आए। जावेद साहब ने कमरे की चाबी ली और कमरे में दाखिल हुए। इसके बाद एक सिगरेट अपनी सुलगाई और एक फ़ैज़ साहब को दी। इसके बाद वह उर्दू ज़ुबान और स्क्रिप्ट की बातें करने लगे। कुछ देर बाद जावेद अख़्तर वहीं बिस्तर पर जाकर सो गए। सुबह नींद खुली तो पता चला कि कमरे में प्रेस कॉन्फ्रेंस चल रही है और मुशायरे के आयोजक कुलसुम सयानी

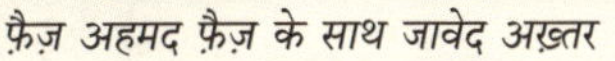

फ़ैज़ अहमद फ़ैज़ के साथ जावेद अख़्तर

जावेद अख़्तर के बांद्रा, मुम्बई स्थित निवास पर फ़ैज़ अहमद फ़ैज़ और राजिंदर सिंह बेदी (1979)

ने कॉन्फ्रेंस के बीच से ही पूछा, 'फ़ैज़, यह कौन साहब सो रहे हैं?' उधर फ़ैज़ साहब बार-बार सवाल टाल रहे थे चूँकि उन्हें खुद नहीं पता था कि यह साहब कौन हैं और उधर जावेद चादर के भीतर से सारी बातें सुन रहे थे और सोच रहे थे कि यहाँ से कैसे निकला जाए। तभी उन्होंने सोचा कि मोहलत नहीं देनी चाहिए। वह तुरंत उठे और बोले, 'तो फ़ैज़ साहब, मुझे इजाज़त दीजिए।' फ़ैज़ साहब ने कहा, 'हाँ, जाइए।' उसके बाद जावेद वहाँ से निकले और सीधे अपने घर आ गए।

106

...और मैंने ज़िन्दगी चुनी

मैं इस विचार के साथ जी रहा था कि शराब का पूरा लुत्फ़ उठाते हुए जिऊँगा। मैं अकेलापन या निराशा या इसी तरह के किसी ग़म में डूब कर नहीं पी रहा था। मैं पीता था, क्योंकि मुझे पीना बेहद पसंद था, लेकिन ज़िन्दगी में एक ऐसा वक़्त भी आया, जब मुझे दो चीज़ों में से एक को चुनना था, वो दो चीज़ें थीं - शराब और ज़िन्दगी। मैंने ज़िन्दगी चुनी।

मैंने अपनी ज़िन्दगी में शायद 26-27 साल तक शराब पी। शराब पीना मैंने बहुत यंग एज में शुरू कर दिया था। जब मैं ग्रेजुएशन करने के बाद मुम्बई आया था तब मेरी उम्र 19 साल थी, अपने दोस्तों के साथ शराब पीता था। तब फ़िल्म इंडस्ट्री में, मैं एप्रेंटिस था। फिर असिस्टेंट बना। पहले तो पैसे नहीं होते थे, लेकिन जब काम मिला तो पैसे भी हो गए और फिर ज़्यादा पीने लगे।

एक ज़माना ऐसा था, मैं समझता हूँ 11-12 साल, जब मैंने रोज़ एक बॉटल शराब पी है। वजह क्या है? लोग क्यों पीते हैं? मेरे ख़याल से शराब का एक ग्लैमर है यंग लोगों में। कुछ ऐसा लगता है कि हम शराब पीते हैं तो बड़े हो गए हैं, एडल्ट हो गए हैं। हमारी जो यंग एज होती थी तो उसमें जो हीरो होता था, वो शराब पी के गाना गाता था और गाना बड़ा अच्छा होता था। लेकिन शराब वैसी नहीं होती, जैसा फ़िल्मों में दिखाई जाती थी या अब भी कभी-कभी दिखाई देती है। हीरो तो शराब पीकर अच्छे डायलॉग बोलता है, जो बहुत अच्छा लगता है, लेकिन असल ज़िन्दगी में जो ड्रंक होते हैं वो ऐसे नहीं होते हैं। मैंने अपनी एडल्ट लाइफ़ में कोई भी ग़लती बिना शराब पिए हुए नहीं की, पर तब का दिन और आज का दिन, 21 साल हो गए मैंने शराब को छुआ भी नहीं। मैं लोगों को यही सलाह दूँगा कि हो सके तो आप शराब न पिएँ।

इंडिया टुडे कॉन्क्लेव में जावेद अख़्तर (2005, नई दिल्ली)

107

कृष्ण, गौतम, कबीर और विवेकानंद की फिलॉसफ़ी पर हर भारतीय गर्व करता है

इंडिया टुडे कॉन्क्लेव भारत का सबसे बड़ा प्लेटफॉर्म है, जहाँ विचारों का आदान-प्रदान करने के लिए हर क्षेत्र के प्रोफ़ेशनल लीडर्स, राजनेता, विचारक और आइकॉन जुटते हैं। नई दिल्ली में आयोजित होने वाले इस कॉन्क्लेव के 15वें संस्करण में भारत की जानी-मानी शख़्सियत जावेद अख़्तर ने धर्म, आध्यात्मिकता, पाखंड, वैज्ञानिकता एवं तार्किकता पर अपने विचार रखे। प्रस्तुत है जावेद अख़्तर के भाषण का संपादित अंश।

भाइयों और बहनों,
मैं बहुत आश्वस्त हूँ कि इस गरिमामय सभा में इस वक़्त मेरी जो जगह है, उसे लेकर कोई भी ईर्ष्या नहीं करेगा। श्री श्री रविशंकर जैसे करिश्माई और ज़बरदस्त व्यक्तित्त्व के वक्तव्य के बाद कुछ कहना, तेंदुलकर के शानदार शतक के बाद अपनी पारी खेलने के लिए पवेलियन के बाहर आने जैसा है। लेकिन मैंने ही अपने कुछ कमज़ोर पलों में इसके लिए ख़ुद को वचनबद्ध कर लिया था।

कुछ बातें हैं, जो मैं शुरू से ही स्पष्ट कर देना चाहता हूँ। मेरे नाम, जावेद अख़्तर, पर न जाइएगा। मैं कोई राज़ उजागर नहीं कर रहा हूँ। मैं वही कह रहा हूँ, जो मैंने अपने लेखन में, टीवी पर और पब्लिक में कई बार कहा है। मैं एक नास्तिक हूँ, धर्म में मेरी कोई आस्था नहीं है। ज़ाहिर है कि कुछ प्रकार की स्पिरिचुअलिटी यानी आध्यात्मिकता में भी मेरा कोई विश्वास नहीं है। ये तो हुई पहली बात। दूसरी बात यह है कि मैं यहाँ बैठे हुए सज्जन की आलोचना करने या विश्लेषण करने या फिर उन पर आक्षेप लगाने के लिए नहीं खड़ा हूँ। हमारे बीच एक सुखद और शिष्ट संबंध हैं। मुझे हमेशा वे बेहद विनम्र इंसान लगे। यहाँ किसी विचार, किसी रवैये या किसी दृष्टिकोण पर बात हो रही है, और मैं किसी व्यक्ति विशेष के लिए नहीं कह रहा। जब इस सेशन की शुरुआत की गई तो मुझे एक पल के लिए लगा कि मैं ग़लत जगह पर आ गया हूँ, क्योंकि अगर हम कृष्ण, गौतम, कबीर, विवेकानंद की फ़िलॉसफ़ी पर चर्चा कर रहे हैं, तब मेरे पास कहने के लिए कुछ भी नहीं है। मैं यहाँ एक ऐसे महान इतिहास की चर्चा करने नहीं आया हूँ, जिस पर, जैसाकि मुझे लगता है, हर भारतीय गर्व करता है, और जो उचित भी है। मैं यहाँ एक संदिग्ध वर्तमान पर चर्चा करने आया हूँ। 'इंडिया टुडे' ने मुझे आमंत्रित किया और मैं यहाँ 'आज की आध्यात्मिकता' पर बात करने आया हूँ।

जब मुझे इस वार्ता के लिए बुलाया गया, तब मैंने महसूस किया कि 'हाँ, मैं नास्तिक हूँ,' मैं किसी भी दी हुई स्थिति में एक तर्कवादी होने की कोशिश करता हूँ। शायद इसीलिए मुझे बुलाया गया है। एक और ख़ूबी जो मुझमें और इन मॉडर्न-एज गुरुओं दोनों में है। हम दोनों ही सपने बेचते हैं, हम दोनों ही भ्रम पैदा करते हैं, हम दोनों ही आइकॉन रचते हैं, लेकिन हममें कुछ फ़र्क़ है। हम 3 घंटों के बाद अपना प्लेकार्ड रखते हैं, जिस पर लिखा होता है 'दि एंड,' और हम फिर से वास्तविकता में आ जाते हैं, लेकिन ये गुरु नहीं आते।

प्लेटो ने अपनी किताब 'डायलॉग्स ऑफ़ प्लेटो' में कई समझदारी की बातें कही हैं और उनमें से एक है, "किसी चर्चा की शुरुआत से पहले शब्दों का अर्थ निश्चित कर लेना चाहिए।" तो चलिए, स्पिरिचुअलिटी या आध्यात्मिकता का अर्थ निश्चित कर लेते हैं।

क्या इसका मतलब मनुष्य जाति के लिए प्रेम है, जो कि सभी धर्म, जाति, वर्ण, नस्ल से बढ़कर है? तब मुझे कोई समस्या नहीं है, सिवाय इसके कि मैं इसे मानवता कहूँगा।

इंडिया टुडे कॉन्क्लेव – 2005 : जावेद अख़्तर, राजीव मेहरोत्रा और श्री श्री रविशंकर

क्या इसका मतलब पेड़-पौधों, पहाड़ों, सागरों, नदियों और जानवरों (ग़ैर-मानवों) के लिए प्रेम है, अगर ऐसा है, तब मुझे कोई समस्या नहीं है, सिवाय इसके कि मैं इसे पर्यावरण के प्रति सजगता कहूँगा।

क्या इसका मतलब सामाजिक संस्थाओं जैसे कि विवाह, पैरेंटहुड, फ़ाइन आर्ट्स, न्याय प्रणाली, अभिव्यक्ति की स्वतंत्रता के प्रति हृदय से सम्मान है। तब मुझे फिर कोई समस्या नहीं है जी, मैं इनसे कैसे असहमत हो सकता हूँ! सिवाय इसके कि मैं इसे सामाजिक उत्तरदायित्व कहूँगा।

क्या इसका मतलब है अपनी ही दुनिया में जा कर के अपने जीवन का अर्थ समझना? अगर ऐसा है, तब मुझे कोई समस्या नहीं है, सिवाय इसके कि मैं इसे आत्म-निरीक्षण और आत्म-मूल्यांकन कहूँगा।

क्या इसका मतलब योगा है? तो पतंजलि को धन्यवाद, जिन्होंने हमें योगा की डिटेल्स दी, और हम इसे यम, यत्न, आसन, प्राणायाम किसी भी नाम से कर सकते हैं, तो इसमें भी मुझे कोई समस्या नहीं है, सिवाय इसके कि मैं इसे हेल्थ केयर, फ़िज़िकल फ़िटनेस कहूँगा।

क्या ये सिर्फ़ शब्दार्थ विज्ञान का विषय है? अगर ये सब ही आध्यात्मिकता है, तब क्या चर्चा करना! मैंने जितने शब्दों का इस्तेमाल किया है, वे सभी बेहद सम्माननीय और पूरी तरह से स्वीकार्य हैं। इनमें कुछ भी अमूर्त या अगोचर नहीं है, तब फिर, इस शब्द 'आध्यात्मिकता' के

साथ ही क्यों चिपके रहें? स्पिरिचुअलिटी या आध्यात्मिकता में ऐसा क्या है जो इन शब्दों के अन्दर नहीं समा रहा।

पलट कर मुझसे भी कोई पूछ सकता है कि मेरी समस्या क्या है जो मैं इस शब्द को बदलना, छोड़ना या इसे चलन से बाहर करना चाह रहा हूँ। मैं बतलाता हूँ कि मेरा इस शब्द से दुराव क्यों है, इसमें कुछ और बात भी है जो मुझे बेचैन करती है।

डिक्शनरी में इसका अर्थ शब्द 'स्पिरिट' यानी 'आत्मा' से संबद्ध है। जब मनुष्य जाति को ये नहीं पता था कि धरती गोल है या चपटी, उसने तभी ये निश्चित कर लिया था कि मनुष्य वास्तव में दो चीज़ों का मिश्रण है, एक शरीर और दूसरी आत्मा। शरीर नश्वर है, और आत्मा .... क्या मैं इसे नॉन बायोडिग्रेडेबल कह लूँ? आपके शरीर में लिवर, हृदय, आँतें, पेट और दिमाग़ है। लेकिन क्योंकि दिमाग़ शरीर का ही अंग है और मन, दिमाग़ के भीतर ही पाया जाता है। यह कमतर है, क्योंकि अंत में दिमाग़ भी शरीर के साथ ही नष्ट हो जाएगा, लेकिन चिंता नहीं कीजिए, आप नहीं मरने वाले हैं, क्योंकि आप अपनी स्पिरिट यानी आत्मा हैं और ये आत्मा ही परम चेतना है जो हमेशा जीवित रहेगी। आपकी जो भी समस्या है उसका कारण यह है कि आप अपने दिमाग़ की सुनते हैं, इसकी सुनना बंद कर दें, अपनी स्पिरिट यानी आत्मा, उस परम चेतना की सुनें जो 'कॉस्मिक ट्रूथ' यानी ब्रह्मांड का सत्य जानती है।

अब अगर आप अपना दिमाग़ छोड़ जाते हैं तब आप क्या करते हैं? आपको कान्शसनेस के अगले स्टेशन का पता लगाने के लिए, जो कहीं आत्मा में ही है, गुरु की ज़रूरत होती है। गुरु उस कॉस्मिक कान्शसनेस यानी परम चेतना तक पहुँच गया है, वो कॉस्मिक ट्रूथ, ब्रह्मांड का सत्य जानता है, लेकिन क्या वो आपको बताएगा? जी, नहीं। क्या आप स्वयं खोज सकते हैं? जी, नहीं। आपको उनकी ज़रूरत है लेकिन वह इस बात की गारंटी नहीं लेगा कि आप भी 'अल्टिमेट ट्रूथ' या शाश्वत सत्य को जान ही लेंगे। तो वह शाश्वत सत्य क्या है? इस ब्रह्मांड से जुड़ा हुआ वह कॉस्मिक ट्रूथ क्या है? कॉस्मस को लेकर मैं कुछ समझ नहीं पा रहा हूँ, मैं इसको कैसे रिलेट करूँ, जबकि हम सोलर सिस्टम से बाहर जाते हैं तो पहला स्टार अल्फा सेंटोरी मिलता है जो हमसे 4 प्रकाश वर्ष की दूरी पर है।

तो अब गुरु को भी ताक़त, धन-दौलत, स्टेटस आदि मिलता है जो कि इतना इम्पोर्टेन्ट नहीं है। लेकिन उस अनुयायी को क्या मिलता है? जब मैं इन अनुयायियों को ध्यान से देखता हूँ तो पाता हूँ कि इनमें भी केटेगरी है। यह कोई मोनोलिथ नहीं है, इनमें अलग-अलग तरह के अनुयायी हैं।

एक वर्ग है जो काफ़ी धनाढ्य है, सफल है, अपने जीवन में काफ़ी अच्छा भी कर रहा है, पैसा कमा रहा है, प्रॉपर्टी गेन कर रहा है। अब क्योंकि उसके पास सब कुछ है, तब उसको मोक्ष भी चाहिए। तब गुरु इसे बतलाता है कि तुम जो भी कर रहे हो, वो निष्काम कर्म है। जो

तुम हर दिन कमा रहे हो और प्रॉपर्टी गेन कर रहे हो, ये सब माया है, तुम इससे भावनात्मक रूप से नहीं जुड़े हो। तुम सिर्फ़ एक किरदार हो। तुम मेरे पास आए हो क्योंकि तुम शाश्वत सत्य की खोज में हो। हो सकता है कि तुम्हारे हाथ मैले हों लेकिन तुम्हारी आत्मा और रूह पवित्र है। और यह आदमी स्वयं के बारे में कुछ दिनों के लिए अच्छा महसूस करने लगता है और दुनिया का शोषण करता रहता है और सातवें दिन जब गुरु के चरणों में जा कर बैठता है तब महसूस करता है कि मै संवेदनशील और अच्छा व्यक्ति हूँ।

एक अन्य वर्ग है, वह भी इस धनाढ्य वर्ग से ही आता है, लेकिन वह पहले वाले वर्ग की तरह विजेता नहीं है। आप जानते ही हैं कि जीतना-हारना भी सापेक्षिक है। अगर एक रिक्शा वाला फ़ुटपाथ पर जुए में 100 रुपए जीत जाता है, तब वह ख़ुद को विजेता महसूस करेगा। लेकिन एक कॉर्पोरेट जगत का आदमी 300 मिलियन डॉलर कमाता है तब भी वह एक हारे हुए व्यक्ति की तरह ही महसूस करेगा क्योंकि उसका भाई अरबपति है। अब ये अमीर विफल इंसान क्या करेगा? इसे गुरु की आवश्यकता है ये बताने के लिए कि कौन कहता है कि तुम विफल हो, तुम्हारे पास एक और दुनिया है, एक और विज़न है, एक अलग सेंसिबिलिटी है जो तुम्हारे भाई के पास नहीं है। उसको लगता है कि वह सफल है, लेकिन वह ग़लत है। ये दुनिया बड़ी

कलाकारों की भूमिका पर बात करते हुए जावेद अख़्तर (2016, नई दिल्ली)

ज़ालिम है। ये बता देती है कि तुम्हें 10 में से 3 मिले हैं और उसे 10 में से 7 मिले हैं। ये दुनिया आपसे ऐसे ही मिलती है और ऐसे ही बर्ताव भी करती है। यहाँ उसे सहानुभूति मिलती है, फिर वह दूसरा खेल खेलता है।

अगले वर्ग के बारे में किसी उलाहना, किसी श्रेष्ठता की भावना या किसी कड़वाहट के साथ नहीं, बल्कि इस वर्ग के लोगों के लिए हर संभव सहानुभूति के साथ बात करूँगा। यह एक नाख़ुश अमीर महिला है। यह वो इंसान है जिसने अपना व्यक्तित्तव, अपनी महत्वाकांक्षाएँ, अपने सपने, सब कुछ शादी के मंडप पर न्यौछावर कर दिया है। और इसके बदले में उसे एक उदासीन सामान्य पति मिला है जिसने इस महिला को कुल मिलाकर कुछ बच्चे दिए हैं, और जो या तो काम में व्यस्त है या दूसरी औरतों के साथ। इस औरत को भी कंधे की ज़रूरत है। उसे पता है कि वह एक ऐसी औरत है जिसे अस्तित्वगत नाकामयाबी मिली है। उसके लिए यहाँ कुछ भी नहीं बचा है और उसके सामने एक खालीपन है, निराश आरामदायक, लेकिन लक्ष्यहीन जीवन है। यह एक दुःखद सत्य है। यहाँ और भी लोग हैं जिनके जीवन में अचानक कोई आघात लगा है, किसी ने बच्चे को खोया है, किसी की पत्नी मर गई है किसी का पति नहीं रहा, किसी ने अपनी संपत्ति खो दी, किसी ने व्यापार में नुक़सान उठाया है, यानी कुछ ऐसा हुआ है, जिससे इनको आघात लगा है। इनका सिर्फ़ एक प्रश्न है ''मैं ही क्यों?'' वे ये किससे पूछेंगे? वे गुरु के पास जाते हैं। गुरु उन्हें बताते हैं कि ये 'कर्मा' है लेकिन अगर तुम मेरा अनुसरण करो तो एक दूसरी दुनिया है जहाँ कोई दुःख नहीं है, मृत्यु नहीं है, अमरता है, जहाँ सिर्फ़ आनंद है। वह सभी दुःखी आत्माओं के साथ यही करता है। मेरा अनुसरण करो और मैं तुम्हें जन्नत या स्वर्ग में ले जाऊँगा, जहाँ कोई तकलीफ़ नहीं है। माफ़ कीजिएगा, यह निराशाजनक है पर सच है कि ऐसी कोई दुनिया नहीं है। जीवन में हमेशा एक निश्चित मात्रा में दुःख, ज़ख्म, पराजय मौजूद होंगे ही, लेकिन इससे भी किसी तरह की संतुष्टि मिल ही जाती है।

मैं उन लोगों का बड़ा आदर करता हूँ जो आध्यात्मिक या धार्मिक हैं और इसके बावजूद भी वे अच्छे लोग हैं। मेरे पास वजह है क्योंकि मेरा मानना है कि हर भावना की अपनी एक सीमा है। आप एक हद तक देख सकते हैं फिर आपसे चीज़ें धुँधली हो जाएँगी, आप सुन सकते हैं लेकिन एक हद तक ही, आप रो सकते हैं लेकिन एक समय आपका रुदन भी रुक जाएगा, आप ख़ुश होंगे, लेकिन एक समय बाद यह भी नहीं रहेगा। ठीक इसी तरह, मैं निश्चित हूँ कि आपकी नोबिलिटी यानी सज्जनता की भी अपनी एक क्षमता है। अब अगर इस सज्जनता को एक आम इंसान में दस यूनिट में बाँट दें तो हर कोई जो मस्जिद में जाकर पाँच बार नमाज पढ़ता है या कोई मंदिर जाता है या अपने गुरु के चरणों में जाकर बैठता है तो वह अपनी सज्जनता के इस पाँच यूनिट का उपयोग कर लेता है जो कि बिल्कुल अनुत्पादक है।

मैं नमाज़ नहीं पढ़ता। मैं किसी गुरु, मस्जिद या मंदिर या चर्च नहीं जाता। मैं अपनी नोबिलिटी या सज्जनता के कोटे से किसी की सहायता करता हूँ। मुझे किसी का पेट भरना होता है, मुझे

किसी को छाँव देने के लिए काम करना है। वे लोग जो अपनी सज्जनता का कोटा पूजा-पाठ करने, प्रार्थना करने और धार्मिक-आध्यात्मिक लोगों के महिमामंडन में इस्तेमाल करते हैं, और इसके बाद भी उनमें कुछ सज्जनता बची रह जाती है, तो ऐसे लोगों को मेरा सलाम।

आप मुझसे पूछ सकते हैं कि जब मेरा धार्मिक लोगों के प्रति ऐसा विचार है तो फिर कृष्ण, कबीर और गौतम के प्रति सम्मान क्यों है? मैं बताता हूँ कि ऐसा क्यों है। ये मानव सभ्यता के महान कॉन्ट्रिब्यूटर्स हैं, जो इतिहास में अलग-अलग समय पर, अलग-अलग स्थितियों में पैदा हुए। लेकिन इन सभी में एक कॉमन बात है। वह ये कि ये सभी अन्याय के ख़िलाफ़ खड़े हुए। इन्होंने पीड़ितों के लिए लड़ाई लड़ी, चाहे रावण या कंस हो, फैरो, हाई प्रीस्ट और पोंटियस पॉयलेट हो या गाँधी के सामने खड़ा ब्रिटिश साम्राज्य हो या कबीर के समय में फ़िरोज़ तुग़लक़ का सांप्रदायिक साम्राज्य हो, वे दबे-कुचलों के हक़ में लड़े। मुझे जो सबसे ज़्यादा आश्चर्यचकित करता है और मेरी सबसे बुरी धारणाओं को सत्यापित करता है, वह यह है कि कॉस्मिक सत्य को जानने वाले प्रबुद्ध लोगों में से कोई भी अन्याय के ख़िलाफ़ आवाज़ नहीं उठा रहा है, कोई भी शासक वर्ग के ख़िलाफ़ अपनी आवाज़ नहीं उठा रहा, कोई भी विशेषाधिकार प्राप्त वर्ग के ख़िलाफ़ नहीं बोल रहा। मैं यह जानना चाहता हूँ कि ऐसा कौन गुरु है जो दलितों को उन मंदिरों में ले गया जिनके दरवाज़े आज भी दलितों के लिए बंद हैं।

108

घुट्टी में जो चीज़ मिलती है

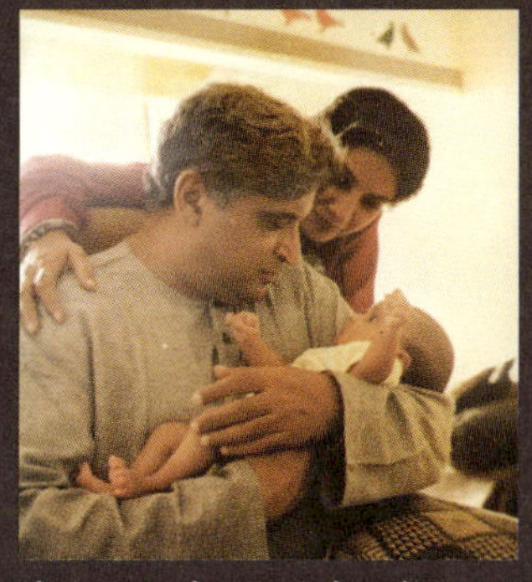

पोती शाक्या के साथ जावेद और शबाना

जब मैं 3-4 साल की उम्र का रहा होऊँगा, तब कम्युनिस्ट पार्टी बैन हुई थी, तेलंगाना मूवमेंट के दौरान और उस वक़्त जो कम्युनिस्ट लोग थे, वो या तो जेल में थे या अंडरग्राउंड थे। जैसे- मजरूह साहब, जाफ़री साहब जेल में थे, कैफ़ी साहब अंडरग्राउंड थे, मेरे पिता भी अंडरग्राउंड थे। उनकी सरकारी नौकरी थी, वो नौकरी भी चली गई थी। हमारी माँ थीं सफ़िया उनके साथ मैं और छोटा भाई सलमान रहते थे। माँ पढ़ाती थीं और हमें पाल रही थीं। हमारी माँ बताती रहती थीं कि अभी इंक़लाब आएगा और तुम्हें भी बड़े होकर इंक़लाब के लिए लड़ना है। इंक़लाब के लिए लोग जेल जाते हैं। जब ख़ाने पर मैं कोई ऐतराज़ करता था कि जैसे ये दाल नहीं अच्छी, तो मेरी माँ कहतीं, 'जेल में अगर यही दाल मिली तो?' तो मैं चुपचाप खा लेता था। फिर पता नहीं, मुझे किसने बता दिया था कि जेल में जो ख़ाना होता है, उसमें मिर्ची बहुत होती है, तो मैं बहुत ही बचपन में हरी मिर्च ख़ाने की कोशिश करने लगा था, ये सीखने के लिए कि कभी जेल गए तो प्रॉब्लम न हो।

मैं जब इन बातों को याद करता हूँ, तो मुझे हैरत नहीं होती कि कोई आदमी बड़ा होकर भी रिलीजियस कैसे रहता है। उस बेचारे को बचपन में सिखा दिया होगा, जैसे मुझे बचपन में सिखा रहे थे। शुक्र है, मैं तो थोड़ा-सा निकल आया हूँ, लेकिन बाक़ी लोग नहीं निकलते हैं। वो जो बचपन में बता दिया गया तो बता दिया गया। इस तरह घुट्टी में ये चीज़ चलती है। ख़ैर, वो सब छोड़िए, लेकिन बेसिक लव फ़ॉर ह्यूमैनिटी, सेंस ऑफ़ इक्वैलिटी, सेंस ऑफ़ फेयरनेस, कमज़ोर और शोषितों के लिए सहानुभूति वो जो आपके अंदर घुस जाती है, वो नहीं निकल सकती और निकलना भी नहीं चाहिए। यानी जो कम्युनिस्ट घर में पैदा हुआ है, सोशलिस्ट घर में पैदा हुआ है, वो कितना भी कहीं चला जाए, लेकिन उसका बेसिक जो ह्यूमन साइड है कम्युनिज़्म का, या सोशलिज़्म का, वो उसमें से कभी नहीं जाता।

फ़िल्मों का शौक़ मुझे बहुत ही बचपन से था। जब फ़र्स्ट स्टैंडर्ड में मेरा एडमिशन कराया गया, तो मुझसे पूछा कि अब तुम्हारा एडमिशन हो गया है, तो तुम ज़ू देखने चलोगे या फ़िल्म देखने चलोगे, मैंने कहा कि मैं फ़िल्म देखने चलूँगा। मुझे याद है, मैंने होश सँभालने के बाद जो पहली फ़िल्म देखी, वो थी 'आन'। तब कोई छह या सात साल उम्र रही होगी मेरी। इस तरह बचपन से ही मुझे फ़िल्मों का शौक़ था। वहीं दूसरी तरफ़ साहित्य का शौक़ था। मैं सैफ़िया कॉलेज में पढ़ता था। जहाँ मैंने कभी फ़ीस ही नहीं दी। उन्होंने मुझे एक कमरा दे दिया था, उसमें भी मैं फ़्री में ही रहता था। उन दिनों एक-डेढ़ साल वो कमरा मेरे पास रहा। वो कमरा एक मस्जिद के पास था। इससे ज़्यादा मैं कभी किसी मस्जिद के क़रीब नहीं रहा।

109

बच्चों पर धर्म नहीं थोपना चाहिए और ना ही नास्तिकता

बच्चा पैदा होता है, इससे पहले कि उनके पास कोई चॉइस हो, माँ-बाप अपना धर्म उसमें इंजेक्ट कर देते हैं। बच्चे की कोई चॉइस थोड़ी होती है, वो वही सीख लेता है। देखिए, माँ-बाप अगर इंजीनियर हैं, माँ-बाप अगर डॉक्टर हैं, माँ-बाप यदि बैंकर हैं, तो माँ-बाप ऐसा तो नहीं करते ना कि वो बच्चे को बचपन से ही इंजीनियर बनाने लगते हैं, डॉक्टर बनाने लगते हैं या बैंकर बनाने लगते हैं। तो भई बचपन से ही मुसलमान या हिन्दू क्यों बनाने लगते हो बच्चे को? ऐसा तो नहीं है ना कि दो साल के बच्चे को इंजीनियर का कोर्स शुरू करवा देते हैं। उसी तरह से आप छोड़ दीजिए बच्चे को। मैंने अपने बच्चों को कोई धर्म की शिक्षा नहीं दी और ना ही उन्होंने घर में कभी कोई धार्मिक कर्मकांड देखे। अगर किसी को मेरी बात पर शक है, तो एक काम कीजिए कि अब कोई बच्चा पैदा हो आपकी फ़ैमिली में, उसको कोई रिलीजन मत दीजिए और जब वो 18 साल का हो, तो उससे कहिए कि बेटा तुझे जो धर्म पसंद हो, वो अपना ले.... वो कोई भी नहीं लेगा।

हमें अपने बच्चों को धर्म नहीं, अपनी संस्कृति सिखानी चाहिए, लेकिन वो भी बदलती हुई होना चाहिए। आपने देखा होगा कि बच्चे डोरी में एक छोटा-सा कंकर बाँधते हैं और वो कंकर बाँधकर अपने सिर के ऊपर से घुमाते हैं, धीरे-धीरे डोरी छोड़ते जाते हैं और वो सर्कल जो है, वो बड़े से बड़ा होता चला जाता है। इसमें ये पत्थर जो है, ये रिवोल्ट (विद्रोह) है, वो दूर जाना चाहता है। ये डोरी जो है, ये ट्रेडिशन है, वो उसे रोकती है। अगर आप डोरी तोड़ देंगे, तो पत्थर भी गिर जाएगा और अगर आप पत्थर निकाल देंगे, तो डोरी इतनी दूर तक जा ही नहीं सकती। ये दोनों चीज़ें चाहिए। हम अपनी ट्रेडिशन को तोड़ें नहीं, लेकिन धीरे-धीरे उसे ढकेलते रहें, उसे आहिस्ता-आहिस्ता आगे बढ़ाते रहें। जो चीज़ें कमज़ोर हैं, ख़राब हैं, जो पत्ते सूख गए हैं, वो डाली से गिरते रहें और जो नए फूल-पत्ते हैं उनको इजाज़त दीजिए कि वो उभरें, वो आहिस्ता-आहिस्ता खिलते रहें। इस तरह दोनों चीज़ें चाहिए होंगी, एक से काम नहीं चलेगा। ठीक उसी तरह, जिस तरह एक पेड़ को जड़ें भी चाहिए और शाखें भी चाहिए। पेड़ सिर्फ़ जड़ नहीं होता है, पेड़ सिर्फ़ शाख नहीं हो सकता और जितना ऊँचा पेड़ जाएगा, जितना वो फैलेगा, उतनी ही उसकी जड़ें गहरी होनी चाहिए, वर्ना वो असंतुलित होकर गिर जाएगा। लिहाज़ा, सबसे बड़ी बात हमारा ट्रेडिशन है और ट्रेडिशन आता है हमारी ज़बान से। बच्चे की जो भी मातृभाषा है, वो उसे आनी चाहिए, लेकिन साथ ही यह इंग्लिश की क़ीमत पर नहीं होना चाहिए। उसे इंग्लिश भी आनी चाहिए। मगर आपकी अपनी ज़बान आपको जड़ें देगी, दोनों चीज़ें चाहिए। हम अपनी ज़बान से कट गए, तो अपनी परंपरा से, अपनी रवायत से, अपने ट्रेडिशन से, अपनी हिस्ट्री से, अपनी शिनाख़्त, अपनी आइडेंटिटी से कट जाएँगे। ज़बान आना ज़रूरी है, चाहे जो ज़बान हो आपकी। दूसरे अँग्रेज़ी आना भी ज़रूरी है, इसलिए कि उसके बिना आप दुनिया में फैल नहीं पाएँगे। हम लोग एक ग़लती करते हैं कि हम ट्रेडिशन को, परंपरा को, कल्चर को रिलीजन बना देते हैं। हम सोचते हैं कि सिर्फ़ रिलीजन में ही है वो, लेकिन ऐसा नहीं है। हमें तो नहीं सिखाया गया रिलीजन, तो क्या हमारे अंदर ट्रेडिशन नहीं है? हम अपनी ज़मीन से नहीं जुड़े हुए हैं? बल्कि ख़तरनाक बात होती है बच्चे को ज़्यादा रिलीजियस बनाना। वो कूप मण्डूप हो जाता है, उसके अंदर अजीब-अजीब अस्वाभाविक बदलाव होने लगते हैं, जबकि कल्चर में अस्वाभाविक नहीं है, रिलीजियस होने में है।

◀ *जावेद अख़्तर, फ़रहान, ज़ोया और शबाना आज़मी*

शबाना और जावेद (स्पेन, 2016)

110
जब लैंग्वेज ख़्वाब देखती है तो पोएट्री होती है

अक्सर लोग सवाल पूछते हैं कि आज के गाने क्यों याद तक नहीं रहते, जब तक पिक्चर चलती है, गाने चलते हैं और जिस दिन पिक्चर उतरती है, वो गाना भी उतर जाता है। दूसरी तरफ़ क्या वजह है कि मुझे या आपको नहीं, बल्कि 18 और 20 साल के बच्चे को भी वो पुराने गाने याद हैं। तो सोचना पड़ेगा कि उन गानों में बात क्या थी, और इन गानों में कमी क्या है। मैं इसमें साँग राइटर को दोष नहीं दूँगा। अगर डायलॉग अच्छे नहीं हैं, तो डायलॉग राइटर को दोष नहीं दूँगा। हक़ीक़तें ये है कि लोगों को अच्छी राइटिंग चाहिए ही नहीं। वो शिकायत करते हैं कि ये क्या लिख रहे हो भई तुम। मैंने जब शुरू-शुरू में गाने लिखने शुरू किए थे, तो एक डिस्ट्रीब्यूटर ने मेरे प्रोड्यूसर बोनी कपूर से कहा कि 'देखो भइया, तुम उससे स्क्रिप्ट ले लेना, गाने न लिखवाना, वो गाने में पोएट्री लिख देता है'। जब मैं इंडस्ट्री में आया था, तब हर प्रोड्यूसर-डायरेक्टर 'पब्लिक' की बात करता था जैसे उसका पब्लिक से डायरेक्ट रिश्ता हो। आज पब्लिक आउट ऑफ़ डेट हो गई है, पब्लिक का नाम

अब कोई नहीं लेता। पब्लिक की जगह अब यूथ है, अब यूथ की पूजा होती है। मतलब एक साठ साल का प्रोड्यूसर या डायरेक्टर ये कहता है कि यूथ ये पसंद नहीं करेगा। अरे भई, तुम्हें कैसे मालूम कि यूथ क्या पसंद करेगा।

उस ज़माने में साहिर बनना बहुत मुश्किल काम था, क्योंकि अधिकांश साँग राइटर बहुत अच्छे साँग राइटर थे। ऐसे वक़्त में साहिर नम्बर 1 पर थे, उस वक़्त दुनिया उन्हें मानती थी। उनके न जाने कितने ही गाने हैं, जो दुनिया को ज़ुबानी याद हैं। लोग उनके गाने बिना म्यूज़िक के ऐसे ही सुना देते हैं। इतनी ताक़त है उनके गानों में। ऐसा इसलिए हुआ, क्योंकि उन्होंने अपने काम की इज़्ज़त की। हम अपने काम की इज़्ज़त करें, ये ज़रूरी है। उस ज़माने में भी कई ऐसे साँग राइटर थे, जो कहते थे, 'अरे चलता है, ऐसे ही कर दो।' लेकिन ये काम साहिर ने नहीं किया। साहिर ने कहा, 'अगर मैं गाना लिखूँगा, तो अच्छा लिखूँगा, ठीक लिखूँगा, वर्ना मैं नहीं लिखूँगा।' उनका बड़े-बड़े म्यूज़िक डायरेक्टर से झगड़ा हुआ। अधिकांश बड़े म्यूज़िक डायरेक्टर्स ने उनके साथ काम करना छोड़ दिया। उनका झगड़ा हुआ कई सिंगर्स से भी, उन सिंगर्स ने साहिर के साथ गाना गाना बंद कर दिया, लेकिन साहिर ने सर्वाइव किया। धीरे-धीरे फ़िल्म इंडस्ट्री ने माना कि गाने में जहाँ एक बहुत अच्छी आवाज़ चाहिए, जहाँ एक बहुत अच्छी धुन चाहिए, वहीं बहुत अच्छे शब्द भी चाहिए। धुन और शब्द का रिश्ता साहिर ने दर्शाया। मुझे तो ऐसा लगता है कि धुन किसी गाने का जिस्म है और शब्द उसका चरित्र। गीत के शब्द अगर अच्छे हैं, तो फिर एक ऐसा रिश्ता बनेगा, जो ज़िन्दगी भर तक चलेगा। बिना शब्द के गाना 40 बरस और 50 बरस तक नहीं जी सकता। आजकल के गीतकारों को साहिर के गीत सुनना ही नहीं, बल्कि पढ़ना चाहिए। उन्हें देखना चाहिए कि उनकी क्या क्राफ्ट है, उनका क्या तरीक़ा है।

कहते हैं कि 'पोएट्री इज़ अ लैंग्वेज ऑफ़ ड्रीम'। सिर्फ़ मीटर से और राइम से पोएट्री नहीं होती है, और सिर्फ़ राइम और रिदम से भी पोएट्री नहीं होती, अगर होती तो 71, 72, 73, 74, 75, 76 भी पोएट्री होती। पोएट्री थॉट (विचार) से होती है। कभी-कभी मुझे लगता है कि पोएट्री लैंग्वेज का ड्रीम है। जब लैंग्वेज ड्रीम देखती है, तो पोएट्री होती है। जब लैंग्वेज जाग रही है, तो प्रोज़ है, जब ख़्वाब देख रही है, तो पोएट्री।

हमारे यहाँ के एजुकेशन सिस्टम में, चाहे वो स्कूल-कॉलेज में हो या घर में, हमने साहित्य, लैंग्वेज और पोएट्री को हमारी प्राथमिकताओं में रखा ही नहीं। और ये यंगर जनरेशन की नहीं, बल्कि हमारा फॉल्ट है। बच्चे को सिर्फ़ वही सिखाओ जिससे वो कुछ कमा सके, उसको सिर्फ़ वो सिखाओ जिससे उसे अच्छी नौकरी मिल सके, वो सिखाओ जिससे वो कोई धंधा कर सके। इसमें कोई शक़ नहीं कि ये चीज़ें भी ज़रूरी हैं, ताकि वो अपने पैरों पर खड़ा हो सके। मगर उसके बाद क्या, उसके बाद वो क्या करेगा? आज फ़ोक (लोक गीत-संगीत) हमारे घरों से, गाँवों तक से ग़ायब होता जा रहा है। पहले शादियों में फ़ोक साँग गाए जाते थे, लेकिन आज शादियों में फ़िल्मी गाने बजाए जाते हैं। पिछली पीढ़ियों ने हम तक जो लोक परंपराएँ पहुँचाई थीं, वो हम आगे आने वाली पीढ़ी तक नहीं पहुँचा सके।

आज की पीढ़ी ने पढ़ना ज़रूरी नहीं समझा। यही लोग तो आगे चलकर फ़िल्में बनाएँगे, यही लोग तो आगे चलकर फ़िल्में डायरेक्ट करेंगे। आजकल तो डायरेक्टर आपको एक अंग्रेजी पॉप साँग की सीडी देते हैं और कहते हैं कि ऐसा ही कुछ बना लाओ। उनका एक्सपोज़र हिन्दी म्यूज़िक तक ही नहीं है, फ़ोक तो ख़ैर जाने ही दीजिए। उनका रेफ़रेंस पॉइंट हिन्दी म्यूज़िक नहीं, बल्कि अमेरिकी पॉप साँग है। अब ऐसे हालात में गाने कैसे होंगे, आप ख़ुद ही सोचिए। दुनिया में जब भी कभी मार्केटिंग वाले क्रिएटिव लोगों को बताने लगें कि क्या चाहिए, तो समझिए वहाँ गड़बड़ है। होना ये चाहिए कि क्रिएटिव लोग अपना काम कर दें, उसके बाद मार्केटिंग वाले उस काम को बेचने की ज़िम्मेदारी लें।

ग्रेजुएशन करने के पीछे मेरा मक़सद...

मैं जब कॉलेज में था, मैंने तभी तय कर लिया था कि फ़िल्म इंडस्ट्री में जाना है। इसके लिए मैंने ख़ुद ही फ़ैसला किया था कि ग्रेजुएशन करने के बाद ही इंडस्ट्री में क़दम रखूँगा। वास्तव में ग्रेजुएशन करने के पीछे मेरा मक़सद कोई तालीम हासिल करना नहीं था। दरअसल, उस ज़माने में हिन्दी-उर्दू की कुछ मैगज़ीन हुआ करती थीं, उनमें एक कॉलम आता था किसी फ़िल्मी पर्सनैलिटी के बारे में कि, पैदाइश यहाँ हुई, जन्म वर्ष ये है, शौक़ ये-ये हैं, फ़ेवरेट कलर ये-ये है, उसमें एक कॉलम शिक्षा का भी होता था। इस कॉलम के सामने ज़्यादातर लिखा होता था कि 'घर पर मिली है।' मैं नहीं चाहता था कि जब मैं फ़िल्मों में जाऊँ तो मेरे शिक्षा वाले कॉलम के आगे यही बात लिखी हो। मैं चाहता था कि कम से कम ग्रेजुएट तो लिखा हो।

ग़ालिब केवल हिन्दुस्तान में ही हो सकते हैं

ये मुल्क हर मामले में बड़ा अमीर है। हमारे पास जितनी ज़बानें हैं, वो भी ऐसी ज़बानें जिनकी हिस्ट्री है, जिनका लिटरेचर है, उतनी दुनिया के किसी दूसरे मुल्क में नहीं हैं। हमारी ज़बानों के जो शायर हैं, जो राइटर हैं, वो उस ज़बान के राइटर तो हैं ही, लेकिन वे दरअसल, हिन्दुस्तान के राइटर हैं। वो ग़ालिब हों, टैगोर हों, वो नज़रूल हों, वो निराला हों, वो बशीर हों मलयालम के, के.आर. नारायण हों, सभी हिन्दुस्तान के राइटर हैं। अलग-अलग ज़बानों में इन्होंने लिखा है। ये सारी हिन्दुस्तानी ज़बानें हैं। ये जो उर्दू है, ये भी हिन्दुस्तानी ज़बान है। अक्सर इसके बारे में ग़लतफ़हमियाँ होती हैं कि ये कहीं और की भाषा है। लेकिन सच बात तो ये है कि ये हिन्दुस्तान में ही बोली गई और अगर दुनिया के किसी भी कोने में इसके बोलने वाले हैं, तो वो यहीं से गए हुए हैं। कोई न्यूज़ीलैंड से वहाँ नहीं गया है, कोई केन्या से नहीं गया है, वो सारे हिन्दुस्तानी हैं, अब उनकी शहरियत कुछ और हो गई हो, तो हो जाए, लेकिन उनकी रगों में तो सदियों से हिन्दुस्तान का ही ख़ून बह रहा है, इसलिए उर्दू बोलते हैं वो।

ये ग़ालिब और उर्दू, उर्दू और ग़ालिब यक़ीनन एक बड़ा रिश्ता है और इन दोनों के बारे में कुछ ग़लतफ़हमियाँ भी हैं। मिसाल के तौर पर, जब टू नेशन थ्योरी की बात की गई, जिसने हमारे मुल्क को तक़सीम कराया, उसमें हर चीज़ का एक वर्जन बना। एक हिस्ट्री का वर्जन बना, एक कल्चर का वर्जन बना। हर चीज़ को अलग किया गया, लेकिन ये ज़बान जो थी उर्दू, ये तो ज़िंदा सुबूत थी कि 'टू नेशन थ्योरी' ग़लत है। इसलिए कि यह सचमुच गंगा-जमुनी तहज़ीब की पैदाइश है। लिहाज़ा इसका हम क्या करते? अब ये तो नहीं हो सकता था कि नाउन (संज्ञा) पाकिस्तानियों को दे देते, वर्ब (क्रिया) हम रख लेते, ये मुमकिन नहीं था। तो 'टू नेशन थ्योरी' को सही साबित करने के लिए इस ज़बान को एक तरफ़ ढकेला जाना था।

दुनिया में जितनी ज़बानें हैं, जब उनमें शायरी शुरू हुई है, तो हमेशा रिलीजियस पोएट्री से शुरू हुई है। उसके बाद धीरे-धीरे दूसरे टॉपिक आए। उर्दू पहले दिन से सेक्युलर ज़बान है। इसमें कोई बड़ा शायर रिलीजियस पोएट नहीं हुआ। मीर अनीस ने भले कुछ मर्सिए लिखे हैं और उनके डिस्क्रिप्शन किए हैं, जिसमें कल्चर तो अवध का दिखाई देता है। ये सब तो अपनी जगह हैं, लेकिन 'प्रोपोगेंडा ऑफ़ रिलीजन' का कोई शायर बड़ा नहीं हुआ, जितने बड़े शायर हैं, उनके विचार एंटी-फंडामेंटलिस्ट हैं, एंटी-रिग्रेसिव थॉट्स हैं।

ग़ालिब बहुत बड़ा था। जब मैं 15 साल का था, तब एक दफ़ा मैंने अपने वालिद से पूछा कि 'एक बात बताइए, क्या ग़ालिब सचमुच उतना ही बड़ा शायर है, जितना लोग बताते हैं?' तो उन्होंने कहा, 'नहीं, उससे बहुत बड़ा है।' क्लासिकल शायरी में एक बात है कि वो पुरानी नहीं होती है। इतनी-सी किताब है ग़ालिब की, चंद हज़ार शे'र लिखे हैं उन्होंने। उनके मुक़ाबले मुसहफ़ी, मीर वग़ैरह ने तो कई-कई दीवान लिख डाले। मगर ग़ालिब का एक दीवान है, वो भी इतना-सा। ज़िन्दगी की कोई उल्झन हो, जन्मात का, ख़यालात का, हालात का कोई मोड़ हो, उस पर आपको ग़ालिब का शे'र उस किताब में मिल जाएगा। क्या उस आदमी की रेंज है, क्या उस आदमी की सोच है! ग़ालिब की ज़बान आज तो क्या, उस ज़माने में भी मुश्किल मानी जाती थी। सौ बात की एक बात कहता हूँ, हिन्दुस्तान के बाहर ग़ालिब हो ही नहीं सकता। ग़ालिब हिन्दुस्तान के फ़लसफ़े, हिन्दुस्तान की तारीख़ और पर्शियन और मुगल कल्चर के प्रमाण का एक ऐसा बेजोड़ और कमाल का सिंथेसिस है कि जिसकी दूसरी एक ही मिसाल है और वो है ताजमहल।

अकेले सिर्फ़ पर्शियन या उर्दू ग़ालिब नहीं पैदा कर सकती है और अकेले सिर्फ़ वेदांत भी ग़ालिब नहीं पैदा कर सकते हैं, ये दोनों मिलकर बने हैं। ग़ालिब कहते हैं –

जला है जिस्म जहाँ दिल भी जल गया होगा
कुरेदते हो जो अब राख, जुस्तजू क्या है

ये जिस्म कहाँ जलते हैं? राख कहाँ कुरेदी जाती है? अरब में, ईरान में या हिन्दुस्तान में? उनका एक और शे'र है –

न कुछ था तो ख़ुदा था, कुछ न होता तो ख़ुदा होता
डुबोया मुझको होने ने, न होता मैं तो क्या होता

इस शे'र में उन धर्मों का साया नहीं है, जिनके ख़ुदा अलग बैठे हैं, आपके पाप और पुण्य गिन रहे हैं और एक दिन आपको सज़ा या इनाम देंगे। यहाँ तो वो फ़िलासफ़ी दिखाई देती है, जिसमें रचना और रचयिता एक हैं। ये फ़िलासफ़ी कहाँ की है? हिन्दुस्तान की नहीं तो कहाँ की है? ग़ालिब केवल हिन्दुस्तान में ही हो सकते हैं।

उर्दू एक बहुत ही सॉफिस्टिकेटेड लैंग्वेज है। ये अर्बन लैंग्वेज है, इसके फ़ोनेटिक्स पर बहुत काम हुआ है। उर्दू इतनी मँझ गई है कि उसके पास वो लोच और वो बारीकी है कि कोई भी बात अच्छी तरह से कह सकते हैं और तहज़ीब से कह सकते हैं। किसी साहब ने एक एनालिसिस किया था कि जबसे हमारी पार्लियामेंट बनी है और जब-जब उसमें काम चलता है, तो उसमें जो शे'र पढ़े गए, जो पोएट्री सुनाई गई, उसमें से 90 पर्सेंट से अधिक उर्दू पोएट्री हैं। पार्लियामेंट, जहाँ हिन्दुस्तान के हर इलाक़े से लोग आते हैं। इस पर ख़ासतौर पर ध्यान देने की ज़रूरत है। तो ये

महाकवि नीरज के साथ जावेद अख़्तर

खूबियाँ हैं इसमें लेकिन अफ़सोस की बात ये है कि लैंग्वेज जो है, वो अपनी एस्थेटिक सौंदर्य से ज़िन्दा नहीं रहती है, वो अपनी इकॉनोमिक यूटिलिटी से ज़िन्दा रहती है। ये तो मैं दाद देता हूँ उर्दू को कि जिसकी इकॉनोमिक यूटिलिटी आज कुछ नहीं रही है, इतनी सख़्तजान लैंग्वेज है कि मरती ही नहीं वो। वो टीवी में चली जाती है, वो सिनेमा में चली जाती है, वो यंगस्टर्स के नोटबुक्स में चली जाती है, वो ज़िन्दा रहती है। वो लोगों की बातचीत में रहती है।

हिन्दुस्तान के फ्रीडम मूवमेंट में उर्दू शायरी का अहम रोल रहा है

इसमें कोई शक नहीं है कि उर्दू मर तो नहीं गई, लेकिन मारी जा रही है। उर्दू के बारे में लोगों को कुछ मालूम नहीं है, वो उर्दू को लेकर कहते हैं कि 'साहब! बड़ी ख़ूबसूरत ज़बान है। पोएट्री बड़ी मज़े की होती है इसमें।' लेकिन उर्दू तो एक तरह से सिर्फ़ एंटरटेनमेंट की ज़बान बनकर रह गई है। एक इंतेहाई जीती-जागती ख़ूबसूरत और बहुत ही अच्छी वैल्यू वाली ज़बान है, जिसके साथ पिछले सौ बरस में बहुत गड़बड़ हुई है।

लोग समझते हैं कि उर्दू शायरी सिर्फ़ शराब और मेहबूब है, जबकि हिन्दुस्तान के फ्रीडम मूवमेंट के हर स्टेज पर देखें तो उर्दू शायरी का अहम रोल रहा है। 30 के दशक में प्रोग्रेसिव राइटर्स मूवमेंट आया, जिसमें सारी ज़बानों के राइटर्स शामिल थे, उसमें एक 'गैलेक्सी ऑफ़ स्टार्स' उर्दू लिटरेचर ने पैदा किया। वो कृश्न चंदर हों, वो इस्मत हों, वो बेदी हों, वो मजाज़ हों, वो फ़ैज़ हों, वो सरदार जाफ़री हों, जाँ निसार अख़्तर हों, कैफ़ी आज़मी हों, मजरूह हों या साहिर हों, इनकी शायरी लिबरल और प्रोग्रेसिव वैल्यूज़ की शायरी है। कृश्न चंदर और इस्मत की कहानियाँ प्रोग्रेसिव और लिबरल वैल्यूज़ की कहानियाँ हैं। तो ये हमेशा एक बड़ी प्रोग्रेसिव, लिबरल, सेक्युलर, फॉरवर्ड-लुकिंग ज़बान रही है। इसके बारे में लोग जानते नहीं हैं। एक मर्तबा किसी ने मुझसे बड़ा अजीब सवाल किया। कहने लगे, 'मुसलमानों में 'सेंस ऑफ़ ह्यूमर' क्यों होता है?' दरअसल, 'सेंस ऑफ़ ह्यूमर' मुसलमानों में नहीं, उर्दू बोलने वालों में होता है। जहाँ-जहाँ उर्दू बोलने वाले हैं, उनमें 'सेंस ऑफ़ ह्यूमर' होगा।

उर्दू सुनने वाले, उर्दू से दिलचस्पी रखने वाले, उर्दू पोएट्री से मोहब्बत करने वाले दिन-ब-दिन बढ़ते जा रहे हैं और उर्दू स्क्रिप्ट पढ़ने वाले दिन-ब-दिन घटते जा रहे हैं। वो उर्दू की किताब नहीं पढ़ सकते, लेकिन इस किताब में जो लिखा है वो पढ़ना चाहते हैं। उर्दू को पढ़ने वाले दिन-ब-दिन कम होते जा रहे हैं पर उर्दू सुनने वाले दिन-ब-दिन बढ़ रहे हैं। ये अभी तक किसी लैंग्वेज के साथ नहीं हुआ होगा, इसलिए उर्दू पोएट्री तो लोगों तक जा रही है, लेकिन कृश्न चंदर, इस्मत चुग़ताई और क़ुर्रतुल एन. हैदर का लेखन लोगों तक नहीं पहुँच पा रहा। बहुत-से लोगों ने तो शायद इनके नाम भी न सुने हों। दरअसल, आज उर्दू की बात करने वाले उर्दू सुनकर बात करते हैं, उन्होंने उर्दू पढ़ी ही नहीं है। पोएट्री तो हम इधर-उधर से सुन लेते हैं, लेकिन प्रोज़ (गद्य) कौन पढ़कर सुनाता है, वो तो ख़ुद ही पढ़ना पड़ेगा, और उर्दू हमने पढ़ी नहीं है।

गायक मेहदी हसन, मजरूह सुल्तानपुरी और कैफ़ी आज़मी के साथ जावेद अख़्तर (मुम्बई, 1978)

113

ज़बान को 'प्योर' करने का 'कॉन्सेप्ट' प्याज़ के छिलके उतारने जैसा है

जब हम कोई ज़बान सीखने जाते हैं, तो जो चीज़ हमें सबसे ज़्यादा परेशान करती है, वो चीज़ होती है उसका सिंटैक्स, उसका ग्रामर, फिर उसकी वॉकेबुलरी। उसमें से आपको दो चीज़ें तो सीखना ही नहीं हैं। ना आपको उसका ग्रामर सीखना है, वो तो आप जानते हैं और ना आपको उसकी वॉकेबुलरी सीखनी है। ज़्यादातर तो आप जानते ही हैं, और पूरी वॉकेबुलरी तो आप किसी भी लैंग्वेज की नहीं जानते। आपको सीखना है सिर्फ़ स्क्रिप्ट, जिसे सीखने में 12 से 15 दिन लगेंगे। लिहाज़ा, जो कोई भी हिन्दुस्तानी बोल लेता है, वो 12 से 15 दिन में उर्दू सीख सकता है। क़िस्सा यूँ है कि मैं और आप बात कर रहे हैं, तो जब तक आपकी बात मैं समझ रहा हूँ, तो मैं कहूँगा कि ये हिन्दी बोल रहे हैं या रही हैं, और जब आपकी बात समझना मुझे मुश्किल पड़ेगी, तब मैं कहूँगा कि ये तो उर्दू में बात कर रहे हैं।

ये आपको मालूम नहीं है, मगर आप सब उर्दू जानते हैं। होता ये है कि जब तक उर्दू आपकी समझ में आ रही है, तब तक आप उसे हिन्दी कहते हैं। जब समझना बंद होता है, तब कहते हैं कि ये उर्दू है। हिन्दी और उर्दू, दोनों का सिंटैक्स एक है, दोनों का ग्रामर एक है, दोनों के 90 प्रतिशत शब्द एक हैं। उर्दू का कोई वाक्य बिना हिन्दी के वर्ड के इस्तेमाल के लिखा ही नहीं जा सकता। उर्दू में आप हिन्दी के शब्द के बिना एक वाक्य नहीं लिख सकते। हिन्दी की कोई डिक्शनरी कम से कम 5 हज़ार पर्शियन शब्द के बिना कम्प्लीट नहीं हो सकती। आप लोग जो बात करते हैं, आपको मालूम ही नहीं होता कि आप पर्शियन के कितने शब्द बोल रहे हैं।

दोस्त, दुश्मन, रास्ता, सुबह, शाम, हवा, ज़मीन और आसमान, ये सब पर्शियन के वर्ड्स हैं। ज़बान को प्योर करने का कॉन्सेप्ट ऐसे है, जैसे एक प्याज़ के छिलके उतारना। शुरू करो कि प्याज़ ढूँढना है तो आप कहाँ पहुँचोगे? अरे, उसके छिलके ही तो प्याज़ हैं। अगर तुमने सारे छिलके उतार दिए, तो प्याज़ ही नहीं रहेगा।

ज़बानें हमेशा दो तरह की रही हैं दुनिया में। एक- आवाम की ज़बान और एक सरकार की। सरकार की ज़बान में हमेशा से ये होता आया है कि सरकार को इस बात की परवाह नहीं है कि आप समझ रहे हैं कि नहीं समझ रहे हैं, बल्कि शायद सरकार ये चाहेगी कि आप ना समझें तो बेहतर है। लिहाज़ा, सरकारी ज़बानें तो समझ में आती ही नहीं हैं और जिन लोगों को सरकारी संरक्षण हासिल होता है, वो भी वही ज़बान इस्तेमाल करेंगे, इसलिए कि उन्हें तो यही दिखाना है। उनका ये ख़याल है कि आप उनसे रौब तभी खाएँगे, जब आप उनकी बात नहीं समझेंगे, क्योंकि अगर आप बात समझ गए, तो फिर तो आप रौब खा ही नहीं सकते। वहीं आवाम की ज़बान कम्युनिकेशन की ज़बान होती है, क्योंकि हमें एक-दूसरे से बात करनी है, एक-दूसरे को समझना-समझाना है।

वो चाहे हिन्दी हो कि उर्दू, जब आप उसे इतना मुश्किल कर देते हैं कि वो समझ में ही न आए, तो बेकार है। यही कारण है कि हम हर ज़बान से लफ़्ज़ लेते हैं, ताकि कम्युनिकेशन बेहतर से बेहतर हो सके। हम जिन शब्दों को लेते हैं, वो अपनी शर्तों पर लेते हैं। जैसे- हवा। ये पर्शियन वर्ड है। लेकिन हवाएँ, हवाओं...ये हमारा है। पर्शियन में 'हवाएँ' नहीं होती हैं और 'हवाओं' भी नहीं होता है। 'रास्ता' तो है पर्शियन, लेकिन 'रास्ते' हमारा है। हम शब्द ले लेते हैं और उसको प्लूरल करते हैं, नाउन को एडजेक्टिव बना सकते हैं या एडजेक्टिव को नाउन बना सकते हैं। ये हम अपनी तरह से करते हैं। उच्चारण भी बदल जाते हैं। जैसे- ओरिजनल वर्ड था, 'फ़ज़ा'। हम लोग 'फिज़ा' बोलते हैं। लफ़्ज़ आते हैं, तो उनमें तब्दीलियाँ भी आती हैं, जो हमारी लैंग्वेज का मिज़ाज है, उसके हिसाब से।

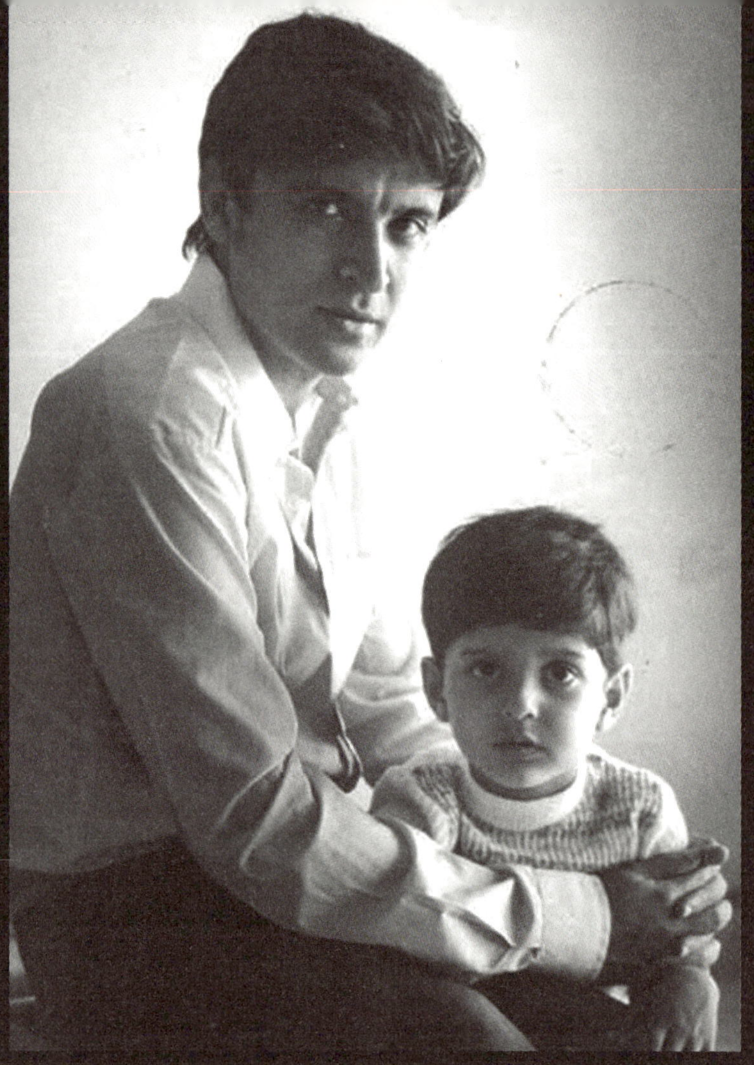

फ़रहान के साथ जावेद अख़्तर

114

अगर जस्टिस सिस्टम और एजुकेशन सही है, तो हर चीज़ सही होती चली जाएगी

हमारे यहाँ दो-तीन बातें हैं, अगर वो सही हो जाएँ, तो बाक़ी चीज़ें अपने आप सही हो जाएँगी। उनमें से पहली है, सही शिक्षा। दरअसल, हमने प्राइमरी या बेसिक प्राइमरी एजुकेशन को इग्नोर किया है। हायर एजुकेशन के तो हमने बहुत अच्छे इंस्टीट्यूशन बना लिए, जिनमें वर्ल्ड क्लास इंस्टीट्यूशन भी हैं, लेकिन नीचे की सीढ़ी कमज़ोर है। वास्तव में एजुकेशन पूरे देश में एक समान होनी चाहिए। दूसरी चीज़ है जस्टिस। जस्टिस सिस्टम अगर एफिशिएंट है, सही है, इमीडिएट है और अनबाएस्ड है, तो सोसायटी धीरे-धीरे सही जगह पर बैठ जाती है। अगर जस्टिस सही है और एजुकेशन सही है, तो हर चीज़ सही होती चली जाएगी।

मैं वर्तमान एजुकेशन सिस्टम से सहमत नहीं हूँ। हालिया शिक्षा में आप जो जानते हैं, बस वही जानते हैं। आप अगर इंजीनियर हैं, तो आपको हिस्ट्री का कोई सेंस नहीं, आप अगर डॉक्टर हैं, तो आप हिन्दुस्तान के फोक आर्ट के बारे में कुछ नहीं जानते। अगर आप जानते हैं, तो ये आपकी अपनी कोशिशें हैं, इसमें एजुकेशन का कोई रोल नहीं। आज जो लोग साइंटिस्ट बन रहे हैं, डॉक्टर बन रहे हैं, टेक्नीशियन बन रहे हैं, इंजीनियर बन रहे हैं, उनका न इस मुल्क के कल्चर से, न इस मुल्क की माइथोलॉजी से, न इस मुल्क के फोक आर्ट से, फोक म्यूज़िक से, लिटरेचर से कोई वास्ता है। और ये ख़तरनाक बात है। हम रोबो तैयार कर रहे हैं या मनुष्य?

आज हिस्ट्री का जो डिस्टॉर्शन है, वो अविश्वसनीय है। और अगर आप इसके ख़िलाफ़ बोलें कि ये हिस्ट्री तो ठीक नहीं है, तो आप जाहिल तो माने ही जाते हैं, एंटी-नेशनल भी कहे जाते हैं। ये सारे प्रॉब्लम्स बड़े सीरियस हैं और ये दिन-ब-दिन ज़्यादा-से-ज़्यादा होते ही जा रहे हैं। मैंने टीवी देखना तो छोड़ ही दिया है। उसका कोई मतलब भी नहीं है। आज टीवी चैनलों पर हर वो बात हो रही है, जिसका सच पूछिए तो इस मुल्क के भविष्य से कोई वास्ता नहीं है। बेकार की बातों पर डिस्कशन चल रहा है, बेकार की बातों पर चिल्ला रहे हैं लोग। इस सोसायटी को, इस मुल्क को बहुत ऊपर तक ले जाना कोई बहुत मुश्किल काम नहीं है। ज़रा-सा डिसिप्लिन, ज़रा-सी ईमानदारी, ज़रा-सी सिन्सिएरिटी हो जाए, तो हम कहाँ से कहाँ पहुँच सकते हैं।

वड्र्स की इज़्ज़त कीजिए, वड्र्स से मोहब्बत कीजिए

जो चीज़ें हमारे क़रीब होती हैं, उनके बारे में हम ज़रा कम सोचते हैं। कितने लोग सोचते हैं कि हवा ट्रांसपेरेंट क्यों होती है, पानी गीला क्यों होता है। कितने लोग सोचते हैं कि वक़्त क्या है? ये क्या आया था? और क्या गुज़र गया? इसी तरह हम सुबह से शाम तक जो वड्र्स बोलते रहते हैं और सुनते रहते हैं, कितनी बार हमने सोचा है कि वड्र्स हैं क्या। ये बड़ी अजीब चीज़ हैं वड्र्स, जैसे- एक जानवर है, उसे देखकर मैंने तय कर लिया कि ये कैट है, जबकि कैट तो साउंड है। कैट का उस जानवर से कोई वास्ता नहीं, लेकिन मैंने तय कर लिया। यानी मैंने साउंड में इस जानवर के मानी भर दिए। उसके बाद मैंने एक सेमी सर्कल किया, एक पिरामिड बनाया जिसे बीच से काट दिया, फिर एक सीधी लकीर खींची और उसके नीचे एक सीधी लकीर खींच दी कि ये कैट लिखा हुआ है। इन टेढ़ी-मेढ़ी लकीरों में साउंड भर दिया, साउंड में मीनिंग भर दिए।

अब वो चाहे मोहब्बत की बातें हों कि गुस्से की बात हो, ख़याल हो कि दर्द हो, कि ग़म हो कि ख़ुशी हो, हैरत हो, हर चीज़ को आपने साउंड दे दी। और उन साउंड को टेढ़ी-मेढ़ी लकीरें जिन्हें हम स्क्रिप्ट कहते हैं, राइटिंग कहते हैं, वो दे दिया। तीन चीज़ें जिनका एक-दूसरे से कोई वास्ता नहीं था, उन्हें जोड़कर आपने शब्द बना दिए। मीनिंग, साउंड जो कि दरअसल 'जिब्रिश' ही है, हमने डाल दिया उसमें और ये आड़ी-तिरछी लाइनें शब्द हो गए। कमाल की चीज़ है। मुझे तो लगता है कि वक़्त के साथ शब्द भी इंसान की तरह हो जाते हैं। जैसे आदमी के बारे में कहा जाता है कि 'अ मैन इज़ नोन बाए द कंपनी ही कीप्स', उसी तरह वड्र्स भी हैं। ये वर्ड किसके साथ रहा है, इसके साथ कौन-से वड्र्स इस्तेमाल होते रहे हैं। एक एवरेज नाउन या एवरेज वर्ब से एक एवरेज माइंड में, तेज़ी से कितने रेफ़रेंसेस बनते हैं। कहाँ सुना था, क्या देखा था, इससे क्या याद आता है, इसका कनेक्शन क्या है, कब ये बात हुई थी, क्या मेरा एक्सपीरियंस है इससे। एक भीड़ आती है यादों की। एक अच्छा राइटर या अच्छा बोलने वाला वो है, जो ये जाने कि जब मैं ये वर्ड इस्तेमाल करूँगा, तो एक एवरेज माइंड में रेफ़रेंस क्या बनेंगे, कौन-सी चीज़ें उसे याद आएँगी, तब वो वर्ड के चारों तरफ़ सही एटमॉस्फियर बना सकेगा। वर्ड की पॉवर क्या है, चाहे वो माँ की लोरी हो या नेता की तक़रीर हो या किसी प्रेमी के मोहब्बत भरे ख़त हों या किसी की शिकायत हो या कोई इंक़लाब का नारा हो, गुस्सा हो, ग़म हो, ख़ुशी हो, हैरत हो, अपनाइयत हो, ग़ैरियत हो, दुनिया की कोई चीज़ हो, दुनिया का कोई ख़याल, दुनिया का कोई जज़्बा, दुनिया की कोई भावना, कोई एहसास, वो जब तक शब्द में नहीं ढलेगा, तो पूरी तरह, दूसरे तो जाने दीजिए, आप ख़ुद भी नहीं समझ पाएँगे। शब्द...वड्र्स जो हैं वो थॉट्स नहीं हैं, जैसे कि ईंटें मकान नहीं हैं, लेकिन मकान ईंटों से बनते हैं।

अगर ईंटें कम हैं, तो छोटे मकान ही बना पाएँगे आप। आपके पास जितने शब्द होंगे, उतना स्पष्ट आप सोच सकते हैं और अपनी बात कह सकते हैं। मैं अक्सर यंग लोगों से सुनता हूँ, 'यू नो ह्वाट आई मीन?' तो मैं उनसे कहता हूँ, 'नो! आई डोंट नो ह्वाट यू मीन, तुम बताओ'। 'यू नो ह्वाट आई मीन?' में शब्द ख़त्म हो गए हैं। हर चीज़ तेज़ हो गई है, तो कम्युनिकेशन भी तेज़ हुआ है, लेकिन दुःख की बात ये है कि ये जो शब्द हैं, इनका इस्तेमाल जो है, वो 'डेप्थ' की क़ीमत पर हुआ है और ये सौदा घाटे का है। इसलिए, ज़ाहिर है हर चीज़ तेज़ हो रही है, तो ज़बान भी तेज़ हो गई, कम्यूनिकेशन भी तेज़ हो गया। लेकिन इस कम्युनिकेशन की तेज़ी में जो डेप्थ थी, वो चली गई। इसके मतलब ये हैं कि बाक़ियों का ग़म मत कीजिए, आप अपना ही काम देखिए कि आप अपनी बात, अपना एहसास, अपना जज़्बा, अपना इमोशन पूरी डिटेल में सही तरह से बता पा रहे हैं या नहीं। इंसान को एक तरह के वर्ड्स से काट दीजिए, वो एक कल्चर से कट जाएगा, वो एक हिस्ट्री से कट जाएगा। ये हमारे साथ हो रहा है। सो, लैंग्वेज बड़ी पॉवरफुल चीज़ है, वर्ड बहुत पॉवर फुल हैं, लेकिन अपने आप में न वो अच्छे हैं ना बुरे। हम शब्दों से मोहब्बत करें और जानें कि इनकी ताक़त क्या है, क्यों कि दुनिया में जो कुछ हुआ है, वो तो वर्ड्स से ही हुआ है, वर्ना होता ही नहीं। हम शब्दों में अपना एक्सपीरियंस, अपना शऊर, अपनी समझ, अपना तजुर्बा जमा करके एक जनरेशन से दूसरी जनरेशन को दे सकते हैं। हमने धीरे-धीरे सदियों का जो अनुभव हासिल किया है, सदियों की जो नॉलेज पाई है वो कैसे ट्रेवल की है? शब्दों में। और अगर वो शब्द न हों, तो फिर, हम जो दूसरी प्रजातियों से बेहतर हैं, वो कम होता ही चला जाएगा। हम आगे इसलिए निकल गए, क्योंकि हमारे पास ज़बान थी। अगर ज़बान नहीं होती, तो हम यहाँ नहीं होते। हम वहीं होते, जहाँ से शुरू हुए थे। और ज़बान का क्या मतलब... वर्ड्स। सो, वर्ड्स की इज़्ज़त कीजिए, वर्ड्स से मोहब्बत कीजिए, वर्ड्स से दोस्ती कीजिए। उन्हें ध्यान से सुनिए और उन्हें ध्यान से बोलिए।

कैलिफ़ोर्निया विश्वविद्यालय, बर्कले में 'भारतीय फ़िल्म-भारतीय समाज' पर बात करते हुए (2019)

116

लिरिक्स और शायरी में फ़र्क़

ग़ज़ल में कभी आप कमज़ोर भी हो सकते हैं। कहीं आप सिम्बॉलिज़्म में उम्मीद कर सकते हैं कि जो मायने मैंने नहीं सोचे, वो भी निकल आए, लेकिन नज़्म में ये फ़रेब नहीं चल सकता।

मौजूदा दौर में गीत दो तरह के हो गए हैं। एक हमारे लोकगीत, जो वक़्त के साथ डेवलप होते थे, फिर उन्हें जनरेशन इम्प्रोवाइज़ करती रहती थीं। इस तरह एक पीढ़ी से दूसरी पीढ़ी तक वो चले जाते थे। किसने लिखा, कब लिखा, कुछ पता ही नहीं। क्या पता, कब ये डेवलप हुआ। शायद ये कभी लिखा ही नहीं गया, मुमकिन है वो गाते-गाते ही बन गया। अब ये जो फ़िल्मी गीत हैं, ये तो लिखे जाते हैं, इनकी ट्यून पहले बनाई जाती है, इनमें सिचुएशन होती है। अगर हम लोकगीतों की बात करें, तो कह सकते हैं कि वो ज़मीन से उगते हैं और रुतों के साथ धीरे-धीरे बदलते हैं। और उनको किसने लिखा, किसने सोचा, पता ही नहीं चल सकता। वो दरअसल, हमारे वक़्त का और तहज़ीब का हिस्सा होते हैं। दूसरे ये गीत हैं, जो फ़िल्मों में लिखे जाते हैं। इन गीतों का क़िस्सा ये है कि ये शायरी से यूँ मुख़्तलिफ़ हैं कि शायर जब शायरी करता है तो उसका जो दिल चाहता है, जिस तरह से लिखने को दिल चाहता है, जिस मीटर में लिखने को दिल चाहता है, जिस वॉकेबुलरी में लिखने को दिल चाहता है, वो लिखता है। टॉपिक भी ख़ुद चुनता है। उस पोएम का या ग़ज़ल का स्ट्रक्चर भी ख़ुद चुनता है, लेकिन फ़िल्मी गीत एक नैरेटिव का हिस्सा होते हैं। एक स्क्रिप्ट है, जिसमें ये तय किया गया है कि यहाँ इस पॉइंट पर ये गाना आएगा। यहाँ ये सिचुएशन है। एक डायरेक्टर या एक स्क्रिप्ट राइटर, सॉन्ग राइटर को सिचुएशन बताता है। एक म्यूज़िक डायरेक्टर होता है। यहाँ फ़िल्मों का रिवाज़ ज़रा उल्टा है, बहुत दिलचस्प है कि अक्सर ट्यून पहले बन जाती है। जब ट्यून बन जाती है, तो शायर से कहा जाता है कि ये सिचुएशन है और ये ट्यून है, अब इस पर गीत लिख दीजिए।

जहाँ तक शायरी का त'अल्लुक़ है, किसी भी वक़्त, किसी भी दौर में बहुत अच्छी शायरी भी हुई है, साथ में बहुत बुरी शायरी भी हुई है। यही फ़िल्मी गीतों का है कि बहुत अच्छे फ़िल्मी गीत भी लिखे गए हैं, बहुत बुरे भी लिखे गए हैं। थोड़ा-सा अफ़सोस ये है कि आजकल बुरे ज़्यादा लिखे जा रहे हैं।

ग़ज़ल में कभी आप कमज़ोर भी हो सकते हैं। कहीं आप सिम्बॉलिज़्म में उम्मीद कर सकते हैं कि जो मायने मैंने नहीं सोचे, वो भी निकल आए, लेकिन नज़्म में ये फ़रेब नहीं चल सकता। नज़्म में शायर का इंटलेक्चुअल क़द साफ़ नप जाता है। ग़ज़ल के लिए जो संभावनाएँ हैं, वो तो अनंत हैं, उनकी कोई हद ही नहीं हैं। और यही वजह है कि उसमें कहीं ख़ौफ़ होता है कि इतनी संभावनाएँ जहाँ मौजूद हों, वहाँ हम कहाँ तक जा पाएँगे। जबकि जो उस्ताद हैं, उन्होंने कैसी-कैसी ग़ज़ल लिखी हैं, उन्होंने क्या कुछ किया है। इतने बड़े काम हुए हैं कि कमाल के काम हुए हैं।

◀ *संगीत कार्यक्रम में जावेद अख़्तर*

117

जो तुलसीदास के साथ हुआ, वही शाह अब्दुल क़ादिर के साथ भी हुआ

ये कहना कि ज़बानें रिलीजन की होती हैं, बिल्कुल तर्कहीन बात है, ये हो ही नहीं सकतीं। भई, पंजाब की ज़बान पंजाबी होगी, बंगाल की ज़बान बांग्ला होगी, गुजरात की ज़बान गुजराती होगी, सिंध की ज़बान सिंधी होगी। इलाक़ों की ज़बान होती है। इटली की ज़बान इटैलियन है। ये पहली दफ़ा हमने सुना कि ज़बान का मज़हब भी होता है। दिल्ली में एक स्कॉलर थे शाह अब्दुल क़ादिर, जिन्होंने सन् 1798 में पहली बार कुरआन का तर्जुमा उर्दू में किया। ये बात लगभग सवा दो सौ साल पहले की है। कुरआन का ट्रांसलेशन सिंधी में उससे 700 साल पहले हो चुका था। जब शाह अब्दुल क़ादिर ने कुरआन का तर्जुमा उर्दू में किया, तो जितने भी उस ज़माने के इमाम थे, सबने उन्हें कुफ़्र का फ़तवा दे दिया कि इस बेशर्म आदमी ने ऐसी मुक़द्दस, ऐसी पवित्र किताब का इस गंदी ज़बान में तर्जुमा किया। 1798 से 50 साल बाद इसी उर्दू के सिर पर टोपी रख दी गई और दाढ़ी चिपका दी गई। ये जो शाह अब्दुल क़ादिर के साथ हुआ, वही तुलसीदास के साथ भी हुआ। तुलसीदास ने शाह अब्दुल क़ादिर से 200-250 साल पहले रामचरित मानस का अकबर के वक़्त अवधी में पुनर्लेखन किया था।

इस बात पर बड़े-बड़े महंत और गुरु विचलित हो चले थे कि रामायण जैसे पवित्र ग्रंथ को इसने अवधी जैसी मामूली भाषा में लिख डाला। तब उनको भी निकाला दे दिया गया था, हुक्का-पानी बंद कर दिया गया था। इसके ऊपर एक चौपाई है, वो मैं आपको सुनाता हूँ, बड़ी दिलचस्प है-

धूत कहौ, अवधूत कहौ, रजपूतु कहौ, जोलहा कहौ कोऊ।
काहू की बेटी सों, बेटा न ब्याहब, काहू की जाति बिगार न सोऊ।
तुलसी सरनाम गुलामु है राम को, जाको, रुचै सो कहै कछु ओऊ।
माँगि कै खैबो, मसीत को सोईबो, लैबो को, एकु न दैबे को दोऊ।।

उर्दू में या अवधी में ये भी बर्दाश्त नहीं फंडामेंटलिस्ट को, बाक़ी बातें तो छोड़ ही दीजिए। आप ये देखिए कि दस करोड़ मुसलमान जो बांग्लादेश में थे, उन्होंने कहा, 'हम उर्दू नहीं पढ़ेंगे, हम बांग्ला पढ़ेंगे'। मेरी मादरी ज़ुबान उर्दू है, लेकिन मैं उनके साथ हूँ। उनको पूरा अधिकार है अपनी मातृभाषा पढ़ने का और उन्हें कोई नहीं मजबूर कर सकता कि वो अपनी मातृभाषा की क़ीमत पर उर्दू पढ़ें। जब दस करोड़ मुसलमानों ने कह दिया कि हमें उर्दू नहीं पढ़नी, हमें बांग्ला पढ़नी है, तो ये बात किस मुँह से कोई कह सकता है कि उर्दू मुसलमानों की ज़ुबान है।

118

फ़िल्मों में आना सोचा-समझा क़दम था लेफ़्टिस्ट राइटर्स का

मुझे लगता है कि जो लेफ़्टिस्ट राइटर्स थे, वो चाहे प्रोज़ राइटर हों या पोएट हों उन्होंने सोचे-समझे तरीक़े से ये तय किया कि ये जो मास मीडिया है सिनेमा, हमें इसके अंदर चले जाना चाहिए। और फ़िल्म के ज़रिए हम अपना जो मैसेज है या जो हमारी वैल्यूज़ हैं, वो हम लोगों तक पहुँचा सकते हैं। एक तरफ़, वो चाहे शैलेंद्र हों, साहिर हों, मजरूह हों, कैफ़ी हों, जाँ निसार अख़्तर हों, दूसरी तरफ कृश्न चंदर, राजिंदर सिंह बेदी, इस्मत चुग़ताई, ये सारे चाहे प्रोज़ राइटर हों या पोएट्री राइटर हों, ये आगे-पीछे 5-6 वर्षों के अंदर ही हिन्दी सिनेमा में गए। और ऐसा नहीं है कि इन्हें आकर सीधा अपने मैसेज या अपनी वैल्यूज़ की बात करने के मौक़े मिले। दरअसल, जब आप कमर्शियल मीडियम में काम करते हैं, तो बहुत वक़्त आपको तरह-तरह के और भी गीत या डायलॉग लिखने होते हैं, कहानियाँ भी लिखनी होती हैं। लेकिन उसके साथ-साथ जब आप ग़ौर से साहिर के, कैफ़ी के, शैलेंद्र के, जाँ निसार अख़्तर के, मजरूह के गाने सुनेंगे, तो आपको कितने ही उनके गीत मिलते हैं, जो अलग तरह की वैल्यूज़ बाँट रहे हैं पॉपुलर सिनेमा में। आपको कितने डायलॉग मिलेंगे, कितने सीन मिलेंगे कृश्न चंदर के लिखे, बेदी के लिखे, इस्मत चुग़ताई के लिखे, ये लोग आपमें क्लास कॉन्शसनेस पैदा कर रहे हैं कि क्या एक्सप्लॉएटेशन है, क्या क्लास स्ट्रगल है, ये सब मेनस्ट्रीम सिनेमा में ये ही लोग ले गए थे। लिहाज़ा, मुझे लगता है कि इत्तेफ़ाक़ नहीं था, बल्कि ये एक पॉपुलर मास मीडिया के ज़रिए अपना पैग़ाम पहुँचाने का एक बहुत ऑर्गेनाइज़्ड, सोचा-समझा क़दम था। साहिर को पढ़ेंगे, तो उनकी नज़्म 'वो सुबह कभी तो आएगी...' तो एक तरह से मेनिफेस्टो है सोशलिज़्म का। शैलेंद्र ने बड़े सरल शब्दों में कैसी-कैसी गहरी बातें कहीं।

इंदरराज आनंद की लिखी एक फ़िल्म का डायलॉग है, जिसमें हीरो सड़क पर चला जा रहा है। वो ग़रीब है, भूखा है। किसी साहब का नोटों से भरा हुआ बटुआ, जो गिर गया है, उसे उठाकर जाता है और साहब से कहता है कि 'साहब! आपका बटुआ गिर गया है।' वो साहब मोतीलाल हैं, तो मोतीलाल वो बटुआ लेते हैं, उसकी (राजकपूर की) हालत देखते हैं, कहते हैं कि 'आओ मेरे साथ चलो।' फाइव स्टार होटल में पार्टी चल रही है, वहाँ ले जाते हैं, तो ये ग़रीब आदमी हैरत से देखता है, कहता है- 'ये कौन लोग हैं?' मोतीलाल कहते हैं- 'ये वो लोग हैं, जिन्हें नोटों से भरे बटुए मिले थे, लेकिन उन्होंने वापस नहीं किए।' तो ये जो सेंसेबिलिटी है, मुझे दुःख है कि वक़्त के साथ वो सेंसेबिलिटी कमर्शियल सिनेमा से - गीतों में भी और डायलॉग्स में भी जा रही है।

काउंसिल ऑफ़ यूरोपियन नेशंस के दौरे पर व्याख़्यान देते हुए *(2019)*

119

सबसे पहले मुझे कृश्न चंदर ने मुतअस्सिर किया

अगर आप एक आदमी से इन्फ्लूएंस हों, तो फिर आप उसकी गूँज बन जाते हैं, उसकी नक़ल बन जाते हैं और आप अगर बहुत सारे लोगों से इन्फ्लूएंस हो जाएँ, तो फिर आप रिसर्च स्कॉलर कहलाते हैं।

इत्तेफ़ाक़ से (क़िस्मत तो मैं नहीं मानता) मैं जिस घर में पैदा हुआ, वो राइटर्स का घर था। मेरी माँ भी राइटर थीं, बाप भी राइटर थे, फिर मेरे मामा बहुत बड़े मशहूर शायर मजाज़ राइटर थे, इन लोगों के जो दोस्त थे, वो भी राइटर थे। 50 और 60 के दशक के जिन बड़े राइटर्स के नाम आप लोगों ने सुने होंगे, उन लोगों को मैं बचपन से पर्सनली जानता था। उनके साथ बैठा-उठा। सारी मैगज़ीन्स आती थीं, किताबें, नॉवल...। 13 साल की उम्र तक मैंने वो किताबें पढ़ ली थीं, जो मैं आधी समझा था, आधी नहीं समझा था। पुश्किन और गोर्की आदि को मैं 13 बरस की उम्र तक पढ़ चुका था, क्योंकि सब पढ़ते थे। बच्चे वो नहीं करते हैं, जो आप कहते हैं कि करो, बच्चे वो करते हैं, जो आप करते हैं। जब बच्चे देखते हैं कि माँ-बाप किताब पढ़ रहे हैं और उसके बारे में बात कर रहे हैं, तो उनके दिल में ख़ुद-ब-ख़ुद किताब के लिए एक आदर पैदा होता है।

ख़ैर, जिन राइटर्स ने टीनएज में मुझे इन्फ्लूएंस किया, वो ज़्यादातर प्रोग्रेसिव राइटर थे। सबसे पहले मुझे कृश्न चंदर ने मुतअस्सिर किया था। आमतौर पर प्रोज़ की किताब खोलते हैं, तो पहले पेज पर एक शे'र लिखा होता है। मेरी अपनी ज़िन्दगी में पोएट्री की पहली किताब जो 'तरकश' छपी, वो जब खोलते हैं, तो पहले पेज पर एक प्रोज़ का टुकड़ा है, जो कृश्न चंदर का है। उनकी राइटिंग ने मुझे बहुत इन्फ्लूएंस किया। लेकिन एक अच्छी बात है कि अगर आप एक आदमी से इन्फ्लूएंस हों, तो फिर आप उसकी गूँज बन जाते हैं, उसकी नक़ल बन जाते हैं और आप अगर बहुत सारे लोगों से इन्फ्लूएंस हो जाएँ, तो फिर आप रिसर्च स्कॉलर कहलाते हैं। मैं बहुत-से लोगों से इम्प्रेस हुआ। मैं कॉलेज-यूनिवर्सिटीज़ में जाता हूँ, तो कहता हूँ कि पढ़ो, क्लासिकल साहित्य पढ़ना बहुत ज़रूरी है, लेकिन उसके साथ लाइट साहित्य भी पढ़ो। उसके साथ रेलवे स्टेशन पर जो नॉवेल्स मिलते हैं पेपरबैक्स, वो भी पढ़ो। थ्रिलर्स भी पढ़ो, मिल्स एंड बून भी पढ़ो, हर तरह का साहित्य पढ़ो। सिर्फ़ हैवी साहित्य ही पढ़ोगे, तो तुम ड्राय भी हो सकते हो।

120

गीत लिखना है तो याद रखिए कि हर आवाज़ का विज़ुअल असर होता है

किसी चीज़ को दिलचस्प बनाने के लिए पहले ख़ुद आपकी उसमें दिलचस्पी होना चहिए। अगर आप ख़ुद अपने काम में पूरी तरह शामिल नहीं होंगे तो आप दूसरों को उसमें क्या शामिल करेंगे? लेकिन अगर आप ख़ुद अपने काम में पूरी तरह शामिल हैं, तो दूसरे भी ज़रूर उसमें शामिल होंगे।

बड़ा शायर होना इतना ज़रूरी नहीं जितना कि हरफ़नमौला होना, और संगीत पर कैसे लिखा जाए, ये आना भी बहुत ज़रूरी है। अगर आप तर्ज़ पर लिख रहे हैं तो आपको आम छन्दों में नहीं, अजीब-ओ- ग़रीब छन्दों में काम करना पड़ेगा। इसके अलावा आपको मोहब्बत के गीत लिखने पड़ेंगे, लोरी लिखनी पड़ेगी, भजन लिखना पड़ेगा, क़व्वाली लिखना पड़ेगी, लावारिस बच्चों के गाने लिखना पड़ेंगे, कैबरे गाने, ग़मगीन गाने और गाँव वालों के गाने लिखना पड़ेंगे। आपको हर तरह के किरदार के लिए लिखना पड़ेगा। आपका शब्द भंडार बहुत बड़ा होना बहुत ज़रूरी है, जिससे कि आपके गानों के अल्फ़ाज़ मुख़्तलिफ़ किरदारों के माफ़िक बन सकें।

अल्फ़ाज़ के मानी की काफ़ी अहमियत होती है, लेकिन उनकी आवाज़ की एहमियत भी कम नहीं है। आख़िरकार गाना गाए जाने के लिए ही तो लिखा जाता है। इसलिए उसको सुनने में अच्छा तो लगना ही चाहिए। अल्फ़ाज़ में संगीतात्मकता होना ही चाहिए। अगर आप संगीत में दिलचस्पी रखते हैं तो ये तो अपने आप ही होता है। आप महसूस करते हैं कि फलाँ लफ़्ज़, फलाँ तर्ज़ पर सुनने में अच्छा नहीं लग रहा, बातचीत जैसा लग रहा है, उतना संगीतमय नहीं है जितना होना चाहिए, सुरों के साथ घुलमिल नहीं रहा। जो बात मैं कहने जा रहा हूँ वो आपको अजीब लग सकती है, लेकिन हर आवाज़ का कुछ-न-कुछ विज़ुअल असर होता है। अगर आप 'ज' को लें तो 'ज' में एक चमक है जो बहुत सफ़ेद है जबकि 'च' में भी चमक है लेकिन वो न जाने कैसे पीली या सुनहरी है। 'ट' ऐसा लगता है जैसे आपने ठोस ज़मीन पर कोई गेंद फेंकी हो। लेकिन अगर आप गीली ज़मीन पर गेंद फेंके तो आपको 'थ' आवाज़ मिलेगी। अगर आप लकड़ी की खोखली दीवार पर गेंद मारें तो 'ढ' आवाज़ निकलेगी। आवाज़ें आपके ज़ेहन में अलग-अलग तस्वीरें बनाती हैं, मसलन 'ध' चिपचिपी आवाज़ है, 'घ' सघन आवाज़ है, 'ग' साफ़ आवाज़ है।

आज हम ऐसी चीज़ों के ज़माने में जी रहे हैं, जिन्हें हम इस्तेमाल करके फेंक देते हैं। संगीत समेत ज़्यादातर चीज़ों का आज यही हश्र होता है। चुनांचे आज के संगीत में हमें ज़्यादा देर तक दिलचस्पी नहीं रहती, क्योंकि उसमें टिके रहने की कुव्वत ही नहीं है। वो आती है, आपका मनोरंजन करती है (मेरा तो नहीं करती) और ग़ायब हो जाती है। वो आपके दिल में गहरे नहीं उतरती, क्योंकि गहरे उतरने का उसे वक़्त ही नहीं मिलता। आज के गानों का 'टेम्पो' ही इतना तेज़ है कि ऐसा संभव ही

नहीं हो पाता। अगर तर्ज़ अल्फ़ाज़ को काफ़ी जगह ही नहीं देगी, अगर तर्ज़ आपको सोचने का मौक़ा ही नहीं देगी कि 'अरे, तो गाना ये कह रहा है'! तो वो गाना ज़्यादा देर तक आपके साथ नहीं रहेगा। ये हक़ीक़तें है। मैं वाकई यह नहीं जानता कि मुझे कब तक गीत लिखने में इतना मज़ा आता रहेगा। जैसे ही मुझे इस काम में मज़ा आना बंद हो जाएगा, वैसे ही मैं कोई दूसरा काम करने लगूँगा। मैं तब तक ही गीत लिखूँगा, जब तक कि मुझे लगेगा इस काम में चुनौती है, कुछ करके दिखाना है। अगर आपको एक ही क्षेत्र में काम करना है तो फिर अपनी मंज़िल आगे ही सरकाते रहना चाहिए। जैसे ही आपको ये लगने लगेगा कि आपको अपनी मंज़िल मिल गई है, वैसे ही सब कुछ ख़त्म हो जाएगा।

अगर आपको एक ही क्षेत्र में काम करना है तो फिर अपनी मंज़िल आगे ही सरकाते रहना चाहिए। जैसे ही आपको ये लगने लगेगा कि आपको अपनी मंज़िल मिल गई है, वैसे ही सब कुछ ख़त्म हो जाएगा।

121

वॉकेबुलरी ज़बान है ही नहीं, ग्रामर है ज़बान

ज़बान में नए-नए अल्फ़ाज़ शामिल हो रहे हैं, ये कोई नई बात नहीं। मेरे ख़याल से जिस दिन ज़बान बनती है, उसी दिन से ये काम शुरू हो जाता है। मोहम्मद हुसैन आज़ाद साहब ने 'आबे हयात' में इसका काफ़ी ज़िक्र किया है कि हमारी ज़बान में कहाँ-कहाँ के अल्फ़ाज़ हैं। मैं अपनी बात यहीं से शुरू करता हूँ और आपको छोटे-से कुछ जुमले सुनाता हूँ। ये एक आम हिन्दुस्तानी ज़बान है, जो हम बोलते हैं- 'एक मकान के एक कमरे में एक गोरा-चिट्टा आदमी और एक नन्हा-मुन्ना बच्चा नाश्ता करने के लिए बैठे। नाश्ता करने से पहले नहा लिए एक बाल्टी पानी से। उसके बाद बावर्ची नाश्ता लाया। नाश्ते में उड़द की दाल और टोस्ट था। बाद में वो आदमी उठा, चिक हटाई, संदूक खोला, उसमें से एक पिस्तौल निकाली। दीवार पर टंगी बंदूक ली और चला गया। बच्चा विवश होकर देखता रहा।'

अब देखते हैं- मकान - अरबी, कमरा - इटैलियन, बाल्टी - पुर्तगीज़, चिट्टा - पंजाबी, नन्हा - गुजराती, बच्चा - पर्शियन, उड़द - तमिल, टोस्ट - अँग्रेज़ी, चिक - टर्किश, संदूक - टर्किश, पिस्तौल - इंग्लिश, दीवार - पारसी, बंदूक - टर्किश और विवश - संस्कृत है।
मैंने ये भी सुना है कि 'सालारे जमात मिसरा-ए-ऊला की न ग़मासंजी में मसरूफ़ है, तावक़्त-ए-दीगर अस्हाबे जमाअत जमात मिसरा-ए-सानी के बक़िया अर्कान की अदाएगी कर रहे हैं।' जिसका मतलब ये है कि- 'लीड वॉइस फ़र्स्ट लाइन गा रही है, कोरस सेकंड लाइन गा रहा है।' मैंने ये भी सुना है कि- 'एक पके माटी के पात्र में दुग्ध-शर्करा युक्त ज़रा कंदरा उपजित ऊष्ण पेय प्रदान करो।' इसका मतलब- 'एक प्याली चाय दे दो।'

लैंग्वेज को लेकर हम हिन्दी और उर्दू वालों का रवैया कुछ और है और अँग्रेज़ी वालों का रवैया कुछ और है। वो हर बार ये फ़ख्र से बताते हैं कि इस बार हमने जो डिक्शनरी छापी है, उसमें 60 लफ़्ज़ बढ़ाए हैं। हम इस बात पर फ़ख्र करते हैं कि पिछले दिनों 200 लफ़्ज़ हमने निकाल दिए, 100 और निकालने वाले हैं। अब ये बताइए कि इसमें प्योरिटी का मक़सद क्या है, प्योरिटी किस चीज़ की? ज़बान होती क्या है, क्या ज़बान अपनी स्क्रिप्ट है। अगर ज़बान स्क्रिप्ट है, तो फिर यूरोप की सारी ज़बानें एक हैं, क्योंकि उन्होंने लैटिन ही स्क्रिप्ट ली है। पंजाबी तीन स्क्रिप्ट में लिखी जाती है। पंजाबी गुरुमुखी में भी लिखी जाती है, देवनागरी में भी लिखी जाती है और फारसी रस्मुलख़त में भी लिखी जाती है। मगर पंजाबी तो पंजाबी ही रहती है। दरअसल, ग्रामर होती है ज़बान। ज़बान अपनी स्क्रिप्ट नहीं होती, ज़बान अपनी वॉकेबुलरी भी नहीं होती। आप लफ़्ज़ कहीं से भी ले सकते हैं। ज़बान अपना ग्रामर और सिंटैक्स होती है। अब ये देखिए कि उर्दू का सिंटैक्स क्या है। उर्दू का सिंटैक्स खड़ी बोली है। इसी तरह खड़ी बोली जो संस्कृत की स्क्रिप्ट थी, वो हो गई देवनागरी। लिहाज़ा, एक्चुअली दोनों ज़बानों का सिंटैक्स एक ही है। इसलिए अपनी वॉकेबुलरी में नए लफ़्ज़ लाने से डरने की ज़रूरत नहीं है, क्योंकि वॉकेबुलरी ज़बान है ही नहीं। ज़बान तो सिंटैक्स है। जब तक हमारी सिंटैक्स सलामत है, तब तक सब ठीक है।

हुआ ये है कि वॉकेबुलरी सिमट रही है समाज में। हम लोगों की नज़र में लैंग्वेज की कोई इम्पॉर्टेंस ही नहीं है। हम ये नहीं समझते कि ज़बान सिर्फ़ कम्युनिकेशन के लिए ही नहीं, ज़बान से ही हमारी आइडेंटिटी है। आप कितने भी मज़हबी हों, 24 घंटे में से 15 मिनट ही लगाते होंगे अपने मज़हब पर, बाक़ी वक़्त तो आप ज़बान के साथ ही होते हैं। मैं तो यही कहूँगा कि जो इम्पॉर्टेंस लोग रिलीजन को देते हैं, वो ग़लत है और जो ज़बान को महत्व नहीं देते, वो बहुत अनफ़ेयर है। लोगों को अपनी ज़बानों से मोहब्बत होनी चाहिए, मज़हब से थोड़ी मोहब्बत कम भी कर लेंगे, तो भी अच्छा रहेगा।

122

आर्ट आपके इमोशन हैं और क्राफ़्ट मैथेमैटिक्स

कोई भी जो आर्ट फ़ॉर्म है, उसमें दो चीज़ें होती हैं। एक तो उसमें प्योर आर्ट है और एक चीज़ उसमें होती है क्राफ़्ट। ये दोनों विरोधाभासी चीज़ें हैं एक तरह से, एक-दूसरे के ख़िलाफ़ हैं पूरी तरह से। आर्ट का मतलब है कि आप डूब जाएँ, आपकी फ़ैंटेसी, आपके इमोशन, आपके सपने, आपकी एस्परेशन, जहाँ खो गए आप। क्राफ़्ट जो है, वो बिल्कुल कैल्क्युलेशन है, टोटल मैथेमैटिक्स है, जो पायथागोरस ने कहा था तीन हज़ार साल पहले कि 'एट वन लेवल म्यूज़िक इज़ प्योर मैथेमैटिक्स', बिल्कुल सही कहा है। वही पोएट्री के बारे में है, वही आर्ट में है, उसके पीछे परफ़ेक्ट ज्योमेट्री चलती है। हर चीज़ के पीछे एक क्राफ़्ट है, फुलप्रूफ़ क्राफ़्ट। वो क्राफ़्ट सीखना ज़रूरी है। अगर आप पोएट्री करना चाहते हैं, तो ख़ूब पोएट्री पढ़िए और हर तरह की पोएट्री पढ़िए। आप मीरा को भी पढ़िए, कबीर को भी पढ़िए, ग़ालिब को भी पढ़िए, मीर को भी पढ़िए, नीरज को भी पढ़िए, साहिर को भी पढ़िए और आज के जो यंग पोएट्स हैं, उनको भी पढ़िए, प्रोग्रेसिव राइटर्स को पढ़िए, क्लासिकल पोएट्री पढ़िए। अगर आपने सिर्फ़ फ़िल्मी गाने सुनकर पोएट्री लिखना शुरू कर दी, तो बात नहीं बनेगी। आप किसी भी आर्ट फ़ॉर्म में जाते हैं, तो उसके लिए आउटपुट से पहले इनटेक ज़रूरी है और जितना इनटेक हो, उतना ही अच्छा।

◂ अपनी स्टडी में जावेद अख़्तर

123

हमारी सभ्यता एक महासागर है, इसमें डूबकर ही पार हुआ जाता है

2018 में बनारस की संकट मोचन मंदिर समिति ने जावेद अख़्तर को 'शांति दूत' अवॉर्ड से सम्मानित किया था। इस अवसर पर दिए गए जावेद अख़्तर के भाषण के अंश।

ऐसा बहुत कम होता है, लेकिन आज हो रहा है। मैं लेखक हूँ, हमारा तो काम ही शब्दों का है और शब्दों ही से सारे काम चलाते हैं। कभी-कभी ऐसा होता है कि शब्द कम पड़ जाते हैं और ऐसा लगता है कि जो बात दिल में है, वो शब्दों में आ नहीं पाई। मैं जब यहाँ आ रहा था तो मैंने एक-दो बार सोचने की कोशिश की कि मैं वहाँ जाऊँगा तो कहूँगा क्या? फिर एक ही बात समझ में आई कि ये बात सोचने की नहीं है, ये बात महसूस करने की है और मैंने सोचना बंद कर दिया। बस इतना फ़ैसला किया कि वहाँ जब आप लोगों के सामने होऊँगा, तब जो मन में आएगा बस वही कहूँगा। तो मैं कुछ सोचकर नहीं आया। यहाँ मुझे जब ये मैसेज मिला कि हम आपको शांति-दूत का ऑनर देने वाले हैं, तो मुझे ऐसा लगा कि मैं तो इस क़ाबिल नहीं हूँ। शांति-दूत तो ये मंदिर है। शांति-दूत तो वीर भद्र जी हैं। कुछ लोग होते हैं जिन्हें ये बताने की ज़रूरत नहीं होती कि वो कितने महान हैं। उनके चारों तरफ़ एक उजाला-सा होता है। मैंने महंत जी के चारों तरफ़ वो उजाला देखा, जब चलते थे तो एक औरा उनके साथ होता था। ऐसा लगता था कि इस विद्वान में सिर्फ़ नेकी है, सिर्फ़ करुणा है, सिर्फ़ प्यार है। उन्होंने जो कुछ किया अगर उसका सौवां हिस्सा भी हम लोगों के मन में पैदा हो जाए तो ये दुनिया स्वर्ग बन जाएगी। मैंने अपनी ज़िन्दगी में बहुत कम लोगों के पैर छुए हैं और बहुत कम लोगों के पैर छूता हूँ। वो एक ऐसे इंसान थे, जिनके पैर मैं हमेशा छूता था।

यहाँ ये जो संगीत सम्मलेन है, यहाँ जो लोग आते हैं, ये है असली भारत, यही है सच्चा हिन्दुस्तान। ये जो हमारा देश, हमारी संस्कृति, हमारी सभ्यता है वो एक महासागर है। ये वो दरिया है जिसमें डूबकर ही पार हुआ जाता है। ये जो एक-दूसरे से रिश्ता है, जो मोहब्बत है, ना उसमें ज़बान आती है, ना भाषा आती है, ना जात आती है, ना पात आती है, ना कम्युनिटी आती है, ना धर्म आता है। कुछ नहीं, सिर्फ़ सच्ची श्रद्धा आती है।

एक छोटा संगीतकार जब एक बड़े संगीतकार के पैर छूता है, तब करुणा और प्रेम के साथ बड़ा संगीतकार छोटे संगीतकार को आशीर्वाद देता है कि वह फले-फूले, बहुत ऊपर जाए। हमारी जो

टहनियाँ हैं वो ऊपर जाएँ, लेकिन जितना हम ऊपर फैलेंगे, उतना ही हमारी जड़ें अगर धरती में नहीं जातीं तो पेड़ गिर जाएगा। बड़ा पेड़ वही है, जो ऊपर - बहुत ऊपर तक हो लेकिन नीचे, बहुत अन्दर तक भी हो। हमें भी अपनी परम्पराओं से, अपनी संस्कृति से, अपने इतिहास से प्यार करना है। और इतिहास दो तरह के हैं। एक इतिहास वो है, जो नफ़रत सिखाता है और एक इतिहास वो है, जो प्रेम सिखाता है। हमें वो इतिहास याद करना होगा- जहाँ प्रेम है, जहाँ एकता है, जहाँ लोगों ने मिलकर काम किया है। जहाँ इस देश के संगीत में, कला में, नृत्य में, साहित्य में, आर्किटेक्चर में, एक होकर काम किया गया है, वही असली संस्कृति है, वही असली भारत है, उसी का नाम है- हिन्दुस्तान। हमें उसी हिन्दुस्तान की रक्षा करनी है। हमें उस संस्कृति की, उस परम्परा की रक्षा करनी है, जो हमें एकता और प्यार के साथ अपनी धरती से मोहब्बत करना सिखाती है। आपके ही शहर के बहुत बड़े शायर थे, नज़ीर बनारसी। मैं जब यहाँ आ रहा था तो उन्हें पढ़ रहा था। उन्होंने बहुत ख़ूबसूरत कविता लिखी है- 'गंगा के तीन रूप' जब मैं पहली बार तुलसीघाट पर गया था, मुझे उन्हीं का शेर याद आया।

उन्होंने कहा था -

ये घाट तुलसी के नाम का है, यहीं वो करते थे जाप देखो
जहाँ पर गंगा वहीं पर तुलसी, पवित्रता का मिलाप देखो

हर लेवल पर यही होना चाहिए। प्रेम पवित्र है और नफ़रत अपवित्र है। दोस्ती पवित्र है और दुश्मनी अपवित्र है। मैं तो यही चाहूँगा कि जो पवित्रता हमारी सभ्यता में है, उसी को हम उजागर करें। यही सच्चा हिन्दुस्तानी होने का मतलब है कि अपने हिन्दुस्तान की परम्परा से, कला से, अपने शहरों से, अपनी नदियों से, अपनी माइथोलॉजी से, अपने व्यंजन से प्रेम करें। आज यहाँ आया हूँ और आपका बहुत उपकार है कि आपने मुझे याद किया। ये बहुत इज़्ज़त की बात है कि यहाँ मुझे शांति-दूत कहा गया। मुझे बड़े अवॉर्ड मिले हैं, लेकिन मैं समझता हूँ कि यहाँ बुलाकर ये जो अवॉर्ड मुझे आपने दिया है, इससे बड़ा अवॉर्ड कोई नहीं हो सकता।

बनारस के प्रसिद्ध संकट मोचन मंदिर का शांतिदूत अवॉर्ड लेते हुए (2018)

फोटो: जावेद अख़्तर

गुफ़्तगू [जावेद अख़्तर के साथ अरविंद मण्डलोई]

जहाँ आप पहुँच गए हैं, वो मंज़िल नहीं हो सकती है; मंज़िल थोड़ी आगे है और वो जब तक थोड़ी आगे है, तब तक आप ज़िन्दा हैं

जावेद साहब, ये बताइए कि ज़िन्दगी क्या है?

देखिए, ज़िन्दगी जो है वो नहीं होने और फिर नहीं होने के बीच होने का एक छोटा-सा इंटरवल है, जिसमें एक बुलबुले को सुनने, देखने, सोचने, चखने, छूने की सलाहियत मिल जाती है। फिर वो बुलबुला फूट जाता है और ख़त्म हो जाता है, लेकिन ये जो बीच का गैप है इसमें एक अजीब बात होती है कि जैसे ही आप जन्म लेते हैं, आपको एक क्लब की मेम्बरशिप मिल जाती है। ये परमानेंट नहीं है, टेंपरेरी है। ये क्लब है इंसानी समाज। इसमें आपसे पहले भी बहुत से बुलबुले बने हैं और फूटे हैं। लोग आए हैं और चले गए हैं, लेकिन जिन लोगों ने इस क्लब में कुछ-न-कुछ कॉन्ट्रीब्यूट किया है, वही लोग काम के थे। किसी ने बिजली ईजाद की, किसी ने मोटर और रेलगाड़ी बनाई, हवाईजहाज़ बनाए, किसी ने रेडियो बनाया, टेलीविज़न बनाया, टेलीफ़ोन बनाया। तरह-तरह की ईजादें हुईं। कपड़े बुने गए। मकान बनाए गए। हमने तो ये सब किया नहीं, ये कोई और लोग थे जो हमसे पहले थे, जिन्होंने किया, जिसकी वजह से हमको म्यूज़िक भी सुनने को मिलती है और ख़ाना भी ख़ाने को मिलता है और सड़कों पर चलने को मिलता है, वग़ैरह-वग़ैरह।

हमें ज़िन्दगी में जो सहूलियतें मिली हैं, वो हमसे पहले आए हुए लोगों ने इस क्लब में पैदा की हैं, तो हमारा कर्तव्य बनता है कि हमें जो ये इस क्लब की टेम्परेरी मेंम्बरशिप मिल गई है, उसमें ऐसा न करें कि जो पहले की चीज़ें थीं, उनमें गड़बड़ हो। और अगर हो सके तो इससे पहले कि हमारी मेम्बरशिप ख़त्म हो जाए, हम भी कुछ उस क्लब में एक नई चीज़ ऐसी डाल कर चले जाएँ, जिससे आने वाले मेम्बर्स को आराम हो जाए। बस, ये है ज़िन्दगी।

आपकी अब तक की जो ज़िन्दगी है, तो उसमें जो चाहा क्या वो हासिल हुआ, और शायरी, स्क्रिप्ट या बाक़ी चीज़ों के ज़रिए आप जो करना चाहते थे, वो सब आपने कर लिया है, या अभी कुछ बाक़ी है?

जिस दिन बाक़ी न रहे, उस दिन ज़िन्दगी ही बाक़ी नहीं रहेगी। देखिए मेरा एक शे'र है कि- सबका ख़ुशी से फ़ासला एक क़दम है/हर घर में बस एक ही कमरा कम है। तो ये घर जो है सिर्फ़ मकान को न समझिए। वो आपकी चाहे शायरी हो, आपकी पेंटिंग हो या आपकी समाज की सेवा हो या कोई भी काम हो या जो आप लिखते हैं या सुनते हैं, जो काम करते हैं, कोई-सा भी काम हो, उसमें हमेशा एक कमरा कम रहेगा। लगेगा, बस एक कमरा और हो जाए, तो बात मुकम्मल हो जाए। लेकिन जब वो कमरा हो जाता है, तो फिर एक कमरा और चाहिए। और ये कमरा सिर्फ़ अपने लिए नहीं है, ये आपकी आर्ट के लिए हो सकता है, आपकी कला के लिए हो सकता है, आपकी समाज सेवा के लिए हो सकता है, दुनिया को बेहतर देखने के लिए हो सकता है, समाज को बेहतर देखने के लिए हो सकता है। तो जब तक कि आपको एक कमरे की कमी महसूस हो रही है और कमरा बनाना चाहते हैं आप, तब तक आप ज़िन्दा हैं। जिस दिन सब मुकम्मल हो गया, तो फिर क्या बचा, ज़िन्दगी ख़त्म हो गई, मुकम्मल हो गई।

नहीं, मेरा सवाल था कि क्या आपको लगता है कि जो सफ़र करना चाहिए था, वो बिल्कुल ठीक है और उसको यहाँ तक ही पहुँचना चाहिए था?

यही मैं आपसे कह रहा हूँ कि जिस दिन मैं ये सोच लूँ कि मैं वहाँ पहुँच गया हूँ, जहाँ मुझे पहुँच जाना चाहिए था, तो उस दिन तो ज़िन्दगी ख़त्म हो गई। चलिए, इसी बात पर मैं एक दूसरा शे'र

फोटो: जावेद अख़्तर

सुनाता हूँ- हमारे शौक़ की इंतेहा थी/क़दम रक्खा कि मंज़िल रास्ता थी। जब तक मंज़िलें रास्ता बन रही हैं, आप ज़िन्दा हैं। जहाँ आप पहुँच गए हैं, वो मंज़िल नहीं हो सकती है। मंज़िल थोड़ी आगे है और वो जब तक थोड़ी आगे है, तब तक आप ज़िन्दा हैं, तब तक आप चल रहे हैं, तब तक आप बढ़ रहे हैं। और अगर आपको लगा कि हम तो पहुँच गए, जहाँ हमें पहुँचना था, तो फिर ख़त्म हो गए आप।

कोई ऐसी याद जिसे आप चाहेंगे कि ज़िन्दगी में एक बार और होना चाहिए?

ज़िन्दगी में कोई भी चीज़ दोबारा होती नहीं है, लेकिन मैं तो आपको ये बताऊँ कि ऐसी कुछ यादें हैं, जिनके बारे में मैं सोचता हूँ कि ये ज़िन्दगी में दोबारा न हों, तो अच्छा। मैंने एक मर्तबा अलीगढ़ से शायद, तब मैं 13 या 14 साल का था, थर्ड क्लास कम्पार्टमेंट में मुम्बई आने का सफ़र किया था। वो सफ़र मैं कभी भूल नहीं सकता, इसलिए कि वो शायद ढाई दिन का सफ़र था। उस ढाई दिन के सफ़र में मुझे कहीं बैठने की भी जगह नहीं मिल रही थी और मेरी कैसी हालत थी, वो मुझे याद है। वो थकान मुझे आज तक याद है, मतलब कि थर्ड क्लास कम्पार्टमेंट भरा हुआ है, नींद से जिस्म टूट रहा है, लेकिन कहीं भी दीवार से टिक के भी खड़े होने की जगह नहीं। तो मैं कभी-कभी जब फाइव स्टार होटल के बड़े-से बेड पर अकेला लेटा हुआ होता हूँ तो मैं सोचता हूँ कि इतना बड़ा बेड तो क्या, सामने वो छोटा-सा सोफा पड़ा है, यार उतनी जगह उस दिन मिल गई होती। मुझे कुछ रातें याद हैं कि जब मैं कई दिन का भूखा था और भूख के मारे रात को नींद नहीं आ रही थी। मुझे उनमें से एक रात ख़ासतौर से याद है कि मुझे कितनी भूख लग रही थी और मेरी समझ में नहीं आ रहा था कि मैं क्या करूँ, तो उठकर इधर-उधर सड़क पर घूमने लगा। रात के वक़्त, रात को दस-साढ़े दस बजे पता नहीं किस उम्मीद पर घूमने लगा। मुझे लग रहा था कि कहाँ से मुझे ख़ाने को मिल जाएगा, लेकिन घूम मैं इसीलिए रहा था कि मैं भूखा था। अब कभी नाश्ते या दोपहर के ख़ाने पर मैं बैठता हूँ, और मैं जब वो ख़ाना देखता हूँ, तो अक्सर मुझे वो रात याद आती है। इस ख़ाने को मैं देखकर इतना शुक्र अदा करता हूँ अपने दिल में और जब मैं आराम से लेटता हूँ तो इतना शुक्र अदा करता हूँ। मैं नाश्ता करता हूँ तो हर बार मुझे ख़याल आता है कि बरसों नाश्ते का तो मुझे कोई ख़याल ही नहीं था कि नाश्ता क्या है, वो तो उठ कर सोचता था कि कहाँ ख़ाने को मिल जाए। दोपहर में मिल जाए तो बड़ी बात है। सुबह जब ट्रे में नाश्ते को देखता हूँ तो अक्सर दिल में डर भी लगता है और ख़ुशनसीबी का ख़याल होता है। मैं ऐसा नहीं समझता हूँ कि मुझमें इतने गुण हैं कि मुझे ये सब कुछ मिल गया। मैं कभी-कभी अपनी कार में बैठा रहता हूँ, सड़क पर जा रही होती है गाड़ी। और वो भारी ट्रैफिक का समय होता है, जब लोग दफ़्तरों से निकल रहे होते हैं। फुटपाथ पर लोग ही लोग होते हैं मुम्बई में। तो मैं उन लोगों को देखता हूँ कि जो अभी जाकर लोकल ट्रेन में बैठेंगे, जिन पर मैं भी कभी सफ़र करता था या बस की लंबी लाइन में खड़े होंगे, तो उन लोगों को मैं देखकर सोचता हूँ कि क्या मैं इन सबसे ज़्यादा अक़्लमंद हूँ, मैं इन सबसे ज़्यादा टैलेंटेड हूँ, जो एयर कंडीशन कार में बैठा हूँ और ये फुटपाथ पर पैदल चल रहे हैं, क्या ये सब मुझसे कमतर हैं, क्या इनको इतनी अक़्ल नहीं जितनी मुझे है, क्या इनमें इतना टैलेंट नहीं है, जितना मुझमें है, लेकिन नहीं, ऐसा नहीं है। कभी-कभी पत्ते सही बँट जाते हैं, और आपका खेल भी है। आप अच्छा खेलते हैं, बुरा खेलते हैं उसका भी दखल है, लेकिन अगर ख़राब पत्ते

फोटो: जावेद अख़्तर

होंगे, तो कैसे अच्छा खेलोगे भाई? पत्ते भी अच्छे चाहिए होते हैं ना। तो ना जाने कितने लोग हैं, जो अच्छा खेल सकते हैं, लेकिन उन्हें पत्ते अच्छे नहीं बँटे, तो उनके बारे में हम ये सोचें कि हम उनसे अच्छे खिलाड़ी हैं, ये ग़लत बात होगी।

आप किन लोगों को याद करना चाहेंगे, जिनको लेकर आपको लगता है कि वो आपकी ज़िन्दगी के अहम किरदार रहे हैं?

देखिए, अगर आप ज़िन्दगी को ध्यान से देखेंगे, तो आपकी ज़िन्दगी में कोई ऐसा किरदार आया ही नहीं है, जो अहम नहीं हो, सच बात तो ये है कि जो हम ऐसा देखते हैं ज़िन्दगी को एक स्क्रीनप्ले बना लेते हैं, सीन बना लेते हैं। सीन नंबर 1 से लेकर सीन नंबर 100 तक हो गए। अब आपने सोचा कि वो सीन नंबर 63 जो है, वो बहुत इम्पॉर्टेंट नहीं था, उसमें ऐसी कोई ख़ास बात नहीं है। सीन नंबर 63 कहानी में से निकाल दो। जब आपको जो सीन सबसे कम अहम लग रहा है, आपने उसे निकाल दिया, तो मालूम हुआ कि उसकी वजह से तो सीन नंबर 75 भी चला गया, जो बहुत अच्छा था। इसलिए कि वहीं से तो कनेक्शन बना था सीन नंबर 75 का। ये ज़िन्दगी ऐसी गुँथी हुई है कि अगर जो आपका आज है उससे ख़ुश हैं, तो पीछे कोई शिकायत करने का अधिकार नहीं बनता आपको। इसलिए कि जो ग़म थे, जो दु:ख थे, जो नाकामी थी, जो हार थी, अगर उनमें से कोई भी एक चीज़ कम होती तो आप वहाँ नहीं होते, जहाँ आप आज हैं। आपकी कहानी कहीं और चली जाती। हर आदमी की ज़िन्दगी में सुख भी हैं, दु:ख भी हैं, अच्छे लोग भी आते हैं, बुरे लोग भी आते हैं। वो लोग भी आते हैं, जो मदद करते हैं, वो लोग भी आते हैं, जो नुक़सान कर देते हैं, लेकिन वो सब जो हैं, वो बराबर के इम्पॉर्टेंट हैं। आपकी कहानी जो भी है, वो इन कैरेक्टर्स के बिना बन नहीं सकती थी।

आपने जो अपनी फ़िल्मों के किरदार रचे, वो किस हद तक आपकी निजी ज़िन्दगी से तअल्लुक़ रखते थे?

देखिए, बहुत सारी तो ऐसी स्क्रिप्ट्स हैं, जो मैंने अकेले नहीं की हैं। सलीम साहब और मैंने मिल कर की हैं, तो दोनों ही की ज़िन्दगी से प्रभावित होंगी। लेकिन आप लिख तो वही सकते हैं, जो आप जानते हैं। आप लिख तो वही सकते हैं, जो आपके संस्कार के हिसाब से अच्छा या बुरा हो। अगर आप बुरा किसी को दिखाएँगे, तो जो आपके संस्कार जिस बात को बुरा कहते हैं, वही दिखाएँगे। आप अगर किसी को अच्छा दिखाने की कोशिश करेंगे, तो आपके संस्कार जिस बात को अच्छा कहते हैं, वही दिखाएँगे। तो आप चाहे देव और परी की कहानी बनाएँ, चाहे आज के शहर के किसी सच्चे इंसान की कहानी बनाएँ, कहानी में आप तो ज़रूर होंगे। इसलिए कि आपकी ज़िन्दगी के वाक़यात हों, हादसे हों, नहीं हों, लेकिन जो आपकी समझ है, जो आपकी पहचान है अच्छे और बुरे की, जो आपका टेस्ट है, जो आपको ख़ूबसूरत लगता है और जो बदसूरत लगता है, जो चीज़ भली लगती है और जो चीज़ बुरी लगती है, वो तो आप ही तय करेंगे कि क्या अच्छा, क्या बुरा। तो कहीं-न-कहीं आपके संस्कार, आपकी सोच, आपके विश्वास, आपका ज़िन्दगी को देखने का अंदाज़ उस देव और परी की कहानी में भी आ जाएगा। तो हर कहानी में उसका जो लेखक है, वो तो होता ही है।

125

हम हिन्दुस्तानियों में ये ख़ूबी है कि हम में टॉलरेंस है

लोकसभा चुनाव 2019 में मतदान करने के बाद शबाना आज़मी और जावेद अख़्तर

कभी-कभी जो विषय होते हैं, उन पर लोग एक्स्ट्रीम स्टैंड लेते हैं और एक्स्ट्रीम स्टैंड कभी सही नहीं होता। नेशनलिज़्म एक स्वाभाविक बात है कि जिस तरह आपको अपने शहर से, अपने मोहल्ले से, अपने घर से, अपनी भाषा से प्यार होता है, तो जिस देश में आप पैदा हुए हैं, ये हो कैसे सकता है कि उससे प्यार न हो आपको। अब आप इसे पेट्रिऑटिज़्म कहें या नेशनलिज़्म कहें या देशप्रेम कहें, आप जो चाहे टाइटल रख लीजिए। लेकिन एक चीज़ है जिसे आप देशप्रेम कहते हैं, वो है और वो उतना ही नेचुरल है जितना कि आपको अपने शहर से प्यार है, जितना कि आपको अपनी फ़ैमिली से प्यार हो, अपने परिवार से प्यार हो।

देश में बहुत-सी ऐसी जगहें हैं, जहाँ मैं कभी गया भी नहीं, लेकिन उन जगहों के लोगों की सफलता देखकर तो मुझे ख़ुशी होती है। ये ख़ुशी क्यों होती है, मेरा क्या रिश्ता है उनसे। मेरा रिश्ता ये है कि हम एक देश के हैं। लिहाज़ा इस नेचुरल इमोशन को आप ये नहीं कह सकते कि ये ऑब्सोलीट है और ये तो बहुत निगेटिव है। मैं अपने दोस्तों से, अपनी फ़ैमिली से, अपने परिवार से, अपने शहर से प्यार करता हूँ, मगर इसके ये मतलब नहीं कि मैं दूसरों से नफ़रत करता हूँ। हमारा देशप्रेम तो हमारी घुट्टी में है, हमारे ब्लड में है, हमारी रग-रग में है, वो जा ही नहीं सकता। हम किसी को बर्दाश्त भी कर लेंगे, कोई दूसरी बात कहेगा तो सुन भी लेंगे, उससे क्या फ़र्क़ पड़ना है हमको। और अगर हम नहीं सुनेंगे, तो हम इस देश की परंपरा की, ट्रेडिशन की इन्सल्ट करेंगे। देशप्रेम का मतलब ये नहीं कि सिर्फ़ नारे लगाते रहो और देश के लिए कुछ भी न करो, ये नहीं है।

चाहे कोई कुछ भी कहे, मैं एक ही बात जानता हूँ कि एक हिन्दुस्तानी अपने को तबाह नहीं कर सकता। वो वही करेगा, जो इस देश के लिए अच्छा है। हम हिन्दुस्तानियों में ये ख़ूबी है कि हम में टॉलरेंस है। हमारी ख़ूबी ये है कि हम हमेशा हर तरह की विचारधारा को जगह देते रहे और इसीलिए हमारा 'इंटेलेक्चुअल मसल' डेवलप हुआ है, इसीलिए हमारे यहाँ बेहतर माइंड पैदा हुए हैं, इसीलिए हमने प्रोग्रेस की है, इसीलिए हमारे पास डेमोक्रेसी है।

ये देश कभी असंतुलित हो ही नहीं सकता, पॉसिबल ही नहीं है। मैं अपने ख़ून से लिखकर दे दूँ आपको। ऊँची-नीची लहरें आती रहती हैं, हमारी कश्ती डगमगाती ज़रूर है, डूब नहीं सकती। हिन्दुस्तान ने कई ज़माने देखे हैं, लेकिन वो चलता रहा। वो इक़बाल ने कहा है ना कि-
'कुछ बात है के हस्ती मिटती नहीं हमारी, सदियों रहा है दुश्मन दौरे ज़हाँ हमारा।'

126

सच ये है कि समाज फ़िल्मों पर बुरा असर डाल रहा है

आप अगर ध्यान से देखें, तो फ़िल्में सब कुछ बताती हैं। फ़िल्में बताती हैं कि आपकी क्या मॉरल वैल्यूज़ हैं, आपमें क्या चेंज आ रहा है, क्या एम्बीशंस हैं सोसाइटी के, ये सब समझ में आता है। मसलन, चालीस के दशक में जो फ़िल्में बनती थीं, उनके विलेन ज़मींदार होते थे। उसके बाद विलेन जो है, वो मिल मालिक हो गया। जैसे-जैसे शहरीकरण बढ़ा, तो मोहल्ले का दादा या शहर का अंडरवर्ल्ड विलेन हो गया। फिर टेरिज़्म आया, तो पड़ोसी मुल्क में आपने विलेन देखा। एक ज़माने में हमारा हीरो देवदास जैसा ख़ुद को तबाह करने में यक़ीन रखता था। फिर अलग तरहके रिबेल स्टार्स आने लगे, जो ये सोचते थे कि ज़िन्दगी ख़ूबसूरत है, ज़िन्दगी से मोहब्बत करो। फिर कहीं जब सोसाइटी में डेटरेंस आई, तो एंग्री यंग मैन जैसे हीरो हुए। फिर जब ज़िन्दगी में कम्फर्ट आया, लिब्रलाइज़ेशन आया, अर्बन-मिडल क्लास खुशहाल हुई। इसका असर देखिए कि फिर वो दौर आया, जिसमें फ़िल्मों में अच्छे-अच्छे घर दिखते थे, हीरो अमीर होते थे, हीरोइनें अमीर होती थीं, वो बहुत अच्छे कपड़े पहने होते थे। कोई भी ग़रीबी की, मुश्किल की, परेशानी की बात नहीं करते थे, इसलिए कि उनको वो सब देखना नहीं था। वो ख़ुश थे हमारी मिडिल क्लास की तरह। हमारी मिडिल क्लास भी सिर्फ़ बातें करती रहती है, मगर जो सचमुच की प्रॉब्लम हैं, उनमें दिलचस्पी कहाँ दिखाती है, लेकिन समय फिर बदला। आज हमारी मिडिल क्लास भी देश की समस्याओं की तरफ़ देख रही है। फ़िल्मों में ये धीरे-धीरे आ रहा है, लेकिन ओटीटी में यह साफ़-साफ़ दिखाई दे रहा है। आमतौर से ये कहा जाता है कि फ़िल्में समाज पर बुरा असर डाल रही हैं, जबकि सच ये है कि समाज फ़िल्मों पर बुरा असर डाल रहा है। समाज का जो फ़िल्मों पर असर है, उससे मुझे बहुत परेशानी है। और समाज को सुधारना बहुत ज़रूरी है, वर्ना फ़िल्में ठीक नहीं हो पाएँगी। इसकी वजह ये है कि देखिए यही फ़िल्म इंडस्ट्री थी, जिसने 'सुजाता', 'दो बीघा ज़मीन', 'श्री 420', 'मदर इंडिया' जैसी फ़िल्में बनाई हैं। अब क्या हुआ, क्या अब अच्छे फ़िल्म मेकर नहीं हैं?

देखिए, फ़िल्मों में हीरो कौन है। हीरो मतलब कोई मेल केरेक्टर नहीं, नायक है। भई, कौन है जिसे हम एडमायर करते हैं, वो इमेज कैसे बनती है। जो समाज की एम्बीशंस हैं, ड्रीम्स हैं और जो उसके मॉरल वैल्यूज़ हैं, इनको मिलाकर जब आप एक चरित्र गढ़ते हैं, वो है हीरो। जब आपके एम्बीशंस चेंज होते हैं और आपकी मॉरल वैल्यूज़ चेंज होती हैं, तो हीरो या हीरोइन चेंज हो जाते हैं। आप हीरो-हीरोइन से मॉरल वैल्यूज़ नहीं लेते, बल्कि अपनी मॉरल वैल्यूज़ और अपनी एम्बीशंस से अपने जैसे हीरो-हीरोइन बनाते हैं। इस तरह वक़्त के साथ जब समाज बदलता है, तो फ़िल्में और हीरो-हीरोइन बदल जाते हैं। अगर आज आपको फ़िल्मों से कोई भी गिला है, तो उसे आज फ़िल्में ठीक नहीं कर सकतीं। आप समाज को ठीक कीजिए, वो ख़ुद-ब-ख़ुद ठीक हो जाएँगी। ऐसा नहीं हो सकता है कि सोसाइटी में सेल्फ़िशनेस हो, सेल्फ़सेंटर्डनेस हो और फ़िल्मों जो हैं ग्रेट कॉज़ेज़ पर बन रही हैं, पॉसिबल ही नहीं है। जब लोगों में कमिटमेंट था, जब लोगों में मैं के बजाय हम (वी) का कॉन्सेप्ट था, तब उस तरह की फ़िल्में बनती थीं।

127

ज़िन्दगी की भी एक क्राफ़्ट है

अजीब है ज़िन्दगी। होता क्या है कि जब आप शुरू करते हैं, तो आप में जज़्बा ज़्यादा होता है और अक़्ल कम होती है। वक़्त के साथ आपकी अक़्ल बढ़ती चली जाती है और जज़्बा कम होता जाता है। आप चाहे ज़िन्दगी लीजिए या आर्ट लीजिए। जब आपने शायरी शुरू की तो आपको बहुत सी बातों का ख़याल रखना होता है। आपकी शायरी में असर है या नहीं, अल्फ़ाज़ का सही इस्तेमाल आपने किया है या नहीं वगैरा-वगैरा। ऐसी बहुत सारी बातें आपको नहीं मालूम होंगी, मुझे भी नहीं मालूम थीं, लेकिन जोश था, एक जज़्बा, एक इमोशन था। आपकी टेकनीक और आपकी फ़ैंटसी, आपका आर्ट और आपकी ज़िन्दगी, दो चीज़ों में बँटे हुए हैं और दोनों की ज़रूरत है। अजीब बात ये है कि दोनों एक दूसरे से मुख़्तलिफ़ हैं और दोनों की ज़रूरत आपको एक ही वक़्त में है। एक तरफ़ पोएट्री लिखने में आपको इमोशन चाहिए, आपको फ़ैंटसी चाहिए, कल्पना, सपने, ख़्वाब, दर्द यादें चाहिए। दूसरी तरफ़ एक क्राफ़्टमैन है, जो कहता है ये मीटर करेक्ट है इसके लिए, इसी मीटर में लिखो, तुम देखो इसमें तुमको क़ाफ़िए सही मिल जाएँगे, वो जो दूसरी ज़मीन तुम सोच रहे हो न, उसमें क़ाफ़िए कम हैं, चार शे'र के बाद तुम्हें क़ाफ़िए का प्रॉब्लम हो जाएगा, क़ाफ़िए नहीं है उसमें ज़्यादा, इसमें हैं, इधर आ जाओ तुम।

ये नज़्म पाबंद मत लिखो, ये फ्री वर्स में लिखो, इसलिए कि उसमें तुम्हें ज़्यादा स्कोप मिलेगा।

अब इधर आदमी जज़्बात में डूबा है, फ़ील कर रहा है और वो लिख रहा है और उधर, अरे इधर मत जाना, ये आगे रास्ता बंद है, ये बंद गली है, इसमें मत एंटर हो तुम, उधर जाओ, तो ये उधर चला जाता है। तो जो आदमी होशियारी से काम को देख रहा है वो चाहे पेंटिंग बन रही हो या ग़ज़ल लिखी जा रही हो या नज़्म लिखी जा रही हो या एक्टिंग की जा रही हो, उसमें एक तरफ़ तो वारफ़्तगी है, एक सेल्फ फ़र्गेटफुलनेस है, डूब गए आप उस काम में। दूसरी तरफ़ उसी दिमाग़ के अन्दर एक है कोई जो आप को करेक्ट रास्ता बता रहा है, नहीं ये नहीं करो, ये करना है, ये ज़्यादा होशियारी का काम है। ये सब साथ में हो रहा है।

ज़िन्दगी में भी यही होता है। मगर दुःख की क्या बात है कि चाहे वो आपकी शायरी हो, चाहे आपकी पेंटिंग हो या ज़िन्दगी, वक़्त के साथ, ये जो जज़्बा है, ये जो इमोशन है, थोड़ा-सा मद्धम पड़ने लगता है। आपको कुछ मिल रहा है, लेकिन कुछ खो भी रहा है, जिसकी ख़बर किसी और को हो न हो, आपको है। तो भाई ज़िन्दगी की भी एक क्राफ़्ट है, किससे कितने ताल्लुक़ात रखने हैं, नहीं रखने हैं, किससे क्या बात करनी है, ये आपको अगर नहीं आती हैं तो कोई तारीफ़ की बात नहीं है, ये बुरी बात है, आपको आना चाहिए, लेकिन अगर ये सारी समझदारी और शऊर आप में हैं तो इसका मतलब नहीं है कि आप कठोर हो जाएँ, आप चालाक हो जाएँ, शोषक बन जाएँ, लोगों का इस्तेमाल करने लगें, शतरंज समझने लगें ज़िन्दगी को, वो भी ठीक नहीं है। जब तक आप लोगों से मोहब्बत नहीं करते हैं, जब तक आपके दिल में कोई कुर्बानी देने की ख़्वाहिश नहीं है, जब तक आप किसी जज़्बे से, जिसमें शायद नुक़सान भी हो सकता है, उससे मुतअस्सिर होने को तैयार हैं तब तक आप जी रहे हैं, वरना आप धीरे-धीरे मशीन बन जाएँगे, लेकिन ये भी ज़रूरी है। वो बात क्या है कि ग़ालिब की ज़बान में कहें तो 'सादगी ओ पुरकारी, बेख़ुदी ओ हुशियारी', ये चारों चीज़ें एक साथ चाहिए। इनमें से अगर कोई भी कम पड़ जाए तो गड़बड़ हो जाती है, लेकिन अगर च्वॉइस ही ये है कि भई एक तो कम पड़नी है तो मैं कहूँगा कि पुरकारी कम पड़ जाए, सादगी न कम पड़े। हुशियारी कम पड़ जाए, बेख़ुदी न कम पड़े, लेकिन बेहतर ये है कि दोनों न कम पड़े। इसलिए कि फिर होगा क्या कि आप अपने को तबाह कर लेंगे ये भी कोई अच्छी बात नहीं। मजाज़ थे या जौन एलिया थे, ये वो थे, जिन्होंने वो क्राफ़्ट डेवलप नहीं किए।

इश्क़ ही इश्क़ है दुनिया मेरी/फ़ित्ना-ए-अक़्ल से बेज़ार हूँ मैं

ये मजाज़ का शे'र है। नहीं भाई, फ़ित्ना-ए-अक़्ल भी चाहिए और इश्क़ भी चाहिए। कभी-कभी ये अहसास हमको होता है कि हम पे वक़्त से, हालात से, हमारे अपने काम से, जो धूल उड़ी है, वो हम पर आ के जमती रहती है, तो कभी-कभी बाद में फिर अगर ज़मीर के आईने में सूरत देखो तो ऐसा लगता है बहुत मैली हो गई है, तो ये बात ठीक नहीं है। तो फिर मुँह धोओ किसी तरह से। चाहे अश्क-ए-नदामत से या किसी और तरकीब से। कभी-कभी ऐसा लगता है शऊर तो आ गया है या शायद आ रहा है, लेकिन जज़्बा कितना आ रहा है?

128

मैं त्योहारों को अपनी संस्कृति और परम्परा का हिस्सा मानता हूँ

ये तो ज़ाहिर है कि मैं धार्मिक नहीं हूँ, लेकिन मैं त्योहारों को अपनी संस्कृति और परम्परा का हिस्सा मानता हूँ, वो चाहे होली हो, दिवाली हो, ईद हो या क्रिसमस हो। मैं ये सभी त्योहार मनाता हूँ मगर होली की मस्ती की बात ही कुछ अलग है। मैं हमेशा से यह मानता रहा हूँ कि होली का त्योहार हमारे जीवन में रंग भरने के लिए आता है, तभी तो जहाँ हम एक छोटे-से दाग़ से भी घबरा जाते हैं, वहीं होली के दिन न जाने कितने रंगों से ख़ुशी- ख़ुशी रंग जाते हैं। होली से मेरा इतना लगाव है कि अभी भी मैं जी भरकर ख़ुद को रंगों में रंग देता हूँ। देश भर में मनाए जाने वाले त्योहारों पर मैंने लंबी-चौड़ी रिसर्च की है और पाया कि हमारे यहाँ हर त्योहार के पीछे समाज के लिए एक सीख है।

मेरा बचपन लखनऊ में गुज़रा है, इसलिए होली और दिवाली जैसे त्योहार मेरे दिल के काफ़ी क़रीब हैं। हालाँकि लखनऊ में मैं बच्चा था, तब मुझे दूसरों को रंग लगाने का ज़्यादा मौक़ा नहीं मिला, क्योंकि बच्चा समझकर जिसे देखो, मुझे ही रंग जाता था। फिर स्कूल की पढ़ाई के लिए मैं अलीगढ़ चला गया। वहाँ जाकर होली के लिए मेरा प्यार और प्रबल हो गया। वहाँ पर हमारे प्रोफ़ेसर से लेकर स्कूल की पूरी फ़ैकल्टी तक होली मनाती थी। अलीगढ़ में मैंने होली का एक अलग ही उत्साह देखा। मैं कहीं पीछे न रह जाऊँ, इसलिए दूसरों को रंग लगाने वाली टोली का सदस्य बन जाता था। टोली के सदस्यों का काम होता था कि सुबह से ही गुब्बारे, पिचकारियाँ और गुलाल इकट्ठा करके रखें, ताकि जब दूसरी टोली हम पर रंग लगाने आए, तो हम उनसे पीछे न रहें। जब तक मैं लखनऊ और अलीगढ़ में रहा, मेरी हर होली यादगार रही।

बस मेरी एक तमन्ना वहाँ पर पूरी नहीं हुई, जिसका अभी तक मुझे मलाल है। दरअसल, मैंने किसी के घर में एक बार पीतल की पिचकारी देखी थी और वह पिचकारी मेरे बालमन में इस क़दर बैठ गई कि हर होली पर मुझे वह याद आ जाती है। हालाँकि बहुत ज़िद करने के बाद मुझे स्टील की एक भारी-भरकम पिचकारी पकड़ा दी गई थी, लेकिन उसमें वह बात नहीं थी, जो उस पीतल की पीली पिचकारी में थी।

जानकी कुटीर में होली खेलते हुए शबाना और जावेद (मुम्बई, 2014)

अलीगढ़ के बाद मैं भोपाल चला गया। वहाँ पर भी ख़ूब जोश के साथ होली मनाई। फिर मुम्बई आया और फ़िल्म इंडस्ट्री की होली देखकर तो मैं दंग रह गया। पहले कहा जाता था कि जो इंडस्ट्री में आकर यशराज, आरके स्टूडियो और अमिताभजी की होली पार्टी में नहीं गया, समझो वह अभी यहाँ का सदस्य बना ही नहीं। ख़ुद यशजी अपने यहाँ आए हर एक सदस्य को रंग लगाते थे और उसका स्वागत करते थे। उसी तरह, अमितजी के घर और आरके स्टूडियो का आलम भी रहता था। कई कलाकारों को तो उसी पार्टी में काम भी मिल जाता था। आरके स्टूडियो की होली तो किसी फ़िल्मी होली से कम नहीं होती थी।

हालाँकि अब सब बदल गया है। यशजी के जाने के बाद 'यशराज की होली' के रंग फ़ीके पड़े, तो वहीं अमितजी ने भी बीमारी के कारण होली मनानी बंद कर दी। इसलिए अब हर साल मैं, शबाना, शबाना के भाई - भाभी - बाबा व तन्वी आज़मी और हमारा परिवार जानकी कुटीर में करीब 200 से 300 लोगों के साथ होली मनाता है, और आज शायद कह सकते हैं कि हमारी होली फ़िल्म इंडस्ट्री की सबसे बड़ी होली होती है।

मैंने अभी तक जितना भी देखा, उसके हिसाब से कह सकता हूँ कि अभी का दौर सबसे अच्छा है। अब त्योहारों को लोग जाति और धर्म में नहीं बाँटते और न ही इनके नाम पर होने वाली बुराइयों को बर्दाश्त करते हैं। आज का युवा जानता है कि त्योहार ख़ुशियाँ मनाने के लिए होते हैं, मिलने-जुलने के लिए होते हैं। इसलिए त्योहारों के नाम पर हिंसा और बुराई फैलाने वालों को वे कड़ा जवाब देते हैं।

होली के रंग में फ़रहान और जावेद अख़्तर

129

गुफ़्तगू [जावेद अख़्तर के साथ अरविंद मण्डलोई]

एक कम्प्लीट नेशनल इंटीग्रेशन की तस्वीर आपको हर फ़िल्म के रोलिंग टाइटल में मिलेगी

कभी आपको मौक़ा मिले, तो क्या आप किसी फ़िल्म को डायरेक्ट करना चाहेंगे?

देखिए, ये सपना मैं देखता रहता हूँ, लेकिन ये काम ज़रा मेहनत का है। वो अब क्या है कि राइटिंग करते-करते आदत हो गई है, टेबल-चेयर पर बैठे और लिख दिया। ज़्यादा-से-ज़्यादा आपको दो-एक लोग झेलने पड़ते हैं, ये डायरेक्टर है, ये म्यूज़िक डायरेक्टर है, ये प्रोड्यूसर है, लेकिन जब आप डायरेक्टर होते हैं, तो आपको इतने लोग झेलने पड़ते हैं कि जिसकी कोई हद नहीं है। मतलब, लोगों को हैंडल करना, कितनी ईगोज़, कितने कॉम्प्लेक्सेस, सबको डायरेक्टर हैंडल करता है। वो सिर्फ़ पिक्चर ही थोड़ी डायरेक्ट करता है, वो सौ-डेढ़ सौ लोगों को डायरेक्ट करता है साथ में। तो घबराहट भी होती है इस ख़याल से, लेकिन ये मेरी जो कई आकांक्षाएँ हैं, उनमें से एक ये भी है।

चलिए, अगर ये आकांक्षा पूरी हुई तो स्टार कास्ट क्या होगी?

स्टार कास्ट तो कहानी पर डिपेंड करता है। अगर मैं पिक्चर बनाऊँगा, तब वो स्टार कास्ट के लिए नहीं बनाऊँगा, लेकिन जब मैं बनाऊँगा, तो एक दूसरी तरह की कहानी होगी, जिसमें एक्टर्स होंगे, अगर स्टार होंगे तो वही जो बहुत अच्छे एक्टर होंगे।

ऐसी कोई कहानी आपने लिखी है क्या, जिस पर आप कोई फ़िल्म बनाना चाहते हों?

हाँ एक कहानी है मगर वो कहानी मैं आपको सुनाना नहीं चाहता, दिखाना चाहता हूँ।

अब कोई ऐसी बात, जो एक मैसेज भी हो और जो आपकी कल्पना भी हो।

मैं तो एक ही बात कहूँगा, फ़िल्मों का ज़िक्र निकला तो उसी के माध्यम से बोलता हूँ कि देखिए हमारी फ़िल्म इंडस्ट्री के बहुत सारे लोग अलग-अलग पॉलिटिकल पार्टीज़ में हैं, जिनकी अलग-अलग आइडियोलॉजी है, थिंकिंग है। लेकिन जब फ़िल्म बनाते हैं या फ़िल्म में काम करते हैं, तो सबकी एक आइडियोलॉजी है, सबकी एक थिंकिंग है। वो ये है कि पिक्चर कामयाब होनी चाहिए। आप अगर कभी किसी भी फ़िल्म के टाइटल देखेंगे, जो ऐंड में आते हैं रोलिंग टाइटल, तो आप देखेंगे कि इंडिया के हर स्टेट का, इंडिया के हर धर्म का, हर ज़ात का, हर तरह का इंसान जो है, वो उसकी यूनिट में मौजूद है। किसी न किसी कैपेसिटी में काम कर रहा है। एक कम्प्लीट नेशनल इंटीग्रेशन की तस्वीर आपको हर फ़िल्म के रोलिंग टाइटल में मिलेगी। जब वो यहाँ काम करते हैं तो उन्हें तो फ़िल्म कामयाब ही चाहिए। कम्यूनल होना या सेक्टेरियन होना या जात-पात करना वो अफ़ोर्ड ही नहीं कर सकते। उनका तो एक ही मक़सद है, फ़िल्म कामयाब होनी चाहिए, बाक़ी सब बातें बेकार हैं। उसी तरह से अगर आप ये तय कर लें कि हमारा देश सुपर हिट होना चाहिए, तो फिर आप कम्युनलिज़्म किसी भी तरह की, चाहे वो रीजनल हो, लैंग्वेज पर हो, धर्म पर हो, जात पर हो, कास्ट पर हो, आप अफ़ोर्ड ही नहीं कर सकते, इसलिए कि आपको तो अपना देश सुपरहिट कराना है। और अगर आप इन चीज़ों के चक्कर में पड़ते हैं, तो इसका मतलब है कि आपको देश को सुपरहिट कराने का ज़्यादा शौक़ नहीं है।

आज इतने बरसों बाद
अपनी ज़िन्दगी को देखता हूँ
तो लगता है कि
पहाड़ों से झरने की तरह उतरती,
चट्टानों से टकराती,
पत्थरों में अपना रास्ता ढूँढती,
उमड़ती, बलखाती, अनगिनत भँवर बनाती,
तेज़ चलती और अपने ही किनारों को काटती हुई
ये नदी अब मैदानों में आकर
शांत और गहरी हो गई है,
फिर ये ख़याल आता है कि
मैं जितना कर सकता हूँ
उसका तो एक चौथाई भी
अब तक नहीं किया
और इस ख़याल की दी हुई
बेचैनी जाती नहीं।

Javed Akhtar

शुक्रिया...

शरद डोसी, इंदौर
प्रवीण अग्रवाल, महू
विकास रखेजा, मंजुल पब्लिशिंग हाउस
कैरोल डिसूज़ा, मैनेजर, अख़्तर एंड आज़मी, मुम्बई

फ़ोटो
बाबा आज़मी, मुम्बई
प्रदीप चंद्रा, मुम्बई
राघवेंद्र सिंह, मुम्बई
एस.एम.एम. औसजा, मुम्बई
गेटी फ़ोटोज़

पोर्ट्रेट/स्केच
सफ़दर शामी, मुम्बई

सम्पादन सहयोग
अशोक दुबे
श्रीप्रकाश

कैलिग्राफ़ी
अशोक दुबे

अनुवाद/ट्रांसक्रिप्शन
अज़ीज़ इरफ़ान
श्रीप्रकाश
जयश्री पुरोहित
दिनेश दर्द
राज ठाकुर

ग्राफ़िक्स/लेआउट
राजकुमार गांधी
चन्द्र भूषण पाण्डेय

कार्यालय सहयोग
रूपांकन टीम